65

R. FLORIGNI et **CH. VAYRE**

FRÈRE D'ESPION

("COCORI")

Frère d'Espion

8 Y2
57844 (91)

R. FLORIGNI et CH. VAYRE

Frère d'Espion

(COCORICO)

GRAND ROMAN PATRIOTIQUE

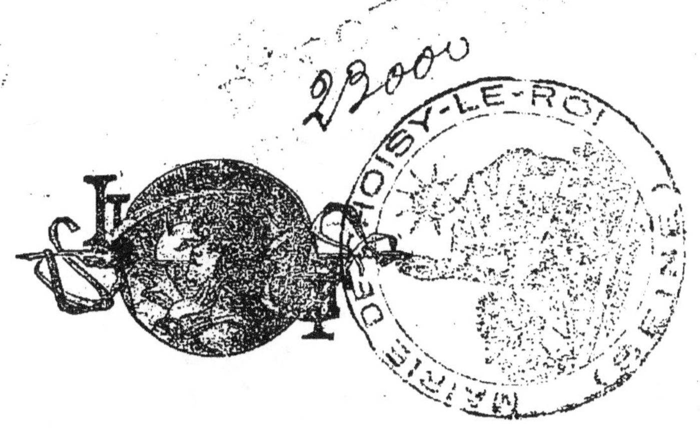

PARIS

SOCIÉTÉ D'ÉDITIONS ET DE PUBLICATIONS
Librairie Jules TALLANDIER, 75, rue Dareau (14e)

Tous droits réservés.

FRÈRE D'ESPION

PROLOGUE

L'aube est encore lointaine.

La lune achève à l'Occident sa lente parabole.

Sa lumière crue accuse le relief de la campagne lorraine, déserte et silencieuse.

Bien que juin ait accroché des feuilles vertes aux arbres et aux buissons, les champs semblent des champs d'automne. Les uns en friche, les autres alignent à l'infini leurs bruns sillons parallèles.

La terre n'a rien enfanté, cette année.

De loin en loin, les villages se groupent autour de leur clocher.

Bien des maisons sont en ruines ; celles qui restent debout ont hâtivement remplacé leurs vitres brisées par des planches, leurs tuiles effondrées par du chaume.

La guerre a passé par là !

Tout à l'heure, les paysans se lèveront pour se remettre à la besogne.

Leur tâche sera rude, noble aussi ! Il leur faut préparer les moissons futures, semer et faire jaillir du sol le blé qui nourrira les petits d'aujourd'hui — les grands de demain — qui ne savent pas encore, mais qui sauront et comprendront bientôt ce qui s'est passé dans leurs vallons, au cours de ces derniers mois.

On leur dira : « Défaite ! ». Ils répondront : « Vengeance ! »

Et cette pensée réconfortera les vaincus d'hier, quand l'aube, bientôt, fera sortir les charrues des hangars.

Ils oseront lever le front ; et cette lumière divine qui s'appelle l'espoir, s'allumera dans leurs cœurs.

— Un jour viendra !... diront-ils sans achever leur phrase.

Et l'aurore leur semblera plus belle, car ils la salueront comme la sœur de l'aurore de ce *jour-là*.

Et les socs brillants éventreront mieux la terre grasse ; et les graines fécondantes feront plus large leur averse blonde, que les pesants rouleaux enseveliront précieusement, comme un trésor.

Pour l'instant, tout est nuit, repos, sommeil.

Non, cependant ! Car une forme humaine glisse, rampe plutôt, au revers d'un chemin que les houblons bordent de leur frondaison blanche.

C'est une femme, une toute jeune femme.

Elle avance péniblement, les traits contractés, les lèvres blêmes. Elle marche courbée en deux, comme si elle portait un fardeau trop lourd pour ses membres grêles.

La sueur inonde son front, où se lit une ferme volonté, une irréductible résolution.

Il semble qu'une force invincible la pousse en avant, vers l'Ouest, vers la nouvelle frontière, délimitée d'hier, par les diplomates réunis à Francfort.

Ses jambes la portent difficilement ; elle titube. Parfois, elle s'arrête, haletante, prêtant l'oreille.

Un chien, dans une ferme, vient d'aboyer à son passage.

Elle écoute, puis elle reprend sa marche, son irrésistible marche, en murmurant :

— Je n'arriverai jamais !

La route fait un détour : elle l'évite en coupant à travers champs. Le mystérieux but qu'elle poursuit l'attire invinciblement ; elle va droit à lui, comme fascinée.

Sans répit, elle poursuit sa nocturne randonnée ; elle ira jusqu'à ce qu'elle tombe.

Longtemps, longtemps encore, elle avance. Sa marche devient machinale ; elle ne regarde même plus les villages qu'elle rencontre ; seule, sa direction — celle de la terre française — semble la préoccuper.

Mais elle est à bout de forces. Encore quelques pas... un sourd gémissement... et elle se laisse tomber au pied d'un arbre...

Ses yeux restent clos, pendant que sa poitrine se soulève tumultueusement.

Elle ne crie pas ; mais ses mains crispées, ses traits convulsés, ses lèvres qu'elle mord jusqu'au sang, révèlent ses douleurs. Tout son corps tressaille : il semble qu'elle agonise.

Le jour est proche : une lueur blanche envahit doucement l'horizon ; des oiseaux chantent ; les herbes se constellent de rosée.

La femme rouvre les yeux.

— Où suis-je ? murmure-t-elle dans un souffle.

Comme si sa question devait recevoir une réponse immédiate, une lointaine sonnerie de clairon tinte gaîment dans l'air du matin.

La femme prête l'oreille. Un sourire indéfinissable éclaire son visage pâle.

— Une sonnerie... une sonnerie française ! balbutie-t-elle avec extase. On sonne le réveil au fort... D'autres forts répondent !... En France... je suis en France ! Enfin !...

L'inconnue se renverse en arrière.

A partir de cet instant, une intolérable douleur ne cesse de lui arracher de longues plaintes.

Mais le jour a grandi. Le soleil émerge de l'horizon, et ses premiers rayons balayent les vapeurs suspendues sur la campagne.

Une rumeur confuse monte des cours des fermes. On entend des voix, des cris, un roulement de charrette.

Puis, tout près de l'arbre au pied duquel gît la malheureuse, un paysan vient à passer, poussant une brouette à l'essieu grinçant.

L'homme chante, rythmant sa chanson sur le cri cadensé de sa roue. Soudain, il s'interrompt et demeure immobile, surpris.

Il connaît, pour l'avoir entendu cent fois, le concert matinal des terres, des haliers et des sources. Mais jamais il n'a surpris ce cri, cette plainte, qui ont fait taire sa chanson sur ses lèvres.

Il regarde de tous côtés.

En quelques pas, il est auprès de la femme. Il la croit morte et laisse échapper un juron.

Mais, comme il s'agenouille et baisse la tête pour chercher à entendre les battements du cœur, il perçoit une voix douce, faible, expirante, qui murmure à deux reprises :

— Il sera Français ! Il sera Français !

— Bon sang de sort ! clame le paysan. Qui êtes-vous donc et de qui parlez-vous ?

La femme paraît faire un effort surhumain pour répondre :

— Je suis la fille de Dortailles, le garde-chasse de Remicourt. Je n'ai pas voulu que mon petit — l'enfant de Schwartz, Schwartz l'infâme — soit Prussien, et je suis venue sur la terre française pour...

Elle n'a pas la force d'achever.

Mais déjà l'homme a découvert l'enfant.

— Un garçon ! s'écrie-t-il. Bien constitué, ma foi ! Ah ! cré Dié ! quelle histoire ! Ohé, les gas, ohé !

Il n'est pas entendu ; personne ne vient à son appel.

Il a un instant d'affolement. Que va-t-il devenir, seul, avec ce bambin qui crie, et cette femme évanouie ?

A qui doit-il d'abord donner des soins ? Au petit, parbleu, qui est faible et nu ! et si mignon aussi !

D'ailleurs, dans cinq minutes, il sera revenu.

Il se débarrasse vivement de son gilet de velours, en enveloppe le nourrisson, et, le serrant délicatement dans ses bras robustes, il se met à courir vers le village.

Chemin faisant, il rencontrera bien quelqu'un à qui confier l'aventure, une commère qui se portera aussitôt au secours de la pauvre femme. Et, ayant quitté ses sabots pour aller plus vite, l'homme galope à perdre haleine.

Pendant qu'il court, les paroles de la mère lui trottent par la tête : « Dortailles le garde-chasse... Schwartz... Schwartz l'infâme !... »

A présent, il se rappelle ; et une histoire encore récente, dont on a parlé dans toute la région, lui revient à la mémoire.

La triste, la lamentable, l'odieuse aventure !

C'est au cours de septembre de la terrible année, au lendemain de la capitulation de Sedan.

Le prince de Schwartz a pris possession du petit village de

Remicourt, près de Saint-Privat. L'escadron de uhlans dont il a le commandement a mis le pays à sac.

Quelques-uns d'entre eux ont voulu pénétrer dans la maison du garde-chasse Dortailles. Mais le garde s'est barricadé chez lui ; et, au travers des persiennes du premier étage, le canon de son fusil apparaît, menaçant.

Les uhlans font le siège de la maison. Une échelle est appliquée sur le mur, du côté opposé à celui que défend Dortailles.

La ruse réussit ; la maison est envahie et le garde est arrêté. Il a eu le temps, cependant, de coucher sur le sol l'un de ses ennemis.

On l'entraîne au dehors, en dépit des supplications de sa fille Odille, blonde enfant de seize ans. On l'adosse à la margelle du puits.

Il est fusillé à bout portant, sans qu'il ait fait entendre un seul cri !

Odile se jette, pantelante, sur le corps de son père.

La fillette est jolie ; les soldats sont ivres et féroces. Ils arrachent le mort à l'étreinte de sa fille, et entraînent celle-ci dans la maison.

Un monstrueux attentat se prépare... Les bourreaux n'ont pas d'oreilles pour les prières de la jeune fille ; ils restent insensibles à ses sanglots.

Odile est perdue... quand la porte s'ouvre, et un officier paraît sur le seuil.

C'est le prince de Schwartz, beau cavalier d'une trentaine d'années. Il a été attiré par le bruit des coups de feu. Il regarde tour à tour la jolie fillette et les uhlans, qui le saluent, tout interdits de sa brusque irruption.

— Sortez ! ordonne-t-il d'une voix sévère.

Les soldats obéissent. Schwartz referme la porte sur eux, et reste seul avec Odile.

L'enfant se croit sauvée... Hélas ! Elle tremble bientôt sous les regards chargés de désir que lui lance l'officier.

Elle veut appeler, se défendre... Mais elle est seule, faible, et l'Allemand est vigoureux et brutal, et la résistance de l'Alsacienne ne fait qu'exaspérer sa passion.

Et c'est bientôt le noble prince lui-même qui commet le crime qu'allaient perpétrer ses soldats.

L'attentat soulève dans le pays une légitime indignation. Le prince de Schwartz devient : Schwartz l'infâme !

Malheur à lui s'il lui prend la fantaisie d'aller chevaucher seul dans quelque sentier désert !

Mais l'officier est prudent et n'a garde, désormais, de se séparer de son escorte.

Les uhlans quittent enfin Remicourt.

Et Odile reste orpheline, déshonorée... mère bientôt...

. . . .

Tout en se remémorant la tragique histoire, le paysan n'a pas cessé de courir.

Il veille, avec une sollicitude touchante, sur le vivant et bien léger fardeau qu'il serre contre lui. Est-ce sa faute, à ce petit, s'il est le fils de Schwartz ?

Avant tout, il est Français, ainsi que sa mère l'a voulu !

L'homme est près du village ; enfin voici du monde. Dix

mains se tendent pour prendre l'enfant ; tous s'offrent à l'adopter.

C'est le vieux docteur qui reçoit le pauvret, dans l'un des pans de sa grande redingote.

— Ça me connaît ! Ça me connaît ! affirme-t-il.

Mais il doit aussi s'occuper de la mère. A regret, il se laisse enlever le petit par le curé, qui l'abrite dans sa soutane.

— Ça me connaît ! Ça me connaît ! répète naïvement le prêtre.

Et il regagne son presbytère en courant.

Cependant, des gens du pays se sont joints au docteur, et sous la conduite du paysan de tout à l'heure, la petite troupe se hâte vers l'endroit où Odile a donné le jour à son enfant, à un kilomètre à peine de la nouvelle frontière.

Mais tous demeurent stupéfaits...

La jeune mère avait disparu !...

PREMIÈRE PARTIE

IL SERA FRANÇAIS !

CHAPITRE PREMIER

Trois cœurs... Une pensée !

La retraite militaire du samedi venait de déboucher de la rue de Rohan et s'engageait dans l'avenue de l'Opéra.

Plusieurs milliers de personnes accompagnaient les soldats en leur faisant une escorte enthousiaste.

En tête, venaient des gamins ; sur les côtés et en arrière des musiciens, avançait une foule bigarrée où tous les âges étaient représentés.

Et tout ce monde marchait allégrement aux fiers accents du *Régiment de Sambre-et-Meuse*.

Sur les trottoirs, on s'écrasait pour voir passer la retraite ; les chapeaux s'agitaient, les applaudissements crépitaient, et la marmaille qui ouvrait la marche remportait sa part du succès.

— Bravo, les gosses ! criait-on.

Et les braves gavroches parisiens ne manquaient pas de répondre aux manifestations sympathiques dont ils étaient l'objet. Leurs exclamations s'entre-croisaient avec celles des badauds arrêtés.

Soudain, l'un des gamins s'écria, désignant la maison occupant l'angle de la rue Thérèse :

— Oh ! mince ! Y a pas que le populo qui regarde passer la retraite ! V'là les aristos qui s'en mêlent ! Ils applaudissent plus fort que s'ils étaient au théâtre ! Oh ! la belle poule !... Tiens, la v'là qui nous lance le bouquet qu'elle portait à sa ceinture ! Attrape, Zidore !

Le garçon à qui s'adressait cette injonction saisit au vol les fleurs qui venaient d'être lancées d'une véranda où se tenaient deux hommes et une femme.

Le joli geste de cette dernière fut imité, et de toutes parts des petits bouquets tombèrent sur les soldats.

Les trois personnes ne quittèrent la fenêtre que lorsque la retraite s'engagea dans le boulevard des Capucines, échappant ainsi à leurs regards.

Elles rentrèrent dans la salle à manger, où la table, encombrée de compotiers, attestait qu'elles achevaient à peine de dîner.

Sans être, à proprement parler, des « aristos » comme l'avait dit le gamin, les trois convives appartenaient à une classe sensiblement plus élevée que la bourgeoisie.

La pièce où le repas prenait fin était confortable, meublée avec un goût qui bannissait toute prétention.

La femme, jeune, brune, le visage pâle et fin, était vêtue simplement, mais il était facile de voir que sa robe sortait de chez le bon faiseur.

Quant aux hommes, bien qu'ils n'arborassent pas le traditionnel smoking des dîners mondains, ils étaient habillés avec une certaine recherche, et la coupe de leur vêtement était impeccable.

L'un d'eux, en reprenant sa place, murmura :

— Décidément, c'est le réveil !

— Le réveil ? interrogea la jeune femme.

— Eh oui ! ma chère Héléna, c'est le réveil des sentiments qui n'ont pas cessé d'être les nôtres, mais qui semblaient morts au fond des cœurs !

— Ils n'étaient pas morts, Heinrich, ils dormaient ! répliqua gravement la jeune femme à qui le nom un peu étrange d'Héléna, venait d'être donné.

— Oui, reprit son interlocuteur, et il a suffi d'une alerte pour que l'idée de patrie redevienne autre chose qu'un vain mot.

» Devant le danger, à l'annonce d'un conflit possible, tous les Français, dignes de ce nom, se sont tendu la main et ont montré à l'ennemi éventuel un visage résolu et confiant. Ils ont fait voir que le coq gaulois était tout prêt à défendre son sol ; et devant ses ergots menaçants, l'arrogance de nos adversaires est tombée.

» Tant de calme bravoure a donné à réfléchir aux plus belliqueux de nos ennemis. Et la vieille Europe a compris qu'il fallait encore compter avec nous !

Il y eut un court silence ; puis celui des trois personnages qui n'avait pas encore ouvert la bouche conclut par ces mots :

— Oui. La France s'est bien tenue devant le monde !

A ce moment, une jeune bonne entra pour desservir.

Sur la muette invitation de la maîtresse de la maison, les deux hommes se levèrent et passèrent dans un petit salon attenant à la salle à manger, et où le café était servi.

— Un cigare, mon cher Ludovic ? proposa Heinrich.

— Avec plaisir !

Les volutes bleues montèrent vers le plafond ; puis la conversation reprit.

— Il a suffi d'une alerte, avez-vous dit, mon cher Henri ! rappela le personnage qui venait de répondre au prénom de

Ludovic. Cette alerte est à peine dissipée qu'une autre surgit.

» La crise des Balkans entre, dans ce moment, dans une période aiguë. Le malaise gagne l'Europe tout entière. Nous sommes peut-être à la veille d'une conflagration générale !

» A cette heure troublée, des spectacles comme celui de tout à l'heure — cette retraite où nous avons senti vibrer l'âme populaire — sont diablement réconfortants.

— Vous croyez qu'un conflit soit possible, un conflit où la France jouerait un rôle prépondérant ? demanda la jeune femme.

— Certes ! Il suffirait en ce moment d'une maladresse diplomatique ou d'un incident de frontière pour dénouer par une guerre cette situation extrêmement tendue ! Demandez à votre frère, mademoiselle ; il vous le dira comme moi, j'en suis certain ! Sur cette question, il est d'ailleurs autrement bien renseigné que le simple reporter que je suis !

— Ma foi, mon cher Ludovic, vous vous illusionnez sur ma compétence en cette matière ! se défendit celui qui venait d'être mis en cause. Au ministère des affaires étrangères, on se montre très réservé, et si l'on accepte d'être renseigné par moi, on me refuse souvent les informations que vous et vos confrères, parvenez toujours à obtenir. Néanmoins, je partage votre manière de voir en ce qui concerne la possibilité d'une rupture diplomatique entre nos voisins d'outre-Rhin et nous.

— Alors, ce serait la guerre, Henri ?

— Inévitable !

— La guerre !

La jeune femme avait prononcé ces deux derniers mots sur un ton qui pouvait paraître étrange de la part d'une personne de son âge et de son sexe.

Il n'y avait chez elle aucun sentiment de crainte, mais, au contraire, un espoir qu'elle ne cherchait pas à dissimuler.

— Nous pouvons compter être au nombre des premiers qui seraient avertis de la chose ! reprit Henri. Vous, en qualité de journaliste, moi, comme attaché au ministère des affaires étrangères.

— Quelle minute émouvante ! murmura Héléna.

— Oui !... Je me l'imagine très bien ! déclara Ludovic. Tenez, en ce moment, nous sommes réunis tous les trois dans ce tiède salon qui a si souvent abrité nos bonnes causeries. Les bruits de la rue nous parviennent à peine. Il règne autour de nous une atmosphère toute de quiétude et d'intimité. Nous éprouvons une indicible joie à nous trouver réunis encore, à nous communiquer nos impressions, à faire une fois de plus communier nos communs espoirs...

» Tout à coup, dans la paix de cette petite pièce, secouant notre torpeur, le tintement grêle du timbre d'entrée — qu'on entend parfaitement d'ici — parvient à notre oreille. Nous écoutons... La porte s'ouvre... puis se referme. Marie, votre bonne entre, une lettre à la main, et annonce :

» — On vient d'apporter cela pour Monsieur ! C'est du ministère... c'est urgent, paraît-il.

» Henri s'empare du pli, l'ouvre et nous dit, d'une voix qui, malgré tout, tremble un peu :

» — La guerre est déclarée...

— Ah ! la belle minute ! s'exclama l'attaché aux affaires étrangères.

— Et combien grisante ! ajouta sa sœur.

— N'empêche, reprit Ludovic, sur un ton moins enfiévré, que ce coup de sonnette est dans le domaine des choses possibles. Supposez qu'à cet instant...

Le journaliste s'interrompit et regarda avec surprise ses deux interlocuteurs.

Au moment où il parlait, le timbre de la porte d'entrée venait de résonner à trois reprises, comme si le visiteur avait hâte qu'on vînt lui ouvrir.

Un silence profond, presque religieux, régna dans le salon.

Les trois amis demeurèrent immobiles, prêtant anxieusement l'oreille. La prédiction de Ludovic, si récente cependant, allait-elle se trouver déjà réalisée ?

La porte du dehors s'ouvrit... puis se referma. Des pas s'approchèrent, étouffés par les épais tapis.

Marie, la bonne, entra, une lettre à la main. Elle annonça :

— On vient d'apporter cela pour Monsieur ! C'est du ministère... C'est urgent, paraît-il !...

Au milieu de l'émotion générale, Henri saisit la lettre, l'ouvrit et la lut rapidement.

Il devint pâle...

. . . .

Il est grand temps que nos lecteurs fassent connaissance d'une façon plus complète avec les hôtes du petit salon de la rue Thérèse, où l'entretien qu'on vient de lire avait eu lieu.

Nous sommes chez Henri Malherbe, de son vrai nom le comte Heinrich de Marsal.

Il vit à Paris avec sa sœur, Héléna de Marsal, que l'on ne connaît que sous nom de Hélène Malherbe. Tous deux sont Lorrains.

Henri est un homme de trente-cinq ans, plus svelte que grand, plus distingué que beau.

L'ensemble de sa personne est extrêmement sympathique. Il est brun, entièrement rasé ; ce qui lui permet, à l'occasion, de changer sa physionomie lorsqu'une mission délicate l'oblige à vivre quelque temps en Allemagne sous une personnalité d'emprunt.

Car Henri Malherbe est un des agents les plus zélés du bureau des renseignements. Dès qu'il s'agit d'une affaire plus difficile ou plus périlleuse que les autres, on n'hésite pas à la lui confier.

C'est un espion, sans doute ; mais il accepte cette besogne, ingrate entre toutes... sans en éprouver la moindre honte... car il a des raisons personnelles pour consacrer ainsi son intelligence et son activité au service de la France.

Sa sœur Hélène, plus jeune que lui de près de dix années, l'aide dans sa tâche et lui est une auxiliaire précieuse.

Elle apparaît sous les trait d'une jeune fille aux cheveux de jais, au teint pâle, aux yeux toujours remplis d'une indicible mélancolie.

Leur hôte de ce soir, celui qu'ils appellent Ludovic, répond plus ordinairement au surnom de « Cocorico ».

C'est un des journalistes les plus en vue de Paris : il est attaché au grand reportage du journal *la Petite Gironde*.

Sa célébrité, qui date de la guerre russo-japonaise, s'est encore accrue depuis, à maintes reprises.

Ardent patriote, il n'a jamais cherché à dissimuler ses sentiments : il n'a en tête et sur les lèvres que le mot de revanche !

Mais il est l'ennemi de la guerre ; il répète à qui veut l'entendre que l'Alsace et la Lorraine pourraient bien revenir un jour à la France sans qu'il soit versé une seule goutte de sang.

— Il suffirait pour cela, dit-il souvent, de l'initiative d'un homme, d'un seul homme !...

Mais il ne développe jamais plus amplement sa pensée.

Ce sont ses théories qui lui ont valu dans son journal le surnom de « Cocorico ».

Aucune appellation ne semble plus justifiée.

En effet, avec sa mâle prestance, son visage énergique que caractérise une longue moustache blonde aux pointes tombantes, — à la gauloise, — son œil vif où semble se lire un perpétuel défi, le reporter symbolise assez parfaitement le coq, emblème de la France, ce noble oiseau au bec et aux ergots menaçants, courageux sans bravade et fier sans vanité !

D'ailleurs, ce surnom flatte infiniment Ludovic, et chaque fois qu'il vient frapper son oreille, il répond invariablement, d'une voix forte, joyeuse et bien timbrée :

— Présent !

C'est donc le même but que Ludovic et ses amis, Hélène et Henri, poursuivent, chacun d'eux préconisant des moyens d'action différents.

Mais il ne semble plus que l'on puisse rencontrer nulle autre part que dans le petit salon où nous venons de pénétrer, réunis sous un aussi faible volume, autant d'amour pour la France et de haine pour l'Allemagne.

Dès qu'il eut pris connaissance du message qu'on venait de lui apporter, Henri Malherbe congédia la bonne d'un geste rapide.

Après la sortie de la domestique, il alla s'assurer lui-même que la porte était bien fermée ; puis il tourna vers sa sœur et son ami un visage blême où se lisait tout son trouble.

— La guerre ? interrogea spontanément Hélène.

— Non, pas encore ! répondit l'attaché, avec une nuance de regret.

— Alors ? fit Ludovic, avide d'explications.

— Une grave... très grave affaire ! annonça Henri. On me demande en hâte au ministère. J'y vais ! Vous m'attendez, n'est-ce pas ?

— Certes ! affirma vivement le journaliste. Et j'espère qu'à votre retour nous apprendrons une grande nouvelle...

— Pas bonne, en tout cas ! augura Malherbe.

Et, sans s'expliquer davantage, il serra la main de Ludovic, posa un furtif baiser sur le front d'Hélène et les quitta rapidement.

Quelques minutes plus tard, le bruit de la porte annonçait qu'il était parti.

CHAPITRE II

Roman d'amour.

Restés seuls dans le salon, Ludovic et Hélène demeurèrent longtemps sans parler. On eût dit qu'une indicible gêne les empêchait l'un et l'autre de rompre le silence.

La jeune fille, après le départ le son frère, était allée machinalement regarder par la fenêtre ; puis elle revint vers un pouf où elle se laissa tomber, le menton dans les mains, l'œil perdu...

Plusieurs minutes s'écoulèrent...

Soudain, Ludovic s'approcha vivement d'Hélène. D'un geste familier, il lui saisit la tête et la lui renversa doucement en arrière, obligeant ainsi le pur visage de la jeune Lorraine à se montrer à lui sous la clarté diffuse qui tombait d'un plafonnier électrique aux perles roses.

— Vous pleurez ? s'écria-t-il douloureusement affecté. Pourquoi ces larmes ? Et pourquoi ce lamentable sourire qui cherche à m'abuser ? Ne suis-je donc plus votre ami, votre confident ?

Hélène prit les mains de Ludovic, et les étreignit longuement.

— Oui, vous êtes tout cela... et beaucoup plus encore ! Mes peines ! Ne les devinez-vous pas ? Nos douleurs, vous ne l'ignorez pas, viennent toujours de ceux que nous aimons. Je n'ai que deux amours au cœur : le premier, c'est celui de ma patrie, ma chère Lorraine et sa sœur l'Alsace. Le second, qui est né un peu de mon patriotisme, vous le connaissez aussi, mon cher Ludovic ; vous en êtes la cause et l'objet...

— Mon Hélène... mon Hélène chérie ! murmura le jeune homme.

— Vous pensez bien, poursuivit la jeune fille, que ce n'est pas de vous que me vient ma douleur. Si des larmes sont montées à mes yeux tout à l'heure, c'est à la pensée que la nouvelle apportée à mon frère n'était pas encore celle que nous attendons... que nous attendons toujours... que nous attendrons longtemps encore peut-être !

— La guerre ? fit Ludovic dans un murmure où perçait un léger reproche.

— Oui la guerre ! répéta Hélène, en se levant, transfigurée. Vous-même, vous veniez d'évoquer cette émouvante et grisante minute, cette minute où nous allions pouvoir nous dire : « Cette fois, ça y est... et pour de bon ! »

» Déjà, dans ma folle espérance, j'imaginais Paris brusquement tiré de son insouciance de ce soir de fête, la France tout entière se levant électrisée, les gares envahies, les régiments en marche vers la frontière ; puis, l'attente fiévreuse de la première bataille, de la première victoire — car ce serait une victoire, j'en suis sûre !

» Et le beau rêve s'évanouit !... On demande mon frère au ministère... et c'est tout ! Encore quelque mission... nécessaire, sans doute... mais peu décisive... et surtout odieuse !

— Odieuse ! s'étonna Ludovic.

— Oh ! oui, odieuse ! A vous, je puis bien le dire : ce métier nous répugne, à Henri et à moi. Mais un autre moyen nous est-il offert de servir notre pays ? Nos ennemis n'usent-il pas envers nous de semblables procédés ? Si nous nous refusions à accomplir cette tâche, ceux qui nous remplaceraient la conduiraient-il à bien, avec le même zèle et le même désintéressement ?

» Nous sommes des espions, c'est vrai ; mais il est des ennemis contre lesquels toutes les armes sont permises. Quand on rencontre un reptile nuisible, on l'écrase ! Quand on ne peut pas l'écraser, on l'épie, on étudie ses mœurs, on évente son passage et on lui tend des pièges ! C'est ce que nous faisons !

— Je vous admire Hélène ! déclara Cocorico en s'asseyant auprès de la jeune fille. Qui pourrait croire que sous votre fragile enveloppe se cache tant d'héroïsme ? Chaque jour, je découvre en vous de nouvelles aspirations qui vous élèvent encore davantage à mes yeux... si cela est possible. Et cependant, voilà plus d'un an que nous nous connaissons !

— Un an... déjà !

— Eh oui ! Nous sommes au 15 octobre ; et c'est à la fin du mois de septembre de l'année dernière que le hasard m'a placé sur votre route.

— Le hasard, Ludovic ! Dites plutôt que c'est votre esprit chevaleresque qui vous a poussé vers moi ! Combien d'autres, dans des circonstances semblables, eussent passé leur chemin sans me porter secours ! Sans votre intervention, je ne me serais pas tirée indemne des mains de ces apaches !

— C'était à craindre ! Mais aussi, quelle imprudence de votre part de vouloir donner une leçon à de tels individus ! Le geste était joli, mais téméraire !

— Je n'ai pas pu me contenir. Ces hommes étaient mêlés à la foule où je me trouvais moi-même ; nous regardions défiler un régiment d'infanterie, musique en tête. C'est là un spectacle auquel je n'ai jamais pu rester insensible... Déjà, mes voisins, trois pâles voyous, à la mine rébarbative, m'avaient exaspérée par les réflexions ironiques et grossières lancées au passage de chaque officier.

» Soudain, le drapeau approcha... il allait défiler devant nous. De tous côtés, à la vue de l'emblème sacré, le silence se faisait, les têtes se découvraient. Je regrettais à cet instant de ne pas être un homme pour pouvoir moi aussi me découvrir devant l'étendard. Pour un peu, j'aurai fait le salut militaire. Le drapeau passa...

» A ce moment, je m'aperçus que les trois vauriens qui se tenaient devant moi, gardaient leurs casquettes sur leurs têtes. Bien plus, l'un d'eux fit ostensiblement le geste d'enfoncer davantage la sienne sur son front.

» Je ne fus plus maîtresse de moi-même ! Sans songer aux conséquences de mon acte, j'arrachai la casquette de l'insolent et la jetai à terre, en criant :

» — Chapeau bas, devant les trois couleurs !

» Il y eut autour de moi un moment de stupeur. Les trois apaches avaient un aspect si peu engageant, que de rares murmures, seulement, approuvèrent mon geste. Personne n'osa prendre ouvertement mon parti. Un flot d'injures déborda sur moi ; et bientôt, l'un des misérables osa lever au-dessus de ma tête un poing menaçant.

» Ce fut à ce moment qu'un homme surgit de la foule. Il avait été le témoin silencieux de la scène précédente. Sans laisser à mes adversaires le temps de se mettre sur la défensive, il en envoya deux rouler à terre, pendant que le troisième prenait la fuite. La foule applaudit.

» Mais mon sauveur n'en resta pas là de sa courageuse intervention. Il trouva le moyen de me soustraire, en même temps que lui, aux ovations de la foule. Quelques secondes plus tard, avant que je fusse revenue de mon émotion, il me faisait monter en voiture et me demandait mon adresse pour la donner au cocher.

» Alors, seulement, je regardai l'homme qui venait de me tirer d'un réel danger. Je vous vis, mon cher Ludovic, et en une seconde, j'appris à vous connaître... à vous aimer. Vous m'apparûtes comme un de ces hommes dont l'extérieur ne trompe pas. Et sans même penser à ce que ma démarche avait d'osé, je vous priai de m'accompagner, afin de vous présenter à mon frère. Voilà, comment nous devînmes amis...

— Et puis, ce fut l'éternel et doux roman ! continua Ludovic. Je vous aimai secrètement jusqu'au jour où je vous fis l'aveu de ma passion. Ma voix rencontra un tendre écho dans votre cœur ; et notre bonheur fut complet quand nous sûmes que votre frère applaudissait à notre union prochaine. Et, cependant, ce pauvre Henri serait en droit de m'en vouloir ! Ne vais-je pas le priver de sa précieuse collaboratrice ?

— Oui et non ! fit remarquer la jeune fille, redevenant soucieuse. Quand vous serez en voyage, Ludovic, il me sera possible d'occuper mes loisirs à seconder encore Henri dans ses délicates missions.

» D'ailleurs, notre mariage n'a lieu que dans trois mois ; d'ici là, je puis encore m'employer à faire de la bonne besogne. Quelque chose que je ne saurais définir me dit que je vais avoir un rôle à jouer dans l'affaire pour laquelle mon frère vient d'être mandé en hâte au ministère.

— Puissiez-vous vous tromper, Hélène. Les doux instants de tête-à-tête, comme ceux-ci, me semblent déjà si rares !...

— Vous êtes trop gourmand, monsieur Cocorico !

— Dites que je suis affamé !

Et Ludovic passa son bras autour de la taille de sa fiancée. Il l'attira à lui, et un chaste baiser les unit dans un instant.

Puis, les deux jeunes gens se remirent à bavarder, mais sur un ton plus bas et infiniment doux. C'était la perpétuelle chanson d'amour qui s'exhalait d'eux, avec les murmures de ses couplets et les baisers de son refrain !

Ils parlaient inlassablement, faisant mille projets dorés.

Dans leur ravissement, ils semblaient oublier leurs préoccupations de tout à l'heure, et si parfois des larmes brillaient encore aux coins des yeux d'Hélène, elles étaient d'une eau moins amère.

Les amoureux furent tirés de leur beau rêve par le tintement léger d'une pendulette de Saxe qui ornait la cheminée du salon.

— Neuf heures et demie ! murmura Ludovic, stupéfait.

Les minutes s'étaient succédé sans qu'il s'en fût rendu

compte ; en effet, huit heures sonnaient à peine lorsque Henri Malherbe les avait quittés.

— Décidément, l'affaire qui retient mon frère au ministère est grave, estima Hélène, en se levant, subitement inquiète.

Cocorico proposa vivement :

— Voulez-vous que je fasse un saut jusqu'au quai d'Orsay ?

— Inutile, mon cher Ludovic. Si Henri n'est pas de retour, c'est qu'il est retenu. Je le connais : il devine notre anxiété, et dès qu'il sera libre il se hâtera de revenir ici.

Les fiancés s'apprêtaient à reprendre leur doux entretien quand la jeune fille tressaillit et s'écria :

— Le voici !

La porte de l'antichambre venait effectivement de se refermer.

Hélène se porta à la rencontre de son frère, en compagnie duquel elle revint bientôt dans le salon.

Sans même donner le temps à Ludovic de formuler la moindre question, Henri déclara :

— L'affaire est telle que je la prévoyais : grave et urgente.

» Sonne Maria, veux-tu, Hélène ? et dis-lui de préparer nos valises sur-le-champ ! Nous allons partir immédiatement. Je me suis renseigné : il y a un train à onze heures quinze à la gare du Nord. Nous le prendrons, et demain soir, nous serons à Spandau, sur le terrain même où nous allons avoir à travailler.

— Vous partez pour l'Allemagne ? demanda le journaliste, stupéfait et inquiet de cette brusque émotion.

— Oui ! Notre mission ne saurait souffrir aucun retard ! Il nous faut découvrir un voleur et lui ravir son larcin ! Dans un instant, pendant que se poursuivront nos préparatifs de départ, je vous mettrai au courant du forfait qui s'est perpétré au ministère, pas plus tard que cette après-midi.

— Je bous d'impatience ! avoua Ludovic. Dites-moi au moins le nom du voleur !

— Le prince de Schwartz ! répondit nettement Malherbe.

A ce moment, la bonne entra, venant prendre les ordres de ses maîtres.

Au nom qui venait de lui être révélé, Cocorico avait mordu sa moustache, comme s'il eût craint de laisser échapper un cri.

Il était devenu pâle, et, tandis que ses amis s'occupaient de tout préparer pour leur voyage, il demeurait immobile, froissant nerveusement de la main l'étoffe soyeuse du canapé au dossier duquel il était appuyé.

Mais bientôt, sans qu'elles fussent entendues de personne, ses lèvres s'entr'ouvrirent pour balbutier à plusieurs reprises :

— Le prince de Schwartz ! Schwartz... Schwartz l'infâme !... C'est lui !...

CHAPITRE III

Une double révélation.

La domestique venait de se retirer pour aller exécuter les ordres que lui avaient donnés ses maîtres.

Henri et Hélène se tournèrent vers Ludovic. Ils étaient eux-mêmes trop troublés pour remarquer l'émotion qui venait de s'emparer de leur ami.

Un profond silence subsista, que rompit bientôt l'attaché du ministère en prenant la parole, après avoir réuni d'un geste ses auditeurs autour de la cheminée, où quelques tisons achevaient de se consumer.

A voix basse, Henri raconta .

— Voilà... Cette après-midi, vers trois heures, le prince de Schwartz, qui à son titre de diplomate influent joint celui de confident de Guillaume II, a été reçu en audience privée par le président du conseil. Les deux hommes d'Etat devaient s'entretenir des difficultés que soulève la brûlante question des Balkans.

» Or, pendant que l'entrevue avait lieu dans un petit salon voisin du cabinet ministériel, un huissier est venu avertir le président du conseil que son collègue de la guerre le demandait d'urgence au téléphone.

» Le président est sorti du salon, après s'être excusé auprès de son visiteur. Son absence a duré à peine cinq minutes, après lesquelles il est revenu reprendre l'entretien interrompu. Bientôt, le prince de Schwartz s'est retiré.

» Quelques heures plus tard, en fouillant dans le tiroir d'un meuble du petit salon, le président du conseil s'est aperçu qu'une pièce de la plus haute importance en avait disparu.

» Il s'agit, en effet, d'un rapport du ministère des affaires étrangères russe, sur les modifications apportées au plan général de la mobilisation de la nation amie et alliée, modifications rendues nécessaires par la situation que la crise balkanique fait à la Russie.

» Ce précieux document était arrivé ce matin même au ministère, et il avait été provisoirement déposé dans le tiroir du petit meuble en question.

» Il n'est plus temps de déplorer cette imprudence. On doit s'incliner devant un fait accompli et faire converger tous les efforts pour retrouver cette pièce, dont l'importance ne saurait échapper à personne.

» Tout de suite, les soupçons se sont portés sur le prince de Schwartz. Une rapide enquête a été ouverte. Seul, le président du conseil possédait la clé du salon. Nul n'y a pénétré en dehors de Schwartz, car les serrures sont intactes. D'ailleurs, les couloirs sont remplis d'huissiers, et toute idée de cambriolage doit être écartée.

» Les soupçons se sont changés en certitude. C'est le prince allemand qui, profitant de l'absence du président, a dérobé le plan de la mobilisation russe. Sur ce point, nul doute n'est permis.

» Maintenant, il s'agit de rentrer en possession de ce rapport. Le ministre a tout de suite songé à moi pour cette mission. J'ai accepté avec enthousiasme, non seulement parce que je suis honoré de la confiance qu'on me témoigne, mais encore...

— Mais encore ? interrogea anxieusement Ludovic, en voyant que son ami hésitait avant de terminer sa phrase.

— Mais encore, acheva l'attaché, parce que la personnalité du voleur m'intéresse tout particulièrement.

— Vous connaissez le prince de Schwartz ? s'étonna Cocorico.

Un regard s'échangea furtivement entre le frère et la sœur, comme s'ils prenaient mutuellement conseil l'un de l'autre.

Puis Malherbe reprit :

— A cette heure, où nous partons pour une aventure incertaine et périlleuse entre toutes, nous n'avons plus le droit de rien vous cacher, mon cher Ludovic. Si nous ne vous avons pas fait plutôt l'aveu que vous allez entendre, c'est qu'une sorte de honte nous empêchait de vous révéler ce secret

» Nous sommes Lorrains, vous ne l'ignorez pas ; et vous savez aussi combien notre cœur est français. Mais ce que nous n'avons jamais osé vous faire connaître, c'est notre étroite parenté avec l'un des hommes qui affichent en Allemagne, les sentiments les plus francophobes. Cet homme est le prince de Schwartz...

— Comment ! Schwartz est votre parent ? s'exclama sourdement le reporter.

— Nous sommes ses neveux... Notre mère, avant son mariage avec le comte Robert de Marsal, s'appelait Anna de Schwartz. Elle était la sœur de l'homme avec qui nous avons à lutter aujourd'hui.

» Pauvre mère ! Quel long martyre fut sa vie, lorsqu'elle demeura veuve, avec ses deux enfants : Hélène, qui venait de naître, et moi ! Notre père n'avait pas prévu que la mort l'arracherait sitôt à l'affection des siens. Il n'avait pas non plus soupçonné que son beau-frère, le prince de Schwartz, dépouillerait sa propre sœur de tous ses biens...

» Lors de l'annexion, le comte Marsal, qui avait de nombreuses propriétés en terre lorraine, ne voulut pas devenir Allemand. Il vint s'installer en Champagne, et ses biens furent mis sous séquestre. Peu de temps après la mort de notre père, le prince de Schwartz chercha à entrer en possession de ces terres. Il y parvint ! Comment s'y prit-il ? Tous les moyens lui furent bons pour réduire sa pauvre sœur à la misère, sa sœur à laquelle il n'avait jamais pardonné d'avoir épousé un Français.

» A cette époque, Schwart était déjà très influent. Son nom, sa fortune, ses relations — et aussi son manque complet de scrupules — lui permirent d'enfreindre la loi. Il manœuvra avec tant d'habileté que notre mère fut dépossédée, ruinée, acculée à la mendicité. En effet, depuis l'annexion le comte et la comtesse de Marsal, n'avaient vécu que d'emprunts, dont les terres sous séquestre étaient la garantie.

» La malheureuse femme ne tarda pas à mourir, minée par le chagrin. Elle nous laissait seuls au monde, Hélène et moi.

Henri Malherbe s'interrompit. Les yeux clos, il semblait évoquer le souvenir de sa mère ! Mais le sourire douloureux qui illumina un instant ses traits se changea bientôt en un amer rictus.

— Comprenez-vous maintenant pourquoi j'ai accepté avec empressement la lutte contre cet homme ? Comprenez-vous aussi pourquoi je tiens à ce que ma sœur m'accompagne ? Elle a. pour haïr Schwartz, les mêmes raisons que moi.

A cet instant seulement, Cocorico se départit de l'attitude sombre avec laquelle il avait écouté les révélations du jeune Lorrain.

— Oui... Je comprends tout cela ! fit-il d'une voix grave et
que semblait faire vibrer une indignation mal contenue. Je
vous comprends, mes chers, mes bons amis ! Je vous comprends... je vous approuve... et je vous envie !

— Vous nous enviez ! interrogea Hélène, surprise.

Mais le reporter ne répondit pas directement à la question,
et il reprit, s'exaltant peu à peu :

— Oui... oui... partez... vous qui allez avoir le bonheur de
poursuivre une œuvre de patriotisme... et de justice aussi !
Démasquez ce Schwartz, Schwartz l'infâme ! comme l'appellent encore les paysans de chez nous ! Arrachez-lui le précieux
document qu'il a volé... et aussi, vengez-vous ! Si jamais
vous vous trouvez seuls avec cet homme, face à face, ne le
manquez pas !

— Comptez sur nous ! répliqua fermement Henri Malherbe.

Mais, soudain, le jeune homme parut s'étonner.

— Ma parole, fit-il, vous semblez haïr le prince tout autant
que nous !

Cocorico se dressa de toute sa haute taille pour répondre :

— Oui, je le hais, et ma haine est plus forte encore que la
vôtre. Et je ne sais ce qui me retient de partir avec vous et de
vous aider à triompher de Schwartz.

— Ah ça ! Quelles raisons avez-vous de détester l'homme
contre lequel nous partons en guerre ? demanda Hélène, qui
n'était pas moins surprise que son frère d'entendre le journaliste parler avec cette fièvre.

— Quelles raisons ? répéta Ludovic.

Il prit un temps ; puis, froidement, il déclara, en baissant la
tête, comme sous le poids d'une indicible honte :

— Le prince de Schwartz est mon père !

Les amis de Cocorico étaient peu préparés à entendre une
pareille révélation. Ils demeurèrent cloués de stupeur. Depuis
qu'ils s'étaient liés avec Ludovic, ils ne l'avaient jamais ques-
tionné sur ses origines.

Le reporter leur avait donné à entendre qu'il était un enfant
trouvé ; et la tristesse qui apparaissait sur son visage chaque
fois qu'il abordait cette question, avait incité le frère et la sœur
à ne pas l'interroger davantage.

D'ailleurs, étaient-ils en droit de s'étonner de cette réserve ?
Ne gardaient-ils pas, eux-mêmes, le secret sur leur étroite parenté avec le prince de Schwartz ?

Il avait fallu ce départ précipité, ce besoin que nous éprouvons tous de nous confier à quelqu'un lorsque nous traversons
des circonstances graves, pour qu'Henri se décidât à prononcer
le nom de Schwartz.

Sa confidence en avait amené une autre.

— Schwartz est mon oncle ! avait révélé Henri à Ludovic.

Et maintenant, celui-ci avouait à son tour :

— Schwartz est mon père !

Cette dernière révélation était tombée comme un coup de
massue.

Henri et Hélène restèrent quelques instants sans pouvoir
adresser à leur ami les questions qui leur venaient aux lèvres.

Mais Ludovic semblait ne plus vouloir rien cacher. Avant
même qu'on l'interrogeât, il reprit avec volubilité :

— Les instants sont précieux ! Bientôt, nous devons nous

séparer, pour longtemps peut-être... Je veux, avant que sonne l'heure pénible des adieux, vous charger, moi aussi, d'une mission.

» Si, comme nous l'espérions tout à l'heure, l'occasion vous est offerte de vous trouver seuls avec le prince, vous exaucerez mon plus cher désir en lui jetant à la face ces mots que j'aurais aimé à proférer moi-même :

» — Te souviens-tu, Schwartz, du pauvre Dortailles, le garde-chasse de Remicourt, que les uhlans assassinèrent ? Te souviens-tu de la petite Odile, que tu souillas lâchement ? Eh bien ! écoute : il existe aujourd'hui un homme qui s'appelle Ludovic Dortailles... Il est né moins d'un an après l'attentat qui fit de toi « Schwartz l'infâme »... Il est Français... si Français même, que ses amis lui ont donné le surnom de Cocorico !... Un surnom dont il est fier ! Cocorico est ton fils, prince Schwartz ! Il te hait ! Prends garde à lui ! »

Ludovic avait prononcé ces dernières paroles avec autant de force que s'il se fût trouvé en face de Schwartz lui-même. Puis, subitement, il se calma.

Alors, se rapprochant de ses amis, il leur fit à voix basse un long et douloureux récit. Il leur raconta sa naissance, l'héroïque sacrifice de sa mère, qui avait voulu qu'il fût Français.

Puis, il en vint à parler de son enfance. Il avait été élevé dans le village auprès duquel la victime de Schwartz lui avait donné le jour. Deux hommes avaient pris soin de lui : le docteur et le curé.

A ce souvenir, Ludovic se mit à sourire.

— C'est plus fort que moi, expliqua-t-il. Je ne puis penser à ces deux braves cœurs sans être tout à la fois ému et égayé.

» Le docteur Marnat était un farouche républicain, un rouge, anticlérical militant, et qui, au demeurant, était doué de toutes les vertus chrétiennes.

» L'abbé Claude, au contraire, était très pénétré de l'importance de son sacerdoce, et menait dans la commune une active campagne en faveur de la fréquentation de l'école qu'il dirigeait.

» Le médecin était aussi emporté que le curé était doux. Ai-je besoin de vous dire que les deux hommes étaient d'irréductibles ennemis ? Mais ils étaient aussi bons l'un que l'autre ; et c'étaient des larmes semblables qu'ils versaient au chevet des mourants auprès desquels ils étaient appelés !

» Mais là n'était pas leur seul terrain d'entente. Au-dessus de la tête blonde du bambin que j'étais, leurs mains s'unissaient encore... Ils demeuraient frères par l'affection toute paternelle qu'ils me témoignaient. Sans le vouloir, sans le savoir, je faisais ce miracle.

» Oui, c'étaient deux braves cœurs ! Ce sont eux qui m'ont appris le drame qui a précédé ma naissance... Ce sont eux qui m'ont élevé dans l'amour de notre patrie et dans la haine de l'oppresseur. Je leur dois beaucoup... Je ne les oublierai jamais.

» Ils vivent encore, tous les deux, bien vieux, bien ridés, mais toujours ennemis !... Cependant, ils oublient parfois leur rivalité pour se réunir, la nuit tombée, en cachette... Alors, ils parlent du petit Ludovic d'autrefois ; et ils se communiquent réciproquement les dernières lettres reçues de moi !

» Je me les imagine bien, les braves vieux, bavardant inlassablement, sans remarquer que la grande aiguille de la pendule a fait plusieurs fois le tour du cadran. L'aube, en blanchissant les carreaux, interrompt seulement leur longue causerie. Effarés, ils ramassent leurs lettres et se serrent les mains.

» — Je vais dire ma messe ! déclare l'abbé.

» — Je vais voir un malade ! annonce le docteur.

» Et il se quittent, plus ennemis que jamais !...

Une émotion intense s'était emparée de Ludovic Dortailles, au fur et à mesure qu'il parlait.

Il s'arrêta un instant, se ressaisit, puis acheva son récit brièvement, car il venait de se rappeler que l'heure du départ de ses amis n'était plus très éloignée :

— Vous rougissez, dit-il, d'être les neveux de Schwartz ! Consolez-vous ! Ma honte est plus grande que la vôtre, puisque je suis, moi, le fils de cet homme !

— Ce qui fait que nous sommes cousins germains ! ajouta vivement Hélène, essayant ainsi d'arracher son fiancé à la profonde tristesse qui émanait de ses dernières paroles.

Alors, plus enjouée qu'elle ne l'était en réalité, elle s'écria :

— Bonjour, mon cousin !

Et elle posa un baiser sonore sur les joues de Ludovic.

Avec un douloureux sourire, celui-ci jeta un regard vers la pendule. L'heure du départ était arrivée...

— Adieu, ma cousine ! répondit-il en rendant son baiser à Hélène.

Puis, changeant de ton, il annonça :

— Je vais à l'Agence, où j'ai promis de passer un moment. Je ne serai pas retenu trop longtemps ; et je pourrai aller vous embrasser une dernière fois sur le quai de la gare ! A tout à l'heure !

Cocorico prit vivement congé de ses amis, les laissant sous l'impression profonde que venait de leur causer son extraordinaire révélation.

Il était lui-même extrêmement troublé, au point qu'ayant hélé un taxi-auto, il oublia de donner au chauffeur l'adresse de l'Agence. Cependant, la voiture démarra, et, quelques minutes plus tard, elle venait stopper devant les bureaux de l'Agence de la *Petite Gironde*.

A ce moment, Ludovic s'aperçut de son oubli et fut tout surpris de se trouver quand même arrivé à destination...

Tout en réglant le chauffeur, il lui demanda l'explication de cette énigme.

L'homme se mit à rire et répondit, non sans fierté :

— Faudrait pas être Français pour ne pas connaître m'sieu Cocorico ! J'lis tous vos articles dans la *Petite Gironde*... Ah ! ils sont rudement tapés ! Moi non plus, j'aime pas les Pruscos. Et le jour où il faudra cavaler à la frontière, je vous jure que je ne serai pas le dernier ! Au besoin, je prendrai mon auto pour arriver plus vite.

Dortailles sourit, et, d'un geste spontané, il serra la main du chauffeur, confus de tant d'honneur.

Avant que ce dernier fût revenu de sa surprise, le journaliste avait disparu.

CHAPITRE IV

Un ordre.

Une animation inusitée régnait, cette nuit-là, dans les couloirs et les bureaux des journaux.

La nouvelle venait d'arriver que les Etats balkaniques, suivant de près l'exemple du Monténégro, avaient déclaré la guerre à la Turquie. Celle-ci était déjà envahie...

Tout en traversant les groupes, Dortailles glana çà et là quelques informations relatives aux graves événements qui allaient mettre à feu et à sang la péninsule des Balkans.

Mais il ne se mêla pas aux conversations de ses confrères qui supputaient les chances respectives des adversaires, tout en s'efforçant de prévoir le rôle que la France allait être appelée à jouer dans le conflit.

Ludovic, qui se sentait peu disposé à bavarder, redoutait qu'on fît appel à son jugement.

Néanmoins, au passage, ses camarades ne manquèrent pas de lui crier :

— Eh ! Cocorico !

— Présent ! répondit-il comme à l'ordinaire.

Mais il ne s'arrêta pas et poursuivit rapidement son chemin jusqu'à son bureau. Il éprouvait un irrésistible besoin d'être seul, seul avec ses pensées.

Il referma sur lui la porte de la pièce qui lui était dévolue, alluma l'électricité et jeta un coup d'œil distrait sur les lettres et autres papiers placés en évidence sur la table.

Puis, se prenant la tête entre les mains, il se mit à réfléchir.

Tout ce qu'il venait d'apprendre en si peu d'instants lui revenait à la mémoire.

Le vol du document secret, la mission confiée à Henri et à Hélène, leur parenté avec Schwartz... tout cela avait été si brusque, qu'il avait besoin d'y penser froidement pour y croire. A présent, il se remémorait, une à une, les paroles prononcées dans le petit salon de la rue Thérèse.

Dans son premier trouble, il n'avait pas trouvé une seule phrase pour exprimer le déchirement qu'il ressentait à voir s'éloigner la femme aimée, pour un temps indéterminé, au cours duquel elle allait peut-être courir les plus grands dangers.

La douleur qu'il éprouvait, à la pensée de son mariage retardé, était cependant compensée en quelque sorte par l'âpre joie que lui causait le but poursuivi par ses amis.

D'ailleurs, n'était-ce pas une bonne chose qu'il ne leur eût manifesté aucun regret ?... N'eût-il pas été coupable de refroidir la patriotique ardeur de la jeune fille ? Il ne regrettait donc pas son silence, de quelque façon qu'Hélène ait pu l'interpréter.

Alors, il ferma les yeux, évoquant la douce vision de la jeune Lorraine

Soudain, il releva la tête, comme s'il venait d'avoir une subite inspiration.

— Pourquoi pas ? murmura-t-il. Ici, on ne me refusera pas un congé ! Quant à mes amis, ils seront enchantés, j'en suis sûr, de m'avoir pour compagnon de route. Je parle l'allemand aussi bien que le français ; je peux prendre une autre responsabilité et passer inaperçu de l'autre côté du Rhin.

» Schwartz est un ennemi redoutable contre lequel les énergies réunies de trois êtres comme Henri, Hélène et moi ne seront pas trop puissantes. C'est dit : je pars !

Ludovic allait se lever, lorsque la sonnerie du téléphone placé sur sa table, retentit dans le silence du bureau.

Il décrocha le récepteur et écouta. La conversation s'engagea entre lui et son invisible correspondant.

— Allo ! oui... oui... c'est moi !

— Je sais. Je viens d'apprendre la nouvelle.

— Certainement, la situation est grave.

— Il faut que je parte ? Tout de suite ?

— Si cette besogne m'effraie ?... Pas le moins du monde !

— Entendu ! Je file par le premier train !

— Naturellement. Vous pensez bien que je ne partirai pas sans aller prendre vos instructions. Dans combien de temps serez-vous au journal ?

— Dans une petite heure... Bon...

Ludovic raccrocha l'appareil.

Au cours de la communication qu'il venait de recevoir, son visage avait exprimé tour à tour l'ennui, la déception, la résignation, puis finalement l'intérêt.

Il tira sa montre.

— J'ai le temps d'être à la gare du Nord avant le départ du train, murmura-t-il.

Et, prenant son chapeau et son pardessus, il quitta le journal aussi précipitamment qu'il y était entré.

Sur les quais bruyants et encombrés, parmi le va-et-vient des voyageurs et des employés, au bruit des coups de sifflet et du halètement des machines, un homme et une femme se tenaient à une portière de l'express de Cologne.

Ils regardaient de tous côtés comme s'ils épiaient l'arrivée de quelqu'un.

— Le voilà ! fit soudain la jeune femme, sur une joyeuse intonation.

Et, suivie de son frère, Hélène de Marsal descendait du wagon et s'élançait au-devant de Cocorico.

— Nous craignions qu'on vous ait retenu à votre journal, avoua Hélène, en prenant les mains que lui tendait son fiancé.

— Ma foi, répondit Ludovic, il s'en est fallu de bien peu que

je ne puisse venir... Si l'un des directeurs m'avait fait verba-
lement la communication qu'il s'est contenté de me faire par
téléphone, il est probable que notre entretien se serait prolongé sans que je puisse me dégager.

— Il s'agit d'une affaire grave ? demanda Henri.

— Effectivement ! répondit le reporter. Imaginez-vous que,
moi aussi, je dois faire ma valise et partir précipitamment.
Demain, j'aurai quitté Paris

Hélène et Henri fixèrent sur leur ami un regard surpris et
interrogateur.

Ludovic continua :

— Je dois aller prendre à Marseille le premier paquebot à
destination de Constantinople. La direction de la *Petite Gironde*
vient de me charger du reportage de guerre... Il me faut
suivre les opérations du côté turc. C'est là que l'intérêt sera le
plus palpitant... et les communications le plus difficiles.

— Je comprends qu'on ait pensé à vous pour cette délicate
besogne, déclara Henri. Elle ne pouvait pas manquer de vous
incomber.

Pendant que le jeune attaché continuait à complimenter son
ami, Hélène était devenue affreusement pâle. Elle tremblait
pour son fiancé. Elle se rappelait ses prouesses au cours de la
guerre russo-japonaise. Vingt fois, il avait risqué sa vie pour
pouvoir envoyer à son journal de retentissantes informations.

Profondément épris de son métier, qu'il élevait à la hauteur
d'un art, très brave, presque téméraire, Ludovic avait suivi
toute cette campagne sur les lignes mêmes de combat.

Sans aucun doute, il en userait de même pour la guerre des
Balkans. Les balles, de quelque nationalité fussent-elles, l'épar-
gneraient-elles, cette fois ?

A cette pensée, la jeune fille, si courageuse elle-même cependant, ne pouvait s'empêcher de frémir d'angoisse.

Mieux que personne, elle applaudissait à tout acte de bravoure ; mais elle avait un cœur aussi, un cœur de femme,
tendre et aimant, et qu'elle sentait bondir dans sa poitrine à
la seule idée qu'elle ne reverrait — peut-être ! — plus jamais,
le bien-aimé qui se tenait à deux pas d'elle, calme et souriant, plein de confiance.

Plus jamais ! Pour la première fois, Hélène comprenait tout
le néant de ces deux mots !

— Promettez-moi d'être prudent ! dit-elle soudain, en inter-
rompant la conversation que Ludovic avait, à voix basse, avec
Henri.

— Comment ? répondit le journaliste, c'est vous qui parlez
de prudence ? Vous semblez oublier que votre mission est autrement périlleuse que la mienne ! Dans la campagne que j'entreprends, je suis assuré d'une entière neutralité, tandis que
vous...

— Ne discutons pas sur nos mérites respectifs, mon cher Ludovic ! Dans quelques instants, nous serons déjà loin l'un de
l'autre. Faites-moi la promesse que je vous demande : jurez-
moi de vous montrer prudent !

Le visage de Cocorico devint subitement sérieux.

— Hélène, ma tendre Hélène, déclara-t-il avec gravité, je
vous dois toute la vérité. Si je partais pour les Balkans, comme

tous mes confrères, n'ayant d'autre besogne que celle de recueillir des informations sur les hostilités, je pourrais vous faire ce serment, sans craindre d'y faillir. Mais, vous le savez, je poursuis encore et toujours un autre but.

» Ce but, véritable idéal, préside à tous les instants de ma vie. Il domine toutes mes pensées. Il est mon perpétuel objectif, comme vous êtes ma constante joie ! Vous le connaissez, Hélène. Il est dans ces deux mots : « Lorraine ! Alsace ! »

» Pour mener à bien cette œuvre, pour rendre — pacifiquement, je l'espère — ces deux provinces à la France, odieusement mutilée, je suis prêt à toutes les besognes, à tous les sacrifices, fût-ce même celui de ma vie !

» Dans le voyage que j'entreprends, l'occasion se présentera peut-être à moi, de travailler à cette œuvre... notre œuvre, Hélène. Devrai-je la laisser échapper ? Est-il un danger auquel je ne m'exposerais pas si j'entrevoyais la possibilité de toucher au but si ardemment convoité ? Non, mille fois non ! Vous-même, Hélène, si vous étiez présente, me montreriez le péril en me disant : « Va ! »

— Oui... oui... vous avez raison ! affirma vivement la stoïque jeune fille. J'étais une insensée, quand je voulais exiger de vous ce serment... Pardonnez-moi !

— Hélène !

Ludovic venait de prendre les mains de sa fiancée dans les siennes. Il demeura ainsi quelques instants, plongeant son regard dans les yeux de la jeune fille...

Mais, bientôt, des appels retentirent.

— En voiture ! En voiture !

Des employés fermaient déjà les portières avec fracas. Il fallait se séparer.

Henri posa doucement sa main sur l'épaule de sa sœur, et, désignant Ludovic :

— Embrasse ton mari ! dit-il.

Les deux amoureux s'étreignirent longuement.

— En voiture ! En voiture ! répétait-on tout près d'eux.

Ils se séparèrent avec déchirement.

Henri aida la jeune fille à monter dans le wagon ; puis, se retournant vers son ami, il lui tendit les bras. Une chaleureuse accolade unit un instant les deux cousins.

Bientôt, Cocorico resta seul auprès du wagon dans l'intérieur duquel venaient de disparaître le frère et la sœur.

Ils reparurent tous deux à une portière, et tendirent une dernière fois leurs mains à Ludovic.

Il y eut un coup de sifflet prolongé... un long cri de la machine... les roues grincèrent... le train s'ébranla... puis partit lentement, comme à regret, en gémissant de tous ses essieux.

Dortailles, rivé sur le quai, ne perdait pas de vue la fine silhouette d'Hélène, penchée hors du wagon.

Mordillant sa moustache, il regarda la douce image de la femme aimée, s'éloigner, se perdre un instant dans un nuage de fumée, reparaître au passage d'un globe électrique, s'estomper de nouveau... enfin, s'évanouir complètement...

Et Ludovic ne vit bientôt plus, du train qui emportait ses amis, que trois yeux rouges qui se faisaient de plus en plus petits, et qui s'éteignirent subitement, à une courbe de la voie.

Alors, seulement, il se ressaisit. Il se rappela qu'il allait partir, lui aussi...

La perspective du voyage qu'il allait entreprendre lui rendit en un instant toute son énergie. Il cambra sa poitrine, releva la tête, lissa sa moustache blonde et s'élança hors de la gare.

CHAPITRE V

Le compagnon de Cocorico.

Rentré au journal, Ludovic Dortailles se fit annoncer à son directeur, qui venait d'arriver, et le reçut aussitôt.

L'entretien dura une demi-heure, et le correspondant de guerre, se retira, pourvu d'instructions nombreuses et précises. Il n'avait plus qu'à faire ses préparatifs et à boucler sa valise. Il devait prendre le lendemain, à la gare de Lyon, le rapide de 9 h. 15.

Pour commencer, il se rendit dans son bureau, afin de mettre hâtivement quelques papiers en ordre. Il poursuivait sa besogne depuis quelques instants déjà, lorsqu'on frappa à sa porte.

— Quelque confrère qui vient me congratuler ! supposa-t-il.

— Entrez !

La porte s'entre-bâilla et laissa passer la tête joviale d'un jeune homme d'une vingtaine d'années.

— Salut m'sieu Cocorico ! fit-il d'une voix sympathique, à l'accent nettement faubourien. Vous permettez que j'aboule mes gros ribouis sur la moquette de votre bureau ?

— Certainement, mon petit Prosper, acquiesça le journaliste, qui avait souri à l'apparition du jeune homme.

Celui-ci ne se fit pas répéter l'invitation et pénétra dans le cabinet, dont il referma la porte derrière lui.

Il demeura immobile, la casquette à la main, se dandinant légèrement sur les jambes, l'air un peu embarrassé. Et cependant, la timidité ne devait pas être le défaut du nouveau personnage que nous présentons à nos lecteurs.

De taille moyenne, fluet, le teint pâle, l'œil vif et malicieux, la lèvre inférieure épaissie par une perpétuelle moue narquoise et sceptique, Prosper Godilleau était le type du joyeux gamin de Paris, l'éternel gavroche, que nous connaissons tous pour l'avoir rencontré accroché à une voiture, ou marquant le pas auprès d'un régiment en marche, ou bien encore égayant par ses lazzis tout un wagon du Métropolitain.

Prosper arborait, non sans fierté, une mince moustache brune, peu fournie, dont les poils voisinaient ordinairement avec un bout de cigarette, toujours éteint, collé au coin de la bouche.

— Tu permets que je continue mon petit rangement ? demanda Ludovic, sans interrompre sa besogne.

— C'est sûr... c'est sûr ! répondit Prosper. Je m'en voudrais de vous faire perdre une minute, surtout en ce moment, où vous devez être dans tous vos états, rapport à votre prochain départ.

— Tiens, tu sais cela, toi ?

— Dame, m'sieu Cocorico, tout le monde en parle, au journal, et la nouvelle n'a pas tardé à arriver jusqu'à moi.

— Ne parlons pas de ça...

— Parlons-en, au contraire ! C'est rigolo ! Chaque fois que j'ai voulu vous remercier de m'avoir fait entrer à l'Agence de votre journal, vous m'avez envoyé bouler ! Sans vous, m'sieu Cocorico, je crèverai encore la faim !

— Remercie plutôt cette brave mère Bragelin, ta tante, qui est en même temps ma concierge. C'est elle qui t'a recommandé à moi.

— Oh ! Je le sais bien, m'sieu Cocorico ! N'empêche que, si depuis un an, je fais mes deux repas par jour, c'est bien grâce à vous ! J'ai même de l'argent de côté !... C'est bien la première fois que ça m'arrive ! Mais je bavarde... je bavarde... et je vous embête avec mes histoires.

— Pas du tout ! Je t'écoute d'une oreille...

— Et de l'autre, vous rangez vos papiers, blagua Prosper. Rassurez-vous : je vais tout de suite vous dégoiser la chose qui m'amène.

— Comme si je ne la devinais pas, mon brave Godilleau ! Tu as appris mon départ, et tu viens me dire adieu, en me souhaitant bonne chance... Eh bien ! je suis très touché...

— Pas du tout, pas du tout ! interrompit Prosper. Vous n'y êtes pas, m'sieu Cocorico. Si je suis venu vous voir, c'est pour vous prier... pour vous demander... si des fois ce serait un effet de votre bonté... de consentir... de bien vouloir...

— Parle donc franchement... Du diable si je comprends où tu veux en venir !

— Eh bien ! voilà ! Je voudrais...

— Quoi ?

Prosper respira longuement comme s'il prenait son élan ; puis se décidant, il annonça :

— Emmenez-moi avec vous, m'sieu Cocorico !

Ludovic éclata de rire.

— Ah ça ! es-tu fou ?

— Je le serais... de joie... si vous consentiez à ce que je vous demande !

— Jamais de la vie ! Je n'ai pas besoin d'un compagnon ! Et, je t'assure que tu es bien mieux ici que sur les champs de bataille où je vais avoir à aller pour exercer mon métier !

— Alors, vous refusez ?

— Nettement !

— C'est votre dernier mot ?

— Mon dernier mot, le voici : tu es un brave garçon, Prosper. Je suis touché de ton intention, mais je te remercie. Je pars seul.

Le Parisien resta un moment immobile, songeur, se grattant la tête. Puis, comme Ludovic se remettait à classer ses papiers sans plus s'occuper de lui, il fit mine de se retirer, en murmurant :

— C'est bien... N'en parlons plus !

Mais, arrivé à la porte, il s'arrêta et se retourna vers le reporter.

— Ecoutez, m'sieu Dortailles, déclara-t-il résolument. C'est votre droit de ne pas vouloir m'emmener ! Mais c'est aussi mon droit de demander un congé et d'aller où bon me semble...

Eh bien ! c'est ce que je vais faire. Et moi aussi, je vais partir pour les Balkans... à mon compte.

» Comme je vous le disais tout à l'heure, j'ai des économies ; je peux bien m'offrir un voyage. Ça me fera voir du pays ! Moi qui ne suis jamais allé plus loin que Saint-Germain !

» Seulement, je vous préviens que le hasard se mettra **de la** partie. Par hasard, je prendrai le même train que vous. Par hasard aussi, je m'embarquerai sur le paquebot qui doit vous conduire à Constantinople. Par hasard encore, je descendrai dans le même hôtel que vous. Par hasard, enfin, je ne vous lâcherai pas d'une semelle tant que vous suivrez les opérations !

» Je me suis mis cette idée-là dans le ciboulot, et quoique natif de Montmartre, je suis plus entêté que tous les Bretons de Bretagne réunis. Que vous le vouliez ou non, je vous accompagne, m'sieu Cocorico ! Je veux être en quelque sorte votre ordonnance !

» Dame, une fois là-bas, vous êtes un peu comme qui dirait un officier, exposé à bien des dangers. Je veux veiller sur vous, vous protéger, vous défendre au besoin !... Je vous dois bien ça ! Et vous ne le regretterez pas, de m'avoir à vos côtés !

» Vous ne me connaissez pas bien encore ; mais quand vous m'aurez vu à l'œuvre, vous ne pourrez plus vous passer de moi. Je suis débrouillard comme quatre et malin comme pas un. J'ai fait un peu tous les métiers ; aussi, je ne suis jamais embarrassé de quoi que ce soit...

» Excusez-moi de me faire mousser ainsi ; mais il le faut bien ; car, non d'une pipe de terre ! vous n'avez pas l'air chaud, chaud, d'apprendre que je vais me coller à vos talons, comme une affiche contre un mur ! Et puis, tenez, m'sieu Cocorico, puisque vous avez la patience de m'écouter sans me flanquer à la porte, je vais tout vous dire.

» Sans doute, c'est avant tout parce que vous êtes un chouette type que je veux partir avec vous et veiller sur vos jours, comme une poule sur ses petits... Mais j'ai aussi une autre raison pour vouloir filer au plus vite... Je ne peux plus rester à Paris ! Je mène ici une existence épouvantable ! Oh ! ne répliquez pas !... Epouvantable, que je vous dis !

» Vous ne croyez peut-être pas que j'ai des soucis parce que vous me voyez toujours avec le sourire ! Mais ça, c'est dans ma nature ! Je crois que quand on me vissera dans la boîte en bois blanc, je trouverai encore le moyen de dire des blagues aux croque-morts ! On ne se refait pas, n'est-ce pas ? N'empêche que pour l'instant, je suis fichtrement embêté. Je n'ai qu'un moyen de me tirer d'affaire : la fuite !

— Diable ! s'écria Ludovic déjà intéressé ; sais-tu que tu commences à m'inquiéter ? Voyons, que t'arrive-t-il ?

— En deux mots, v'là l'histoire :

» Il y a un an, j'avais fait la connaissance d'une petite modiste à qui j'avais offert mon cœur et qui m'avait donné le sien en échange. On se voyait trois ou quatre fois par semaine... et le reste du temps, on vivait chacun chez soi.

» Léontine — c'est le nom de la jeune enfant en question — avait toutes les qualités : jolie, tendre, fidèle... une perle, quoi ! Beaucoup d'autres, à ma place, n'auraient pas été chercher fortune ailleurs ; mais moi, j'aime le changement. C'est encore dans ma nature.

» Je fis la rencontre d'une autre modiste, aussi blonde que Léontine est brune, mais, comme elle, fidèle, tendre et jolie. Une autre perle, quoi ! Il n'aurait pas fallu être un homme pour résister. Mais le malheur voulut que Léontine vînt me chercher un jour à la porte du journal, en même temps que Germaine.

» Je sors, et, pendant que la brune me prend le bras gauche, la blonde m'empoigne le bras droit ! J'étais comme le jambon d'un sandwich, mi-pain blanc, mi-pain bis. Ah ! je ne rigolais plus ! Je sentais que l'orage allait éclater, et je me trouvais juste entre le tonnerre et l'éclair !

» En effet, v'là que ça part ; et mes deux bergères commencent à se lancer à la tête des petits noms d'oiseaux... Je pense :

» — Tout à l'heure, les épingles à chapeaux vont se mettre de la partie ; c'est le moment de se tirer bravement des pieds !

» Et comme un attroupement commençait à se former autour de nous, je plaque mes deux donzelles et je me perds dans la foule. Ah ! les sales moments que j'ai passés ensuite ! Je voyais Léontine et Germaine aux prises, se crevant les yeux, s'arrachant les cheveux et les oreilles... et dame, j'avais un peu de remords de les avoir semées dans un pareil moment.

» Enfin, je me décide à rentrer chez moi. Arrivé à la porte, au moment de mettre la clé dans la serrure, j'entends des voix dans ma chambre. Je me dis :

» — Ça y est !... On a ramassé Léontine en morceaux, on l'a amenée chez moi, et la pipelette est en train de la soigner !

» J'ouvre... j'entre... et qu'est-ce que je vois ? Mes deux poulettes, gentiment attablées autour d'un plat d'huîtres et buvant mon vin blanc ! Je crois rêver, quand Léontine m'explique que Germaine est sa sœur de lait, perdue de vue depuis longtemps...

» Au moment où elles allaient tomber l'une sur l'autre, elles se sont reconnues et se sont embrassées en pleurant. Vous pensez, m'sieu Cocorico, si j'étais comme deux ronds de flan ! Je croyais déjà en être quitté à bon compte et j'allais demander ma part d'huîtres et de vin blanc, quand Léontine s'écrie :

» — T'as pas honte, Prosper, de m'avoir trompée avec ma petite Germaine ?

» Et Germaine, à son tour, me lance :

» — Tu es un dégoûtant de m'avoir prise pour tromper Léontine.

» Et les v'là qui se mettent à me houspiller toutes les deux en même temps. Ah ! mince de raffût ! Et n'allez pas croire, m'sieu Dortailles, que l'affaire s'est terminée là !

» Le lendemain, Germaine et Léontine amenaient leurs malles chez moi, et s'y installaient comme en pays conquis. Et depuis ce jour, je vis avec ces deux tigresses qui s'entendent à merveille pour me tomber perpétuellement sur le dos.

» La vie n'est plus tenable : je suis le plus malheureux des hommes ! J'aimais pourtant bien les femmes, qu'elles soient brunes, blondes, rousses, albinos ou tricolores !... Eh bien ! je vous jure que je suis guéri... Ah ! pour une vaccination, c'en est une ! Et quand je serai loin de ces infernales mégères, les plus belles princesses du monde pourraient me faire les yeux doux : c'est barré !

Prosper Godilleau, ayant ponctué d'un geste expressif sa dernière phrase, s'arrêta de parler.

Ludovic, qui l'avait écouté en souriant, vint à lui, et lui posant les deux mains sur les épaules, il lui dit :

— Mon pauvre Prosper, j'ai pitié de toi ! C'est dit ! Je t'emmène !

— Vrai, m'sieu Cocorico ?

— Oui... Plus encore que tes démêlés sentimentaux, l'attachement que tu me témoignes m'encourage à te prendre comme compagnon.

— Ah ! c'est rien bath, ce que vous faites là !

— Et maintenant, dépêche-toi ! Nous devons être demain matin à neuf heures à la gare de Lyon. Hâte-toi de faire tes préparatifs !

— Oh ! c'est pas moi qui vous mettrai en retard, m'sieu Cocorico ! Le temps d'enlever ma blouse et de ne pas dire au revoir à Léontine et à Germaine... et je suis prêt à partir.

— Alors, tu vas m'accompagner chez moi. Tu donneras un coup de main à mon domestique pour faire ma valise.

— Entendu, patron ! Et si c'était un effet de votre bonté, je vous demanderais la permission de passer cette dernière nuit chez vous... sur un canapé... Vous comprenez... j'aime autant ne pas remettre les pieds chez mes femmes...

— Accordé !

Ivre de joie, Prosper quitta vivement le bureau, après avoir répété à plusieurs reprises, du seuil de la porte :

— Et vous verrez !... Vous ne le regretterez pas ! Vous ne le regretterez pas !

Lorsqu'il se retrouva seul, Dortailles réfléchit un instant, puis il murmura, achevant son rangement :

— Une âme de Français, un cœur d'or, une nature de mousquetaire : bonne acquisition !

Le surlendemain, le jour se levait lorsque le *Niger*, à bord duquel avaient pris passage Ludovic et Prosper, quitta le bassin de la Joliette, à destination de Constantinople.

Depuis son embarquement, le Parisien marchait d'émerveillement en émerveillement.

Le paquebot avait à peine dépassé le château d'If, que Godilleau se mettait en devoir de visiter la ville flottante où il allait vivre pendant une semaine. Il tomba bientôt en arrêt devant l'endroit où étaient parqués les animaux destinés à l'alimentation des passagers pendant la traversée.

Prosper n'en revenait pas.

— Un bœuf... des veaux... des moutons. . des poules et des canards ! s'exclama-t-il. Oh ! je vais aller dire à m'sieu Cocorico de venir voir ça ! Je lui annoncerai que les passagers de première classe réclament sa visite, et je l'amènerai ici... Ça le déridera un peu ! Il en a besoin ; car il a l'air tout triste depuis que le bateau s'est mis en route.

Ravi de la plaisanterie qu'il préparait, Godilleau se mit à la recherche de son patron. Il le découvrit à l'arrière du paquebot, accoudé au parapet du spardeck.

Le journaliste semblait abîmé dans une muette et profonde contemplation.

Prosper s'avança vivement vers lui. Il allait lui parler, lors-

qu'il le vit porter la main à sa casquette de voyage et se découvrir, d'un geste large.

Tout d'abord, Prosper se demanda à qui ce salut pouvait
bien s'adresser.

Cocorico et lui étaient seuls sur le spardeck.

Soudain, Prosper porta ses yeux vers le large, dans la direction où étaient rivés ceux de Ludovic.

Il aperçut alors, se détachant dans le brouillard mauve du
matin, la côte de France qui semblait s'éloigner rapidement...

Le Parisien comprit...

La blague qu'il avait préparée expira sur ses lèvres. Lentement, sa main monta jusqu'à sa casquette... Il se découvrit, et
il resta, lui aussi, immobile et silencieux, jusqu'à ce que la
terre française eût disparu au loin...

Alors, sans trop savoir pourquoi, le gamin de Paris eut envie
de pleurer...

CHAPITRE VI

Le Sosie.

Constantinople !

Une profusion de coupoles et de minarets élevant leurs
dômes et leurs flèches vers un ciel radieusement bleu !

Ludovic et Prosper Godilleau venaient de descendre du paquebot qui les avait amenés de Marseille.

Tandis que le fidèle Prosper s'occupait à faire débarquer
les bagages et se soumettait, non sans humeur, aux interroga-
tions de l'officier des douanes, Ludovic, sur le port, un cigare
aux lèvres, en attendant son compagnon, regardait curieusement autour de lui.

— Voyons, murmurait-il, tâchons de rassembler nos souvenirs ! Si je m'en rapporte au plan de Constantinople que j'ai
potassé ferme pendant la traversée, ce golfe du Bosphore qui
est là, sous mes yeux, et qui se prolonge jusque dans la Rou-
mélie, à onze kilomètres d'ici, pour finir en cul-de-sac dans la
vallée des Eaux-Douces, a nom : la Corne d'Or.

» La Corne d'Or ! En ai-je assez entendu parler de cette fameuse Corne d'Or ! Je ne me doutais guère qu'un jour nous
ferions plus ample connaissance ! Ce pont que je vois là-bas,
doit être le fameux pont de Galata, qui a neuf cent cinquante
mètres de long. Enfoncés, le pont des Saint-Pères et le pont de
l'Alma ! La Seine n'est qu'un ruisseau pour rire ! Là, à ma
droite, c'est la porte du Séraï...

Notre ami allait continuer son monologue pour se prouver
qu'il se rappelait fort bien le plan de Constantinople, lorsque
son attention fut attirée par un Européen qui, lui tournant le
dos, flânait à quelques pas de lui.

— Un Européen ! pensa Ludovic. Un Français peut-être !
Quelle veine ! Je vais pouvoir me tuyauter et recueillir quelques renseignements sur ce qui se passe ici. Pour commencer,
je vais lui demander s'il y a moyen de trouver un bon hôtel,
quitte à y mettre le prix. N'oublions pas que mon journal fait
généreusement les choses, et que je suis autorisé à ne pas regarder à la dépense.

Ludovic s'avança vers l'Européen, mit son chapeau à la main, et de son air le plus aimable, commença :

— Excusez mon indiscrétion, monsieur...

L'autre se retourna.

— Mille tonnerres ! s'écria Ludovic.

— Der Teuffel ! jura l'inconnu.

Puis, les deux hommes, stupéfaits, s'entre-regardèrent sans mot dire. Une égale surprise leur coupait la voix, les immobilisait dans la contemplation l'un de l'autre.

Cet étonnement était provoqué par une extraordinaire ressemblance des deux hommes.

Mêmes traits, même regard, même son de voix, même carrure, même taille, même nuance de cheveux et de moustache.

Une seule chose les différenciait : Ludovic portait sa moustache à la gauloise, les pointes tombantes, tandis que celle de l'étranger avait les pointes redressées, presque droites, menaçantes.

Ludovic revint le premier de son émoi.

— Ça, par exemple, balbutia-t-il, c'est plus fort que de jouer au bouchon ! !

Son interlocuteur le regardait durement, comme irrité de cette ressemblance.

— Monsieur, dit-il, avec un presque imperceptible accent tudesque, à qui ai-je l'honneur...

— Ludovic Dortailles, reporter, envoyé par le journal *la Petite Gironde* pour suivre la campagne.

Les traits de l'étranger s'adoucirent.

— Moi, je m'appelle Wilhelm Hauser, envoyé du *Berliner Tagblatt*...

— Ah ! vous êtes Allemand ! s'écria Ludovic, réprimant un instinctif mouvement.

Et tout de suite, il ajoutait :

— Nous sommes confrères, à ce que je vois...

— Oui, monsieur.

— En cette qualité, monsieur, dit aimablement le reporter français, voulez-vous me faire l'honneur de me serrer la main ? Il ne saurait être question ici de haine de race ou de pays. Nous allons courir les mêmes dangers, vivre ensemble, mourir ensemble peut-être...

— Volontiers, dit l'Allemand, impassible.

Il serra froidement la main que Ludovic lui tendait.

— Vous savez, dit ce dernier, si vous préférez parler allemand, ne vous gênez pas : je parle votre langue aussi bien que la mienne

— Et moi, dit l'Allemand avec un sourire ironique, je parle aussi bien le français que l'allemand. Puisque nous avons commencé à parler français, continuons...

Ludovic, sans remarquer encore l'air narquois de son interlocuteur, le remercia de sa courtoisie. Puis il ajouta :

— A présent, mon cher confrère, que les présentations sont faites, voulez-vous me permettre d'abuser de votre obligeance ?

— Parlez !

Mais Ludovic, au lieu de poursuivre sa pensée, éclatait brusquement de rire.

— Non, tout de même, fit-il, je n'en reviens pas !... Une ressemblance pareille !... Nous serions deux frères que nous ne nous ressemblerions pas davantage.

— Je n'ai pas de frère ! dit sèchement Hauser.

— Moi non plus ! Je suis le seul Dortailles de la famille.. du moins, je le présume.

— Vous êtes Français ? interrogea Hauser, curieusement.

— Il me semble que ça se voit et que ça s'entend, dit Ludovic, abasourdi de la question.

— Non... je veux dire Français, de France, né en France, de parents français...

— Tout ce qu'il y a de plus Français, dit nettement Ludovic. Ma ressemblance avec un Allemand...

— Oh ! fit l'autre en souriant, ne vous fâchez pas plus que je ne me fâche... Après tout, je serais aussi fondé que vous à me plaindre de cette ressemblance.

— Comment cela ?

— S'il vous est désagréable de ressembler à un Allemand, il m'est tout autant désagréable, croyez-le, de voir un Français se permettre de ressembler à Wilhelm Hauser, fils de Fritz Hauser, humble brasseur de bière berlinois, et dont la femme, ma mère, avait une incontestable réputation de vertu.

— Oh ! fit Ludovic, devenant ironique à son tour, si nous en sommes à faire l'apologie de nos ancêtres, cela peut nous mener loin. Laissons donc de côté cette ressemblance qui vous froisse, vous, et qui m'étonne simplement, moi, voulez-vous ? et tâchons, quoique ou parce que, de vivre tout de même en bons confrères !

L'Allemand feignit de n'avoir pas entendu ces avances amicales.

— Vous désiriez un renseignement, fit-il d'un ton rogue. Si vous voulez bien me dire...

— Oui, dit Ludovic, piqué par cette froideur visiblement hostile, un renseignement qui ne vous compromettra pas ; et vous pourrez, après, vous considérer comme libre de vous débarrasser de moi, quand je vous aurai remercié. Connaîtriez-vous un hôtel confortable ?

— Oui, le mien.

— Trop aimable. Comment se nomme ce charmant séjour ?

— Hôtellerie franque. Les propriétaires sont Français. C'est dans le quartier de Tope-Hani, de l'autre côté de la Corne d'Or. Il n'y a que le pont et le faubourg de Galata à traverser. Si vous voulez me suivre...

— Avec plaisir. J'attends mon compagnon. Ah ! le voici.

En effet, Prosper Godilleau s'avançait, suivi de quatre Turcs en haillons, aux jambes nues, hâves, efflanqués, qui fléchissaient sous le poids des malles et des valises du correspondant de guerre.

— Non ! dit Prosper, du plus loin qu'il vit son patron. Pigez-moi ces mollusques, m'sieu Cocorico ! En France, il aurait fallu un seul gars pour porter ces valises et ces paniers en osier. Ici, ils se mettent quatre. Quels empotés ! quels démolis !

Wilhelm Hauser s'était retourné vivement vers Ludovic, et interrogeait, l'air méfiant :

— Comment se fait-il ?...

— Quoi ?

— Ce Monsieur vous a donné un nom qui n'est pas le vôtre.

— Mais si, dit Ludovic, en riant, Cocorico est mon surnom. Quand nous serons plus intimes, je vous dirai pourquoi les camarades m'ont baptisé ainsi.

— Ah ! mince, alors ! s'exclama soudain Prosper, qui venait d'arriver à la hauteur des deux hommes et considérait l'Allemand avec une profonde stupeur.

Puis éclatant de rire :

— Dites donc, patron, fit-il, vous avez donc un frangin ici ?... Vous m'aviez caché ça. Présentez-moi à votre frère, siouplaît !

Hauser, fronçant les sourcils, se mordit les lèvres.

— Je ne suis pas le frère de Monsieur ! dit-il avec hauteur.

— M. Hauser, qui a le désagrément de me ressembler, est un confrère du *Berliner Tagblatt*, qui va avoir l'obligeance de nous conduire à un excellent hôtel.

— Oh ! alors, fit Prosper, maussade.

Et se tournant vers les portefaix :

— Suivez-moi, dit-il, braves Mahométans, et vous serez couverts d'or.

Les quatre Turcs le regardèrent d'un air stupide.

Hauser leur dit quelques mots dans leur langue.

Les Turcs inclinèrent la tête en signe d'acquiescement.

— Vous croyez donc, dit-il, ironiquement à Prosper, que tout le monde comprend le français ? Allons !...

Il sortit une pipe de sa poche, la bourra, l'alluma avec un briquet, et prit la direction du pont de Galata, sans s'assurer si on le suivait ou non.

Ludovic le rejoignit, se plaça auprès de lui sans rompre le silence.

Prosper Godilleau, précédant les Turcs, marchait à quelques pas derrière.

— C'est curieux que cet Alboche, bien que ressemblant à m'sieu Ludovic, ait une aussi sale tête ! maugréait-il. Y a pas à dire : il lui ressemble comme une goutte d'eau à une autre qui serait pareille, et il a une bobine qui ne me revient pas, tandis que mon patron.. Ah ! en voilà une figure sympathique !

Tandis que le brave Prosper essayait vainement de comprendre pourquoi deux visages identiquement pareils pouvaient néanmoins inspirer des sentiments différents, Ludovic, qui marchait à côté de son Sosie, qu'il dévisageait parfois curieusement, réfléchissait.

Le prince de Schwartz, son père, avait un fils légitime. Ce fils était donc le frère consanguin de Ludovic. N'était-ce pas cet homme que le hasard avait mis sur son chemin ?

Mais cette pensée folle, après avoir préoccupé un instant le reporter français, fut vite repoussée par lui, à cause de son invraisemblance.

Le fils du prince de Schwartz, l'homme immensément riche, doublé d'un très grand seigneur, ne pouvait être, même sous un faux nom, l'envoyé d'un journal berlinois.

En Allemagne, plus qu'ailleurs, la hiérarchie sociale est respectée. Un homme né, l'héritier d'une grande famille, ne s'abaisse pas à exercer le métier de journaliste, surtout quand il n'a nul besoin de travailler pour vivre. Et puis, Hauser lui-même, n'avait-il pas vaniteusement avoué son origine bourgeoise ?

C'était une ressemblance fortuite... rien de plus.

— Hasard ! pur hasard ! grommela-t-il. Evidemment, c'est extraordinaire de trouver son Sosie, j'en conviens. Un cas pareil se présente peut-être une fois en cent ans ; mais enfin, il se présente. Nous avons eu sous Louis XIV, les deux Longueville, qui étaient tellement pareils que leurs amis, et jusqu'à leurs parents, ne pouvaient parvenir à les reconnaître... Plus près de nous, il y a Dubosc et Lesurques, Napoléon et cet extraordinaire Corse, qui devenait tellement gênant par sa ressemblance avec l'empereur qu'on dut le faire disparaître, comme Louis XIV avait, dit-on, fait disparaître son Sosie, le Masque de fer.

» Alors, quoi ? Je serais bien niais de me tourmenter, d'autant plus que ce conflit balkanique terminé, il y a des chances pour que mon confrère et moi nous ne nous voyions jamais plus. Alors... Tiens, mon cigare est éteint.

Ludovic demanda du feu à son compagnon. Hauser offrit son briquet.

— Merci ! dit Ludovic. Est-ce encore loin, l'hôtellerie ?

— Nous allons arriver.

— Il n'y a pas grand monde dans les rues

— Non.

— Où sont donc les habitants ?

— Chez eux.

Devant ce parti pris de laisser tomber la conversation, Ludovic n'insista pas.

— Mon vieux, pensa-t-il, malgré notre ressemblance, je crois que nous aurons de la peine à nous lier. Et je parierais même la tête du cheik-ul-islam contre une paire de vieilles chaussettes que cet entretien si palpitant sera vraisemblablement le dernier que nous aurons ensemble. En tout cas, ce ne sera pas moi qui courrai après toi !

Ludovic Dortailles se trompait.

CHAPITRE VII

Du danger qu'il y a d'avoir un poêle non allumé dans sa chambre.

On arrivait à la fameuse hôtellerie franque.

A la vue des nouveaux venus, le patron de l'établissement, un gros homme très brun, à la barbiche assez large, taillée en fer à cheval, — lequel patron répondait au prénom et au nom sonores de Marius Miradou, — leva les bras au ciel.

Et avant même qu'ils aient pu placer un mot, il s'écria :

— Vè ! je suis désolé ! Mais, troun de l'air ! que la bonne mère de la Garde fasse de moi une bouillabaisse, s'il me reste seulement le quart du vingtième d'une chambre.

— Oh ! dit Ludovic aimablement, vous nous logerez bien... Voyons, des compatriotes...

— Hein ! des Français ! dit Marius Miradou. Ça change. Je vous prenais pour des Allemands... comme vous étiez avé ce monsieur... et que, au costume près, vous lui ressemblez terriblement...

Le monsieur, c'était Wilhelm Hauser, qui voyant Ludovic aux prises avec l'hôtelier, s'éloignait alors sans cérémonie, et gagnait silencieusement sa chambre, située au premier étage.

Le regard peu aimable que venait de décocher l'hôtelier à Hauser rassura tout à fait Ludovic.

— Bon ! pensa-t-il, ce Marseillais n'aime pas les Allemands. Il nous logera.

Et d'un ton jovial, il reprit :

— Nous, des Allemands ! Vous ne le voudriez pas, monsieur Marius !

— Tè ! vous savez mon nom ?

— Non, je ne le sais pas. Mais puisque vous êtes de Marseille...

— Comment savez-vous que je suis de Marseille, bagasse ?

— Si vous croyez que ça ne s'entend pas, mon vieux ! dit familièrement Prosper Godilleau. Allons ! soyez bon garçon ! D'abord, vous avez une tête qui me revient. Entre parenthèses, ce n'est pas comme celle de l'Alboche qui nous a pilotés. Bref, je suis sûr que vous aurez à cœur de nous trouver un trou — un petit trou bien cher. Que diable ! avant d'être aubergiste, vous êtes Français ! S'il n'y a pas de place, fichez le Prussien à la porte !

— Prosper, dit Ludovic, d'un ton de reproche, y penses-tu ? C'est M. Hauser qui nous a conduits ici.

— Ça, patron, je m'en bats l'orbite ! Et comment !...

— Écoutez, dit Marius Miradou, baissant la voix, c'est vrai que je n'aime pas les Allemands. Et ça se comprend, n'est-ce pas, puisque je suis de Marseille, et que Marseille, c'est le cœur de la France !

— Marseille le cœur de la France ! riposta Prosper, qui, ayant fait déposer aux Turcs les bagages, leur donnait à chacun une pièce de deux francs. Et alors Paris, qu'est-ce que c'est ?

— Paris, fit sentencieusement Marius, ça n'est que le cerveau... C'est bien peu de chose, allez !

Les Turcs interrompirent à point nommé la discussion qui allait certainement éclater entre le susceptible Parisien et le dédaigneux Marseillais, en se mettant à parler tous les quatre à la fois avec vivacité et force gestes.

Ce que voyant, Prosper, effaré, recula d'un pas et se mit sur la défensive, prêt à boxer.

Mais Marius Miradou, paisiblement, allait quérir une trique derrière un fauteuil.

La vue de ce bâton fit un effet prodigieux sur les portefaix, qui battirent précipitamment en retraite, vociférant à qui mieux mieux :

— *La Allah illa Allah ou Mohammed resoul Allah* (1) !

— Hein ! Quoi ? Ces mal blanchis m'insultent ! grogna Prosper.

— Non, dit Ludovic. Ils disent qu'Allah est grand... et que

______

(1) « *Il n'y a pas d'autre Dieu qu'Allah et Mahomet est son prophète.* » *C'est la grande formule religieuse de l'Islam.*

notre hôte est encore plus grand, puisqu'il sait se servir d'une trique.

— Tout juste, fit Miradou. C'est que, moi, voyez-vous, je sais parler aux gens la langue de leur pays.

— Bon ! s'écria Prosper. Voilà que la trique est la langue des Turcs ! singulier peuple !

— Or çà, assez plaisanté, interrompit Cocorico. Voyons, monsieur Marius, pouvez-vous nous loger, oui ou non ?

— Si je le peux ? Oui, certainement ! Mais c'est bien parce que c'est vous... des compatriotes... presque des Marseillais. Et je ne vous prendrai pas cher, allez !... Ça sera trois piastres par jour, et nourriture avec. Pas la boisson, parce que la boisson, elle est chère ; non pas pour les droits, mais à cause du « transport ». Il coûte cher, le « transport » des vins, bon Diou ! Et moi, je le fais venir de Cassis, mon vin. Mais aussi, quel vin ! C'est du velours, comme qui dirait...

— Bon ! Nous ne discuterons pas. Le prix me semble cependant un peu forcé.

— Non, dit Marius. C'est un prix de guerre. Vous comprenez ? L'Allemand, je lui prends cinq piastres. Un Prussien, ça vaut ça. Mais vous autres, c'est différent, bagasse ! Vous voyez donc que je vous traite en ami, hé !

— Et nous aurons deux chambres ?

Marius se gratta la tête.

— Un Marseillais, dit-il gravement, ça ignore le mensonge. Je n'ai de libres qu'une belle chambre au premier, et, au second, une sorte de cabinet... oui, je peux appeler ça un cabinet. Il y a un petit lit qui est à même le plancher... rapport que le plafond est un peu bas ; mais la fenêtre est grande. On a une vue superbe... les jours de marché.

— Ça m'est égal, fit Prosper. Du moment que je pourrai m'étendre, c'est l'essentiel. A la guerre comme à la guerre !

— Alors, dit Marius, tout va bien. Où faut-il monter les bagages ?

— Dans ma chambre, dit Ludovic. Et comme nous sommes fatigués du voyage, vous serez bien aimable de nous faire servir à dîner tout de suite, afin que nous puissions aller nous coucher le plus tôt possible. A demain, les affaires sérieuses !

Marius s'empressa d'obéir aux désirs de ses compatriotes.

Tandis qu'il faisait transporter les bagages et mettre le couvert dans la chambre de Ludovic, ce dernier s'était jeté sur un divan du salon où l'hôtelier les avait reçus.

A cette vue, Godilleau s'assit sur une pile de coussins, les jambes croisées.

— Soyons Turcs, monsieur Cocorico, soyons Turcs, dit-il. Avec tout ça, on ne voit pas beaucoup de soldats dans ce pays, et on n'entend pas souvent le canon.

— Naïf ! Ne sais-tu pas que les troupes turques et bulgares sont aux prises aux frontières ? Si mes renseignements sont exacts, la première ligne de défense est entre Lüle-Bourgas, Slivno et Hezanlik. C'est là qu'il nous faut aller. C'est là que doivent, je pense, se trouver mes confrères. Constantinople sera notre quartier général ; nous nous y replierons en cas d'une défaite des Turcs.

— Croyez-vous qu'ils se feront frotter, les Turcs ?

— *Chi lo sa ?*

— Alors, nos vêtements, nos bagages... ?

— Resteront ici. Nous n'emporterons que le strict nécessaire dans une valise.

— Et nos revolvers ?

— Par-dessus tout, avant tout ! J'ai comme une idée que nous aurons occasion de nous en servir.

— A la bonne heure ! Bataille ! J'en suis ! Contre n'importe qui, ça m'est égal, du moment que je n'aurai pas affaire à des femmes. Oh ! les femmes, patron, quelle sale engeance ! Quand je pense...

— Ah ! tu ne vas pas recommencer ?

— Pardon ! Ça m'a échappé.

Prosper Godilleau soupira :

— Je suis joliment content, allez, d'être loin de ces créatures de perdition... de ne plus penser à elles !

— On ne le dirait pas. Ah ! voici notre Marius national !

En effet, l'hôte reparaissait.

— Le dîner est servi dans la chambre de Monsieur, annonça, le Marseillais. Les plats sont tous français ; le vin... il est de Cassis.

— Connu, mon vieux, le coupa familièrement Prosper. Tu nous a déjà raconté ça !

— Montons, dit Ludovic.

Quelques minutes après, Ludovic et Prosper, assis devant une table chargée de victuailles, dînaient gaîment, regardant par les fenêtres ouvertes le défilé des passants traversant la place mal éclairée de Tope-Hani, écoutant les sourdes rumeurs qui montaient de la rue, les cris des marchands de journaux, les boniments monotones des camelots.

De temps en temps, des officiers à cheval passaient.

Au loin, un muezzin appelait les fidèles à la prière du soir.

— Ma parole, fit remarquer Prosper, on ne dirait pas que la guerre est en Turquie. Tous ces gens-là n'ont pas l'air de se faire la moindre bile. Ah ! quel raffût on ferait en France si on attendait des nouvelles de nos soldats, si on les savait aux prises avec les têtes de boches ! On serait un peu plus fiévreux que ça !

— Et on aurait raison, dit gravement Ludovic ; car notre guerre à nous, serait une guerre juste et terrible. Les morts de 70 ne sont pas encore vengés. Il y a plus de quarante ans que nos frères d'Alsace et de Lorraine gémissent sous la tyrannie des Allemands.

— Vous frappez pas, patron ! Notre heure viendra. On l'aura, la revanche, foi de Godilleau ! Et ce jour-là, Prosper compte bien se distinguer.

Ludovic sourit au Parisien.

— Tête folle, cœur généreux, dit-il. Ah ! tu es bien Français, toi !

— Et je m'en vante, dit Prosper, qui débouchait une bouteille de vin, la troisième depuis le commencement du repas. Et j'engage l'Alboche qui vous ressemble à garder ses distances, s'il ne veut pas que je lui entre dans le chou ! Vive la France !

Ludovic lui retira la bouteille des mains.

— Prosper, tu as assez bu comme ça. Pas de blagues ! Va te coucher ; on a à travailler demain.

— Vous avez raison, m'sieu Ludovic, fit Prosper confus. Sacré Marseillais ! Il aurait bien dû me prévenir.

Chancelant un peu sur ses jambes, Prosper se décida à aller se coucher, en emportant un des flambeaux qui garnissaient la table.

Sa démarche était si peu assurée, qu'en voulant monter l'escalier, conduisant à l'étage supérieur, il trébucha contre une marche et s'allongea de tout son long, heureusement sans se faire de mal.

Mais la lumière s'était éteinte.

Prosper ne s'embarrassa pas pour si peu. Il savait que la porte de sa chambre était juste en face de l'escalier. Péniblement, il gravit les marches, poussa la porte et entra brusquement chez lui.

Son front alla aussitôt donner contre un objet résistant.

— Aïe ! fit-il. Mince de rencontre ! Il y a donc un pendu au plafond ? Qu'est-ce que j'ai cogné avec ma tête ? J'en ai vu trente-six chandelles. A propos, j'aurais bien dû ramasser la mienne de chandelle... Va falloir s'y reconnaître dans cette obscurité. Où qu'est le plumard ?

Il se retourna, se heurta encore, mais plus violemment que tout à l'heure. En même temps, quelque chose tomba à terre, rendant un son métallique.

Il se baissa, tâta à ses pieds.

— Oh ! fit-il. Un tuyau qu'a crevé ! Comme à Longchamp ou à Auteuil... Pourvu que ça ne soye pas une conduite d'écoulement !

Un rapide tâtonnement lui permit de constater que ses craintes n'avaient rien de fondé. Il éclata de rire.

— Ça doit être un tuyau de poêle qui traverse mes somptueux appartements. Heureusement que le client de dessous n'a certainement pas allumé de feu ! J'aurais été asphyxié, moi. Et comment ?

Il se releva ; mais aussitôt, il tressaillit.

— Oh ! murmura-t-il. Le tuyau qui cause !

Il venait d'entendre distinctement le bruit d'une conversation frapper son oreille.

— Ça, c'est bath ! continua-t-il. On se croirait au phonographe : j'ai envie de mettre deux sous.

Soudain, il sursauta.

— Mais, c'est le Prusco ! Parfaitement, c'est lui, je reconnais sa voix. Il parle avec une particulière. Ah ! Comme j'ai bien fait de suivre les cours du soir pour apprendre l'allemand ! Je vais... oh ! oh ! oh !... mais c'est palpitant ! C'est ça qui va intéresser le patron ! Bougre ! Y a pas une minute à perdre...

Alors, subitement dégrisé, Prosper quitta sa chambre et descendit — sans tomber cette fois — jusqu'à l'étage inférieur.

Il trouva Ludovic accoudé à sa fenêtre.

— Vite, vite ! dit Prosper à voix basse. Montez chez moi... et vous ne vous embêterez pas !

— Tu es ivre encore, s'esclaffa Ludovic.

— Plus du tout. Venez, que je vous dis : ma chambre est au-dessus de celle du nommé Hauser, qui pérore avec une Prussienne. Leur conversation a l'air d'être particulièrement intéressante. Venez : vous ne regretterez pas les deux ronds que j'ai failli jeter dans le trou du phonographe.

Bien qu'à moitié convaincu, Ludovic se laissa docilement entraîner par Prosper.

CHAPITRE VIII

Ce que Ludovic entendit...

Dans l'obscurité, serrés l'un contre l'autre, retenant leur souffle, Ludovic et Prosper, curieusement écoutaient.

Le tuyau de poêle, merveilleux cornet acoustique, leur renvoyait très distinctement les paroles échangées dans la chambre inférieure par Wilhelm Hauser et sa compagne.

— Wilhelm, disait celle-ci, tu es un orgueilleux, un imbécile orgueilleux. Tu devrais faire amende honorable, te soumettre à ton père.

— Et sans doute, ricanait Wilhelm, le supplier de te reconnaître pour ma femme ?... Ma femme !... Mademoiselle Mina Wolfang, la petite institutrice que j'ai séduite, il y a cinq ans, et que j'ai rendue mère !... Tu es folle, Mina. Tu veux donc que mon père te fasse emprisonner jusqu'à ta mort, ou, ce qui serait pis, qu'il te supprime brutalement ? Tu ne sais pas de quoi cet homme est capable pour défendre ce qu'il appelle l'honneur de son nom ! Il n'hésiterait pas devant un crime.

— Wilhelm !

— Oui, devant un crime ! répéta Wilhelm... Il te tuerait, et notre enfant aussi, il le tuerait... notre enfant que nous n'osons même pas aller voir, à Fribourg, chez les braves gens qui l'élèvent, de peur qu'on ne nous ait suivis, qu'on le découvre. En vérité, je te le répète, il faut que tu sois folle aujourd'hui, pour venir me donner de pareils avis, toi qui toujours m'as conseillé la prudence, la dissimulation !

— C'est qu'aussi, Wilhelm, ma situation devient impossible. Les derniers florins que tu m'as donnés sont épuisés. Je vais me trouver sans argent. Et comment faire pour vivre dans cette délicieuse villa que nous avons louée, au bout du quartier de Dolma-Bagtché, près des jardins d'Yldiz-Kiosk ? Comment payer nos domestiques ? Avec quoi vivrons-nous ?

— Et c'est pourquoi, — puisque mon père me coupe les vivres parce que je ne veux pas retourner auprès de lui, — c'est pourquoi j'ai pris ce métier que tu appelles un métier de galérien. Oui, ma décision a été motivée par deux raisons : la première, c'est qu'il faut que je gagne ma vie, la tienne. La seconde...

Ici, Hauser parut hésiter.

— La seconde ? insista Mina Wolfang.

— Eh bien ! j'espère qu'en apprenant que je me suis fait journaliste, mon vénéré père sera dans une telle colère, qu'il en mourra de rage et de honte. Et ainsi, j'hériterai plus tôt, de ses millions.

— Et tu m'épouseras ?

— Sans doute, dit Wilhelm avec un enthousiasme très modéré.

— Et tu reconnaîtras ton fils ?

— Mais oui, mais oui. Nous n'en sommes pas encore là, malheureusement. Pour l'instant, réjouissons-nous de voir que, grâce à l'influence du fils du comte Meister, l'un des propriétaires du *Berliner Tagblatt*, j'ai pu me faire nommer correspondant de ce grand journal avec des appointements très, très suffisants pour vivre largement.

— Mais le comte Meister est un ami de ton père ?

— Oui... Eh bien ?

— Comment a-t-il consenti à t'employer dans son journal ?

— Il ne sait pas que c'est moi. Hans Meister, mon ancien camarade de collège, et surtout de débauches, m'a gardé le secret. Je ne révélerai ma véritable idenitté qu'à la fin de la campagne, quand j'aurai touché mon argent. Tu vois d'ici la tête du prince, mon illustre père !

— En attendant que le prince de Schwartz se décide à mourir, dit Mina aigrement, moi je n'ai plus un pfennig...

A ces mots, Prosper sentit tressaillir Ludovic près de lui.

— Quoi donc, patron ? murmura-t-il. Qu'est-ce qu'il y a qui ne va pas ?

— Rien, rien, dit vivement Ludovic. Tais-toi : laisse-moi écouter.

— Mina, continuait Wilhelm Hauser, — ou plutôt Wilhelm Schwartz, car nous pouvons à présent lui donner son véritable nom, — tu es une sotte. J'attends la provision que j'ai demandée télégraphiquement aujourd'hui même au *Berliner Tagblatt*. Demain, je vais recevoir une somme très importante ; je t'en laisserai une grosse partie. Le reste me permettra d'aller rejoindre mes collègues qui sont à Kirk-Kilissa, je crois, et de faire honorablement mon métier de reporter.

— Alors, s'écria Mina, je resterai seule ?

— Tu ne seras pas seule. Tu as, pour te servir, cinq domestiques, tant mâles que femelles. La villa que tu habites est isolée, c'est vrai ; mais elle est dans le voisinage d'Yldiz-Kiosk, qui est une résidence du sultan. Tu peux être assurée que nul malfaiteur ne se risquera dans ces parages.

— Oh ! Je n'ai pas peur. Ce n'est pas cela que j'ai voulu dire : c'est ton absence, que je regrette.

— Il faut pourtant que j'exerce mon métier de journaliste, puisque je suis payé pour cela !

— Seras-tu longtemps absent de Constantinople ?

— Je l'ignore. Je ne crois pas, cependant. La guerre sera de courte durée. Les Turcs auront tôt fait d'écraser ce ramassis de Serbes, de Bulgares et autres brigands qui ont osé leur déclarer la guerre. Ils iront à Belgrade, à Sofia, à Cettigné. Naturellement, je serai obligé d'accompagner l'armée turque dans sa marche triomphale, pour rendre compte à mon journal de l'écrasement de ces maudits Slaves, et de la foudroyante rapidité avec laquelle nos amis les Ottomans auront réduit leurs ennemis à l'impuissance.

— Mais on disait que les Serbes et les Bulgares avaient remporté une victoire dès leur entrée en campagne...

— Oui, sans doute, fit Wilhelm avec humeur, c'est possible. Les Turcs ont été surpris par la soudaineté de cette agression. Mais ils ont des canons Krupp, et nos officiers les dirigent. Je me suis même laissé dire, qu'en prévision de cette guerre, le maréchal von der Goltz a dressé, pour le compte de l'état-major ottoman, un plan de campagne qui est une merveille de précision et d'habileté. Je ne serais même pas surpris que ces premières victoires des Serbes et des Monténégrins, fassent partie du plan du maréchal.

— Comment cela ?

— Le maréchal aura voulu inspirer confiance aux ennemis, en leur laissant remporter quelques légers succès, les attirer en pleine Turquie, puis les cerner et les foudroyer du feu de nos invincibles batteries...

— Alors, dit Mina, la guerre ne sera pas longue, je le vois.

— Une marche triomphale, je te le répète.

— Mais j'ai entendu dire, que les Bulgares avaient des canons français...

Wilhelm Schwartz éclata de rire :

— Des canons français, des instructeurs français aussi... oui, c'est vrai. Et ce n'en sera que plus amusant d'écraser ces gens-là, qui ont eu la sottise de s'adresser à la France pour armer et instruire leurs troupes, alors qu'ils pouvaient s'adresser de préférence à l'Allemagne, qui aurait peut-être consenti à s'occuper d'eux. Pauvres fous ! Ils paieront cher leur confiance dans ces pantins de Français.

Ludovic n'eut que le temps de retenir Prosper.

Le brave garçon, exaspéré par les propos de Schwartz, voulait à tout prix descendre chez l'Allemand pour lui casser la figure.

— Non, mais, chez qui ? grognait-il. Parler de la France comme ça ! Je vous en prie, patron, laissez-moi allez lui flanquer quelques « paings » soignés.

— Tais-toi, je te l'ordonne ! dit Ludovic. Ne bouge pas !

Prosper Godilleau se résigna, non sans pester contre Schwartz, qu'il se promettait *in petto* de « sonner » à la première occasion.

Et pour résister à l'envie d'intervenir dans la conversation, il alla se jeter, en grommelant, sur son lit.

Ludovic était toujours aux écoutes.

— Puisque tu pars demain, disait Mina, pourquoi ne pas passer cette dernière nuit chez moi ? Voilà trois jours que tu viens coucher dans cet hôtel.

— Je joue mon rôle, ma chère. Je dois avoir un logement officiel pour mes camarades et pour mon journal, un logement où je puisse recevoir mes lettres, mes camarades du *Berliner*. N'oublie pas que je suis un simple journaliste arrivé depuis trois jours sur le *Kaiser-Friedrich*, et que je ne puis par conséquent être le locataire de la villa des Fleurs, ni l'amant de la belle Mina Wolfang. Reste ici, toi, si tu le veux. Tu partiras demain matin, dès que j'aurai touché mon argent.

Mina soupira :

— Je vais bien m'ennuyer.

Un bruit de baiser se fit entendre.

Ludovic allait quitter son poste, supposant que la conversation des deux amants allait prendre un tour plus intime, lorsqu'un mot de Wilhelm le fit rester.

— A propos, disait ce dernier, j'ai fait une singulière rencontre tantôt.

— Bon ! se dit Ludovic. Il va être question de moi, je parie. Ça va être intéressant.

Il ne se trompait pas.

— Figure-toi, Mina, poursuivait l'Allemand, que j'ai rencontré sur le quai du débarquement, un homme qui me ressemble, d'une façon surprenante. C'est inouï, une ressemblance pareille ! Le même visage, les mêmes traits. Extraordinaire, je te dis !

— Qu'est-ce que c'est que cet homme ?

— Un Français, un journaliste.

— Un Français ! Et il te ressemble ?

— Oui, Mina, il a cette audace, ricana Wilhelm. C'est à croire que mon noble père, qui se montre aujourd'hui si sévère sur les mœurs, a dû, dans son temps, faire pas mal de folies. Oui, vraiment, plus j'y pense, plus je crois qu'il aura mis à mal, dans son jeune temps, quelque petite Française.

S'il y avait eu de la lumière dans le cabinet, Prosper aurait été effrayé de voir la subite pâleur qui venait d'envahir le visage de Ludovic.

Le reporter était livide. Il serrait les dents pour ne pas laisser éclater sa douleur, son indignation.

Wilhelm Schwartz, dans ses suppositions cyniques, venait de dire la vérité. Et ce misérable osait plaisanter ! Il osait se moquer de la malheureuse victime du prince de Schwartz ! Il osait parler avec mépris de la mère de Ludovic !

Il fallut à ce dernier une volonté surhumaine pour ne pas crier à ce frère détesté :

— Ton père, le mien, est le dernier des misérables, comme toi, mon frère !

— Et alors, continua Mina, intriguée, qu'as-tu dit à ce Français ? Tu l'as corrigé d'importance, j'espère ?

— Pourquoi ? Parce qu'il me ressemblait ? Ce n'est pas une raison pour l'assommer. Je crois, d'ailleurs, qu'il ne se serait pas laissé faire. Il m'a l'air d'un gaillard solide et déterminé, comme moi, bien entendu. Et puis, comme je te dis, ce n'est pas une raison. Il pourrait se plaindre, lui aussi, de cette ressemblance.

— Moi, déclara nettement Mina, je ne permettrais pas ça. Je ne voudrais pas qu'on me ressemblât à ce point : il me semble que ce serait une insulte pour moi-même... pour mes parents...

— Oh ! fit Wilhelm, si mon père a accordé ses faveurs à une Française, il lui a fait grand honneur, et un plus grand honneur encore s'il l'a rendue mère. Et alors, si l'enfant ressemble au père, que veux-tu ! Nous n'y pouvons rien. Remarque, Mina, que ma supposition est une pure fantaisie ; car mon père hait à ce point les Français que je suis persuadé qu'il n'aurait jamais consenti à subir les caresses d'une Française. Il se serait cru souillé...

— C'est un vrai Allemand, dit Mina, enthousiasmée, et je l'estime.

— Voilà une estime bien soudaine, murmura Wilhelm d'un ton maussade ; car, il y a quelques jours, tu parlais du prince de Schwartz dans des termes assez peu bienveillants.

— Ecoute, aussi, il est ennuyeux, ce vieux, qui est riche à je ne sais combien de millions, de ne plus t'envoyer d'argent.

— Il trouve que j'ai assez dépensé sans cela... N'oublie pas,

Mina, que nous avons mangé en quatre ans, la fortune de ma
mère, laquelle fortune était considérable, et que j'ai déjà
touché de mon cher père une avance d'hoirie de trois cent
mille florins.

— Qu'est cette somme pour lui ?

— Peu de chose, j'en conviens ; mais, le vieux bonhomme ne
peut digérer ce qu'il appelle ma mauvaise conduite. Il a des
idées d'autrefois.

Ludovic cessa d'écouter. Ceci ne l'intéressait plus. Les amoureux, vraisemblablement, allaient se quereller pour la question d'argent.

Il s'éloigna donc du tuyau de poêle.

— Dors-tu, Prosper, demanda-t-il à voix basse.

Prosper ne répondit pas.

A sa respiration régulière, Ludovic comprit que son compagnon s'était, en effet, endormi. Il n'insista pas, sortit doucement du cabinet, et regagna sans bruit sa chambre.

— Wilhelm Schwartz, murmura-t-il, avant de se coucher, je
me trompais, lorsque je croyais et désirais ne plus te revoir.
Désormais, je m'attache à tes pas. Je veillerai même sur tes
jours. Insulteur de femmes, fils d'un misérable qui a déshonoré ma mère, tu verras bientôt que ces Français que tu méprises, ont su léguer à leurs enfants, avec le souvenir des injures d'antan, l'énergie nécessaire pour venger les affronts et
punir les oppresseurs. A demain, mon frère, à demain !

CHAPITRE IX

Où Cocorico se renseigne.

Ludovic Dortailles fut quelque temps avant de pouvoir goûter
le sommeil.

La rencontre surprenante de Wilhelm Schwartz et ce qu'il
venait d'entendre le troublaient profondément.

Deux désirs se combattaient en lui : d'une part, celui de
venger sa mère en tuant son frère Wilhelm, dont il irait ensuite annoncer la mort au prince Schwartz, en lui faisant savoir qu'il n'était pas au terme de ses souffrances et que les
représailles ne faisaient que commencer ; d'autre part, le désir
de protéger, au contraire, ce Wilhelm, de se lier avec lui et
de l'amener à se réconcilier avec son père, à qui il se ferait
présenter un jour par lui.

Ce dernier dessein lui parut le plus raisonnable.

En agissant ainsi, il sacrifiait sa vengeance à son patriotisme.

Il n'oubliait pas, en effet, que le prince de Schwartz était le
détenteur d'un document qui pouvait amener une guerre générale, et mettre la France en mauvaise posture auprès de ses
alliés.

Il fallait, avant toutes choses, conquérir ce précieux document, après lequel courait déjà son cousin.

Qui l'empêchait de manœuvrer, de son côté, dans le même
but qu'Henri Malherbe et sa sœur ?

Sa seconde idée était la bonne : devenir l'ami de Wilhelm,
lui rendre, si possible, un signalé service, approcher le prince

de Schwartz, et, par ruse ou par force, lui arracher l'arme terrible qu'il possédait contre la France.

Quand les intérêts de son pays seraient sauvegardés, Ludovic verrait ensuite ce qu'il devrait faire.

Ayant pris cette résolution, après avoir longuement réfléchi, il finit par s'endormir.

Il comptait, suivant son habitude, se réveiller de bonne heure, et être levé avant le soi-disant Hauser, dont il guetterait alors la sortie. Les prétextes ne lui manquaient pas pour entrer en conversation avec le peu communicatif Allemand.

Malheureusement, Ludovic avait compté sans sa fatigue de la traversée. Il dormit lourdement sans désemparer, jusqu'au moment où des coups de poing frappés à sa porte le réveillèrent.

C'était Marius Miradou qui venait prendre les ordres de son compatriote.

Encore à moitié engourdi, Ludovic se frotta les yeux. Un soleil éclatant avait envahi sa chambre.

— Sapristi, s'écria-t-il. Quelle heure est-il donc ?

Marius éclata de rire :

— Hé ! té ! Je crois que vous la faites, la grasse matinée ! Je ne vous le reproche pas. Après un pareil voyage, c'est bien compréhensible. Vous étiez tellement fatigués, votre compagnon et vous, que je n'ai pas eu le cœur de vous déranger.

— Quelle heure ? Quelle heure est-il ? demanda, impatient, Ludovic en sautant à bas de son lit.

Il est l'heure du déjeuner, en Turquie comme en France : il est midi.

— Midi !

Vivement, Ludovic passa son pantalon.

— Sapristi de sapristi ! jura-t-il. C'est honteux d'avoir dormi de la sorte moi qui suis toujours réveillé à six heures !

— Bah ! Une fois n'est pas coutume ! Vous désolez pas. Le déjeuner vous attendra. Je venais savoir s'il fallait vous le faire monter ici, ou si vous déjeunez dans la grande salle.

— Dans la grande salle.

— Va bien, alors. Le couvert, il est mis

— Et mon ami ? Il faudrait le réveiller.

— Ali — c'est un de mes domestiques, un brave Turc — qui s'en est chargé.

— Qui ?

— Et Ali, donc ! C'est lui qui vous servait hier soir.

— Ah oui ! fit distraitement Ludovic, qui maintenant procédait à ses ablutions. Et quelles nouvelles de la guerre ?

— La guerre, ça vous intéresse donc ?

— Parbleu ! puisque je suis envoyé par la *Petite Gironde* pour renseigner ses lecteurs. Vous pensez bien...

— Tè ! Vous êtes un « rapporteur » vous aussi ? Vous ne me l'aviez pas dit, hier.

— O Ciel ! J'aurais commis un tel oubli ! dit Ludovic, égayé Toutes mes excuses, mon cher hôte, pour ce manque de tact !

— Je les « assepte », fit Marius, avec dignité. Et, à propos de « rapporteur », j'ai une bonne nouvelle à vous annoncer.

— Les Turcs sont battus ?

— Ah ! ça, je n'en sais rien. Ici, ils disent toujours qu'ils sont vainqueurs. C'est effrayant, ce qu'ils ont fait depuis huit jours ! Ils ont enlevé cent mille canons, tué trois millions de Bulgares, pris le Monténégro, la Serbie, la Bulgarie, la Hongrie — je ne sais pas ce qu'ils n'ont pas fait. — Et on prétend que les Marseillais sont des blagueurs !

— Autant dit, on n'a aucune nouvelle exacte.

— Si, on a des nouvelles ; mais le gouvernement les garde pour lui.

— Alors, qu'est-ce que c'est donc que votre bonne nouvelle ? demanda Ludovic, qui finissait de s'habiller.

— C'est rapport à votre collègue, le « rapporteur » allemand. Ce « meinherr Hauser », vous savez, celui qui vous a conduit ici hier et que je prenais pour votre ami, d'abord parce qu'il vous amenait, et ensuite parce que je trouve que vous lui ressemblez. Vous ne trouvez pas que vous lui ressemblez un peu !

— Beaucoup, cher monsieur Marius ; mais si vous voulez me faire grâce des incidents pour me dire la nouvelle...

— Voici : le « rapporteur » allemand est parti ce matin, de bonne heure, pour Tchataldja — en v'là un nom à faire éternuer, vous ne trouvez pas ? — Il est parti...

Ludovic n'écoutait plus.

Wilhelm Schwartz était parti !

Bousculant Marius, il courut à la porte, appelant :

— Prosper ! Prosper ! Vite, descends. Nous partons à l'instant !

— Partir ! s'écria Marius. Sans déjeuner ?

— Nous déjeunerons demain. Prosper !

Prosper arrivait, la figure reposée et souriante.

— Bonjour, m'sieu, dames et la compagnie ! Pardon, excuse, patron, si j'ai roupillé comme ça ; mais j'étais tellement fatigué.

— C'est bon, c'est bon ! Prends cette valise : ne mets dedans que les objets de première nécessité. Nous partons à l'instant pour Tchataldja.

— Bien, patron !

Et, incontinent, Prosper se mit en devoir d'obéir.

Marius Miradou, que l'énervement de Ludovic, n'avait nullement ému, se croisa les bras.

— Que vous êtes jeunes ! dit-il, d'un air de pitié.

— Hein !

— Vous déjeunerez, mes enfants, et vous déjeunerez bien. Vous avez le temps.

— Je vous dis que nous partons à l'instant.

— Hé non !

— Comment, non ?

— Et vos passeports, et un guide, et des chevaux ? On ne part pas comme ça, voyons !

— Bigre ! dit Ludovic, c'est vrai. Je perds la tête, moi. Je cours chez le consul, à l'ambassade...

— Vous ne trouverez personne : tout le monde déjeune.

Prosper, qui bâillait d'inanition, déclara :

Il a raison, le Marseillais. M'est avis qu'on pourrait « briffer » avant de se « cavaler ». Si on est pressé, on poussera les chevaux.

Ludovic, furieux, se jeta sur un fauteuil.

— Que le diable vous emporte avec votre déjeuner ! Eh bien ! soit, déjeunons, puisqu'il n'y a pas moyen de faire autrement. Monsieur Miradou, nous descendons.

— Je vais donner ordre de vous servir et, si vous le permettez, j'enverrai Ali s'occuper de vous trouver un guide, à peu près honnête, avec des chevaux. Quel prix voulez-vous mettre ?

— Ça n'a aucune importance, dit vivement Ludovic. Vous avez carte blanche, monsieur Miradou. Louez, achetez, je m'en rapporte à vous, et je vous remercie mille fois de votre obligeance.

— Va bien, dit Miradou. Je ferai comme pour moi, et je ne vous prendrai pas de commission.

Il disparut, en fredonnant d'une voix de fausset :

> *Une, deux, le Midi bouge,*
> *Tout est rouge...*
> *Une, deux...*

— Il est gai, notre ami de Marseille ! fit observer Prosper, qui achevait d'emplir la valise.

— Eh bien ! moi, je ne le suis pas, gai !

— A cause, m'sieu Cocorico ?

— A cause ? Wilhelm Schwartz est parti ce matin pour Tchataldja, pendant que nous dormions.

— Eh bien ! tant mieux ! Nous ne le verrons plus ! déclara tranquillement Prosper.

Outré de cette placidité, Ludovic ouvrit la bouche pour mettre son compagnon au courant de la fin de la conversation entre Mina et Wilhelm. Puis, réflexion faite, il ne dit rien.

Prosper était un brave garçon, un ami dévoué, certes ; mais était-il bien nécessaire de lui apprendre toute cette navrante histoire ?

— Des fois que l'Allemand serait parti pour nous empêcher d'envoyer nos dépêches au journal, je comprendrais votre mauvaise humeur. Mais quoi ? le télégraphe appartient à celui qui le paie... Il a beau s'esbigner avant nous, il n'en sera pas plus avancé. La *Petite Gironde* sera renseignée tout de même, et mieux renseignée que sa feuille de chou... Vous bilez pas ! On aura les nouvelles avant lui, et même des nouvelles sensationnelles, encore ! C'est moi qui vous le dis ! V'là, c'est bouclé. J'ai rien oublié. Les revolvers, on les garde sur soi... les v'là ; c'est des brownings première qualité, du solide et du cher. Avec ça, on peut casser la margoulette à ces têtes à fez, si jamais ils nous asticotent. V'là le vôtre, patron, et v'là le mien. Méfiance : ils sont chargés !

Ludovic glissa son arme dans sa poche.

— Ainsi que je te l'ai recommandé, tu as bien pris, sous tes vêtements, la ceinture de cuir ?

— Pleine de louis, oui, patron... N'ayez crainte : c'est pas des choses qu'on oublie. Est-ce que vous avez oublié la vôtre ?

— Non, certes. Et j'ai aussi un portefeuille bien garni ; j'irai faire le change, tout à l'heure, en allant à l'ambassade, où tu m'accompagneras.

— Entendu. Et après, on se débinera...

La voix de Miradou, appelant les deux hommes, interrompit la conversation.

Le déjeuner fut silencieux. Prosper dévorait, Ludovic pensait...

Miradou, ayant de nombreux clients à servir, n'avait pas le temps de causer avec ses compatriotes.

Le café pris, Ludovic, renseigné par Miradou, se rendit à l'ambassade française.

Il eut la chance d'y rencontrer un secrétaire qui, obligeamment, lui fit donner sur-le-champ les papiers et les signatures nécessaires.

Mais un passeport du ministre de la guerre turc était, en outre, indispensable, pour permettre à Ludovic et à Prosper d'aller au milieu des troupes.

Aussitôt, le secrétaire envoya un de ses chaouchs demander ce passeport au ministère, et pria les deux amis de repasser dans l'après-midi.

Il fallut se résigner à cette nouvelle attente.

— Enfin, dit Ludovic, nous aurons tous nos papiers dans quelques heures. Retourne à l'hôtel et retiens le guide et les chevaux. Je paierai dès que je serai de retour

— Où allez-vous ?

— Faire une course urgente. Ne t'inquiète pas.

Prosper, qui n'était pas curieux, n'insista pas. Il retourna à l'hôtel en flânant.

Pendant ce temps, Ludovic se dirigeait vers Yldiz-Kiosk. Il ne lui fut pas malaisé de se faire indiquer son chemin.

Un Turc, qui fumait sa pipe au soleil et qui baragouinait quelques mots d'allemand, consentit à l'accompagner. La vue d'une piastre avait transformé cet Ottoman paresseux en serviteur empressé.

Il va de soi que Ludovic ne se souciait guère de voir les jardins d'Yldiz-Kiosk.

Mais, grâce au tuyau de poêle démoli par Godilleau, il avait entendu Mina Wolfang dire que sa villa se trouvait dans les environs des jardins du sultan, entre Dolma-Bagtché et Yldiz.

Il voulait profiter de son séjour forcé à Constantinople pour tâcher de découvrir l'emplacement exact de cette villa.

Malheureusement, son ignorance de la langue turque l'empêcha de s'informer aussi complètement qu'il l'aurait désiré.

— La villa s'appelle Villa des Fleurs ! songeait-il, en suivant son guide. C'est vague. Je vois bien des villas ; mais aucune ne porte de nom, que je sache ! A moins que ces arabesques bizarres ne signifient quelque chose ! Le Turc qui m'accompagne parle si mal l'allemand, qu'il n'y a pas moyen de converser avec lui.

Cependant, il était arrivé à l'extrémité de Dolma-Bagtché.

Ludovic considérait d'un œil morne les jardins et les villas étagés sur la petite colline située à sa gauche. Ces habitations élégantes qui, disséminées dans des massifs de verdure ou abritées par de grands arbres, mettaient au milieu de cette luxuriante végétation la tache blanche de leurs terrasses, se faisaient plus rares à mesure qu'il avançait vers Yldiz-Kiosk.

Et, bientôt, son regard inquiet, vaguement irrité, s'arrêtait à la mer. Impossible de deviner, de découvrir la demeure de Mina Wolfang !

Un sentier débouchait sur la grande allée conduisant aux jardins du sultan.

Soudain, un homme surgit de ce sentier. C'était un vieillard traînant ses babouches, coiffé du fez rouge et portant nonchalamment un panier de fruits. Il poussa une exclamation de joie à la vue du guide qui précédait Ludovic.

Les deux hommes échangèrent quelques paroles amicales, à la suite desquelles le vieux Turc regarda curieusement le client de son ami.

Aussitôt, il jeta un nouveau cri de surprise et prononça de rapides paroles, par lesquelles il semblait visiblement manifester le plus vif étonnement ; puis il s'éloigna, en se retournant à plusieurs reprises pour considérer encore le Français.

Ludovic, fronçant le sourcil, interrogea son conducteur.

Péniblement, en son mauvais allemand, l'homme expliqua que si son ami avait paru étonné à ce point, c'était parce qu'il avait pris un instant le Français pour le mari de sa maîtresse qui habitait une villa, là-bas, dans le massif de rosiers.

Ludovic tressaillit. Le hasard lui venait en aide. Sa ressemblance extraordinaire avec Schwartz le servait à point nommé.

A n'en pas douter, le vieux Turc était un des serviteurs de Mina Wolfang.

Alors, sans mot dire, il fit volte-face et s'élança sur les traces du vieux serviteur qui, s'en allant d'un pas nonchalant, n'était guère éloigné.

Le guide, interloqué, suivit son client.

Le vieux Turc venait de quitter la grande allée pour prendre un petit sentier bordé d'aloès. Il se dirigeait vers la mer. Brusquement, il s'arrêta ; puis il disparut au milieu d'énormes rosiers. Il n'avait pas remarqué qu'on le suivait.

Ludovic ordonna alors au guide de demeurer immobile. Seul désormais, il s'avança sans bruit.

Derrière les rosiers, il vit, au fond d'une allée ombragée par des citronniers et des orangers, une maison blanche, carrée, percée d'ouvertures qui ressemblaient plutôt à des meurtrières qu'à des fenêtres. De grands arbres, dominant la maison, jetaient une ombre épaisse sur la terrasse.

— C'est ici ! songea joyeusement Ludovic. Je n'ai pas perdu mon temps : je sais où trouver Mina Wolfang...

Revenant alors sur ses pas, il reprit le chemin de l'hôtellerie franque. Un peu avant d'y arriver, il congédia son guide en lui donnant un bon pourboire. Le mahométan murmura de vagues remercîments, puis il se dirigea vers un café turc.

Rien ne devait, cette après-midi, gâter la joie de Ludovic. Sa déception du matin était compensée par la chance qu'il avait eue de découvrir le logis de Mina.

Il eut, en outre, la bonne fortune de trouver chez Marius Miradou, un guide nommé Djarid, qui parlait vaguement le français, et trois excellents chevaux que Miradou déclara avoir payé quinze cents francs.

Ce disant, Marius Miradou écorchait son client. Il avait acheté les trois chevaux neuf cents francs.

Ludovic paya sans marchander et retourna à l'ambassade. Tous ses papiers étaient signés, il n'avait plus qu'à partir.

Deux heures plus tard, Ludovic Dortailles, Prosper Godilleau et le guide Djarid, quittaient Constantinople, se dirigeant vers Tchataldja, où il arrivèrent à la tombée de la nuit.

Le correspondant de guerre de la *Petite Gironde*, allait commencer à remplir sa mission.

Mais Ludovic ne se doutait guère qu'elle devait être bientôt interrompue.

CHAPITRE X

Un coup de revolver.

Nous n'avons pas à relater ici les incidents de la guerre turco-bulgare, que connaissent tous nos lecteurs.

La marche en avant des Serbes, des Grecs, des Monténégrins, des Bulgares, les causes du conflit balkanique et les effets de ces combats meurtriers où ce quator de petits peuples combattant pour leur indépendance contre un ennemi dix fois supérieur en nombre, souleva l'enthousiasme général, ne sort pas de notre ressort. Notre tâche est plus modeste

Laissant aux historiens le récit de cette merveilleuse épopée, de ces journées glorieuses, nous devons nous attacher simplement aux faits et gestes de notre héros, Ludovic Dortailles, dit « Cocorico ».

Délaissant donc ce qui à présent serait de peu d'intérêt pour le lecteur renseigné, — l'invasion de la Turquie par les troupes alliées et le récit des victoires serbes, grecques, bulgares ou monténégrines, — suivons seulement notre ami et son compagnon, Prosper Godilleau, conduits par le guide Djarid.

Après avoir passé la nuit à Tchataldja, les trois hommes partirent de bon matin, par une pluie battante, s'enfoncèrent dans les routes détrempées et prirent la direction de Saraï, au nord de Tchataldja.

On leur avait dit qu'ils rencontreraient par là, le gros de l'armée turque.

— Vous ne trouvez pas ça drôle, patron ? disait Prosper, tout en arrondissant le dos sous la pluie qui les mouillait jusqu'aux os.

— Que veux-tu que je trouve drôle, Prosper, le mauvais temps ?

— Non... cette absence de soldats.

— Nous en avons rencontré quelques-uns.

— Pas besef.

— Ils doivent être dans les forts que nous avons vus autour de Tchataldja, derrière ces épaisses murailles protégées par des fossés et des rangées de pieux reliés par des fils de fer entre-mêlés de pointes aiguës. Ce côté-ci est admirablement défendu.

— Par des clous et des morceaux de bois... possible ; mais les soldats ?

— Puisqu'ils sont dans les forteresses !

— S'ils y sont... En tous les cas, c'est pas leur place. Ils devraient courir sur les routes, le sac au dos, se précipiter vers la frontière, puisque leur pays est menacé. Voyons, m'sieu Cocorico, une supposition que les Allemands viennent nous asticoter, est-ce qu'on resterait enfermé derrière nos murs, nous autres, est-ce qu'on n'irait pas joyeusement vers l'Est, en chantant la *Marseillaise*, hein ?... On s'en ficherait un peu de leurs mitrailleuses et de leurs dirigeables ! On a les hommes-oiseaux, nous ! Et c'est pas rien, ça ! Ils peuvent construire des biplans, des triplans, des monoplans et des rataplans, ils n'auront jamais des Beaumont, des Védrines, des Garros et les autres !

Amusé par le discours de Prosper, Ludovic souriait.

— Il est évident que notre infériorité numérique — si elle existait toutefois — serait compensée, mon cher Prosper, par l'habileté de nos aviateurs, la science de nos généraux, et surtout par la vaillance de nos petits troupiers.

— Et par notre armement ! dit orgueilleusement Prosper.

— Oh ! de ce côté-là, tu sais, je crois que nous devons être d'égale force.

— Chez qui ? Le Marseillais de Constantinople, pendant que vous vous baladiez, m'a donné des tuyaux sur les premiers combats. C'est rien rigolboche. Figurez-vous que les canons turcs fabriqués par M. Krupp oublient de partir. C'est des déchets que les Allemands ont vendus à leurs amis, ou, alors, c'est leurs canons à eux. Si c'est leurs canons, ça fait pas grand mal.

— Je crois que tu te trompes, Prosper. Les canons allemands, les vrais, sont meilleurs que ceux-là. Il ne faut pas dénigrer injustement son ennemi. Ils ont de bonnes et solides pièces d'artillerie, qui valent au moins les nôtres.

— Alors, ils ont vendu pour de vrais canons, de vieux rossignols ; et alors, ce sont des filous, des voleurs, m'sieu Cocorico, voilà ce que c'est que les Alboches !

Ludovic éclata de rire.

Le guide s'était rapproché.

— Li ton compagnon, dit-il, il dit vrai, Sidi. L'Allemand était voleur, il avait vendou di mauvaises armes, et aussi il avait donné pour mettre dans les fusils, contre beaucoup d'argent, des cartouches en bois. La Turquie, à présent, par Allah ! avait connu son amie l'Allemagne.

— Prosper riait aux larmes.

— Des cartouches en bois ! Elle est bien bonne ! Oh ! que je m'amuse !

— Toi, dit Djarid, mélancolique, il ne faut pas rire ; c'est mauvais cœur. Le Français doit avoir pitié de nous. Le Turc n'est pas méchant. Vous ne savez pas les choses. Les journaux disent, mais il ne disent pas vrai.

— Nous n'avons pas à intervenir dans vos affaires, fit Ludovic ; nous restons en dehors de votre querelle, et nous n'avons à prendre parti pour personne. Tu aurais tort, Djarid, de croire que mon ami riait de votre défaite en ce moment. Ce qui excitait son hilarité, c'est la singulière façon dont l'Allemagne s'est comportée envers un peuple dont elle se prétendait l'amie.

Djarid soupira :

— C'est pas bien de vendre pour bonnes dis armes mauvaises !...

— Certes !

— Le Coran permet aux croyants d'agir ainsi envers les ennemis di notre religion et di les tromper afin di mieux les

exterminer ; mais vous autres, chrétiens, vous ne devez pas
nous voler !

Ludovic avait peine à tenir son sérieux devant l'ahurisse-
ment de Prosper.

— Ah ! par exemple ! s'écriait ce dernier, en v'là un raisonnement ! Et moi qu'allais plaindre les Turcs ! Comment ? ils
se permettent, eux, de voler, et ils veulent...

— Allah permet tout à ceux qui suivent sa loi, dit gravement Djarid.

— Oui, fredonna Prosper, charmant homme :

Et comme dans un rêve,
On voit
Le gai paradis d'Allah !

— Serais-tu insensé, demanda Djarid, que tu chantes sans
raison ?

— Oh ! la barbe ! dit Prosper, furieux. Un rasoir, mon
vieux !...

Le Turc ouvrit de grands yeux. Ça allait se gâter.

Ludovic fit diversion.

— Que vois-je, là-bas ? On dirait des soldats...

— Oui, dit Djarid, ce sont des uhlans qui vont rester à la
garde de Saraï, dont le régiment a dû partir.

— Le détachement a l'air important.

Djarid ne répondit pas. Il avait poussé son cheval, marchant
devant Ludovic et Prosper.

— L'Arbi a peur de se compromettre, grommela Prosper. Il
ne veut pas que ses compatriotes le voient avec des chiens de
chrétiens. J'ai bien envie de lui envoyer une tatouille, à ce
particulier-là, pour y apprendre la politesse...

— Prosper...

— Non, mais, c'est vrai ! Ça n'a pas dix ronds pour s'acheter
un chapeau, ça porte un bonnet rouge comme les têtes à
massacre à la fête de Montmartre, ça met des pantalons où
on tiendrait quinze derrières comme le mien, ça n'a pas de bas
ni de souliers, et ça veut raisonner comme des êtres civilisés !
Tas de Turcs, va !

Djarid était trop éloigné pour entendre les récriminations de
Prosper.

Ludovic le laissa maugréer tout à son aise.

— S'ils reçoivent une tripotée, ce sera bien fait : ça leur apprendra à être susceptibles, à ces mal blanchis. Et avec ça, il
fait un temps à ne pas mettre un ministre dehors. Et on dit
qu'en Orient, il fait toujours soleil !... Sur les images !

— Nous approchons du détachement turc, Prosper. Je te prie
maintenant de tenir ta langue, si tu ne veux pas nous faire
arriver des ennuis. N'oublie pas que je suis reporter et que je
dois exercer ma fonction. Pour ce, je ne dois avoir que des
amis. Tu me comprends ?

— Pour sûr ! Soyez tranquille. En ont-ils une bobine, ces
cocos : on dirait des singes à cheval.

— Prosper !

— Bah ! Ils sont encore à deux cents mètres de nous ; ils
n'entendent pas.

Ludovic allait réprimander son compagnon, lorsque son

attention fut attirée par un cavalier qui sur la gauche accourait vers eux à bride abattue, à travers champs.

La pluie venait de cesser. Le brouillard s'était complètement dissipé. On voyait très distinctement l'homme et le cheval Cent mètres à peine les séparaient du groupe formé par les trois voyageurs.

— Mais, sacrebleu ! s'écria Ludovic, cet homme n'est plus maître de son cheval... Il a perdu les étriers, les brides sont rompues, le cheval est emporté, il court tout droit à cet escarpement qui est à notre droite. Le malheureux est perdu ; il va se casser le cou !

Comme une trombe, les naseaux au vent, les flancs ensanglantés, hurlant de douleur et de rage, le cheval passa, emportant vers la mort son cavalier qui, fou de terreur, penché sur sa monture, se cramponnait à la crinière.

D'un geste plus prompt que la pensée, Ludovic avait saisi son revolver.

Une détonation éclata. Cheval et cavalier roulèrent dans la boue.

Il était temps ! Le cheval n'était plus qu'à quelques mètres du précipice qui bordait la route.

— Oh ! bath ! mince d'adresse ! s'écria Prosper, enthousiasmé. C'est pas pour dire, patron, mais vous êtes le roi des tireurs ! Envoyer une balle dans la tête du cheval sans abîmer le cavalier !

Ludovic n'écoutait pas. Il avait donné de l'éperon, poussé son cheval vers le malheureux qu'il venait d'arracher à une mort certaine.

Celui-ci se relevait lentement, un peu étourdi. Il accueillit son sauveur par ces mots, prononcés en allemand :

— Vous pourriez faire attention avant de jouer du revolver ! Vous venez de tuer un cheval de sang qui m'avait coûté trois cents florins. Maladroit !

— Oh ! Sch..., commença Ludovic, stupéfait.

C'était, en effet, Schwartz qu'il venait de sauver.

L'Allemand reconnut Ludovic. Il rougit, balbutia :

— Ah ! c'est vous ! Je ne m'attendais pas...

— A me devoir la vie, dit Ludovic, en souriant. Rassurez-vous, mon cher confrère ; je ne vous demande rien en échange.

Le pseudo Hauser, dépité, murmura :

— La vie ! la vie ! Je ne vous la dois pas tant que ça ! Vous avez tué ma bête au moment où je venais de m'en rendre maître.

Prosper Godilleau, qui venait de s'approcher et avait entendu l'ingrate réponse de l'Allemand, hurla, furieux :

— En v'là un culot ! C'est pas la reconnaissance qui vous étouffera, vous ! Sans m'sieu Cocorico, vous étiez frit, et vous osez...

— Silence, Prosper, dit sévèrement Ludovic.

Il se retourna vers l'Allemand :

— Monsieur Wilhelm Hauser, dit-il ironiquement, puisque, par maladresse, je vous ai privé d'un cheval de valeur, je tiens le prix de ce cheval à votre disposition.

Et il se disposait, après un salut courtois, à rejoindre le guide, laissant son obligé assommé par cette réponse impertinente qui sentait son Français d'une lieue, lorsqu'il se vit entouré par une vingtaine de cavaliers, qui avaient rebroussé chemin, en entendant le coup de feu, et qui, sous les ordres d'un officier chamarré, couvert d'or et de décorations, s'empressaient de venir voir ce qui se passait, espérant faire des prisonniers sans courir aucun danger.

En allemand, l'officier apostropha rudement Ludovic, Wilhelm et Prosper :

— Qui a tiré ce coup de feu ? Pourquoi ?

— Oh ! s'écria l'incorrigible Prosper, v'là que les Turcs parlent prusco, à c't'heure !

C'était, en effet, un officier allemand, un instructeur envoyé de Berlin, par le maréchal von der Goltz, qui commandait un escadron de uhlans se rendant à Saraï.

Reconnaissant un compatriote, Wilhelm retrouva toute sa morgue.

— Je suis Wilhelm Hauser, du *Berliner Tagblatt*, décara-t-il au commandant de la troupe. Monsieur est un journaliste français, qui, croyant mon cheval emporté, a tiré dessus. Ce n'est qu'un accident. Voici mes papiers.

Il les tendit à l'officier, qui les refusa en souriant.

— Un Allemand ne saurait mentir ! dit-il.

Par contre, lorsqu'il s'adressa à Ludovic, son sourire avait disparu pour faire place à un air dur, presque menaçant :

— C'est vous qui avez tiré ? dit-il en français.

— Oh ! fit Ludovic, vous pouvez continuer à parler allemand. J'entends fort bien votre langue, mon commandant.

— Je ne suis pas commandant, riposta avec raideur l'officier. Je suis le colonel Schupp.

Il prononçait Chouppe.

— Chouppe ! marmotta Prosper. Une chouppe aigre, une chouppe tournée, bien sûr !

— Eh bien ! colonel Schupp, dit aimablement Ludovic, je reconnais, en effet, que c'est moi qui ai eu la malencontreuse idée de tirer sur ce cheval, croyant en danger son cavalier. J'ai cru sauver la vie à votre compatriote, mon confrère. Je me suis trompé.

— Vous avez vos papiers ?

— Certes !

— Montrez !

Ludovic Dortailles sortit un portefeuille, exhiba son passeport.

Sur un coup d'œil du reporter, Prosper, grommelant, l'imitait.

— Pourquoi qu'il veut voir nos papiers, puisqu'il a refusé de voir ceux de son compatriote ?

Le colonel n'entendit pas cette réflexion. Il tournait et retournait les passeports, les examinait minutieusement. Malheureusement, ils étaient en règle...

Plein d'humeur, il les rendit.

— Je n'ai rien à dire : ces papiers ont l'air authentiques.

— Ils le sont.

— C'est à moi que vous parlez ? s'écria-t-il.

— Sans doute.

— Alors, appelez-moi colonel. On ne vous apprend donc pas en France, à donner leurs grades à vos supérieurs ?

— Au régiment, oui ; et tous les Français, les vrais Français, se font un plaisir et un devoir de donner leurs titres à leurs supérieurs hiérarchique ; mais dans la vie civile, monsieur, pour nous, Français, qui aimons et pratiquons l'égalité, un colonel n'est pas plus qu'un journaliste, qu'un épicier ou...

— Ou un décrotteur ! acheva froidement Prosper.

— Der Teuffel ! jura le colonel. Je ne sais ce qui me retient...

Il avait poussé son cheval contre celui de Ludovic.

Ce dernier, un peu pâle, regardait l'Allemand dans les yeux ; sa main droite, dans la poche de sa veste, serrait nerveusement la crosse de son revolver.

Cela menaçait de tourner mal.

Wilhelm Schwartz s'interposa.

— Colonel Schupp, fit-il dédaigneusement, il ne faut pas en vouloir à ce journaliste français de dire de pareilles énormités. On écrit couramment, dans les journaux, en France, et on débite partout cette chose ignoble que les officiers sont des misérables. Vous savez bien que les Français n'ont plus d'armée, plus de drapeau, plus de Dieu, qu'ils ont tué le respect et la discipline chez eux ! Comment voulez-vous... ?

— C'est juste, vous avez raison, herr Hauser, dit le colonel Schupp. Ces rodomontades ne valent pas qu'on y fasse attention. En route ! Vous allez à Saraï ?

— Oui, colonel.

— Mais vous n'avez pas de cheval.

— Hélas !

Le colonel et Schwartz adressèrent un regard méprisant à Ludovic.

— Eh bien ! dit le colonel, puisque le Français a commis la maladresse, qu'il en supporte les conséquences. Il va vous céder son cheval.

Prosper faillit éclater. Un regard de Ludovic le contint.

Très calme, le reporter appela :

— Djarid !

Le guide accourut.

— Djarid, descends de ton cheval, et aide à monter le brillant cavalier Wilhelm Hauser, à qui je fais cadeau de cette monture pour remplacer celle qu'il dirigeait si habilement vers ces falaises.

Djarid obéit.

Sans se faire prier, Wilhelm enfourcha le cheval.

— En avant ! ordonna le colonel.

Wilhelm Schwartz, sans un mot, sans un salut, passa devant Ludovic. Pour adieu et en guise de remercîment, il lui adressa un regard haineux.

Les uhlans s'éloignèrent.

— Djarid, monte en croupe derrière mon ami, ordonna Ludovic.

Le Turc, lestement, prit place derrière Prosper.

— Nous irons plus lentement, dit tranquillement Dortailles. A présent que la pluie a cessé, qu'importe que nous arrivions une heure plus tard à Saraï ?

Prosper, silencieusement, suivit son maître.

Le brave garçon était hors de lui. Il ne pensait qu'aux moyens de se venger de Schwartz.

Comme s'il eût deviné sa pensée, Ludovic, brusquement, lui dit :

— A propos, Prosper, si jamais l'occasion se présente de sauver encore la vie à Wilhelm Schwartz, je compte sur toi...

— Hein ! Moi, que...

— Oui... Schwartz t'est sacré, comme à moi. Jusqu'à nouvel ordre, nous devons veiller sur ses jours, le protéger, le défendre au péril de notre vie !

— Ah ! ça, jamais ! Un coup de couteau dans le ventre, oui !

— Prosper, dit gravement Ludovic, tu ne saurais haïr Wilhelm Schwartz plus que je ne le hais ; car j'ai, de plus que toi, des motifs graves et terribles d'en vouloir à cet homme. Cependant, tu le vois, j'impose silence à mon ressentiment.

— Mais pourquoi... pourquoi ? gémit Prosper.

— Tu le sauras un jour. Fais ce que je te demande, si tu aimes ton pays, si tu as pour moi quelque affection. Il y va de graves intérêts..

Prosper baissa la tête. Il ne comprenait pas. Mais il avait en Ludovic une confiance illimitée.

— M'sieu Cocorico, dit-il en soupirant, on se conformera à vos ordres : on touchera pas au Prusco, même on le sauvera. Mais c'est richement contrariant...

Ils continuèrent à chevaucher.

Ludovic pensait à Héléna, à son frère. Où étaient-ils ? Comment pourrait-il les aider dans leur tâche, être utile à son pays ?

Une pensée obscure, née en lui depuis qu'il savait le vrai nom, les origines de Schwartz, grandissait dans son cerveau, prenait corps, s'affirmait plus nettement.

— Chère Héléna ! Ma douce fiancée ! pensait-il, ton âme de Lorraine m'approuverait d'avoir eu cette pensée. Mais comment la réaliser ?

CHAPITRE XI

Bouboule.

— Quel métier, hein ! crois-tu mon vieux Cocorico ?

— A qui le dis-tu, mon cher Moutonnet ?

— Si ce n'est pas une honte de voir un service télégraphique aussi mal organisé ! Un seul employé pour faire partir les dépêches !

— Dame ! mon cher Moutonnet, il faut être juste. Les Turcs ne s'attendaient pas à ce coup de Trafalgar. Ils ne pouvaient pas prévoir que les Etats balkaniques allaient leur tomber sur le dos, et que, la guerre éclatant, une légion de journalistes allaient prendre d'assaut les bureaux télégraphiques avoisinant les opérations militaires.

— Tu ne vas pas excuser ces gens-là...

— J'excuse l'employé du télégraphe.

— Comme c'est gai, continua Moutonnet, l'envoyé du *Journal* ; il faut attendre pendant des heures derrière le guichet que les confrères aient passé leur copie pour glisser la sienne. Moi qui te parle, Cocorico, j'étais ce matin à sept heures tapant, devant le bureau qui n'a ouvert qu'à huit heures, — en temps de guerre, crois-tu ? — eh bien ! il y en avait vingt à passer avant moi. Edward Green, du *Times*, avait passé la nuit pour être le premier à télégraphier. Et les autres piétinaient sous la pluie à partir de deux heures du matin. De quoi crever vingt fois ! Je suis passé à onze heures.

— Quatre heures et demie d'attente, ce n'est pas trop !

— Parbleu ! Tu peux blaguer. Toi, malin, tu as pris un aide, un secrétaire. Et c'est ce brave garçon que tu envoies faire la queue...

— Il faut bien qu'il fasse quelque chose ! J'ai fait la copie ; il la porte.

— Et voilà qu'il est bientôt sept heures du soir, et ton secrétaire Godilleau est allé à la poste, m'as-tu dit...

— Tout de suite après déjeuner.

— Six heures de faction ! Quel métier, seigneur, quel métier !

— Prenons notre mal en patience. On est bien dans ce café. Un peu rudimentaire le confort, mais pas de raseurs. Les confrères ont choisi les établissement luxueux de Saraï. Sur tes conseils, je suis venu me réfugier dans ce coupe-gorge, et je ne le regrette pas. Quelle tranquillité ! On se croirait à mille lieues de la guerre. Regarde ces braves Turcs accroupis autour de nous, fumant silencieusement leur pipe devant cette tasse minuscule de café qu'ils font durer toute la journée. Ont-ils l'air assez indifférents à ce qui se passe ? C'est reposant, ce spectacle.

Moutonnet n'écoutait pas.

— Encore, pensait-il tout haut, si ce télégraphe était organisé... si on avait les derniers appareils ! Mais va te faire fiche... un vieux système Morse à moitié détraqué... Qui sait ce qui va sortir au bout du fil ? Ah ! on nous en fait dire des non-sens, des absurdités, des folies !

— Bah ! le secrétaire de rédaction est là.

— Sans compter que la censure s'en mêle ! Les Turcs ont reçu une tripotée hier : tu vas voir qu'à Paris le mot « tripotée » sera remplacé par « victoire » lorsqu'il arrivera... Renseignez donc les lecteurs ! Et impossible de prévenir au journal, la censure ne laissant pas passer. C'est gai ! La prochaine fois, je me fabriquerai un dictionnaire où les mots voudront dire tout le contraire ; ils n'y verront que du feu. Ainsi, j'annoncerai...

— Ah ! me voici... me voici ! Place aux jeunes ! Un pernod... et bien tassé !

C'était Prosper Godilleau qui faisait son entrée.

— Eh bien ? demanda Ludovic.

— C'est parti.

Il cligna de l'œil.

— Et ça partira bien mieux demain !

— Pourquoi ça ? demanda Moutonnet.

— Ça, dit Prosper, s'asseyant sur une pile de coussins, c'est mon affaire, mon bon monsieur. A la guerre comme à la guerre ! Celui qui a trouvé le truc ne doit pas le débiner, pas vrai ?

Moutonnet haussa les épaules.

— Mon garçon, si vous trouvez un truc ici pour passer avant les autres, et faire marcher le télégraphe plus vite, vous êtes joliment malin.

— Je le suis ! avoua modestement Prosper. Oh ! qu'est-ce que c'est ? Du jus de chapeau...

— Tu n'es pas à Montmartre, ici. Le pernod est inconnu ; on ne sert que du café... ou de l'eau. Je crois que tu t'époumonnerais en vain à demander n'importe quoi au cabaretier : il ne comprend pas.

Prosper fit la grimace.

— Ça fait au moins la dixième tasse de café — si on peut appeler du café cette confiture — que je bois depuis ce matin. Sûr, je vais passer ma nuit à sauter comme un cabri.

— Tant mieux, nous nous lèverons de bonne heure, et nous irons aux avant-postes.

— Si on vous laisse approcher, gouailla Moutonnet. Jusqu'ici, il n'y a que deux journalistes allemands qui aient obtenu la faveur d'aller auprès de Nazim-Pacha, à Skopo, près de Kirili-Kélissé. Damien, du *Petit Journal*, s'est risqué à aller à Tirnovo ; on l'a enfermé. On ne lui a rendu sa liberté qu'après le combat. Naturellement, il n'a rien pu savoir de précis et il a dû se contenter de racontars erronés d'un chef de bachi-bouzoucks. Il s'est rattrapé en faisant une description, atroce mais véridique, des massacres commis par les régiments turcs qui, en se repliant vers Samakovo, après avoir été battus, ont mis à feu et à sang le pays.

Il baissa la voix :

— Damien a vu sur la route des vieillards dont on avait coupé les poignets et les pieds, gisant dans la boue, hurlant, appelant la mort. Près d'eux, il y avait des femmes éventrées, des enfants à qui l'on avait arraché la langue, crevé les yeux. Du sang partout. Les maisons incendiées. Des lambeaux de chair collés aux arbres, le long de la route. Des membres épars. C'était effroyable !

— Pouah ! les sales gens ! fit Ludovic.

— Les sauvages ! vociféra Prosper.

— Et Damien l'a échappé belle ! Il a failli, malgré son sauf-conduit, être fusillé par des bachi-bouzoucks qui l'avaient trouvé, portant secours à une malheureuse Arménienne attachée à un arbre, toute nue, le corps zébré de coups de fouet. Aussi, Damien ne se risque plus. On peut lui parler d'aller aux avant-postes : il ne veut rien savoir ; il reste à l'arrière-garde. Il est retourné à Constantinople, et au lieu des nouvelles du jour, il envoie ses impressions sur la Turquie. On m'a dit qu'il avait gagné Scutari.

— Fâcheuse affaire ! Scutari est cerné : il sera obligé de subir le siège.

— Pauvre Damien ! Il tombe de Charybde en Scylla

Moutonnet, sur ces mots, se leva.

— Je vais me dégourdir un peu les jambes, voir ce qui se passe dans Saraï, tâcher de recueillir des informations. M'accompagnes-tu, Cocorico ?

— Non : il faut que je passe à un logement extravagant, que m'a trouvé un hôtelier à court de place. Il m'a logé chez une vieille Turque de ses parentes, qui n'a pu me donner qu'une chambre ouverte à tous les vents, sans lit, sans table. Je lui ai remis de l'argent pour nous acheter le nécessaire : au moins deux paillasses. Je vais voir ce qu'elle a fait.

— Dans ce cas, je te laisse. Au revoir, mes amis !

Moutonnet s'éloigna.

Prosper prit une mine épanouie.

— A présent, on va pouvoir causer.

— Qu'as-tu à me dire ? Tu as bien télégraphié à la *Petite Gironde* ?

— Je vous crois, et vous en avez pour quelque chose comme argent ! C'est joliment cher, un mot, dans ce pays.

— Que voulais-tu dire tout à l'heure ?

— Ce que j'ai dit, patron. Que tant que nous serons à Saraï vos dépêches passeraient avant celles de tout le monde.

— Comment ça se pourrait-il ?

— C'est Bouboule !

— Quoi... Bouboule ?

— C'est Bouboule qui nous donnera un tour de faveur. Bouboule n'a rien à me refuser. Bouboule est mon ami. Bouboule a toujours perdu à la manille avec moi. Bouboule s'est vu enlever sa maîtresse par moi. Bouboule m'adore.

— Mais qui est ce Bouboule ?

— Celui qui est au guichet du télégraphe.

— Tu connais le préposé ?

— Oui, patron, je connais le préposé, comme vous dites. C'est un vrai Turc. Il s'appelle de son vrai nom Ali-Bou-Bou. Nous l'avions appelé Bouboule ; il était aux Arts et Métiers, à Paris. On avait fait connaissance au Moulin-Rouge, où il avait eu une pique avec un apache, qui voulait lui casser la margoulette, et qui l'aurait fait si par un « swing » de première, je n'avais mis « knock-out » le citoyen en question. Il n'a pas répliqué, le frère ! Bouboule, qui était avec une dame — la celle qui fut bonne pour moi plus tard — me voua tout de suite une amitié de frère. Et voilà ! A partir de ce jour, on s'était fréquenté, on faisait des parties, on vadrouillait ensemble. Et puis, v'là que la guerre a éclaté ici. Bouboule, qu'est patriote, s'est amené dans son patelin, et comme il avait des protections, au lieu de courir à l'ennemi, il s'est fait flanquer dans le service des télégraphes, qui manquait de bras. Ce qui fait qu'il accomplit son service en faisant joujou avec le morse.

— Je te félicite, Prosper, de tes belles relations. Tu as raison : Bouboule pourra nous être utile.

— Et comment ? Si vous voulez, on va aller jusqu'à la poste, et je vous présenterai le type ; des fois que je ne puisse pas aller télégraphier, vaut mieux que vous fassiez connaissance

— Tu as raison.

Les cafés payés, les deux hommes quittèrent ce vague cabaret enfoui sous les arbres, à l'extrémité de Saraï.

C'en fut fait de leur tranquillité à mesure qu'ils avançaient vers le centre de la ville.

Ludovic Dortailles, reconnu par ses confrères, serré dans les bras, dut répondre aux questions, aux souhaits de bienvenue, donner force poignées de main.

Cocorico était très populaire parmi les journalistes. Il avait fait du reportage un métier sérieux, intéressant, et parfois dangereux. Tous l'aimaient pour son courage et sa bonne humeur.

Dans ce milieu fiévreux qu'est le journalisme, et où les nerfs s'exacerbent facilement, Ludovic ne comptait que des amis.

Comme une traînée de poudre, le bruit courut :

— Cocorico est arrivé !

Sur la place encombrée de canons, de chariots gardés par des soldats entourés de badauds, éclatèrent des cris joyeux lorsque Cocorico y arriva.

On voulait le porter en triomphe ! Impossible de se dérober à ces sollicitations amicales !

Prosper, épanoui, ne songeait plus à Bouboule.

— Un punch d'honneur à Cocorico ! cria une voix. Un punch qui sera du café !

Et au milieu des rires et des cris, on entraîna Ludovic, tandis que Moutonnet essayait vainement de faire comprendre à Edward Green, du *Times*, pourquoi on avait baptisé Ludovic de ce surnom éclatant.

Mais, au moment où la bande joyeuse allait pénétrer dans le grand café de la ville, un incident vint interrompre ces manifestations amicales.

Les mains liées, pâle de fureur, entre quatre gendarmes, Wilhelm Schwartz passait, protestant à haute voix contre son arrestation, qu'il qualifiait d'arbitraire.

N'écoutant que son bon cœur, Ludovic cria :

— Camarades, on arrête un de nos confrères étrangers ! Nous devons nous informer du motif de cette arrestation et obtenir la mise en liberté immédiate de notre confrère, s'il est innocent !

— Oui ! oui ! Allons chez Riza-Pacha !

Les Allemands, envoyés par leurs journaux, et qui avaient jusqu'à ce jour regardé les Français avec dédain, changèrent d'expression en entendant ces mots. Ils se rapprochèrent, proposant de se joindre à leurs chers confrères.

Comme Wilhelm avait réclamé en allemand, ceux qui ne le connaissaient pas comme journaliste avaient cependant deviné qu'il exerçait la même profession qu'eux.

— Nommons une délégation composée d'un journaliste de chaque pays, proposa Moutonnet.

— Oui ! dirent les Allemands.

— Cocorico, tu représenteras la France : nul n'en est plus digne.

— Ah ! pour sûr ! s'écria naïvement Prosper.

On rit, on applaudit.

Les Allemands désignèrent l'un des leurs, ainsi que les Autrichiens et les Américains.

Un journaliste italien, qui était seul, se nomma.

— Eh bien ! dit Moutonnet à Green, qui choisissez-vous, messieurs les Anglais ?

— Aôh ! fit Green. Le Angleterre, il reste neutre et réclamait seulement que pour soi-même ou pour ses bons amis de France ou de Russie. Nous dérangerons nous-mêmes pour l'Allemagne quand tous ses vaisseaux ils seront inférieurs à la marine anglaise. *Good bye !*

Plein de morgue, l'Anglais s'éloigna sous les regards menaçants des Allemands.

— Et vous, Serge Dimitiew, dit Cocorico au reporter du *Novoï Vremia*, est-ce que vous ne venez pas avec nous ?

— Si donc déjà, mon cher, dit le Russe, si cependant c'est vous qui êtes à notre tête.

Ceci fut décidé à l'instant. Tout le monde reconnut Cocorico pour chef.

Les délégués suivirent Ludovic jusqu'à une grande maison carrée, moitié palais, moitié prison, qui occupait presque tout un côté de la place.

C'est là que résidaient les autorités civiles et militaires de Saraï, les commandants des détachements qui venaient d'arriver dans la journée, et qui campaient aux abords de la ville.

Mais Cocorico eut la déception de se voir refuser l'entrée du palais. Deux soldats en faction croisèrent la baïonnette sur sa poitrine, en jetant un cri bref. Aussitôt, de toutes les portes, des soldats surgirent, baïonnette au canon.

Serge Dimitiew, qui parlait fort bien la langue turque, essaya de parlementer. Les soldats ordonnèrent aux étrangers de se retirer, les menaçant de tirer sur eux s'ils n'obéissaient pas.

Les journalistes se fâchèrent.

Cocorico, qui, on le sait, était doué d'une force peu commune, prit par le cou les deux soldats qui étaient les plus rapprochés de lui, et leur cogna violemment la tête l'une contre l'autre, écrasant leurs nez, tuméfiant leurs fronts.

Aux cris aigus des malheureux, accoururent deux officiers, accompagnés de lanciers.

— Ah ça ! messieurs les officiers ! dit Ludovic énervé, est-ce que la Turquie a mobilisé ses troupes contre de paisibles journalistes étrangers ou contre ses ennemis ?

L'officier, un commandant, sourit. Il avait compris.

— Messieurs, dit-il très correctement, il faut excuser nos braves soldats, esclaves de leur consigne. De quoi s'agit-il ?

Ludovic, calmé, lâcha les deux Turcs, dont il avait commencé à faire de la bouillie, et qui disparurent instantanément, sans qu'on pût voir comment s'était opéré ce prodige.

— Mon colonel, dit-il.

— Commandant, rectifia l'officier.

— Mon commandant, on a arrêté l'un de nos confrères, Wilhelm Hauser, reporter du *Berliner Tagblatt*. Une délégation de chaque pays, et dont j'ai l'honneur d'être le chef, sollicite quelques explications sur ce traitement infligé à l'un des siens. Nous pensons, commandant, que cette arrestation est le résultat de quelque méprise, et nous vous prions de nous appuyer auprès des autorités pour que soit remis en liberté notre confrère, que nous avons vu traîner dans ce palais par quatre gendarmes.

Le commandant, toujours souriant, caressant sa longue moustache aux pointes en lame de yatagan, répondit d'une voix douce ·

— Messieurs les journalistes, je suis au courant de cette détention. Le prisonnier est justement confié à ma garde. J'ai à son sujet les ordres les plus sévères.

— Qu'a-t-il fait ?

— Oh ! une chose qui en temps normal passerait inaperçue chez nous, mais qui acquiert une certaine gravité étant données l'époque et les circonstances. Votre camarade, irrité de ce que l'employé du télégraphe n'allait pas assez vite à son gré, s'est oublié jusqu'à le frapper. Et ce en présence du général Izer-Bey. Or, le télégraphiste est un soldat mis à ce poste pour la durée de la guerre : vous comprenez, à présent, la gra-

vité de cet acte ?... Frapper un soldat ! Un étranger ! Il a violé
la neutralité : cas très, très grave.

— Mais notre camarade — dont je déplore, sans chercher à
l'excuser, le geste malheureux — ne savait certainement pas
qu'il frappait un soldat. Je suis persuadé que, mieux renseigné,
il eût maîtrisé sa colère.

— C'est possible ! Mais la discipline est là. Izer-Bey a fait
télégraphier au quartier général. J'attends les ordres concernant le prisonnier.

— On ne le fusillera pas, j'imagine ?

— Qui sait ? fit le commandant, toujours souriant. Pourquoi
pas ? La guerre est la guerre. Il faut une discipline. D'ailleurs, il faut mourir. Nous sommes tous dans la main d'Allah !

Un dernier sourire... Il porta la main à son fez pour saluer,
et se retira, en donnant des ordres brefs.

Tous les journalistes se regardèrent, interloqués.

Les soldats avaient regagné l'intérieur du palais, fermant
doucement les portes au nez de la délégation.

Se fâcher, essayer de la force pour délivrer le prisonnier, il n'y fallait pas songer. C'était courir à un massacre.

Voir le gouverneur, le général ? Ils répondraient qu'ils attendaient les ordres du quartier général.

Que faire ? Tous les regards se tournaient vers Ludovic,
comme si de lui seul dépendait la destinée du prisonnier.

Ludovic se mordait les lèvres. Il ne voulait pas que Wilhelm
Schwartz pérît !

— Nous n'avons plus rien à faire ici, dit-il. Nous perdons
notre temps. Allons-nous-en.

— Quoi ? dit l'Allemand, irrité. Allez-vous abandonner mon
compatriote ? Je reconnais bien là l'égoïsme des Français.

— Eh bien ! donc, vous, dit le Russe, faites donc le mieux,
puisque vous savez, et conseillez un moyen pour tirer donc
déjà votre ami de là. Pourquoi donc a-t-il battu ce moujik qui
faisait son travail ?

— C'est que l'employé aura été insolent.

— Donc lui-même l'a été aussi : il a frappé. Il ne devait pas.

— Si !

— Non.

— Messieurs, dit Ludovic, calmez-vous. Ecoutez-moi bien.
Vous avez tous deviné, au ton ironique de cet officier, le sort
probable réservé à notre confrère.

— Ils n'oseront le tuer ! s'écria l'Allemand. L'Allemagne tout
entière...

— Hé ! monsieur, ça fera une belle jambe à Wilhelm Hauser
que l'Allemagne et la Prusse prennent les armes pour venger
sa mort. Une victoire allemande ne lui rendra pas la vie. Au
lieu de songer à le venger, pensons à le sauver.

— Oui... oui...

— Comment ?

— Comment ? messieurs, dit Ludovic. Je n'en sais rien encore. La situation de ce malheureux est, je le crains, désespérée, et vraisemblablement demain matin, il sera passé par
les armes derrière les murs de ce palais.

— Un miracle donc seul peut le sauver, fit Serge.

— Un miracle, oui...

— Alors, il est perdu ! gémit l'Allemand.
— Non, messieurs, dit gaîment Ludovic ; car je suis là, moi ! Et, foi de Cocorico, je ferai ce miracle ! Demain, Wilhelm Hauser sera vivant et libre !...

S'arrachant aux questions et aux étonnements de ses confrères, Ludovic prit sa course vers le café, où l'attendaient ses amis et Prosper.

Il passa sans s'arrêter.

— Pas gymnastique, Prosper ! Cavale !...

Prosper, obéissant, courut après Ludovic.

— Où qu'on va, patron ?
— Au télégraphe.
— Quoi faire ?
— Voir Bouboule.
— Pourquoi ?
— Pour sauver Schwartz encore une fois !

Prosper fit une effroyable grimace.

CHAPITRE XII

Prosper et son ami.

La nuit est venue. On entend dans le lointain, le grondement sourd du canon. De quel côté se bat-on ? Qui tire ces coups de canon ? Les habitants de Saraï l'ignorent. La garnison n'en sait pas davantage. Les troupes que, faute de logements, on a fait camper devant la ville, n'osent dormir, vaguement inquiètes.

Les officiers turcs, interdits, attendent des ordres. Faut-il se porter en avant, se retrancher au contraire derrière les imprenables fortifications de la ligne de défense de Tchataldja ? On ne sait. L'inquiétude et le désarroi sont partout.

Les journalistes étrangers, à qui l'on avait promis qu'ils verraient le feu, qu'ils seraient les compagnons des combattants de la première ligne, courent çà et là, s'interrogent, s'affolent.

On les tient éloignés des combats ! Pourquoi ? Quelles sont les nouvelles ? Impossible de savoir.

C'est en vain que, furieux, ils parcourent la ville, l'oreille aux aguets... que quelques-uns, plus hardis, veulent se porter en avant. On ne laisse passer personne.

Dès que le couvre-feu sonne, il faut que chacun regagne son logis. Les patrouilles, dont on entend le pas endormi, chassent devant elles les promeneurs nocturnes, appréhendant les récalcitrants.

Seul, au milieu de tout cet émoi, Ludovic, étendu sur un piteux grabat, dans une misérable chambre, paisible, fume des cigarettes à la lueur d'une lampe à huile.

Malgré la tristesse du lieu, les inquiétudes de l'heure, dédaigneux des événements, il fume, chaudement recouvert de plusieurs couvertures de laine trouées, rapiécées, en loques, mais chaudes.

Dans les spirales de la fumée, il revoit la gracieuse silhouette d'Héléna, il évoque les exquis moments des aveux, les tendres caresses des adieux. Quand la reverra-t-il, cette chère adorée ?

Après la guerre ! Après que son frère aura accompli sa mission ; mission terrible et dangereuse entre toutes !

Par surcroît, la présence d'Héléna aggrave les périls de son frère. Pourquoi l'y avoir associée ?

Ludovic n'ose la blâmer d'avoir voulu sa part du danger, lorsqu'il s'agit de combattre contre l'ennemi héréditaire, le bourreau de la famille, l'inique oppresseur qui a ravi ces deux joyaux de la France : l'Alsace et la Lorraine.

Il la loue, au contraire, de ce patriotisme ardent, exagéré, qui fait sourire les sceptiques, mais fait vibrer toutes les âmes généreuses.

Il sait bien qu'on ne résiste pas quand la patrie a besoin de ses enfants. Quel est celui qui serait assez dénaturé pour se détourner de sa mère alors qu'elle réclame son aide ?

Mais bientôt, à la gracieuse vision d'Héléna, succèdent d'autres pensées, pas tristes cependant, car un sourire se dessine sur la forte et souple moustache de Ludovic :

— Qui sait comment se comporte Prosper à cette heure ? murmure-t-il. Le coup est hasardeux : nous risquons gros, moi surtout, qui suis l'instigateur de la chose. Mais que faire ? C'était le seul moyen de sauver mon *cher* Wilhelm. Et quelque chose me dit que nous réussirons.

Il rit franchement.

— Quand je pense que, si j'étais à sa place, Schwartz, au lieu d'essayer de me tirer d'embarras, ferait son possible pour m'y enfoncer. Ah ! il n'a pas la bosse du dévouement confraternel et la reconnaissance des services rendus, mon cher frère ! Il rend volontiers le mal pour le bien. Charmante nature ! Et que j'aurai de plaisir, un jour, à m'acquitter définitivement envers le fils de mon père !

Ludovic ne souriait plus. Ses sourcils s'étaient froncés. Son œil lançait des éclairs. Il passa la main sur son front.

— Chassons ces pensées, murmura-t-il. Ce n'est pas le moment d'évoquer le douloureux mystère de ma naissance : je serais capable de retourner auprès de Prosper et de le ramener ici, avant qu'il n'ait exécuté mes ordres... Oublions. Et puisque je ne puis être, pour l'instant, d'aucun secours à ce brave garçon, essayons de dormir.

Il ferma les yeux, attendant le sommeil.

Quel était donc ce labeur mystérieux dont s'inquiétait Ludovic Dortailles ? Que pouvait bien faire Prosper ?

Celui qui l'aurait vu, à cette heure même, dans les bureaux du télégraphe, dont les portes étaient closes, aurait peut-être pu deviner une partie de la vérité, en voyant l'empressement qu'il mettait à remplir le verre de son ami Bouboule chaque fois que ce verre était vide.

Les deux amis dînaient. Le repas n'était peut-être pas des plus succulents, mais il y avait abondance de vins.

Or, Ali-Bou, en se frottant au vernis de la civilisation, avait contracté quelques habitudes qui lui auraient attiré, si elles avaient été connues, la mésestime des croyants.

Parmi ces habitudes, nous mentionnons l'intempérance. Bouboule n'était pas précisément un ivrogne ; mais il adorait boire à tout propos, et même hors de propos. L'eau — seule boisson des fidèles d'Allah — lui était odieuse.

Depuis son retour en Turquie, il se tenait à quatre pour ne

pas enfreindre ouvertement les mœurs de son pays et s'adonner au vin, aux alcools et au champagne.

Il souffrait véritablement de cette contrainte, et aussi du manque d'apéritif, de liqueurs fortes qu'il ne pouvait plus se procurer.

Aussi, lorsque Prosper, après lui avoir présenté son patron, proposa à l'ami Bouboule, un bon petit dîner, — comme à Paris, — un dîner avec du vin, Bouboule, enthousiasmé, supplia Prosper de ne pas le quitter jusqu'à la fermeture du bureau. Il avait peur de voir ce dîner lui échapper.

Prosper ne se fit pas prier. Après avoir échangé avec Ludovic un regard satisfait, il s'installa aux côtés de Bouboule, déclarant qu'il passerait plutôt la nuit avec lui, tellement il était heureux d'avoir retrouvé son ancien camarade.

Ludovic se retira satisfait. Le plan qu'il avait conçu et dont il avait fait part à Prosper, était en bonne voie de réalisation.

Bouboule, tout à la joie de ce dîner, fit asseoir près de lui, derrière le guichet, notre ami Prosper, qui, connaissant le maniement des appareils Morse, aida Bouboule dans la transmission des dépêches, tandis qu'un petit Turc, qui faisait fonctions de domestique, de garçon de bureau, et au besoin d'employé, allait quérir les vivres et aussi — pour le compte de Prosper — allait acheter, chez un juif, des liqueurs que ce mécréant vendait en cachette, à des prix fabuleux.

Mais Prosper avait ordre de ne pas regarder à la dépense. Il agit en grand seigneur.

Bientôt, le petit Turc fut de retour avec un couffin de paille dissimulé sous un vieux caftan. Le couffin contenait huit bouteilles de vin et deux flacons d'eau-de-vie.

Pour ces boissons, Prosper avait remis trois louis à tout hasard ; le petit Turc déclara effrontément que le juif avait tout gardé.

— Le vin est pour rien, cette année ! dit tranquillement le Parisien. Bouboule, dis à ton commissionnaire que, comme pourboire, pour sa course, je lui fais cadeau de l'argent qu'il oublie de me rendre.

A cette nouvelle, le petit Turc, qui s'attendait à être roué de coups, se mit à sauter de joie, et s'emparant de la main de Prosper, il la baisa, en appelant sur le généreux étranger les bénédictions d'Allah.

— Petite fripouille, dit aimablement Prosper, filou, graine d'échafaud ! Tu jeux jouer la fille de l'air. J'ai assez vu ton visage de macaque.

— C'est l'heure de fermer, dit Bouboule. Dès que Padisch aura tiré les verrous, fermé les fenêtres, nous nous mettrons à table. D'ailleurs, il ne vient plus personne.

— Et cet amas de dépêches ?

— Oh ! dit Bouboule, je les expédierai ce soir ou demain ; ça n'est pas pressé.

— Ah ! ah !

— A moins qu'il y ait une dépêche de ton ami...

— Justement, il t'en a donné une tantôt

— Eh bien ! nous allons expédier celle-là tout de suite à Constantinople, d'où elle partira demain matin, à la première heure. Les autres attendront.

Padisch s'était empressé de tout fermer.

Les autres employés — ils étaient deux, uniquement chargés du service postal — étaient partis bien avant le retour du petit Turc. Ils n'avaient d'ailleurs rien compris à la conversation de Bouboule et de Prosper, qui parlaient français entre eux.

Le petit Turc parti, Bouboule, consciencieusement, fit marcher l'appareil, expédia la dépêche que Ludovic avait rédigée dans l'après-midi pour son journal, alors qu'il était venu dans le bureau.

Il y relatait les incidents de l'arrestation de Hauser, qui devait être fusillé, et donnait quelques renseignements sur les événements, renseignements recueillis par lui auprès des camarades et aussi par la lecture de quelques dépêches qui traînaient sur la table de Bouboule.

Il coupait ainsi l'herbe sous le pied à ses confrères.

— A propos de Hauser, dit Bouboule, tout en manipulant l'appareil, j'ai envoyé une dépêche tout à l'heure. Izer-Bey demande des ordres. Ils arriveront sans doute cette nuit. Ton ami aurait pu annoncer d'avance l'exécution de cet homme.

— Tu crois donc qu'il sera...

— Fusillé ? Oui... Et avant le lever du soleil.

— Diable ! On n'y va pas de main morte ici.

— C'est bien fait, dit Bouboule, rageur. Pourquoi m'a-t-il donné un coup de poing devant le général ?

— Ecoute, Bouboule : douze balles dans le ventre pour une petite chiquenaude sur ton fez, je trouve que c'est payé... c'est payé même un peu cher. Que diable ! Tu es bien rancunier ! Tu penses bien que cet homme, qui s'est laissé emporter à faire ce geste brutal, n'avait pas de grief particulier contre toi, qu'il n'a cédé qu'à un mouvement de colère.

— La colère, répondit gravement Bouboule, est comme l'ivresse. Elle dégrade l'homme et le prive de sa raison.

— Eh bien ! alors, Hauser étant privé de sa raison à ce moment, n'est pas responsable de ce qu'il a fait. Tu ne peux vouloir la mort d'un insensé.

Cette réflexion frappa Bouboule.

— Tu as peut-être raison, murmura-t-il. Le châtiment est très sévère. Mais quoi ? nous sommes tous dans la main d'Allah, et s'il est écrit que cet homme doit mourir, il mourra.

— A moins que de l'état-major on ne télégraphie qu'il doit être remis en liberté.

— C'est peu probable.

— Tu oublies que Hauser est Allemand, et que ton pays a de grandes obligations à l'Allemagne.

Bouboule venait d'expédier la dépêche. Il regarda malicieusement Prosper.

— Ce sont les Bulgares et les Monténégrins qui ont de grandes obligations à l'Allemagne. Ce pays — notre ami ! — nous a fourni des canons qui ne partent pas ou qui éclatent tout seuls. Les balles pour nos mausers sont souvent des cartouches en bois. Les navires achetés à l'Allemagne sont hors d'usage : le bois est pourri, l'acier rongé, et pour ce qui est des fameux instructeurs...

Il eut un grand geste découragé.

— Ah ! reprit-il, si on avait fait comme nos ennemis, si on s'était adressé à la France, nous serions vainqueurs. De bonnes armes... des officiers intelligents, voilà ce que ton pays nous aurait donné. La France est une nation honnête ; quand elle vend quelque chose à un autre pays, c'est bon, c'est solide. Mais l'Allemagne...

— Bah ! dit Prosper, pleure pas, mon gros. Ça s'arrangera. Vous avez reçu quelques tapes pour commencer ; mais la guerre n'est pas finie. Te désole pas.

— Oh ! dit Bouboule, résigné. Ce qui est écrit est écrit !

— C'est ça ; et comme il est écrit que nous devons faire un bon dîner, faisons-le.

Bouboule oublia son fatalisme oriental. Il repoussa les dépêches, et soigneusement mit le couvert. La vue des bouteilles rangées sur la table du guichet faisait s'épanouir son visage.

— De la viande, du riz, des gâteaux, des fruits, des confitures, annonça-t-il.

— Ce repas n'est fait presque que de desserts, fit remarquer Prosper. Je n'aime pas beaucoup ce menu. N'importe ! avec un peu de liquide, ça passera. Débouche les bouteilles.

Cet ordre fut exécuté avec une inconcevable rapidité.

— Tu débouches aussi l'eau-de-vie ?

— Oui, fit gravement Bouboule. Nous allons en prendre un verre ou deux. Ça remplacera l'apéritif.

Prosper manquait d'enthousiasme.

Cependant, il feignit d'acquiescer, et laissa emplir le verre qui était devant lui.

Bouboule vida le sien d'un trait. Béat, il le reposa, les yeux au ciel :

— Allah est grand !

Prestement, Prosper faisait glisser son verre plein à la place du vide qu'il porta à ses lèvres, et feignit de boire ; puis, dextrement, il fit le simulacre de remplir le verre de Bouboule et le sien.

Bouboule, qui revenait à peine de son extase, ne remarqua rien. Il prit le second verre et le dégusta :

— Tiens, s'interrompit-il, tu as déjà bu ton second verre ?

— Oui, dit Prosper, je suis comme cela, moi ; l'eau-de-vie, pour moi, c'est comme de l'eau ordinaire. Et puis, j'ai faim. Je suis pressé aussi de goûter ce vin doré, si bien cacheté.

— C'est du vin de Samos.

— Va pour le Samos. On bouffe, hein ?

Ils se mirent à manger. Le pain avait été oublié. Tranquillement, Bouboule le remplaça par des gâteaux pour manger sa viande, une viande noire, coriace, épaisse, que Prosper ne put avaler.

— Qu'est-ce que c'est que ce bœuf ? grogna-t-il.

— C'est de la chèvre

— Ça sent joliment mauvais.

— Mais non. C'est une affaire d'habitude. A boire !

On tomba sur la première bouteille.

— Et ce vin... C'est du sirop, de la confiture. On a mis un kilo de sucre dans cette bouteille.

— C'est la qualité, déclara Bouboule. Il est très bon.

Et, pour le prouver, il but coup sur coup plusieurs rasades.

— Au numéro deux ! déclara Prosper. Si nous allons de ce train, je commence à croire que nous manquerons de liquide.

La deuxième bouteille fut entamée et bue avant que Prosper

ait fini le gâteau de riz qu'il avait devant lui. Il avait renoncé
à la viande.

Peu cérémonieux, Bouboule avait mangé sa part de chèvre
et la part de Prosper, nettoyant à fond l'assiette de son ami.

Prosper se décida à boire son verre de Samos.

— A la troisième !

La troisième bouteille fut promptement exterminée. Le
malheureux Prosper était au supplice. Le vin le dégoûtait, le
riz aussi... Il aurait bien donné un louis pour boire un verre
d'eau.

Bouboule buvait et mangeait pour quatre.

— Quel délicieux repas ! Et quelle joie pour moi de t'avoir
rencontré ! Nous dînerons souvent ensemble, dis, mon ami,
mon frère ?

Un attendrissement subit faisait trembler sa voix.

— Ça commence, pensa Prosper. Il sera bientôt cuit.

Il offrit à boire.

— C'est la quatrième, Bouboule ! Du courage. Oui, on ne se
quittera plus. On se cuitera ensemble, toujours... vieux po-
teau, vieille branche...

Bouboule but. Il se mit à pleurer.

— Non... non... Jamais se quitter ! A boire ! à boire !

— C'est la cinquième. Pas pour dire : mais tu l'as, la dalle en
pente...

— Un peu d'eau-de-vie. Je suis ému... si content... la joie...

— Ecoute, dit Prosper, diabolique. J'ai une idée : ce vin est
trop doux. Si tu veux, on va l'arranger. On mettra la moitié
d'eau-de-vie avec, hein ?

Bouboule rugit, enthousiasmé :

— Oui... oui... De l'eau-de-vie avec le vin...

Prosper fit le mélange dans les verres. Naturellement, dans
celui de Bouboule, l'eau-de-vie dominait, tandis que dans le
sien, il ne versa que quelques gouttes.

Ce mélange affreux acheva le Turc. Ses petits yeux clignotèrent, son parler devint pâteux.

— Il est rétamé, dit Prosper, en se frottant joyeusement les
mains... Bouboule, tu es rétamé. Je vais te dire...

Une sonnerie électrique... des vibrations à l'appareil...

— Une dépêche ! fit Prosper, un peu ému. Ça doit être de
l'état-major...

— Pfuitt ! Pfuitt ! Trop tard ! Barré ! Boubou, moi... toi ..
Prosper Odilleau... ami... embrasse...

— Bougre d'animal ! Tu veux donc le faire fusiller ? A l'appareil, et vivement ! Je vais t'aider...

— Mais... je..

Prosper prit Bouboule dans ses bras nerveux, l'assit devant
l'appareil.

Machinalement, le Turc fit les gestes coutumiers, la pensée
absente. Il regarda se dérouler le ruban.

— Etat-major... murmura-t-il. Pour commandant Saraï...
Hauser... Peux plus...

Il hoqueta :

— Lis, toi, lis...

— Tonnerre ! gronda Prosper. J'y comprends rien.

— Lis... Je vais écrire... Partirai demain... général...

— Bon sang de bon sang ! J'ai trop forcé la dose.

Bouboule riait, d'un air idiot, regardant la bande.

La sonnerie cessa. Bouboule tira à lui, déchira le papier, fut pris d'un rire inextinguible.

— Hauser fusillé demain... Tu vas dicter... Oh ! estomac malade... tiens, lis. fait rien... déchire, dirai, pendu... m'en fous... dicte...

Il mit la bande dans la main de Prosper, qui bougonnait :

— Mais ça n'est pas un morse, c'est un autre système.

— Oui... oui... pour les dépêches, pas morse... appareil français... mais public doit pas savoir... jamais savoir... appareil français pour armée... militaire... et côté morse pour public... bien fait... hein !... expliquerai... dicte...

La sueur au front, ahuri, Prosper vit Bouboule s'installer devant le carré de papier sur lequel on inscrit en Turquie, les télégrammes de provenance militaire.

— Zut ! dit-il. Après tout, je m'en fous !

Et à Bouboule, effroyablement ivre, qui écrivait avec la plus grande peine, il dicta, avec assurance :

« Pour éviter toute complication diplomatique, remettre en liberté Wilhelm. Ordonne grands égards pour journalistes et ceux qui les accompagnent. — Signature : Illisible. »

Bouboule, docilement, écrivit, relut son texte à haute voix, plia la dépêche, mit l'adresse.

— Padisch portera demain matin... Padisch... ami... Prosper...

Et brusquement assommé, il tomba sur son bureau et s'endormit bruyamment. Prosper le regarda.

— Hein ! fit-il. C'est joliment scabreux, ce que j'ai fait là. On sauve Schwartz. Mais ce pauvre Bouboule... Pourvu qu'il ne lui arrive rien. Ah ! On verra. Et puis, après tout, si on veut le fusiller, lui, pour cette erreur de transmission, je me tire des pieds, et j'écris la vérité à ses chefs. Une fois que je serai hors de leurs pattes, je me fiche un peu des Turcs !

Il prit la bande, la cacha soigneusement dans son portefeuille.

— Supprimons les traces de cet ordre barbare. Non, mais pourquoi m'sieu Cocorico veut-il sauver ce Schwartz ? C'est des choses qui vous dépassent. Faut croire qu'il a une idée, et une chouette encore ! On saura ça un jour. À présent, cavalons et tâchons de ne pas nous faire ramasser par une patrouille.

Prudent, après avoir tout éteint, Prosper entr'ouvrit une fenêtre. La rue était déserte. Prosper y sauta, poussa les volets, et rasant les murs d'un pas furtif, regagna le logis.

Il fut assez heureux pour ne faire aucune rencontre. Il avait une clé de la maison qu'il habitait avec le reporter. Il se glissa sans bruit jusqu'à leur chambre. Un filet de lumière filtrait sous la porte. Prosper ouvrit doucement. Ludovic dormait. Prosper le réveilla.

— M'sieu Cocorico, votre idée était bonne. Tout a réussi. Bouboule est ivre et ne s'est aperçu de rien. V'là la dépêche des Turcs que j'ai corrigée à votre idée. Votre ami Wilhelm Schwartz est sauvé !

Et il fit incontinent à Ludovic le récit de ce qui venait de se passer.

CHAPITRE XIII

Militch.

Ludovic et Prosper furent réveillés d'assez bonne heure par un bruit inaccoutumé. Ils ouvrirent leur fenêtre, dont les carreaux défunts avaient été remplacés par du papier huilé et des morceaux d'étoffe.

Des soldats passaient en désordre, commandés par des chefs affairés. Les chevaux traînaient de lourds canons, les caissons de munitions ébranlant le sol. Les habitants, stupéfaits, regardaient la marche de ces soldats qui vociféraient, semblant pris de folie.

— Où vont-ils ? demanda Prosper.

— Vers le Nord... vers Viza, Skopo. Ils vont rejoindre le gros de l'armée. Les Turcs ont dû essuyer une défaite et ils font venir en hâte des troupes de couverture. Voici les uhlans qui devaient ne pas quitter Saraï. La garnison s'en va. Les régiments campés hors de la ville ont dû s'éloigner il y a quelques heures. Sans doute, des ordres sont arrivés cette nuit, portés par une estafette. Allons aux renseignements !

Ils firent en hâte leur toilette.

— Moi, dit Prosper, je vais prendre des nouvelles de Bouboule. Et moi, dit Ludovic, je vais au café où se réunissent mes confrères. Avant toutes choses, il me tarde de savoir ce qu'est devenu Wilhelm Schwartz. Viens me rejoindre.

Ils allèrent donc chacun de son côté.

Le café était plein de reporters. Ludovic fut accueilli avec des cris de joie.

— Eh bien ! dit vivement Moutonnet, et Hauser ? Hauser a une chance de pendu. Figure-toi qu'on a télégraphié cette nuit l'ordre de le remettre en liberté et d'être plein d'égards pour nous, les journalistes. Le chef d'état-major est véritablement un homme du monde.

Ludovic ne put s'empêcher de sourire.

— Allons ! dit-il. Tout est pour le mieux. La mise en liberté de notre confrère m'évite la démarche que je comptais faire pour lui ce matin même. Où est-il ?

— Le voici justement qui vient à nous. Il était au fond du café. Oh !...

— Quoi ?

— C'est bizarre. Vous avez un air de famille, une ressemblance... C'est curieux...

Wilhelm Schwartz s'avançait, causant avec animation avec quelques-uns de ses compatriotes. A la vue de Ludovic, ses sourcils se froncèrent. Il sut maîtriser son dépit.

— Monsieur, dit-il avec hauteur, je vous dois des remercîments pour votre bonne intention à mon égard. Vous aviez promis de me faire remettre en liberté, m'a-t-on dit. Votre désir a été heureusement devancé par la volonté du chef de l'état-major, qui a compris qu'on ne portait pas impunément atteinte à la liberté d'un sujet allemand.

— Je suis heureux, monsieur Hauser, de vous voir libre, dit

simplement Ludovic. Pourrais-je avoir avec vous un entretien particulier ?

— Qu'avez-vous à me dire ?

— Si je vous demande un entretien particulier, c'est que vraisemblablement ce que je veux vous dire ne peut être entendu que par vous.

— Mais...

— Ce que je dois vous communiquer, monsieur Hauser, est d'une extrême importance et ne souffre aucun retard. Si vous refusez de m'écouter, vous ne vous en prendrez qu'à vous de ce qui vous arrivera de fâcheux.

Wilhelm Schwartz hésita un instant.

— Je suis à vos ordres, dit-il enfin.

— Vous plairait-il de m'accompagner ?

— Où cela ?

— Hors de la ville... à quelques pas des remparts.

— Mais...

— Oh ! rassurez-vous : vous n'avez rien à craindre.

— Je n'ai peur de rien ni de personne, dit insolemment Wilhelm Schwartz. Mais il m'est permis de m'étonner, en me voyant assigner pour causer un endroit aussi isolé.

— C'est que ce que je dois vous révéler est tellement grave, que je crains que la moindre parole prononcée par moi ne tombe dans une oreille indiscrète. Lorsque vous m'aurez entendu, monsieur Hauser, vous comprendrez les motifs qui me font agir et vous me saurez gré de vous avoir conduit hors de Saraï.

Schwartz était vivement intrigué. La curiosité l'emportant :

— Allons ! dit-il.

Comme ils sortaient, ils durent s'arrêter pour laisser passer devant eux un convoi de prisonniers bulgares. Pêle-mêle, des femmes à demi nues étaient entassées dans deux charrettes escortées par des gendarmes.

Derrière ces charrettes, les poignets liés, une corde autour du cou, exténués, grelottants, marchaient une vingtaine d'hommes, des soldats, des paysans.

C'étaient les captifs que, triomphalement, l'état-major envoyait à Constantinople. Les malheureux furent conduits à ce même édifice dans lequel Schwartz avait été enfermé.

Le chef de l'escorte, en passant, dit quelques mots, d'une voix menaçante, aux journalistes assemblés.

— Que dit cet homme ? demanda Ludovic.

— Oh ! répondit Schwartz, d'un air indifférent, il annonce qu'un de ses prisonniers vient de s'échapper aux environs de Saraï, et que si nous le secourons, nous serons fusillés, et fusillés également si, le découvrant, nous ne le livrons pas.

Ludovic haussa les épaules.

— Les défaites subies, murmura-t-il, devraient rendre les Turcs moins insolents.

Le convoi était passé, avait été englouti par les murs du palais-prison.

— Dépêchons-nous ! dit Ludovic.

Comme ils s'éloignaient, ils furent rejoints par Prosper.

— Eh bien ?

— Ça va... ça va... dit Prosper, Bouboule à la gueule de bois ; mais il est très content. Il vient de recevoir des félicitations d'un général pour l'admirable organisation de son service.

— Est-ce que cet homme vient avec nous ? demanda Schwartz.

— Oui ! Il nous est absolument utile !

Schwartz ne dit plus rien. Avec Ludovic, il traversa Saraï.

Prosper suivait à quelques pas, un peu surpris de cette promenade qui n'était pas dans le programme.

Un quart d'heure après avoir quitté le café, les trois hommes franchissaient une des portes de la ville. Les soldats de garde ne demandèrent aucune explication et semblaient ne faire aucune attention au passage des étrangers.

On marcha pendant un quart d'heure encore. La route était déserte, défoncée par le passage des troupes, des canons.

— Voici, sur notre droite, un bouquet d'arbres en dehors du chemin. Nous serons bien là pour causer.

— Allez-vous m'expliquer...

— Allons nous abriter sous ces arbres, et vous saurez tout.

Mais à peine approchaient-ils de ce fameux bouquet, qu'une voix lamentable s'élevait et qu'en français, un homme, surgi de derrière les broussailles, implorait la pitié :

— Vous êtes des Français ! Ayez pitié de moi ! Ne me livrez pas ! Je suis Militch. J'étais prisonnier. J'ai pu échapper à mes bourreaux ; mais les forces m'ont trahi. J'ai couru au hasard, et, traqué sur le chemin, je suis revenu ici, près de Saraï. Pitié ! Pitié !

— C'est le prisonnier dont parlait le chef de détachement, dit Schwartz. Allons plus loin.

— Y songez-vous ? Abandonner ce malheureux !

— En le secourant, vous violez la neutralité, dit Schwartz. Vous savez ce que vous risquez ?

Ludovic jeta à l'Allemand un regard si méprisant que ce dernier se tut et rougit. Il alla s'adosser à un arbre, se croisa les bras et affecta de regarder d'un autre côté.

Prosper était déjà auprès du malheureux, lui faisait boire une gorgée du flacon de rhum qu'il portait toujours sur lui, pour combattre l'humidité, disait-il.

Militch avait entendu Schwartz. En buvant le rhum que lui offrait Prosper, il demanda à mi-voix :

— Il y a donc des Français qui sont cruels pour les malheureux ?

— Non, dit Prosper, sur le même ton : ça, ça n'est pas un Français ; c'est un Allemand.

— Pouvez-vous marcher, mon ami ? demanda Ludovic.

— Oui, s'il le faut. J'irai encore une heure... ou deux...

— Bien. Prosper, tu vas retourner à Saraï. Tu prendras des vêtements à moi, des chaussures, un manteau, et tu reviendras ici. Va vite !

— J'ai compris.

Prosper partit en courant, dans la direction de la ville.

— Que voulez-vous faire ? dit Militch.

— Vous donner des vêtements qui empêcheront de vous reconnaître. Vous raserez cette longue moustache, vous couperez vos cheveux et vous rentrerez avec nous à Saraï. Vous parlez français. Je vous ferai passer pour un journaliste comme moi. Nul n'osera vous soupçonner.

De grosses larmes coulaient des yeux de Militch.

— Vous me sauvez la vie, dit-il. Elle vous appartient désormais. Militch jure d'appartenir corps et âme au généreux Français, dont la pitié, en lui conservant la liberté, lui permettra de sauver la fille de son maître.

Et Militch, quoique à bout de forces, allait raconter à Ludovic sa tragique histoire lorsque Wilhelm Schwartz, que cette conversation ennuyait, appela Ludovic.

— Vous aurez le temps, s'écria-t-il, de causer avec cet homme lorsque vous m'aurez expliqué votre conduite. Je me suis rendu à vos désirs. Je vous ai suivi jusqu'ici. Dites-moi vite ce que vous avez à me communiquer de si grave ; j'ai hâte de retourner à Saraï.

— C'est juste, dit Ludovic.

Il sourit au Bulgare, surpris de la façon arrogante dont cet homme parlait à son sauveur, et s'approcha de Wilhelm.

— Monsieur Hauser, dit-il froidement, à qui croyez-vous devoir votre liberté, votre vie ?

— Au chef de l'état-major turc.

— Vous vous trompez. C'est à mon ami Prosper Godilleau... et à moi que vous êtes redevable de cette petite dette. Vous qui parlez si bien le turc, lisez donc cette dépêche vous concernant, et que, sur mes conseils, mon ami a subtilisée cette nuit, n'hésitant pas à risquer sa vie pour la vôtre.

Il avait pris son portefeuille. Il en retira la bande du télégraphe et la mit sous les yeux de Wilhelm.

L'Allemand lut :

« Faire passer par les armes Wilhelm Hauser dès réception de cet ordre. Tenir la main à ce que la discipline soit rigoureusement observée. Se montrer très sévère pour journalistes étrangers. Empêchez-les d'assister aux opérations. S'ils protestent, obligez-les à retourner. Employez force ou prison si nécessaire.

» Nazim-Pacha. »

— Gardez cet ordre, cher monsieur Hauser. Il vous appartient de droit. Je sais que vous tenez trop à votre précieuse vie pour commettre l'imprudence de l'égarer, même sachant que cet ordre découvert coûterait la vie à mon ami et à moi.

Whilhelm Schwartz n'en croyait pas ses yeux. Il relut la dépêche. Il était livide.

— Me fusiller, moi ! Moi, un Allemand ! C'est une infamie. Le gouvernement sera informé. Sa Majesté l'empereur Guillaume saura venger cet affront, cette insulte.

— En attendant, dit Ludovic, comme on ne tardera pas à découvrir la substiution de dépêche, si même on ne s'en est aperçu déjà, je vous conseille fort de ne pas rentrer à Saraï. Car, notez ceci, en admettant qu'il faille un certain temps pour découvrir les auteurs de cette supercherie, il ne faut qu'une seconde pour vous mettre la main au collet. On n'attendra pas le résultat de l'enquête pour vous fusiller.

— C'est vrai, murmura Schwartz. Que faire ?

— C'est bien simple : tournez le dos à Saraï. Gagnez promptement Constantinople et informez votre ambassadeur de ce qui s'est passé. Comprenez-vous, à présent, pourquoi je tenais à ce que vous m'accompagniez hors des murs de la ville, où peut-être en ce moment on vous cherche ? Si, cependant, il vous plaît d'y retourner...

— Non, non ! fit précipitamment Schwartz. Ce serait aller inutilement au-devant du danger.

— Je suis aise de vous voir me donner raison. Partez donc à l'instant. Gagnez à pied le plus proche village. Procurez-vous un cheval. A Istranja, par exemple, où vous trouverez mon guide Djarid, qui a dû s'arrêter pour embrasser son vieux père. Il doit attendre quelques jours, dans le cas où nous aurions encore besoin de ses services.

L'Allemand ne disait mot. Il hésitait. Les yeux obstinément fixés à terre, il paraissait en proie à un violent combat intérieur. Il ne pouvait, cette fois, nier le service que Ludovic venait de lui rendre. Il cherchait des mots pour le remercier, sans toutefois paraître attacher trop d'importance au geste chevaleresque de celui qu'il haïssait, et comme Français, et parce qu'il lui ressemblait.

Son orgueil se révoltait à la pensée qu'il était l'obligé de cet homme. C'est cet orgueil, c'est cette haine farouche qui le rendaient ingrat une seconde fois. De ses lèvres contractées par le dépit, par la rage, aucun son ne s'échappa. Pas un mot de remercîment, pas une parole amicale !

Ludovic, railleur, le considérait.

— Peut-être n'avez-vous par d'argent sur vous ? fit-il obligeamment. Voulez-vous me permettre de vous offrir...

— J'ai de l'argent, dit Wilhelm, insolent. J'en ai peut-être plus que vous...

— Je n'insiste pas. Voici votre chemin. Moi, je reste ici. J'attends votre bienfaiteur. Je lui ferai part de vos remercîments.

Wilhelm Schwartz tourna brusquement le dos. Il s'éloigna à grands pas.

— En vérité, dit Ludovic, c'est un plaisir que d'obliger cet homme.

Militch, qui s'était levé vers la fin de cette conversation, s'approcha.

— Maître, dit-il doucement, comment se fait-il que le Dieu Tout-Puissant permette que celui-là qui s'en va sans te remercier pour le service que tu lui as rendu, te ressemble comme un frère ? Vous n'êtes point de la même race, j'espère ?

— Il est Allemand, je suis Français.

— Ennemis, alors ?

— Oui.

— Et tu lui as sauvé la vie ?

— Oui.

Militch se courba, prit la main de Ludovic et la baisa.

— Qui ne t'aimerait ? Qui ne serait fier de te servir ? Veux-tu de moi pour esclave jusqu'à la mort, dès que j'aurai retrouvé et sauvé Wanda, la fille du vayvode Mikowitch, Wanda, la perle d'Aï-Vali ? Veux-tu de Militch ?

— Peut-être aurai-je besoin de toi, Militch. Je te dirai plus tard mes projets. Mais voici deux fois que tu parles de la fille de ton maître. Que lui est-il arrivé ?

— Elle est prisonnière des Turcs. Elle était dans le convoi qui vient d'entrer à Saraï. Si je me suis échappé, c'est pour pouvoir la délivrer.

» Ils vont en faire une esclave... elle ! ma bien aimée maîtresse, la descendante de tant de vayvodes, dont le sang généreux ne se mêla jamais au sang de nos ennemis. Oh ! Je la tuerais, plutôt que de la voir devenir l'esclave, la servante des Turcs... qui sait ? devenir peut-être la femme d'un de nos ennemis, rester dans un harem ! Honte sur moi, si jamais ce forfait s'accomplissait !

— Calme-toi, Militch ! Ce forfait ne s'accomplira pas. Si je le puis, je t'aiderai à sauver ta jeune maîtresse. Mais nous ne pourrons agir utilement qu'à Constantinople, où nos ambassadeurs, nos soldats peuvent nous défendre contre la haine des Turcs. Ici, nous serions massacrés, et cela sans avoir aucune chance de voir réussir notre tentative. Patiente ! Laisse Wanda Mikowitch arriver à Constantinople. Déguisé, tu chercheras l'endroit où elle sera. Alors, mon ami et moi, nous agirons !

— Que le ciel te fasse riche et puissant et te donne l'amour de celle que tu aimes !

Ludovic sourit.

— Le ciel a exaucé la dernière partie de ton vœu, Militch. J'aime et je suis aimé ! Pour la richesse et la puissance, je n'en ai cure. Mais je vois là-bas Prosper : il sera ici dans quelques minutes ; dis-moi vite : quels malheurs furent cause de votre captivité.

— Les Turcs ont pris Aï-Vali, tué le vayvode et sa femme. Ils ont égorgé les vieillards et les enfants ; ils n'ont fait grâce qu'aux plus jolies filles d'Aï-Vali pour les envoyer en esclavage. Et, par miracle, j'ai été sauvé, avec quelques serviteurs du vayvode ; car nos ennemis ont soudain reçu l'ordre de marcher en avant.

» Ils ont cessé le massacre, incendié les maisons ; et, tandis que les soldats se rendaient auprès de leurs compagnons, les gendarmes qui étaient à l'arrière de ces régiments de massacreurs nous entraînaient vers Saraï, nous laissant la vie ! Les bourreaux étaient las de tuer. Au vayvode mourant, dont j'étais l'intendant, j'ai juré, si je survivais, de veiller sur sa fille. Voilà, brave Français, ce qui est arrivé... ce qui arrive tous les jours, depuis cette horrible guerre...

Ludovic baissa la tête.

— Les guerres seront-elles donc toujours aussi barbares ? dit-il. Ne devrait-on pas empêcher ces ignobles tueries, en supprimant ceux qui en sont les causes : les monarques, qui envoient, pour satisfaire leur ambition, des milliers de gens paisibles à la mort ? Oui, oui, celui qui dirige, c'est celui-là qui est coupable !

Il n'acheva pas d'exprimer sa pensée. L'arrivée de Prosper, essoufflé, détourna le cours de ses idées.

— V'là les frusques ! dit le brave garçon.

Il donna les vêtements à Militch.

— Et v'là des ciseaux pour vos tifs et votre moustache. Faut vous dépêcher de vous transformer et de faire disparaître votre veste brodée, et vos bottes et vos pantalons à sept francs cinquante, vu que les gendarmes se disposent à venir faire des recherches par ici à votre sujet.

Militch, tout en remerciant Prosper, se hâtait de changer de vêtements.

Pendant ce temps, Prosper disait à Ludovic :

— Ça va mal, ça va mal, m'sieu Coq... excusez, Coq, c'est plus court que Cocorico.

— Qu'est-ce qui va mal ?

— Le coup de la dépêche est connu. Bouboule est en prison. Jusqu'ici, il n'a rien dit sur moi. Alors, ça colle. Mais le Prusco est recherché, et comment ? On sait qu'il est avec vous.

— Il n'y est plus.

— Parbleu, je vois bien. Il s'est tiré des pattes. M'est avis que nous en fassions autant et qu'on s'en retourne dare-dare vers Constantinople. Ça sent mauvais, ici.

— Prosper, je suis de ton avis.

— Ah ! je savais bien !

— Mais seulement en ce qui te concerne. Tu vas prendre à travers champs avec Militch. Tu as de l'argent : au premier village, achète deux chevaux et cours ventre à terre dans la direction de Constantinople. Crevez vos montures s'il le faut.

— Et vous ?

— Moi, je retourne à Saraï. Je suis reporter : je dois compte à mon journal de ce qui se passe.

— Mais...

— Plus un mot ! Militch a fait sa toilette. Ses longues moustaches disparues, ses longs cheveux coupés, il est méconnaissable. Rien à craindre de ce côté. Vous irez, tous les deux, m'attendre chez Marius Miradou, où je retournerai dès que mon service aura pris fin ici. Peut-être dans un mois, peut-être dans quelques jours.

— Et vous croyez que je vais vous laisser ?

— Je te l'ordonne ! Tu as, d'ailleurs, une mission à remplir. Militch t'expliquera comment tu peux l'aider. Ne perds pas une minute.

Militch venait d'enfouir dans le sol détrempé ses anciens vêtements. Respectueusement, il dit à Ludovic :

— J'ai tout entendu. Tu es mon maître à présent. Entendre, c'est obéir.

Il prit Prosper par le bras :

— Viens ! fit-il.

Prosper, ahuri, regarda Militch, puis Ludovic qui lui tendait la main.

— Au revoir, Prosper ! Ne fais pas de blagues en mon absence ! Attention aux petites femmes ! Sois sérieux !

— Les femmes, les femmes ! balbutia Prosper. Il s'agit bien de ça !

Il serrait avec force la main de Ludovic.

— Mais mille tonnerres, que les Turcs s'avisent pas de toucher à un cheveu de votre tête, m'sieu Coq ! Sans ça, bon sang, y aura du grabuge, je vous dis que ça ! Bonne chance, patron, et sans adieu. A la revoyure ! Filons, mon vieux Ivanovitch. Penser qu'on se défile devant des gendarmes comme si on était Robert Macaire et Bertrand ! Ah ! mince, alors !

Militch avait aussi serré la main à Ludovic.

Les deux hommes, émus, quittèrent le reporter qui, sans un regard en arrière pour qu'on ne vît pas son émotion, se dirigeait d'un pas rapide vers Saraï, alors qu'eux tournaient le dos à la ville et se hâtaient vers le petit bois.

Ludovic croisa à la porte de Saraï une petite troupe de gendarmes.

— Il était temps, se dit-il. Pourvu qu'ils ne rejoignent pas Prosper et Militch !

Il se heurta à Moutonnet.

— Dis donc, mon vieux Cocorico, lui fit ce dernier, voilà ce qui est arrivé. Hauser avait fait falsifier la dépêche de Nazim-Pacha. Paraît qu'un de ses amis a fait le coup dans la matinée, avant l'ouverture du bureau. On est sur les traces du type. On le retrouvera. Le télégraphiste a donné son signalement.

— Ah !

— Oui. C'est un type à grande barbe, à lunettes. Ali-Bou l'a reconnu pour l'avoir vu avec Hauser.

— Ah ! fit Ludovic, rassuré. Brave Bouboule, va ! Il a sauvé son ami Prosper.

CHAPITRE XIV

Bouboule n'est pas ingrat.

Tout en devisant sur le cas de Wilhelm Schwartz, Ludovic Dortailles et Moutonnet s'étaient rendus au fameux café où les journalistes tenaient leurs assises. Ils y trouvèrent leurs confrères plus désorientés que jamais.

Non seulement on leur refusait tout renseignement chez le commandant de la place, mais encore ce dernier venait de les inviter à faire leurs préparatifs de départ.

— Parbleu, s'écria Moutonnet, quitter Saraï, mais nous ne demandons que cela ! Il y a huit jours que nous sommes cantonnés ici, attendant que le quartier général nous autorise à aller sur le front de l'armée, nous mêler aux combattants. Il paraît qu'on se décide enfin à nous faciliter notre métier. Ce n'est pas trop tôt. Je ne savais plus que raconter à mon journal. Ce n'est pas gai, d'écrire le récit de batailles auxquelles on n'assiste jamais.

Edward Green déclara froidement :

— Je pense pas que nous verrons jamais...

— Quoi ?

— Je disais qu'il sera pas permis à nous de voir un seul combat.

— Sur quoi vous appuyez-vous pour affirmer cela ?

Flegmatique, l'Anglais prit dans son portefeuille une lettre chiffrée.

— Je vais dire à vous ce que vous ignorez. L'Angleterre il était toujours bien renseignée. Je donnais à présent ces renseignements à vous sans aucune crainte, parce que vous étiez comme moi et que vous pouvez pas envoyer à vos journaux respectifs, la censure coupant tout ce qui était vrai et déplaisant pour la Turquie. Ecoutez.

» Dans le nouveau ministère turc, constitué il y a deux jours, se trouvent Ziat-Bey, l'ancien secrétaire du viziriat, qui est ministre des travaux publics ; Aarif-Hikmet, ministre de la justice, et Musmus Ghikis, ministre des postes et des télégraphes. Ce sont ces trois ministres qui ont décidé que la censure serait appliquée désormais très sévèrement, et Musmus Ghikis, le gendre de Musmus-Pacha, l'ancien ambassadeur à

Londres, est chargé de cette mesure, dirigée surtout contre nous. Or, de crainte que, malgré cela, nous ne parvenions à télégraphier à nos journaux ce qui est la vérité, il a été décidé que les journalistes seraient tenus loin du centre des opérations. On leur communiquera officiellement les nouvelles que l'on jugera convenables.

— Mais le reportage est impossible dans ces conditions ! s'écria Ludovic. Cette mesure arbitraire ne s'explique pas.

— Yes, elle s'expliquait fort bien. Mon ami Ghikis, en me donnant confidentiellement avis de sa décision, m'informa qu'elle avait été prise à la suite de revers éprouvés par les Turcs et dont l'annonce pourrait être nuisible à son pays.

— On parlait d'une grande bataille à Kir-Kilissé ?

— Yes, le Turc il avait été battu sous toutes les coutures, perdu un nombre considérable d'hommes et de canons. Et après, à Kotchava, on s'est battu trois jours. Les Bulgares sont vainqueurs, et les douze bataillons venant d'Islhip au secours des Turcs, ont été massacrés. En ce moment même, on se bat encore à Lulé-Bourgas.

» C'est pour aller aider l'armée turque qu'on a fait partir la garnison de Saraï et les quatre divisions de l'armée de seconde ligne, ajouta Green. Ecoutez ! Lulé-Bourgas n'est qu'à quelques lieues d'ici. N'entendez-vous pas, par instants, des bruits sourds, comme le grondement lointain du canon ?

— En effet !

— La bataille est engagée. Dans quelques heures, nous saurons le résultat. Si les Turcs sont défaits, ils se replieront en désordre sur Saraï, sinon ils iront de l'avant. La canonnade cessera.

— Si les Turcs se replient sur Saraï, poursuivis par les Bulgares, il faudra bien alors qu'ils nous laissent assister à l'assaut de Saraï ! Ils ne pourront nous empêcher d'être témoins oculaires de ce qui va se passer et de le raconter à nos journaux, si toutefois nous ne sommes pas tués dans la bataille.

Edward Green sourit.

— Vous verrez rien. On fera partir nous-mêmes. On chassera nous-mêmes vers Tchataldja, Constantinople.

— On n'aura pas le temps.

— On a toujours le temps d'être désagréable à des journalistes.

Au même instant, et comme pour donner raison à l'Anglais, une sonnerie de clairon éclata sur la place.

Avant que le clairon eût éparpillé dans l'air ses dernières notes, un officier de gendarmes pénétrait dans le café, et d'une voix brève, déclarait en français, à tous les journalistes réunis :

— Messieurs, je vous donne avis de l'ordre qui vient de m'être transmis par le télégraphe et que je fais proclamer dans toute la ville. Vous avez une heure pour quitter Saraï.

Tous se récrièrent.

— Où nous autorise-t-on à aller ? demanda Ludovic.

— On vous engage à retourner sur-le-champ à Constantinople, dit l'officier. Défense vous est faite d'approcher du terrain des opérations. Si vous allez contre cet ordre, ce sera à vos risques et périls. Le général en chef déclare nuls, dès maintenant, tous les sauf-conduits et passeports. Vous serez donc traités, si vous vous obstinez, comme des étrangers surpris en pays ennemi.

Il tourna les talons et sortit bruyamment.

— Charmant pays ! vociféra Moutonnet. Je suis joliment content d'être en Turquie.

— Donc déjà, dit Serge Dimitiew, je considère que, puisque tous les journalistes sont traités pareillement, il convient que nous allions à Constantinople et que nous rendions compte à nos ambassadeurs de ce qui se passe.

— Sans doute, dit Ludovic ; mais cela ne donnera pas à nos journaux les renseignements qu'ils attendent de nous.

— Oh ! fit Green. Les lecteurs attendront. Il faut savoir attendre. A Constantinople, nous serons mieux renseignés, peut-être...

— Et puis, dit Ludovic, nous n'avons pas le choix. Il est probable que celui qui resterait ici se verrait interdire par l'autorité militaire l'accès du télégraphe et ne pourrait communiquer avec personne. Ce serait perdre son temps et risquer sa vie bêtement. Allons faire nos préparatifs.

On acquiesça à ces sages paroles. Non sans murmurer, les journalistes se rendirent en hâte vers leurs logis.

Une surprise attendait Ludovic chez lui. Bouboule était installé dans sa chambre.

— Comment ? Vous ? Mais je vous croyais en prison ?

— Je n'y suis plus.

— Je le vois bien. Que s'est-il passé ?

Bouboule eut un petit rire satisfait.

— C'est Wilhelm Hauser qui m'a sauvé sans le savoir.

— Racontez-moi cela, pendant que je boucle ma valise : il faut que dans une heure j'aie quitté Saraï. Ah ! sapristi !

— Quoi donc ?

— Et un cheval ? J'oubliais ce détail important : il me faut un cheval. Où en trouver ? Je vais...

— Vous aurez le cheval, dit Bouboule. Ne vous dérangez pas. Vous êtes l'ami de mon ami Prosper. Vous aurez un cheval tous les deux. Et à ce propos, où est-il, Prosper ? C'est lui que je venais voir pour lui faire mes adieux; il m'avait heureusement donné votre adresse.

— Prosper ? fit Ludovic un peu embarrassé, il est parti il y a quelques heures. Ses papiers n'étaient pas en règle. Il va à Constantinople.

Le visage de Bouboule s'attrista.

— Parti sans me voir !

— Vous étiez en prison.

— C'est vrai. Ah ! maudit Allemand !

— Je fais ma valise. Vous pouvez parler, monsieur Bouboule. A présent que vous m'avez rassuré pour le cheval, contez votre histoire, je ne vous interromprai plus.

Bouboule ne se fit pas prier. Ayant allumé la cigarette que Ludovic lui avait offerte, il s'assit à la turque sur un vieux tapis, dans un coin de la chambre, envoya du bout des lèvres une légère spirale de fumée vers le plafond, et commença en ces termes :

— Ali-Bou n'est pas un ingrat ! Prosper m'a offert un excellent dîner, comme à Paris. Et puisque je ne puis pas le lui rendre, c'est à vous, son ami, que je rendrai service en vous faisant avoir le cheval qui était destiné à l'ami de Wilhelm Hauser, dit Schwartz.

— L'ami de Wilhelm Schwartz ! fit Ludovic effaré.

— Oui, l'homme à barbe et à lunettes.

Ludovic n'en croyait pas ses oreilles. Cet homme qu'il croyait inventé par Bouboule existait donc ? En outre, comment se faisait-il que Bouboule connût le vrai nom de Schwartz ?

Craignant, comme on dit vulgairement, de commettre quelque gaffe, le reporter se tut. Mais son attention redoubla. Quel était cet ami de Schwartz ? Un secret pressentiment l'avertissait que cet homme allait être mêlé à sa vie.

Bouboule continuait :

— Il faut vous dire que, cette nuit, l'ordre était arrivé de fusiller Hauser. Prosper me dicta la dépêche que, devant lui, j'écrivis et pliai ; puis, comme il se faisait tard et que Prosper était un peu étourdi par les libations nombreuses que nous avions faites, je le laissai se retirer. Je fermai la porte et je passai la nuit à travailler. Le matin, lorsque mes collègues arrivèrent, ils me trouvèrent assoupi derrière mon guichet. La fatigue avait eu raison de ma volonté. Je me réveillai ; j'envoyai Patchich porter le pli au commandant de la place, et je repris mon travail. Une heure environ après, dans le bureau, par extraordinaire vide de clients, un homme entra. Il me dit dans le plus pur allemand, langue que je comprends et parle aussi bien que le français :

» — Voulez-vous gagner cinquante marks ?

» — J'en préférerais cent, lui dis-je ; mais je saurai me contenter de cinquante. Que faut-il faire pour cela ?

» — Je m'appelle Keller et je suis l'intendant d'une très riche famille allemande, laquelle m'a confié la mission de retrouver un certain Wilhelm Schwartz, qui se fait appeler Hauser... Je viens de Constantinople. On m'a dit à l'ambassade qu'un journaliste de ce nom était parti avec ses confrères pour Saraï. J'ai pensé que puisqu'il est journaliste, il doit venir souvent au bureau de poste télégraphier à son journal, et que par conséquent vous saviez peut-être son adresse, ou que, si vous l'ignorez, vous pourriez, quand vous le verrez, lui remettre ce pli cacheté.

» Je fis une mine d'une aune, comme vous dites, vous autres Français.

» — Vous arrivez trop tard, monsieur Keller, répondis-je. Gardez vos cinquante marks. Votre ami Hauser Schwartz est un violent qui m'a frappé et qui, pour ce fait, a été arrêté, jugé et condamné à mort.

» L'homme aux lunettes pâlit et se mit à trembler.

» — Condamné ! gémit-il.

» — A mort, oui, et il est exécuté depuis une heure.

» L'homme, livide, se laissa choir sur une banquette. Juste au même instant arrivait le général Izer-Bey.

» — Télégraphiez au quartier général, dit-il rudement, pour demander si l'ordre de mettre en liberté Hauser était bien exact ?

» Stupéfait, j'obéis. J'eus la réponse aussitôt.

» — Non, disait-on, la dépêche partie cette nuit était précise. Fusiller immédiatement. Pourquoi cette question ?

» Izer-Bey me sauta à la gorge.

» — Misérable ! rugit-il. Tu as falsifié la dépêche. C'est toi qui as fait remettre cet homme en liberté.

» Il appela. Quatre gendarmes se précipitèrent, me passèrent les menottes et me conduisirent en prison. Je ne tardai pas à paraître devant un conseil de guerre. Mais j'avais eu le temps de réfléchir. Je ne comprenais rien à l'histoire de cette dépêche. On avait dû, dans la nuit, la remplacer par une autre. Sans doute, sans m'en rendre compte, j'avais dû m'endormir quelques minutes ; et c'est pendant ce temps que le voleur avait opéré.

» Or, qui pouvait avoir intérêt à sauver Hauser, ou plutôt Schwartz, sinon un de ses amis ? Ce Keller, qui m'offrait cinquante marks pour remettre une lettre à Schwartz, devait être, évidemment, l'homme qui avait fait le coup. Je n'étais pas dupe du chagrin qu'il avait paru ressentir lorsque je lui avais annoncé l'exécution de Schwartz. Il m'avait joué la comédie...

» — J'accusai donc Keller devant les officiers qui me jugeaient, et je soutins bravement l'avoir vu rôder dans la rue voisine, après la fermeture du bureau. J'affirmai l'avoir reconnu le matin. On allait donner l'ordre de le rechercher lorsqu'il se présenta de lui-même. Il demanda à être entendu.

» Un officier d'état-major allemand était là présent. Keller lui communiqua le fameux pli cacheté. On me fit sortir. Une heure après, on m'introduisit devant mes juges. L'ordre fut donné de me relâcher.

» Le général Izer-Bey, avec un sourire, déclara que mon erreur avait eu les meilleurs résultats et que tout le monde s'applaudissait que M. Schwartz n'eût pas été fusillé, et qu'en considération, on me pardonnait ce qui s'était passé.

» J'étais ahuri ! Mais je n'étais pas au bout de mes étonnements. Izer-Bey m'annonça que j'étais nommé à un poste de surveillance de télégraphe militaire à Constantinople, où je devais me rendre sur-le-champ. Je devais partir dans la journée avec ledit Keller, à qui l'on allait donner des passeports pour lui et pour moi, des sauf-conduits, enfin un tas de papiers... On allait également nous faire seller deux chevaux — tous les chevaux libres étant réquisitionnés à Saraï.

» Je demandai la permission d'aller prendre quelques vêtements. Et voilà ! Je n'ai rien à prendre ; je voulais seulement serrer la main à Prosper, et c'est pourquoi vous m'avez trouvé chez vous. Prosper est parti ; vous avez besoin d'un cheval, vous l'aurez !

— Mais c'est impossible, puisque tous les chevaux sont réquisitionnés !

Ali-Bou sourit.

— Vous oubliez le cheval de Keller. Votre valise est prête ? Partez à l'instant ; sortez de Saraï par la porte sud, suivez le chemin ; à un mille environ de la ville, vous trouverez une maison peinte en rouge. Près de la maison se trouve un étroit sentier où l'on ne peut passer deux de front. Prenez ce sentier, suivez-le jusqu'au bois voisin. Cachez-vous dans le taillis. Bientôt Keller et moi nous arriverons l'un devant l'autre. Je serai le premier. Vous me laisserez passer. Vous tirerez un coup de revolver. Je pique des deux. Vous surgissez devant l'Allemand terrifié. Vous le jetez à bas de sa monture. Vous prenez son cheval, vous me rejoignez, et nous allons tous deux tranquillement, par un chemin détourné, rejoindre la grande route qui conduit à Constantinople.

Ludovic était stupéfait.

Avant qu'il fût revenu de sa stupeur, Ali-Bou était parti en lui jetant, en guise d'adieu, ces paroles :

— Le chemin à côté de la maison rouge !...

— Parbleu ! s'écria joyeusement Ludovic, c'est de bonne guerre, après tout. J'ai sauvé la vie de Schwartz, qui m'avait pris le cheval de Djarid ; je peux bien emprunter le cheval de son ami. J'éclaircirai à Constantinople le but du voyage de ce Keller. Il importe que j'arrive avant lui.

Ceci décidé, Ludovic prit sa valise, paya son hôtelier, et enveloppé dans son épais manteau, un gros cache-nez enroulé autour du cou lui remontant jusqu'aux oreilles, cachant sa moustache, dissimulant ses traits, il quitta sa maison. Il eut la bonne fortune de ne rencontrer aucun confrère.

— Ils sont tous en train de chercher des chevaux, pensa-t-il, goguenard. Ils n'ont pas, comme moi, la chance de connaître un Bouboule.

Pressant le pas, il avait hâtivement traversé la ville et franchi la porte sans encombre. Hors des murs, il ne ralentit pas sa marche, au contraire. Il voulait ne pas être rejoint par les deux cavaliers avant d'avoir atteint ce fameux bois, où Keller devait lui faire cadeau de sa monture.

Il vit la maison rouge, inhabitée, au toit crevé, dont les volets pendaient lamentablement. Le petit sentier s'offrait à sa vue. Il le prit. Il arriva enfin dans le bois, essouflé, suant, hors d'haleine.

— Ouf ! fit-il. Ce pas gymnastique m'a fourbu. J'espère que je suis en avance !

Il s'assit et s'assura que son revolver était armé.

Il était à son poste depuis un quart d'heure à peine, commençant à s'inquiéter, lorsqu'il perçut le pas de deux chevaux. Soulevant la tête, Ludovic vit au loin, dans le sentier, deux cavaliers. Le premier était Ali-Bou. A quelques mètres derrière lui, peu rassuré, se cramponnant à la crinière de sa monture, qui trottait allégrement, venait un homme assez grand, le visage recouvert par une forte barbe.

— C'est Keller, le mystérieux Keller, pensa Ludovic.

Ali-Bou approchait... Son cheval avait accéléré son allure ; il allait au trot, Keller retenait le sien, criant à Ali d'aller un peu moins vite.

Ali-Bou passa... Une détonation éclata. Ludovic surgit devant devant Keller...

Le cheval, effrayé, fit un écart... Keller perdit l'équilibre et roula sur le sol.

Ali-Bou était parti au galop, en criant : « Au secours ! »

Prestement, Ludovic s'empara du cheval et sauta dessus.

Keller, se relevant effaré, vit son voleur disparaître à la poursuite d'Ali-Bou.

CHAPITRE XV

Les deux frères.

Ludovic était depuis quarante-huit heures à Constantinople. Consciencieusement, il avait télégraphié à la *Petite Gironde* tous les événements dont il avait eu connaissance, admirablement renseigné par le Bulgare Militch sur tous les combats précédents et sur la marche victorieuse des armées balkaniques.

Militch et Prosper, qui ne l'avaient précédé que de quelques heures, étaient naturellement logés chez Marius Miradou.

Ludovic avait hérité de la chambre de Schwartz, lequel n'avait pas jugé à propos de revenir à l'hôtellerie franque. Sans doute, il habitait chez Mina Wolfang.

Ludovic l'avait rencontré le jour de son arrivée. Mais Wilhelm avait feint de ne pas le voir, et il était entré brusquement dans une sorte de café-brasserie de Tope-Hani, dont le propriétaire, à en juger d'après l'enseigne, devait être compatriote de Wilhelm. Ce café se dénommait : « Bavaria Restauration ».

Ludovic ne chercha pas, pour l'instant, à revoir Schwartz. Ce qui l'intéressait le plus, c'était de retrouver Keller.

Bouboule, en quittant Ludovic, aux portes de Constantinople, après avoir bien ri de la mésaventure de Keller, avait promis de renseigner Ludovic, en allant rendre visite à Prosper si, par hasard, il rencontrait l'Allemand.

Mais Ludovic ne se fiait qu'à lui-même. Ses dépêches envoyées, et tandis que Prosper et Militch battaient la ville à la recherche de Wanda, le reporter errait à travers Constantinople, l'œil en éveil, guettant tous les Européens qui passaient.

Ce Keller, qui certainement n'avait pas eu le temps de voir son visage et qui ne le reconnaîtrait pas, finirait bien, un jour ou l'autre, par se trouver devant lui.

Cet événement tant attendu se produisit dans la matinée du troisième jour que Ludovic était à Constantinople. Comme il errait mélancoliquement aux abords de Galata, tortillant nerveusement sa moustache, inquiet de ne pas recevoir de nouvelles de sa chère Héléna, il fut heurté par un homme qui à sa vue poussa un cri de surprise !

— Monseigneur... mon prince... vous !

Ludovic dissimula sa joie — il avait reconnu Keller — et répondit froidement :

— A qui ai-je l'honneur de parler ?

Keller, s'apercevant de son erreur, s'excusa :

— Je suis victime d'une étrange ressemblance, dit-il. Je vous prenais pour le fils du prince de Schwartz, mon maître, c'est-à-dire pour un journaliste allemand qui se fait appeler Hauser.

Ludovic sourit.

— Je connais fort bien Wilhelm Hauser, répondit-il, si c'est de lui que vous voulez parler. Mais c'est un journaliste, et non le fils d'un prince.

— C'est le même, cher et honoré monsieur. Vous le connaissez, dites-vous ? Pouvez-vous me conduire à lui ? me donner son adresse ? Voilà plusieurs jours que je le cherche dans ce maudit pays. Son père se meurt. Il veut le voir avant d'expirer. Il lui a pardonné. Vite, conduisez-moi !

— J'ignore où habite mon ami, dit Ludovic ; mais si vous voulez vous trouver ce soir, vers quatre heures, à la Bavaria Restauration, place de Tope-Hani, vous êtes sûr de le rencontrer.

— Oh ! monsieur ! que de remercîments ! Son père sera bien heureux.

— Son père ! murmura Ludovic.

Il salua brusquement Keller et s'éloigna. Il se dirigeait en toute hâte vers Yldiz-Kiosk.

— Wilhelm Schwartz est en ce moment chez Mina Wolfang. Il faut que je le voie avant qu'il n'ait vu Keller.

Il s'assura d'un geste fiévreux qu'il avait son revolver sur lui et ne tarda pas à arriver devant la villa de Mina. Il s'arrêta. Nul n'était aux environs. La porte était fermée.

Ludovic s'accrocha au petit mur qui entourait le jardin. Il monta, se laissa choir de l'autre côté, dans un massif de fleurs. La villa paraissait déserte.

Ludovic, se glissant derrière les arbres, s'en approcha. Il tressaillit. Par une fenêtre, il venait de voir passer la silhouette de Wilhelm.

Un grand sycomore se trouvait près de Ludovic, abaissant jusqu'à la hauteur de sa tête ses branches inférieures.

Ludovic leva les bras, s'accrocha aux branches, se hissa d'un mouvement lent, silencieux, jusqu'à ce qu'il fût dans l'arbre, abrité par l'épaisse frondaison. Il était presque à hauteur de la fenêtre.

Il embrassa le tronc de ses bras vigoureux et grimpa plus haut. Son regard plongeait, à présent, dans la pièce où se trouvait Wilhelm Schwartz.

Dans une salle de forme ronde, garnie de lourdes tentures, de plantes rares, écroulé sur une pile de larges coussins, l'Allemand tirait nonchalamment de grosses bouffées d'une longue pipe de porcelaine.

Sur un petit escabeau octogone, incrusté de nacre, aux pieds de cuivre, près de lui, dans une minuscule tasse, fumait un café noir dont l'arome, par la fenêtre entr'ouverte, s'échappait et venait chatouiller les narines de Ludovic.

— Il serait plaisant, songea le reporter, d'aller boire ce café qui ne m'est pas destiné. Je suis sûr qu'il est délicieux. Je n'ai jamais eu autant envie de café qu'en ce moment. Décidément, il faut que je me passe cette fantaisie.

De l'œil, Ludovic mesura la distance.

— De cette branche sur laquelle reposent mes pieds à cette fenêtre, cela fait à peine deux mètres. Ce n'est qu'un coup de jarret un peu fort à donner. Rappelons-nous les sages conseils du moniteur de gymnastique : fléchissons sur les extrémités inférieures...

Il fit la moue. Wilhelm tendait la main vers la tasse de café.

— Gourmand, égoïste ! murmura le reporter.

Il s'élança d'un furieux élan, vint tomber aux pieds de l'Allemand stupéfait, lui arracha la tasse des mains, et tranquillement but le liquide parfumé.

Wilhelm Schwartz était pétrifié.

— Votre café était excellent, mon frère ! fit Ludovic, reposant la tasse sur le petit escabeau. Maintenant, causons !

— Der Teuffel ! s'écria Schwartz, enfin revenu de sa stupeur, qui vous a permis...

— De boire votre café ? Personne ! J'imagine que vous n'avez pas l'intention de m'en réclamer le prix. Le fils du prince de Schwartz est assez riche pour offrir le café à ses amis.

Wilhelm, effaré, murmura :

— Comment savez-vous ?

— Je sais tout ! fit Ludovic, portant la main à son front, l'index tendu, parodiant une réclame célèbre. Oui, je sais tout. Mais ne vous troublez pas ainsi. Vous allez avoir besoin de votre sang-froid dans un instant. Permettez que je ferme cette porte à clé ; nul ne doit venir déranger notre amicale causerie.

Tranquillement, il alla à la porte et donna un tour de clé. Il se retourna.

— Un pas de plus, et je fais feu ! rugit l'Allemand.

Tandis que Ludovic lui tournait le dos, Wilhelm avait pris dans sa poche son revolver et le braquait à présent sur son ennemi, en riant d'un air farouche.

— Ha ! ha ! Vous ne vous attendiez pas à cela, monsieur le Français ! s'écria-t-il. C'est moi qui suis le maître de la situation à présent. Il va falloir m'obéir, se plier à mes volontés...

Ludovic, adossé contre la porte, impassible, les bras croisés, le regardait.

— Qu'êtes-vous venu faire ici ? me voler ?

— Ne dites pas des choses que vous ne pensez pas, herr Schwartz. Vous savez bien que je ne suis pas un voleur.

— C'est possible ; mais tout donne à croire que vous l'êtes. Vous vous introduisez par surprise dans ma maison : j'ai le droit de vous abattre d'un coup de revolver. Personne ne me reprochera votre mort.

— Peut-être !

— Et qui donc ?

— Le prince de Schwartz.

— Mon père !

— C'est aussi le mien, Wilhelm Schwartz. Je suis le fils de M{ll}° Dortailles, que votre père violenta en 70, abusant indignement de sa force, de la frayeur de la malheureuse qui lui avait demandé aide et protection contre ses ignobles uhlans, vos compatriotes... Je suis votre frère, Wilhelm. Vous devez à présent vous expliquer notre ressemblance surprenante.

Schwartz abaissa son arme.

— Vous êtes un bâtard ! fit-il. Vous n'êtes pas mon frère.

— Suivant la loi, sans doute ; mais je n'en suis pas moins le fils de votre père. Oh ! rassurez-vous : je ne prétends pas à son héritage, à cette fortune volée à ses parents, et je prétends encore moins à son nom, le vôtre, le nom d'un traître.

— Misérable ! rugit Wilhelm.

Il voulut se précipiter, faire feu ; mais déjà Ludovic s'était rué sur lui, d'un geste furieux lui tordait le poignet, et, lui arrachant le revolver, le lançait par la fenêtre.

Le mouvement du reporter avait été si rapide que Wilhelm

n'eut conscience qu'il était désarmé que lorsqu'il vit son arme voler à travers les branches du sycomore.

— Je crois que vous vous tiendrez tranquille maintenant, fit Ludovic, rudement. Je vous y engage.

Wilhelm Schwartz, farouche, recula, s'assit dans un coin, sur son bureau couvert de paperasses et de livres...

— Je devine, gronda-t-il, vous venez pour m'assasiner.

— Si j'avais voulu vous supprimer, mon frère, dit Ludovic ironique, je n'avais qu'à laisser poursuivre sa course à l'abîme le cheval que j'ai abattu... je n'avais qu'à laisser la justice turque suivre son cours.

— Oui, dit l'Allemand, jetant un regard surpris à son rival, à son ennemi, c'est vrai. Pourquoi m'avez-vous sauvé la vie ?

— Parce que vos jours me sont chers, pour l'instant du moins.

— Vous saviez donc que j'étais votre frère, c'est-à-dire...

— Ne vous reprenez pas ! Oui, je sais que vous êtes mon frère, c'est-à-dire le fils du prince de Schwartz, et je le sais depuis le jour même de notre rencontre. Comment je l'ai appris, peu vous importe !

» Pourquoi je veille sur vos jours ? Cela ne vous regarde pas non plus. Qu'il vous suffise de savoir que, pouvant vous tuer, je ne le ferai pas, et que si vous étiez encore en danger, je me ferais un devoir de vous secourir.

» Ne souriez pas, Wilhelm. Je devine votre pensée. Vous croyez que j'agis ainsi pour forcer votre reconnaissance, capter votre amitié, vous obliger à faire mon éloge à *notre père*, qui peut-être daignerait, touché de mon dévouement pour son fils légitime, me donner une part de sa fortune, s'intéresser à moi !

» Je vous répète, pour la dernière fois, que je ne veux rien de vous ni de mon père. Un abîme nous sépare : vous êtes Allemand. Je suis Français.

— Il suffit... Cela dit tout.

— Oui, cela dit tout, vous avez raison.

— Mais puisque cette haine formidable, que rien ne peut adoucir, nous sépare si profondément, pourquoi me sauver, protéger mes jours ?

— Faut-il vous dire encore que ceci est mon secret ? Mais nous n'avons que trop perdu de temps en vains propos. Ecoutez-moi, Wilhelm. Je vous ai sauvé la vie. En échange de ce léger service, je viens vous demander une chose...

— Ah ! triompha grossièrement l'Allemand, je savais bien que cela finirait ainsi. Combien ?

Comme s'il n'eût pas entendu cette réponse insultante, Ludovic continua :

— Je viens vous demander de disparaître pendant quinze jours ou trois semaines.

— Hein ?

— Vous allez me suivre. Je vous confierai à mes amis Prosper et Militch, qui vous accompagneront en France. Ils vous conduiront dans une retraite sûre, où ils vous garderont à vue jusqu'à ce que je leur donne l'ordre de vous remettre en liberté. Il va de soi que, si vous vouliez leur fausser compagnie, vous dérober à leur surveillance, mes amis n'hésiteraient pas à vous envoyer une balle dans la tête.

Wilhelm Schwartz, hors de lui, les yeux injectés de sang, écoutait Ludovic.

— Etes-vous fou, ou ivre ? rugit-il. Moi, disparaître ! Moi, consentir à être votre prisonnier pendant quelques semaines !

— Un mois à peine.

— Et vous êtes assez insensé pour croire que j'accepterai cette chose !

— Il le faudra bien.

— Je vous dis, Français, que vous êtes en démence, et que si vous ne vous retirez pas à l'instant...

— Pas de menaces ! Ecoutez-moi... D'abord, il vous est impossible de me faire sortir d'ici, malgré moi : je suis plus fort que vous. Ensuite, je dois vous dire que votre colère est tout à fait inutile ; car voici ce qui va se passer si vous refusez de m'obéir.

— Que se passera-t-il ?

— Comme j'ai absolument besoin, pour la réussite de mes projets, que vous disparaissiez momentanément, qu'il est urgent qu'on ne sache pas où vous êtes, ce que vous faites, et même si vous vivez, je vous déclare que je vous tuerai — sans rémission — à l'instant même si vous persistez dans votre refus.

Wilhelm se demandait s'il rêvait.

Ludovic Dortailles disait ces choses terribles avec une telle tranquillité qu'il était permis à son frère de se demander s'il parlait sérieusement. Mais l'éclat insoutenable du regard de Ludovic démentait l'apparente placidité de son attitude.

Wilhelm comprit que la chose était sérieuse. Il mesura de l'œil l'homme qui était devant lui. C'était, au physique, son vivant portrait. Mêmes épaules larges, mêmes bras musclés. Cependant, Ludovic était un peu plus mince.

L'Allemand songea qu'il avait été désarmé brusquement, par surprise. Il n'avait pas eu le temps de se défendre. Toutes ces réflexions faites, le Français et lui pouvaient être de même force, et encore...

Par conséquent, la partie était égale entre eux.

— Eh bien ? demanda Ludovic. J'attends.

Wilhelm, sarcastique, interrogea :

— Pourquoi faut-il que je disparaisse momentanément ? Si vous m'expliquez vos motifs, et si votre projet ne peut causer aucun préjudice aux intérêts de mon pays, de ma famille, aux miens... si c'est simplement une gageure de votre part, une mauvaise plaisanterie, peut-être pourrai-je consentir à discuter avec vous... à discuter, dis-je ; cela ne signifie pas que je me prêterai à votre caprice.

— Wilhelm Schwartz, dit gravement Ludovic, pour la dernière fois, je vous demande de vouloir bien disparaître, de ne pas entraver mes projets.

— Et si je refuse ?

— J'aurai alors le regret de vous ôter cette vie que je vous ai conservée, l'intérêt de mon pays primant toutes les considérations personnelles.

A peine avait-il prononcé ces mots que Ludovic vit Schwartz se ruer sur lui, un poignard à la main. Ce poignard était un coupe-papier en acier, affectant la forme d'un petit yatagan.

Tout en causant avec le reporter, Schwartz, qui était assis

sur un coin de son bureau, avait glissé ses mains derrière son dos comme pour mieux s'appuyer, mais, en réalité, pour chercher cette arme cachée sous des papiers.

Si brusque qu'eût été l'attaque de Wilhelm, Ludovic l'évita. Il fit un saut de côté.

Emporté par son élan, Schwartz alla se heurter contre le mur. Furieux, il revint sur son adversaire.

Ludovic, de sa main gauche, immobilisa le bras droit de Schwartz, retint l'arme au-dessus de sa tête, tandis que sa main droite étreignait le poignet gauche.

Schwartz n'avait pas trop présumé de sa force. C'était avec peine que Ludovic retenait son ennemi, le paralysait, empêchait le coup inévitable.

De tous ses muscles tendus, il s'efforçait d'abaisser les deux bras de Schwartz, comptant, d'une brusque torsion, lui briser les poignets et le réduire à l'impuissance.

Mais l'Allemand, pressentant le danger, résistait de toutes ses forces. Elles commençaient à faiblir.

Ludovic, insensiblement, prenait l'avantage. Schwartz se sentit perdu. Traîtreusement, il donna un croc-en-jambe.

Sous ce coup inattendu, Ludovic lâcha prise et roula sur le sol. Avec un cri de triomphe, Schwartz se jeta sur lui...

— Meurs ! rugit-il, meurs, Français maudit ! L'Allemagne triomphe toujours !

La lame du yatagan brilla au-dessus de la tête de Ludovic. Elle s'abaissa, rapide, fulgurante...

CHAPITRE XVI

Le triomphe de Schwartz.

Cinq heures venaient de sonner.

Dans la grande salle de la Bavaria Restauration, on causait joyeusement.

Dans la journée étaient arrivés les derniers retardataires, les journalistes chassés de Saraï, qui avaient pu gagner Constantinople par des moyens de fortune, obligés, les uns de louer à prix d'or, des charrettes traînées par des bœufs, les autres de se faire accompagner par des détachements turcs.

Quelques-uns étaient allés à pied jusqu'à Tchataldja.

Moutonnet racontait à ses amis qu'il n'avait eu d'autre ressource que d'emprunter les vêtements d'un Bulgare mort sur la route, et qu'ainsi déguisé, pris par des Turcs, il avait été jeté dans une charrette qui l'avait transporté gratuitement, mais sans confortable, jusqu'à Constantinople, où il s'était décidé à faire connaître son identité.

On l'avait mis dehors avec force injures. Mais son voyage ne lui avait rien coûté.

Comme il terminait le récit de son odyssée, Wilhelm Hauser parut.

La moustache conquérante, l'air insolent, il passa devant le groupe des journalistes français, dédaigneux, affectant de ne pas les voir, se dirigeant vers le fond de la salle, où, derrière un épais nuage de fumée, les reporters allemands devisaient avec de gros rires, attablés devant des pots de bière.

— Toujours aimable, ce citoyen ! grommela Moutonnet.

— Oui, dit Fronsac, du *Temps*, aussi aimable qu'une porte de prison ! M'est avis que nous ferions bien de choisir un autre café pour nous réunir.

— Avec ça qu'ils pullulent ici, les cafés où l'on trouve des apéritifs et de la bière ! A propos... et Cocorico ? Il est parti sans crier gare. Est-il arrivé ici, au moins ?

— Oui, dit Fronsac. Je l'ai vu hier soir. Il m'a demandé de tes nouvelles. Il va venir sans doute nous retrouver, je lui ai dit que nous nous réunissions dans ce café.

La conversation se généralisa.

Pendant ce temps, Hauser serrait la main à ses confrères.

— Herr Hauser, dit l'un d'eux. Il y a ici un homme qui désire vous voir.

Le journaliste se retourna vers celui qui parlait. Il poussa un cri. Un homme venait de se lever, et, obséquieusement, le saluait.

— Keller, cria Hauser, vous ici !...

— Oui, dit Keller, le chapeau à la main, c'est moi, Monseigneur. Quelle joie de vous retrouver ! Et vous m'avez reconnu après plus de huit ans ! Quel honneur pour moi ! Excellence... Monseigneur... mon prince !...

Le bonhomme se troublait. Ses yeux gris clignotaient derrière ses grosses lunettes rondes, comme s'il allait pleurer.

Autour de lui, s'effaraient les Allemands, entendant traiter Hauser de prince.

— Keller, dit Hauser sévèrement, je vous prie de ne pas me donner mes titres. Je ne suis ici qu'un journaliste, un modeste reporter du *Berliner Tagblatt*. Mon père n'aura pas à rougir de moi ; et puisqu'il me méconnaît...

— Vous méconnaître. Excellence ! s'écria le vieux Keller. Ah ! ce temps lamentable n'est plus ! Monseigneur le prince de Schwartz, votre honoré père, vous réclame. Il oublie tout. Il vous tend les bras. Il vous supplie de vous rendre auprès de lui pour recevoir son dernier soupir.

— Quoi ?... mon père...

— Est à l'agonie, Monseigneur. Peut-être même est-il mort à l'heure présente.

Wilhelm éclata de rire.

— Puisque mon père reconnaît enfin ses torts et appelle auprès de lui son héritier, nous allons fêter cette réconciliation et mon départ...

» Messieurs, le journaliste Hauser a vécu. C'est le prince Wilhelm de Schwartz qui vous fait ses adieux. Du champagne ! Du champagne pour tous ceux qui sont ici !

Les Allemands, respectueux, s'étaient tous levés. Ils entouraient leur ex-confrère, lui adressant leurs félicitations, que Wilhelm recevait avec hauteur.

Le bruit s'était répandu dans tout le café que Wilhelm était le fils du prince de Schwartz. Curieusement, tous les journalistes s'étaient rapprochés. Les bouteilles de champagne venaient d'être apportées ; des coupes nombreuses circulaient autour des tables.

— Messieurs, dit Wilhelm, je vous invite tous à boire à la santé du prince de Schwartz.

— Lequel ? dit Moutonnet. Le père ou le fils ?

Wilhelm lui lança un regard terrible. *Il leva sa coupe. Les* Allemands poussèrent trois « hoch ! » retentissants.

Mais lorsque Wilhelm tendit sa coupe, il ne rencontra devant lui, pour trinquer, que les verres de ses compatriotes.

Les Français et les Russes avaient tourné le dos. Les Anglais, impassibles, prenaient des notes. Les journalistes des autres pays avaient machinalement suivi l'exemple des Français.

Les coupes restèrent pleines sur la table. Wilhelm Schwartz haussa les épaules.

— Venez, Keller !

Il sortit du café, suivi des regards méprisants de la plupart de ses confrères. *Il n'avait serré la main à personne.*

Dehors, il dit :

— Keller, nous embarquons ce soir. Y a-t-il un bateau en partance ?

— Oui, monseigneur... mon prince, veux-je dire.

— Impossible de prendre le train. Les lignes sont coupées. Avez-vous de l'argent sur vous ?

— *Oui, mon prince.*

— Beaucoup ? Tant mieux ! Donnez-m'en ! Pendant que j'irai faire mes adieux à Mina Wolfang et lui remettre cet argent, allez retenir nos places. Je vous rejoindrai sur le débarcadère.

Keller sortit son portefeuille, *le tendit à Schwartz. Le futur* prince prit une poignée de billets et rendit le portefeuille.

— Mina en aura assez pour l'instant, fit-il. Allez, Keller.

Keller salua profondément et courut vers le port.

Wilhelm se dirigea vers la villa des Fleurs. Mina l'attendait sur le seuil.

— Ah ! Enfin, te voilà ! J'étais inquiète.

— *De quoi ?*

— Je ne t'ai pas vu sortir ce matin. Je te savais dans ton bureau. Je ne me suis pas inquiétée jusqu'à l'heure du déjeuner. Alors, j'ai eu la curiosité d'aller te voir. Impossible : la porte était fermée. *Je ne savais plus que penser... Où as-tu* déjeuné ? Par où es-tu passé ? Pourquoi ne m'as-tu pas prévenue ?

— Mina, dit Schwartz, le prince va mourir. Il est peut-être mort.

— Ah ! fit Mina, indifférente. Qui t'a dit cela ?

— L'intendant de mon père, le vieux Keller, qui vient me chercher. Nous partons dans quelques heures.

— Tous les deux ?

— Oui... Keller et moi.

— Et moi ?

— *Toi, tu resteras momentanément ici, jusqu'à ce que j'aie* enterré le prince. Il ne serait pas convenable qu'on te vît aux obsèques... ni chez moi... pour l'instant. Mais voilà de quoi vivre. Je vais aller faire ma valise.

Mina, abasourdie, prit l'argent.

Wilhelm la considérait en souriant.

— Sais-tu que tu es jolie, fit-il, très jolie ? Ces cheveux blonds encadrent admirablement ton fin visage... tes yeux bleus ont la profondeur infinie des océans.

— Qu'est-ce qui te prend ?

— Rien. Une constatation. Je songe que tu feras une *parfaite princesse de Schwartz.*

Mina rougit de plaisir, puis soupira :

— En attendant, il va falloir nous séparer.

— Pas pour longtemps.

— Tu m'écriras ?

— Souvent ! fit Wilhelm, avec un sourire ironique.

Ils étaient montés au premier étage. Wilhelm ouvrit la porte de son bureau.

— Que disais-tu donc que ce bureau était fermé ?

Il poussa un cri de surprise, fronça les sourcils, feignit un grand étonnement, égal à celui de Mina, qui, elle, était sincère.

— Ce désordre... mes papiers épars sur le sol..., ces coussins éventrés... ce sang... Qu'est-ce que cela veut dire ?

Mina était livide.

— On a tué quelqu'un ici ! balbutia-t-elle.

Wilhelm éclata de rire.

— Eh bien ! oui ! dit-il. A quoi bon nier ? C'est moi qui ai tué un maudit Français qui avait osé s'introduire ici, me menacer. Tu sais, cet homme dont je t'ai parlé et qui me ressemblait si fort ?

— Oui... oui... Tu l'as tué ?

— Je l'ai tué ; et j'ai fait disparaître son corps. Rassure-toi...

— Mais si l'on venait à savoir...

— On ne saura rien. D'ailleurs, qui oserait accuser le prince de Schwartz ?

Il releva orgueilleusement la tête d'un air de défi.

— Tu n'as rien à craindre, Mina. Moi parti, ferme cette pièce, et n'y laisse pénétrer personne jusqu'à ton départ.

Mina inclina la tête en signe d'acquiescement.

Tous deux quittèrent le bureau, qui fut fermé à clé.

La jeune femme, songeuse, aida son ami à faire sa valise. Mais elle était visiblement préoccupée. Wilhelm feignit de ne pas remarquer son trouble.

— Accompagne-moi, fit-il. Cela nous permettra de rester ensemble quelques instants de plus.

Mina accepta, prit le bras de Wilhelm, et tous deux se dirigèrent vers le port, suivis d'un Turc qui portait la valise.

. . . .

Une heure après, le prince Wilhelm de Schwartz et Keller quittaient le Bosphore, faisant voile vers Trieste.

. . . .

— Ah çà ! mon cher Miradou, vous êtes bien sûr qu'il n'est pas passé par ici, dans la journée ?

— Vè ! Si M. Ludovic Dortailles était passé, je l'aurais vu, què ! Il n'a pas pris son déjeuner. Il n'est pas venu dîner. Ça prouve qu'il était invité. Vous émotionnez pas, allez. Il tardera pas à rentrer... à moins qu'il découche. Des fois qu'il aurait fait une conquête... Il est si beau garçon !

— Oui... oui... grogna Prosper, c'est possible.

Il remonta, alla chez Militch...

— Je ne suis pas rassuré, moi, dit-il au Bulgare. Avec cette fripouille de Schwartz surtout, on ne saurait trop se méfier.

C'est si vite donné et reçu un mauvais coup. Qu'est-ce que vous tenez là, Militch ?

— Je ne sais pas. Je viens seulement de trouver cette lettre qui vous est adressée. On a dû la glisser sous la porte, et si violemment qu'elle est allée se placer sous ce meuble. Je viens de la découvrir à l'instant.

— L'écriture du patron ! s'écria Posper, qui venait de lire la suscription.

Il arracha la lettre des mains du Bulgare.

— Oh ! fit-il. Ça, c'est pas ordinaire.

Il lut tout haut :

« Mon cher Prosper,

» Tu recevras bientôt de mes nouvelles. Ne t'inquiète pas à » mon sujet. Aide Militch dans ses recherches.

» LUDOVIC DORTAILLES. »

— Qu'est-ce que ça veut dire ? Qu'est-ce qu'on va faire ?

— Obéir ! dit simplement Militch. Rechercher Wanda... Attendre les ordres.

— Voui, murmura Prosper. Et en attendant, moi, je m'offrirai le luxe d'aller un peu surveiller mon Schwartz dès que je l'aurai retrouvé. M'est avis que ce gredin n'est pas étranger à la brusque disparition de m'sieu Cocorico. Et qui me dit que cette lettre n'est pas écrite par force ? Tout ça n'est pas clair. Le patron ne dit pas où il est : c'est louche... C'est l'Allemand qui a dû dicter ça...

» Eh bien ! mon vieux Prusco, à nous deux ! Si tu as caché Cocorico quelque part, garde-le bien. Ça n'empêchera pas Prosper de le retrouver ; et toi aussi, je te retrouverai, pignouf, et, ce jour-là... Ah ! mâtin ! quelle raclée tu recevras !...

CHAPITRE XVII

Le chevalier français Prosper Godilleau.

Plusieurs jours s'étaient écoulés.

Prosper et Militch étaient sans nouvelles de Ludovic Dortailles. Ils allaient chacun de leur côté, vaguement inquiets de ce silence, Militch cherchant obstinément sa jeune maîtresse Wanda, Prosper essayant de trouver Schwartz.

Mais c'est en vain que Militch s'informait des convois de prisonniers arrivés à Constantinople. Les renseignements qu'il obtenait étaient contradictoires.

Les uns lui disaient que tous les prisonniers avaient péri en cours de route ; d'autres affirmaient qu'ils avaient été débarqués dans la fameuse île où les Jeunes-Turcs avaient fait transporter tous les chiens errants de Constantinople, et qu'ils avaient été dévorés par ces animaux que la faim et la soif avaient rendus enragés.

Par Bouboule, que Prosper fréquentait régulièrement, Militch, sous le sceau du secret, avait obtenu cette importante révélation : tous les hommes faits prisonniers par les Turcs avaient été impitoyablement fusillés et toutes les femmes vendues pour des sommes dérisoires à de riches habitants qui les avaient prises comme esclaves ou comme femmes de leur harem.

Cette nouvelle, au lieu de consoler Militch, l'attrista profondément. Il eût préféré voir sa jeune maîtresse morte qu'épouse d'un Turc.

Et puis cela augmentait la difficulté. Il était plus facile, si Wanda avait été enfermée dans une prison, de découvrir cette prison, d'essayer de l'en arracher, que de découvrir dans cette immense ville le lieu de sa retraite.

Le nombre de Turcs riches propriétaires de plusieurs femmes est considérable. Où découvrir celui chez qui se trouvait Wanda ?

Prosper avait beau multiplier les consolations, Militch ne voulait rien entendre. Il errait, désespéré, à travers les rues, se précipitait chaque fois que passait devant lui une femme voilée, espérant entendre un cri de joie de la malheureuse prisonnière, qui se serait fait reconnaître. Le soir le ramenait à l'hôtellerie Franque, plus triste chaque fois, le cœur brisé.

Prosper aussi faisait lugubre mine. Impossible de rencontrer ce maudit Schwartz. Ce fut Militch qui le tira d'embarras.

Un soir, qu'ils échangeaient mutuellement des paroles amères sur leurs continuelles déceptions, Militch dit à Prosper :

— Pourquoi t'obstines-tu comme moi à attendre tout du hasard ? Tu peux mieux diriger tes recherches.

— Comment cela ?

— Le maître a laissé des amis ici. Tu m'as dit qu'il était l'envoyé d'un grand journal, comme cet homme avec lequel je l'ai vu aux environs de Saraï, qui est votre ennemi et que moi aussi, instinctivement, je hais...

— Oui, eh bien ?

— Ces représentants de vos journaux doivent se réunir dans un endroit préféré.

— C'est évident. Ils doivent aller passer leur journées dans un café, pour tuer le temps. attendre les nouvelles qu'on leur communique rarement. Mais voilà, j'ignore ce café. Et ici aussi, comme à Paris, ces sortes d'établissements abondent.

— Ne peux-tu, par ton ambassadeur, savoir où les amis du maître se réunissent de préférence ? Ils te diraient s'ils ont vu ce Schwartz.

Prosper sauta au cou de Militch.

— Tu es un grand homme, Militch, et moi je suis un maladroit ! Dire que je n'avais pas pensé à cela ! Demain j'irai à l'ambassade. J'aurai ce précieux renseignement et je dénicherai Moutonnet, du *Journal*, qui est un brave homme et l'ami du patron. Bien sûr, il me dira où vont s'abreuver les journalistes allemands. Et ce sera bien le diable si cette fois je ne retrouve pas mon Schwartz. Je l'attendrai dans un coin et je lui serrerai le « kiki » jusqu'à ce qu'il m'ait dit ce qu'il a fait de M. Cocorico.

Militch hocha la tête.

— Rien ne dit que ce Schwartz sache où se trouve le maître. Il est peut-être étranger à cette disparition... à ce voyage.

— Des nèfles ! Je te dis, moi, qu'il y a du Schwartz là-dessous. Crois-tu que le patron n'aurait pas dit où il se trouvait s'il avait écrit de son plein gré cette petite lettre, que nous avons trouvée sous la porte ? Et d'abord, qui l'a portée, cette lettre ? Pas lui, bien sûr ! Marius Miradou l'aurait vu. Il nous aurait attendus d'abord.

» Cette lettre, après tout, est-elle bien de lui ? N'a-t-on pas imité son écriture ? Elle a été portée par quelqu'un qui connaissait l'hôtellerie. Or, Schwartz a habité ici. Il savait à n'en pas douter que tu habitais la chambre que le patron avait occupée.

— Ce que tu dis est vraisemblable. J'admets donc que cet homme soit l'auteur de la disparition du maître et qu'il le tienne prisonnier, qu'il l'ai contraint à écrire cette lettre pour nous empêcher de nous mettre à sa recherche, mais tu oublies une chose essentielle...

— Laquelle ?

— C'est que par la menace ou la prière tu ne pourras le décider à parler. Alors, que feras-tu ?

— Je continuerai à serrer le « kiki » au Prusco, et cela jusqu'à ce qu'il soit crevé.

— Tu le tues, soit ; mais c'est alors que nous ne retrouverons pas...

— M'sieu Cocorico ?... Mais si. Le Prusco mort, on s'inquiétera, on le cherchera, on trouvera son corps... ne serait-ce que par la particulière qui est venue passer une nuit ici avec lui... Ah ! quel malheur que je n'aie pas vu son masque, à celle-là. J'espère bien le voir, cette fois. Et alors, je la guette, je trouve son logis, je lui chauffe la plante des pieds jusqu'à ce qu'elle jaspine.

» Les femmes, c'est plus truqueur que les hommes, et ça ne demande qu'à jacter... Laisse-moi faire... Que je mette la main sur le Schwartz, et je réponds de tout.

Militch n'insista pas.

Prosper, joyeux, s'en fut coucher, rêva qu'il se battait avec un lion qui portait un casque à pointe, qu'il le terrassait, le rendait doux comme un caniche, et l'obligeait à le conduire dans un souterrain, où Ludovic, enchaîné à une colonne de fer, gardé par des eunuques, attendait la mort.

Prosper, à coups de cravache, chassait les eunuques, délivrait son patron et le ramenait triomphalement, tandis que le lion, qui tout d'un coup avait pris la figure de Schwartz, désespéré de la délivrance de Ludovic, de rage se perçait le cœur avec la pointe de son casque et expirait à leurs pieds.

Ce rêve avait mis Prosper Godilleau de bonne humeur.

Sa joie s'accrut lorsqu'un secrétaire de l'ambassade lui eut déclaré que la plupart des journalistes tenaient leurs assises dans un café qui s'appelait la Bavaria Restauration. Il donna même l'adresse à Prosper.

Le brave garçon, fou de joie, sans perdre une minute, courut à la Bavaria. Mais il était de trop bonne heure. Les journalistes ne venaient que tard, dans l'après-midi.

Prosper, un moment décontenancé, se résolut à attendre patiemment MM. les reporters. Il s'installa, déjeuna copieusement, but encore mieux, et attendit en fumant force cigares.

Sa persévérance devait être récompensée. Après une longue

attente, il vit arriver, vers cinq heures, quelques journalistes qui reconnurent Prosper pour l'avoir vu avec Ludovic, et le saluèrent aimablement.

Moutonnet parut à son tour. A la vue de Prosper, il leva les bras au ciel :

— C'est vous, mon garçon ? Qu'est-ce que vous devenez ? Et Cocorico ?

Prosper cligna de l'œil malicieusement.

— Ah ! monsieur Moutonnet, dit-il, c'est pas mon secret.

— Je comprends. Envoyé quelque part par son journal, hein ?

Prosper sourit.

— Ce Cocorico est étonnant, dit Moutonnet. Il fait du reportage comme personne. Je lisais hier les articles qu'il avait envoyés de Saraï... C'est inouï. Où diable avait-il pu dénicher les renseignements qu'il donne ? Je parie qu'il va encore nous sortir quelque chose de sensationnel...

— Probable !

— Il est loin de Constantinople ?

Prosper déclara :

— J'peux pas dire, m'sieu Moutonnet ; réellement, j'peux pas dire... croyez bien...

— Bon... bon... fit le journaliste un peu froissé, gardez votre secret, mon ami.

Il allait s'éloigner. Prosper le retint par la manche.

— M'sieu Moutonnet ! j'suis chargé d'une commission.

— Par Dortailles ?

— Justement. Il vous envoie ses amitiés, d'abord, et puis, il vous prie de me donner, si toutefois vous la savez, l'adresse de ce M. Schwartz... vous savez... Est-ce qu'il vient ici ?

Moutonnet éclata de rire, s'assit près de Prosper.

— Mais, mon vieux, d'où sortez-vous donc ?

— De l'hôtellerie franque, m'sieu Moutonnet.

— Vous ignorez donc le grand événement, l'événement qui pendant plusieurs jours a défrayé les conversations ici...

— J'ignore, avoua Prosper.

— Schwartz, dit Hauser, était un journaliste de fantaisie, révéla Moutonnet.

— Ça, je m'en doute.

— C'était le fils d'un prince riche à millions.

— Hein ?

— Oui, le prince de Schwartz, ce fameux ami de l'ex-empereur d'Allemagne, celui qui s'est montré si impitoyable pour l'Alsace et la Lorraine, où il était né d'ailleurs... parfaitement... Le vieux prince, avant de rendre sa vilaine âme au diable, a voulu revoir son rejeton, qu'il avait mis à l'écart, je ne sais pourquoi...

» Le digne héritier est parti avec l'intendant paternel, après avoir eu le culot d'offrir du champagne à tout le monde pour fêter l'heureuse nouvelle de la prochaine mort du vieux qui le faisait héritier de je ne sais combien de millions... Qu'est-ce que vous dites de ça ?

Prosper Godilleau ne disait rien. Il était assommé.

— Il y a huit jours de ça environ, ajouta Moutonnet.

Huit jours ! Prosper dressa l'oreille. C'est il y a huit jours aussi, que Ludovic avait disparu et écrit cette fameuse lettre.

Prosper rayonna. Il croyait comprendre. Ludovic, ayant appris l'histoire de Schwartz, avait suivi en Allemagne le nouveau prince, contre lequel il avait des griefs personnels.

Tout s'expliquait. Ludovic était libre, bien portant, vivant. C'était parfait.

Il se frotta les mains.

— Ça vous fait tant de plaisir que cela, l'héritage de cet Allemand ? demanda Moutonnet.

— C'est pas l'héritage, dit Prosper, c'est le départ. Voyez-vous, M'sieu Moutonnet, ça cordait pas entre le Schwartz et m'sieu Dortailles. Ça aurait fini par faire du vilain. Alors, j'aime autant qu'il soit parti. Je vous remercie du renseignement, je vais écrire ça au patron.

Il paya les consommations et quitta brusquement Moutonnet. Il avait hâte d'annoncer la bonne nouvelle à Militch.

Le Bulgare, après avoir réfléchi, conclut aussi que les choses avaient dû se passer de la sorte et qu'il n'y avait plus lieu de s'inquiéter de Ludovic.

— Puisqu'on est rassurés sur le sort de notre cher Cocorico, dit Prosper, je vas t'aider dans les recherches. Une bonne nouvelle ne vient jamais seule. On retrouvera la jolie Wanda, tu verras. C'est moi qui te le dis. Et tu sais, j'ai du flair... Un artilleur, c'est rien à côté de moi.

Militch se laissa entraîner à espérer. Hélas ! cet espoir ne dura guère.

Les jours qui suivirent, et malgré l'activité déployée par Prosper, qui furetait partout, ne craignant pas d'entrer dans les maisons, d'interroger les habitants, n'apportèrent aucun résultat.

— C'est ta faute, Militch, disait Prosper Godilleau en réponse aux plaintes de son compagnon. C'est ta faute. Partout où nous nous présentons, tu montres une face d'enterrement. Alors, tu comprends, les gens se méfient lorsqu'ils voient ta bobine. Il ont le taf. Au lieu de causer avec nous à la bonne franquette, ils ouvrent un œil, ils restent sur le qui-vive, et ils ne se déboutonnent pas.

— Il faut bien pourtant que ce soit moi qui parle, puisque tu ne sais pas le turc.

— Mais non, mais non, faut pas que tu parles, fit Prosper agacé, laisse-moi parler par signes ; je saurai bien me faire comprendre. C'est ta faute, mon pauvre vieux, tu es un brave homme, mais tu as une gueule de troisième rôle, de traître de mélo, quoi !... Faut bien te connaître pour t'apprécier. Mais quand on te connaît pas, je te jure que de te voir, ça fait froid dans le dos et qu'on s'dit : « V'là un lascar que j'voudrais pas rencontrer le soir au coin d'un bois ! »

Militch répondit doucement :

— Tu as peut-être raison. Cherche de ton côté, moi je chercherai du mien.

Touché par la douceur du Bulgare, Prosper, un peu confus, lui tendit la main en disant :

— Mon cher Militch, pardon, excuse, si je t'ai fait de la peine. C'est pas mon intention, tu sais. J'ai beaucoup d'amitié pour toi, et je risquerais volontiers la tête de Schwartz contre un sou troué pour te faire retrouver la petite. Oui, blague dans le coin ; pour que tu sois content, je consens à recevoir plusieurs balles dans la peau et même une boutonnière à l'estomac.

Militch serra la main de Prosper.

— Tu es bon et généreux comme tous les Français, dit-il. Si tes propos sont légers, ton cœur est bon. Je t'aime tel que tu es et je t'estime. J'ai foi en ton amitié. Fais ce que tu voudras. Tentons un dernier effort, et puis, attendons les ordres du maître.

L'entretien prit fin sur ces paroles.

Les recherches continuèrent, aussi vaines toujours. De ce qui se passait à Constantinople, hors de la ville, sur le théâtre des opérations, nos deux amis n'avaient cure. Ils cherchaient toujours.

Un soir, Prosper Godilleau arriva radieux à l'hôtellerie franque. Il se rua dans la chambre de Militch, qui, contre son habitude, était joyeux aussi.

— J'ai des nouvelles, dit Militch.

— De Wanda ?

— Non, mais en aurais-tu, toi, tu as l'air heureux.

— Je le suis sans l'être. Je vais t'expliquer... A vrai dire, il ne s'agit pas de Wanda, mais d'une Persane. Oh ! quelle femme, mon ami... des yeux grands comme ça, une bouche petite comme ça, et un nez, des cheveux, des dents, une menotte ! oh ! oh ! oh !

Il levait les yeux au ciel d'un air d'extase.

Militch, maussade, haussa les épaules.

— Je croyais que tu cherchais ma jeune maîtresse, fit-il, et tu cours les aventures.

— Est-ce ma faute, riposta Prosper, si mon polisson de minois fait tourner la tête aux femmes ? Je te jure que j'ai tenté l'impossible pour trouver Mlle Wanda. C'est justement en la cherchant...

— Ceci est de peu d'importance, dit Militch sèchement. Tu n'auras pas le temps de poursuivre cette conquête.

— Et pourquoi donc, s'il te plaît ?

— Parce qu'une dépêche vient d'arriver d'Allemagne...

— Du patron ? s'écria vivement Prosper. Qu'est-ce qu'il te dit ? Il est vivant ? Montre voir si c'est son écriture.

Il éclata de rire.

— Je deviens idiot. Comme si les dépêches étaient écrites par ceux qui les envoient. Faut pas m'en vouloir. Je suis si content. Montre vite.

Militch lui tendit une dépêche placée sur la table et que Prosper, préoccupé de sa rencontre, n'avait pas remarquée. Il lut :

« Trouvez-vous tous deux devant la Tour Julius, à Spandau, le 25 novembre, à minuit. Soyez armés. Partez à l'instant.

» LUDOVIC. »

Prosper, ahuri, regarda Militch.

— En voilà un rendez-vous bizarre ! murmura-t-il. Quoi qu'il va se passer ?

— J'ai fait mes préparatifs, dit simplement Militch. Un bateau part demain pour Marseille. Il fera escale en route. Je

me suis informé. Demain matin, nous quitterons Constantinople. Le maître, pour écrire ainsi, doit se trouver dans l'embarras. Il nous appelle d'urgence. Notre devoir est d'aller à son
secours à l'instant.

Prosper, embarrassé, ne répondit pas.

— Eh bien ! demanda Militch, que dis-tu ?

— Combien faut-il de temps pour se rendre à Spandau ?

— Je l'ignore. Huit jours environ, je crois.

— Et nous ne sommes que le 10 novembre ; ça va bien.

— Que veux-tu dire ?

— Que tu partiras seul. Moi, je partirai dans deux ou trois
jours. Le temps de sauver cette jeune personne.

— Quelle personne ?

— Celle que j'aime, qui m'aime et qui m'a donné rendezvous demain soir pour l'enlever. Elle déteste son mari... et
moi... je...

— Ainsi, s'écria Militch irrité, entre ton devoir et ton plaisir,
pour les beaux yeux d'une Turque...

— Permets, permets, dit vivement Prosper, Turque ou non,
cette femme a fait appel à mon dévouement. J'ai engagé ma
parole. J'ai promis de la délivrer... Et je la délivrerai, ou je
casserai ma pipe en essayant.

Il fit semblant de se draper dans un vaste manteau imaginaire et déclama d'une voix profonde :

— Des chevaliers français, connais le caractère.

Et comme Militch, abasourdi, le regardait de ses grands
yeux noirs pleins de colère, Prosper, pour calmer son compagnon, reprit avec vivacité :

— Militch, écoute. Prosper Godilleau a l'âme d'un chevalier
français, comme son patron Cocorico. Nous sommes les derniers chevaliers, mon vieux. Après nous, tu peux tirer l'échelle.
Pas la peine de te biler. Je te jure que je ne suis pas fou, et
qu'en allant demain au secours de cette dame, je ne fais que
mon devoir. M. Ludovic serait là qu'il me dirait : « T'as raison,
Prosper. La France et les dames avant tout ; mon service passe
après ! » Voilà ce qu'il dirait. Si tu m'en crois, nous ne partirons qu'après-demain avec la dame en question.

— Impossible, dit froidement Militch. Après-demain, il n'y
a pas de navire en partance. Il n'y en a pas avant cinq jours.

— Eh bien ! cinq jours et huit, ça fera le compte. Nous
sommes le 10. Si nous partons le 15, nous arriverons le 23.
Nous serons en avance de deux jours. Or, nous n'avons rendez-vous que le 25.

— Tu oublies les hasards de la route. Il se peut que nous
soyons retardés.

— Nous ferons chauffer un train spécial.

— Et puis, le maître termine sa dépêche en disant : « Partez
à l'instant. » J'obéirai. Je pars demain. Libre à toi de rester.

Prosper se gratta le front.

— Mais, Militch, une supposition que la dépêche soit arrivée
après-demain seulement. Ah !...

— Elle est arrivée aujourd'hui. Je partirai. Pour rejoindre
l'homme qui m'a sauvé, je n'hésite pas à abandonner momentanément la fille du vayvode, la noble Wanda. Le devoir est
une chose sacrée. Honte à toi qui fais passer ton plaisir avant
ton devoir.

— Mon plaisir ! s'écria Prosper furieux. Beau plaisir, ma foi, qui pour rendre service à une inconnue que j'ai à peine entrevue et qui une fois libre me tournera peut-être le dos, me fait risquer d'être zigouillé par des eunuques, fusillé à bout portant par un mari jaloux. Et qui sait si, après tout, cette femme n'est pas justement celle que nous cherchons, la fille du vayvode ?

Militch pâlit. Il regarda Prosper d'un air courroucé.

— Apprends à mieux connaître la noble Wanda, dit-il. Elle n'est pas fille à appeler à son aide le premier venu, un passant, un étranger. Elle souffrira dans le silence de sa prison et mourra plutôt que de se confier à un homme qu'elle ne connaît pas... Non... celle qui derrière ses volets réclama ton aide et te montra son visage, ne peut être qu'une femme de rien, en quête de scandaleuses amours.

— Oh ! c'est trop fort, s'écria Prosper ; je te défends...

Militch l'interrompit.

— Assez sur ce sujet, dit-il brutalement. Je pars demain. Que dirai-je au maître ?

— La vérité. Dis-lui pourquoi je ne suis pas parti avec toi, et que je ne tarderai pas à le rejoindre.

— Bien. Je vois qu'il est inutile de te faire renoncer à ton projet.

— Inutile.

— Adieu donc ! Que le ciel te protège.

— Merci. Mais je t'en supplie, Militch, ne me quitte pas ainsi. Tu verras que plus tard tu m'approuveras.

— Non.

— Est-il entêté, ce frère-là ! Enfin, comme tu dis, assez parlé sur la petite. Tu pars demain, dis-tu ? Et l'argent ?

Militch rougit.

— Je croyais que nous partions ensemble et que tu aurais payé, puisque le maître...

— Oui... mais comme tu ne veux pas m'attendre, on va partager les ors qui restent. Il n'en reste pas mal. Des ors et des billets. Je vais te chercher ça...

Prosper alla dans sa chambre, revint avec un portefeuille et une bourse en soie, rondelette à souhait.

— Dans la bourse, il y a des pièces d'or de tous les pays, dit-il ; tu te débrouilleras pour le change. Dans ce portefeuille, tu trouveras des billets de banque français, anglais et autrichiens... L'Allemagne n'est pas représentée... mais ça ne fait rien

— Je n'ai pas besoin de tout cela.

— Qu'est-ce que tu en sais ? Tu parlais de hasards de voyage, tout à l'heure. Prends, Militch, j'en ai pour le moins autant que tu en as... et plus qu'il ne m'en faut. Où se trouvera-t-on ?

— A Spandau, sans doute.

— Oui, mais à quel hôtel ? Ecoute, il doit y avoir une grande place à Spandau. Eh bien ! descend à l'hôtel de cette place dont le nom commencera par une lettre qui se rapprochera le plus de la lettre A...

— Je ne comprends pas.

— C'est bien simple. Je suppose qu'il y ait quatre hôtels : le Moderne, le Kaiser, le Bucéphale et la Traviata. Eh bien !

tu vas à l'hôtel du Bucéphale, puisque la lettre la plus proche de l'A, c'est le B. As-tu compris ?

— Oui.

— De la sorte, pas moyen de se manquer. Grande place à Spandau. Hôtel dont le nom commence par la lettre la plus voisine de la lettre A.

Militch sourit.

— C'est ingénieux, dit-il. Mais s'il y a plusieurs hôtels commençant par la lettre B ?

Prosper, qui était ravi de son invention, fit la grimace.

— Sapristi, dit-il, je n'y pensais pas. Eh bien ! parbleu, c'est simple. On ne tiendra aucun compte des hôtels qui commencent par la même lettre.

— Je crois que nous arriverons à nous rencontrer. Tu n'as rien à me dire ? Tu n'écris pas au maître ?

— A quoi bon ! Je te dis que j'arriverai en même temps que toi, peut-être avant. Tu ris ! Je parie cent sous.

— Je souhaite perdre. Laisse-moi reposer. Reçois mes adieux.

Les deux hommes s'embrassèrent.

Plus ému qu'il ne voulait le paraître, Prosper regagna sa chambre en fredonnant un refrain montmartrois. Mais la chanson s'éteignit sur ses lèvres dès qu'il fut seul.

— Evidemment, dit-il, je devrais partir avec Militch ! Mais quoi ! cette malheureuse qui m'a donné rendez-vous demain soir et qui compte sur moi... Pouvais-je l'abandonner ? Non. Soyons chevalier français. Il arrivera ce qu'il arrivera...

Pour que le lecteur comprenne l'obstination de Prosper Godilleau, il faut à présent que, revenant de quelques heures en arrière, nous le mettions au courant de l'étrange aventure survenue à notre ami, qui s'était soudain senti l'âme héroïque et généreuse d'un chevalier du moyen âge.

CHAPITRE XVIII

La jolie captive.

Voici ce qui s'était passé.

Prosper Godilleau, à son ordinaire, ainsi qu'il le faisait depuis le départ de Ludovic, s'était mis à flâner à travers les rues de Constantinople, dans le vague espoir de recueillir quelque indication sur Wanda, et aussi avec le dessein très arrêté de dénicher la nommée Mina Wolfang, la femme d'Hauser-Schwartz.

Ces deux recherches étaient particulièrement difficiles pour le Parisien, qui ne connaissait les deux femmes que de nom et allait à l'aveuglette.

Mais le Parisien était plein de confiance en son étoile. Il était persuadé qu'avec de la patience on arrive toujours à un résultat. Il avait beau être brutalement éconduit des maisons où il s'introduisait, plein d'aménité, pour s'informer, cela ne le rebutait pas. Sa mimique, quoique expressive, n'avait aucun succès auprès des Turcs, et ils repoussaient avec horreur cet infidèle qui les abordait avec un gracieux sourire.

Prosper se consolait parfois de ses nombreux échecs en prenant congé d'une façon étrange de ceux qui l'éconduisaient. Il se retirait le chapeau à la main, se confondant en salutations, le sourire aux lèvres, et déversant sur la tête du Turc ces étranges adieux :

— Au revoir, tête à poux ! Idiot qui ne comprend pas le français ! Triple brute ! Qu'est-ce qu'on t'a donc appris à l'école ! Crétin ! Figure de jeu de massacre ! Figure en biais ! Saucisse à pattes !... Oui... au revoir... C'est bon... soulot... Moule... désossé !...

Mais sourire en injuriant les gens, qui vous rendent probablement la pareille dans leur langue, est une distraction qui lasse à la longue. C'est ce que se disait ce soir-là Prosper, qui, maussade, errait dans un quartier inconnu, à l'autre extrémité de Constantinople.

La nuit était venue, et dans les rues désertes, mal éclairées, malodorantes, l'infortuné Parisien, fourbu, maugréait, prêt à chercher querelle au premier venu.

Comme il longeait une maison dont le derrière donnait sur la rue, et dont les deux côtés, flanqués de vastes jardins, l'isolaient des habitations voisines, il entendit un store s'entr'ouvrir, se soulever plutôt, juste au-dessus de sa tête, en même temps qu'une voix douce murmurait :

— Au nom du ciel, monsieur, venez à mon secours... Aidez-moi à sortir de cette prison.

Prosper, ahuri, blagua :

— Bon ! v'là que je comprends le turc à cette heure !

Il leva la tête, resta ébloui.

La jeune femme qui venait de parler, était d'une admirable beauté. Brune, avec des grands yeux pleins de mélancolie, les cheveux épars, elle regardait Prosper, implorant sa pitié.

Prosper fut touché autant par la beauté de la suppliante que par le morne désespoir qu'il lut dans ce charmant visage qu'éclairait un pâle rayon de la lune.

— M'avez-vous comprise, monsieur ? M'avez-vous entendue ? s'inquiéta la jeune femme.

— Parbleu ! s'écria Prosper. J'entends... Je comprends... belle dame. Et je suis tout à vos ordres. Prosper Godilleau a une âme de paladin. Il n'est rien qu'il ne fasse pour une jolie femme. Parlez, ordonnez ! Avec moi, il n'y a qu'à parler... Et on est servi à l'instant ! Boum ! voyez à l'as...

L'inconnue n'avait écouté que distraitement Prosper.

Inquiète, elle prêtait l'oreille aux bruits de la maison.

— On vient, dit-elle en baissant la voix, partez vite... Revenez demain dans la nuit. Merci...

Le store se baissa.

Confusément, Prosper entendit le bruit d'une discussion. Il lui sembla aussi entendre pleurer. Ceci l'indigna.

Il se tint à quatre pour ne pas s'élancer, se hisser jusqu'à la fenêtre, pénétrer dans la maison et assommer le misérable qui faisait couler les pleurs de cette belle enfant.

La prudence de Prosper, disons-le franchement, était surtout motivée par ce fait qu'il avait vu à la fenêtre d'épais barreaux de fer.

Par conséquent, son intervention en faveur de la prisonnière n'eût servi qu'à la faire sans doute maltraiter, et lui-même aurait dû se retirer, impuissant et penaud, avec la courte honte d'un homme qui fait d'inutiles menaces.

Mais dès cet instant, Prosper Godilleau se jura de sauver cette femme. Qui était-elle ? Qui la retenait prisonnière ? Cela lui importait peu.

Il se retira lentement, observant la maison et la fenêtre, pour ne pas se tromper la nuit prochaine.

— C'est égal, dit-il, en regagnant l'hôtellerie franque, c'est chevaleresque ce que je fais là, mais ça n'est pas sérieux. Me voilà encore embarqué dans une histoire de femme, moi qui avais promis... Ce que le patron se tordrait !

Il s'arrêta, s'indigna de cette supposition.

— Non, dit-il, il ne se tordrait pas, le patron. M'sieu Cocorico est un type à la hauteur. Il me dirait : « Prosper, mon ami, c'est très bien ce que tu fais là, d'aller au secours de cette malheureuse ; tu es un vrai chevalier français. Ta main, Prosper, je suis fier de toi ; tu es un brave cœur, un galant homme, un... un... enfin, quoi ! c'est bath ce que tu fais, et tu es épatant, comme ils disent à l'Académie. »

Ces éloges furent sensibles à Prosper, qui reprit sa course, arriva à l'hôtellerie de Marius Miradou, le visage épanoui.

Nous savons comment il fut reçu par Militch et son embarras de ne pouvoir rejoindre Ludovic en compagnie du Bulgare.

Mais Prosper se considérait comme engagé d'honneur envers l'inconnue. Rien au monde ne l'aurait fait renoncer à son projet de la délivrer.

La nuit, qui, dit-on, porte conseil, ne fit pas changer d'avis Prosper Godilleau. Au contraire, il se leva, plus résolu que jamais à enlever la jolie captive. Il avait fait des rêves d'or.

Son imagination surexcitée lui avait fait voir la belle brune enlevée par lui après un épouvantable combat où tous ses ennemis avaient mordu la poussière. Reconnaissante, la prisonnière, folle d'amour pour son libérateur, lui accordait sa main et en faisait le roi d'un magnifique pays, dont, comme par hasard, Ludovic Dortailles se trouvait être le premier ministre.

Il s'éveilla donc parfaitement heureux, accompagna Militch à l'embarcadère et le vit partir seul sans le moindre remords, mais non sans un léger serrement de cœur.

Prosper s'était en effet pris d'une vive sympathie pour le Bulgare, et Militch, de son côté, avait autant de reconnaissance que d'amitié pour celui qui avait aidé à le sauver.

Les deux hommes s'embrassèrent.

— A bientôt ! avait dit Militch.

— A très bientôt ! avait répondu Prosper.

Le Bulgare n'avait fait aucune allusion à la prisonnière, et Prosper, de son côté, n'avait éprouvé nul désir de reparler de ce sujet délicat.

En revenant à l'hôtellerie franque, il trouva Marius Miradou assis sans façon, à califourchon sur une chaise, devant sa porte, et, malgré le froid assez vif, en manches de chemise, fumant une longue pipe.

— Et alors ! demanda le Marseillais, que vous restez seul, pécaïre ! Mais c'est pas pour longtemps, hein ? Vous vous ennuieriez peut-être, vous qui n'êtes pas du pays, monsieur Prosper.

— Je garde la chambre de mon ami, dit le Parisien.

— Comme de bien entendu. Il ne sera pas longtemps *assent*, hé ?

— C'est ce qui vous trompe, mon brave Marius ; son absence se prolongera probablement plus longtemps que vous ne croyez. Ce n'est pas pour lui que je garde sa chambre.

— Ah ! ah !

— C'est pour une dame.

— Oh ! oh !

— Qui arrive cette nuit.

— Eh ! eh !

Marius Miradou ricana et cligna de l'œil d'un air qu'il voulait rendre malicieux.

— Vous n'y êtes pas du tout, dit gravement Prosper. Cette dame est une cousine à moi qui arrive cette nuit, et je vous prie, monsieur Miradou, d'avoir pour elle les plus grands égards.

— Suffit, répondit Miradou vexé, on connaît son monde ; je ne vous demande pas des renseignements sur la petite, ça ne me regarde pas. Vous pourriez me donner des détails sur elle que je ne voudrais pas les savoir. Voilà comme je suis, moi ! Célérité et discrétion, c'est ma devise.

— Et vous avez raison ! Faites-moi déjeuner. Rien de nouveau aujourd'hui ?

— Si... Les Turcs, ils ont reçu des coups de sabre sur la veste.

— Parfait !

— Eh non ! c'est pas si parfait que ça... Je suis un peu Turc, moi, depuis que je suis ici... Après Marseille, après la France... Constantinople est ma troisième patrie. Alors, vous comprenez, ça me « vesque » que mon troisième pays il se conduise aussi mal. Je ne tiens pas d'être défait...

— Ça fait l'éloge de votre patriotisme au troisième degré.

— C'est pas tant rapport au patriotisme que rapport au commerce, avoua naïvement Marius. Les étrangers ne viennent plus ici... Mon hôtel est comme un poulet qu'on va mettre à la broche...

— Hein ?

— Eh ! oui, il est vidé. A part vous et un vieux savant belge sourd qui ne parle que hollandais, à présent je n'ai plus personne.

— Possible, mon vieux, vous n'avez pas la quantité... mais la qualité ! Et ça vaut quelque chose !

— Té ! sursauta Marius, vous m'ouvrez les yeux. J'y pensais pas moi... La qualité, vous avez raison, elle doit remplacer la quantité.

Prosper allait entrer.

— De ce moment, monsieur Prosper, annonça gravement Marius, je suis dans la douloureuse nécessité de vous augmenter la chambre et le repas. Ce sera quatre fois plus cher.

— Quoi ?

— Rapport à la qualité, d'abord, et ensuite parce que je vais inaugurer un tarif de guerre. Té, je vais l'afficher tout de suite. Faire mettre sur les menus mes prix « exceptionnels ».

Content de lui, Marius Miradou se frotta les mains, abandonna Prosper, alla s'enfouir dans les profondeurs de son bureau, réformer ses prix.

— Voleur ! murmura le Parisien.

Nullement ému par cette augmentation insolite, il alla déjeuner de fort bon appétit.

La journée lui parut longue. Pour tromper le temps, il erra à travers les rues, stationna dans plusieurs cafés, alla serrer la main de Moutonnet, à qui il donna des nouvelles de Ludovic, lui adressant par surcroît de nombreuses amitiés de la part de son patron.

Tant bien que mal, le temps s'écoula. La nuit vint. Prosper dîna mal. Il était encore vaguement inquiet. Il ne pouvait tenir en place.

Il quitta enfin l'hôtellerie, se fit remettre une clé par Miradou, donna ordre de préparer la fameuse chambre, veiller à ce qu'elle fût ornée de fleurs, puis il courut au rendez-vous. Naturellement, il y était à l'avance.

Il se promena un long temps dans la rue déserte, sous la fenêtre de la prisonnière, marchant sans bruit, toussant discrètement pour annoncer sa présence.

Enfin le store se souleva.

La nuit était trop sombre pour que Prosper pût distinguer les traits de la personne qui scrutait de son regard les ténèbres.

Mais elle parla. Prosper Godilleau reconnut la voix de la prisonnière.

— Est-ce vous, mon libérateur ? demanda-t-elle doucement.

Le Parisien se précipita, se plaça sous la fenêtre, leva la tête afin de se faire reconnaître.

En entendant cette voix, le cœur de Prosper se mit à battre la chamade.

Il capitulait, ce cœur audacieux qui devait être insensible à toutes les séductions féminines.

Prosper Godilleau était-il donc réellement amoureux de cette belle captive qu'il n'avait fait qu'entrevoir deux fois ? Nous n'oserions l'affirmer.

Ce qui est certain, c'est qu'il était très ému, aussi ému qu'un petit collégien à son premier rendez-vous d'amour. Aussi resta-t-il un moment étourdi, ne trouvant rien à répondre à cette demande pourtant si simple.

— Est-ce vous, mon libérateur ?

Il cherchait une phrase galante, passionnée, chevaleresque.

La prisonnière, essayant de voir malgré les ténèbres, répéta plus bas sa question.

— Oui, dit tout haut Prosper, c'est moi.

Baissant la voix, il murmura :

— Faut-il être andouille, tout de même, pour ne pas trouver autre chose à dire !

Une clé tomba à ses pieds.

— C'est la clé de la petite porte qui donne dans le jardin. Prenez garde, il y a deux gardiens dans la salle qui donne accès sous les grenadiers et par laquelle il vous faut passer. Mes compagnes sont prévenues. Le maître est absent. Sifflez doucement. Elles vous glisseront une corde. Ne faites pas de bruit.

— Bon, dit Prosper, ne vous inquiétez pas de la casse, je suis là.

Le store était baissé.

Prosper ne s'attarda pas à attendre de nouveaux conseils.

Longeant le mur, il se dirigea vers la petite porte, introduisit doucement la clé dans la serrure.

Avant d'entrer, il s'assura que son revolver était dans sa poche droite, son couteau catalan, à cran d'arrêt, ouvert, placé sous son gilet.

— Il y a du bon, grommela-t-il. On est prêt si les eunuques font de la rouspétance. Après tout, c'est comme si c'était des morts ces types-là ; en les supprimant, je ne prive pas la société de grand'chose d'utile. Quoique ça, s'il y a moyen d'opérer sans endommager ces messieurs, moi je ne demande pas mieux.

Il était dans le jardin. Il laissa entr'ouverte la porte par mesure de précaution.

A travers les plantes exotiques et un amas d'énormes rosiers, il vit une lueur briller derrière une porte vitrée.

— Ils ont allumé une veilleuse dans le vestibule, se dit l'incorrigible Parisien. C'est une attention délicate. Des fois que j'aurais envie de prendre le grand escalier ! Faut-il que ces lascars soient gourdes tout de même de croire que je vais aller me jeter dans leurs bras pour qu'ils fassent du raffut. Je préfère passer par l'entrée des « artisses », c'est plus distingué.

Il se glissa derrière les arbres, s'approcha sans bruit de la maison.

Il n'eut pas à donner le signal. Une cordelette fine, souple, venait de glisser le long du mur, par une fenêtre dépourvue de barreaux.

Prosper leva la tête. Il aperçut deux têtes, qui, se voyant remarquées, disparurent avec un léger rire.

— Tiens, tiens... la châtelaine a des complices, se dit Prosper, ça va aller tout seul, alors. Je vais avoir l'air d'un enfonceur de portes ouvertes.

Il s'était saisi de la corde.

— Elles appellent ça une corde, ces dames, murmura-t-il, oh ! mince... C'te ficelle... je vais me scier les doigts. Heureusement qu'on n'a pas été pour rien moniteur de gymnastique à Vincennes et qu'on sait l'art de se servir d'une corde lisse.

Tout en monologuant, lentement, sans effort apparent, Prosper se hissait à la force du poignet.

En quelques secondes, il atteignit le rebord de la fenêtre, s'accrocha, et par un élégant rétablissement, introduisit la moitié de son corps.

Il se sentit aussitôt saisi par cinq ou six bras blancs et attiré dans la pièce obscure. Une main prit la sienne, l'entraîna dans la chambre voisine, qu'éclairait une petite veilleuse.

Prosper, grisé par le contact de ces bras féminins, les parfums orientaux dont la pièce était remplie, balbutia :

— C'est bath... c'est rien bath !...

Il salua la prisonnière qui venait de le conduire.

— Madame, commença-t-il respectueusement.

Il s'interrompit.

— Oh ! fit-il, vous avez trois complices...

Il regardait curieusement trois femmes vêtues à la turque, dont un voile épais couvrait le visage, ne laissant voir que de grands yeux noirs brillants, qui se fixaient avec curiosité sur l'étranger.

Blagueur, il murmura :

— Dommage qu'on ne puisse pas savoir si ces odalisques sont jolies.

Mais il n'eut pas le courage de continuer. La prisonnière le regardait d'un air doux et triste. Ses vêtements, un peu étranges, n'étaient pas faits de couleurs voyantes comme ceux de ses compagnes. Son visage était découvert. Un épais collier d'or où pendaient des médailles entourait son cou.

— Vous êtes Français, monsieur, dit-elle doucement, votre générosité le prouve plus que votre langage. Sans me connaître, au péril de votre vie, vous êtes venu à mon secours...

Prosper, embarrassé, caressa sa moustache.

— Parlons pas de ça, dit-il. Tirons-nous des pieds... on jaspinera après... Par où qu'on passe ? Voulez-vous que je vous descende par la fenêtre ? Vous occupez pas des concierges. S'ils quittent leur loge, je me charge d'eux.

Les trois Turques se jetèrent devant lui, tombèrent à genoux, couvrirent ses mains de baisers, murmurant d'ardentes supplications.

— Ah çà ! fit Prosper amusé, qu'est-ce qui leur prend ? Est-ce qu'elles s'imaginent que je suis un pacha ? Voyons, mes belles chattes... laissez-moi passer.

Mais les trois Turques redoublèrent de prières, de gestes implorateurs.

— Qu'est-ce qu'elles veulent ?

— Que vous les sauviez aussi.

— Hein ?

— Excusez-moi, dit la prisonnière, ce sont mes compagnes de captivité. Elles ont été bonnes pour moi. Elles sont malheureuses. J'ai dû les mettre au courant de mon évasion, qu'elles ont favorisée. Sauf les gardiens, tout le monde dort ici. Un narcotique a eu raison de tous les serviteurs. Elles ont fait tout pour que je sois libre et pour l'être aussi. J'ai promis que vous ne les abandonneriez pas.

— Oh ! s'écria Prosper abasourdi. Si je m'attendais à celle-là, par exemple !

Rougissante, la prisonnière avait pris la main de Prosper.

— Si vous ne pouvez nous sauver toutes, dit-elle d'une voix émue, allez-vous-en. Je n'oublierai jamais que vous avez eu pitié d'une infortunée. Pour moi, je ne m'en irai pas d'ici sans Aïscha, Nanaï et Haydée.

— Quoi... quoi... vous laisser ici ! dit Prosper hors de lui, y pensez-vous ? Non... non... je veux vous emmener à l'instant, vous et vos amies. Il ferait beau voir qu'un Français...

— Vous êtes bon... dit simplement la captive.

Elle baisa la main de Prosper, confus. Puis elle adressa quelques mots à ses compagnes, qui aussitôt, folles de joie, arrachant leurs voiles, montrèrent aux yeux du Parisien trois jolis visages souriants.

— Un concours de beautés ! Mesdames... Mesdemoiselles... odalisques... sultanes... croyez que... certainement... cependant... en somme...

Il bafouillait, éperdu, émerveillé, saluant à droite, à gauche, le sourire aux lèvres, très troublé.

— Il faudrait partir tout de suite, conseilla la prisonnière. Le narcotique peut n'être pas assez puissant. Si les serviteurs se réveillent !...

— Ah ! fit Prosper se redressant et prenant l'attitude du Cid provoquant Navarrais, Maures et Castillans, qu'ils se réveillent et qu'ils viennent tous. En cinq secs, je leur fais leur affaire. Ils verront ce que c'est qu'un Parisien de Montmartre. Et pour commencer, on va défiler par la grande porte. C'est moi qui ouvre la marche. Votre bras, belle dame, et n'ayez pas peur, Prosper Godilleau veille sur vous.

Il offrit son bras à la prisonnière, qui, machinalement, le prit.

Il se tourna vers les trois Turques :

— Vous, les dames de mon harem (il disait mon n'harem), fermez la marche !

— Mais, mes compagnes et moi nous avons des paquets à emporter, nos bijoux...

— Les bijoux... ça colle. Mais les frusques, c'est inutile. Vous pensez bien que la première chose à faire, c'est de quitter vos costumes de Mardi-Gras ; sans ça, on vous repince pas plus tard que demain. Non, non, des jupes bien collantes, bien françaises... des jaquettes... des voilettes... un complet tailleur, quoi... à soixante-neuf francs cinquante, c'est ce qu'il vous faut.

— Vous avez raison.

Elle se mit à parler rapidement aux Turques, qui discutèrent un instant, puis convaincues disparurent.

— Elles vont chercher leurs bijoux !

— Et vous ?

— Je n'ai que ceux que je porte, soupira-t-elle. Les soldats turcs m'ont tout pris. Mes vêtements d'esclave, je les abandonne.

— Vous avez raison. Ne vous désolez pas, ma petite, c'est-à-dire mademoiselle... Comment diable vous appelez-vous ?

Au moment où elle allait répondre, une large tenture masquant une porte se souleva brusquement. Elle jeta un cri de frayeur.

Deux Turcs énormes, au visage gras, luisant, aux petits yeux méchants, venaient de paraître.

— Les gardiens ! gémit-elle. Nous sommes perdus...

Prosper éclata de rire :

— C'est ça, les concierges de l'immeuble ?

Les deux Turcs, attirés par les allées et venues des femmes, le bruit insolite, étaient venus silencieusement, guidés par le son des voix.

L'un tenait un énorme gourdin. Dans la main de l'autre, luisait un poignard recourbé. C'est ce dernier qui prit la parole.

— Quoi ?... goguenarda Prosper. Qu'est-ce que tu dégoises, propre à rien ? Et qu'est-ce que tu fiches avec ton canif ? Tu veux faire ton petit Jack l'éventreur ?... Rentre ça... Joseph. Je n'en use pas.

Le Turc, furieux, s'avança.

Prosper, narquois, recula.

— Allez chercher le n'harem, dit-il à la jeune femme. Le spectacle va commencer. Qu'elles se dépêchent, si elles veulent arriver avant la chute du rideau.

La prisonnière, effarée, disparut par une petite porte latérale, appelant ses compagnes.

Les deux Turcs à présent marchaient sur lui, l'un le poignard levé, l'autre brandissant son gourdin.

Prosper les laissa s'approcher ; puis, au moment où tous deux allaient le frapper, il tomba à plat ventre, passa sa tête entre les jambes du Turc au gourdin, se leva brusquement.

Le Turc roula sur le sol, entraînant son camarade, auquel il s'était accroché, et qui, perdant maladroitement l'équilibre, tomba sur lui, lui plantant sans le vouloir son poignard entre les deux épaules.

En se relevant, Prosper s'était saisi du gourdin abandonné par son ennemi.

— Le bâton, cria-t-il, pour la cinquième leçon... commencez.

Le gourdin tomba sur le crâne du blessé, qui s'évanouit.

L'autre Turc, désarmé, voulut s'enfuir.

Prosper lui jeta son bâton entre les jambes, le fit trébucher, profita de son désarroi pour lui envoyer sur l'œil un si magistral coup de poing que l'eunuque roula de nouveau sur le sol en jetant de petits cris.

— En v'là un cochon d'Inde, s'écria Prosper indigné. Il en fait du boucan pour une petite chiquenaude. Il va réveiller les locataires. Te tairas-tu ? hé, veau !...

Mais le Turc, qui ne comprenait pas évidemment le français, redoublait ses cris. Il s'était mis à quatre pattes, se glissant en hurlant vers la porte.

Prosper, exaspéré, lui envoya un coup de pied furieux dans le visage, étendit le Turc définitivement à terre, la mâchoire fracassée.

— T'as fini... gueule en biais ?

Il n'avait garde de répondre. Lui aussi était évanoui.

A ce moment, la petite portière fut arrachée. Les quatre femmes parurent, un peu pâles, les yeux brillants.

Deux des Turques sautèrent au cou de Prosper, qui se dégagea mécontent.

— Alors, quoi... c'est le genre de Paris... Vous arrivez à la fin de la pièce ?

— Nous avons vu votre courage, dit la jeune femme, nous n'osions entrer, de peur de vous troubler... de distraire votre attention.

— Alors, c'est bien, dit Prosper. A présent, filons. Il est temps. Bien, qu'est-ce qu'elle a, la petite qui a un grain de beauté au coin de la bouche. Elle se déchausse...

La Turque dont parlait Prosper — Nanaï — venait de retirer une de ses babouches. Froidement, elle se pencha sur les deux eunuques, et, l'un après l'autre, les souffleta de sa petite chaussure.

Puis, satisfaite, elle éclata de rire. Prosper l'imita.

— Charmante nature, fit-il, elle me rappelle...

Il se mordit les lèvres.

— Bon, grogna-t-il, v'là le souvenir de Montmartre, à c'te heure. Oh ! les femmes ! Et moi qui ai quitté Paris pour ne plus avoir rien de commun avec cette engeance... M'en voilà quatre sur les bras. Ah ! j'suis frais !

Tristement, il prit la prisonnière, l'entraîna, maussade, sans s'occuper des trois Turques, qui, gaîment, se lancèrent sur ses traces, balançant les petits paquets dont elles s'étaient chargées, et qui n'étaient autres que leurs bijoux, leur argent, leur crayon pour les yeux, la crème veloutée pour le visage et la pommade pour les lèvres.

La coquetterie féminine ne perd jamais ses droits. Le malheureux Prosper devait l'apprendre à ses dépens.

Ses tribulations ne faisaient que commencer.

XIX

Le harem francisé.

Le retour à l'hôtellerie franque s'effectua sans incident remarquable.

Il était trop tard, les rues étaient désertes. Les rares passants que l'on rencontrait pressaient le pas, inquiets, peu soucieux de savoir pour quel motif cet étranger se promenait, à une heure tardive, en compagnie de quatre Turques.

Un seul homme eut l'imprudence de demander des explications à Prosper à l'entrée du quartier de Top-Hani. La réponse ne se fit pas attendre. Une volée de coups de poing savamment et vigoureusement appliqués mit en fuite l'indiscret.

Il prit ses jambes à son cou, et, le visage en sang, disparut en proférant de terribles menaces, qui laissèrent insensible le brave Prosper.

On arriva enfin à l'hôtellerie.

Prosper, ayant la clé, introduisit son n'harem en recommandant le plus grand silence. Mais il était inutile de prendre des précautions, le domestique qui veillait à l'entrée dormait d'un si profond sommeil qu'il n'entendit rien.

On aurait pu dévaliser la maison et même enlever ce fidèle serviteur qu'il ne se serait pas réveillé pour si peu.

Prosper prit des bougies, les alluma, en confia une à chacune des femmes, et précédant les Turques, monta au premier étage.

Il introduisit sa petite troupe dans la chambre de Militch, puis, s'adressant à la jeune femme, lui tint ce petit discours :

— Belle dame, vos amies et vous êtes libres. Mais ça ne suffit pas ; la liberté est un bien que l'on n'apprécie que lorsqu'on vous le reprend. Il est inutile de faire cette expérience, il importe donc qu'on ne vous retrouve pas. Voici ce que je vous propose : les chambres vides ne manquent pas dans cet hôtel. Vous allez occuper chacune une chambre. Une femme isolée ne se remarque pas trop. Quatre femmes ensemble attirent davantage l'attention. Vous allez dire ceci à vos amies. Elles vont habiter chacune sa chambre respective, et dès demain je les ferai inscrire sous un nom quelconque avec des dates d'arrivée différentes sur le registre de l'hôtel. Vous aurez l'air de ne pas vous connaître. Vous ne sortirez de vos chambres que lorsque vous aurez les complets à trente-neuf francs que j'irai acheter demain matin. Vous me donnerez vos défroques, et je les ferai disparaître. Cette petite formalité terminée, nous nous occuperons des moyens de faire partir sans encombre le n'harem de Constantinople. Vous irez où vous voudrez, naturellement... quoique... enfin... ça suffit. Ne vous attristez pas, on ne se sépare pas encore nous deux. Répétez à ces dames ce que je viens de dire... Et expliquez-leur aussi que dans leur intérêt elles doivent m'obéir aveuglément.

Docile, la jeune femme transmit à ses compagnes les paroles de Prosper. Avec volubilité, parlant toutes à la fois, elles répondirent.

— Eh bien ! demanda Prosper, qu'est-ce qu'elles disent ?

— Elles acceptent et vous remercient de tout cœur. Elles appellent sur vous les bénédictions d'Allah.

— C'est gentil de prier ainsi Allah de s'intéresser à moi. C'est leur droit. Et je ne leur en veux pas. Mais, voyons, procédons par ordre : la plus grande... comment s'appelle-t-elle ?

— Aïscha.

— Va pour Aïscha. Demain, elle sera Mme Turquet. Viens, Aïscha...

La Turque appelée sourit, embrassa ses compagnes, le suivit.

Prosper la conduisit dans une chambre dont la porte ouverte était placée au fond du couloir.

— Voici le plumard, Aïscha, dit-il. A demain.

Il fit entrer la Turque dans la chambre.

Aïscha regarda avec étonnement, fit la moue, éclata de rire, jeta ses bras autour du cou de Prosper, l'embrassa.

— Eh ! là ! Eh ! là ! fit le Parisien, ravi mais un peu déconcerté, soyons sages...

Il sortit, regarda le numéro.

— Aïscha au numéro 11.

Il ferma la porte.

— Bon, le 9 et le 10 sont libres... Parfait.

Il alla quérir une autre Turque. C'était Nanaï.

Nanaï se laissa conduire, prit la main de Prosper, la plaça sur sa tête et fléchit le genou devant lui. Puis, baissant les yeux, elle attendit.

Prosper murmura : « Qu'est-ce qu'elle veut ?... Est-ce que... Oh ! oh !... soyons sérieux... »

Il sortit précipitamment.

La dernière était Haydée. C'était celle qui avait souffleté les deux eunuques de sa babouche et qui avait au coin des lèvres un petit grain de beauté qui lui donnait une physionomie tout à fait piquante.

Prosper la conduisit au numéro 9.

— Bonsoir, femmes excessives... dit-il, faites dodo...

— Dodo, répéta Haydée, étonnée...

— Oui, dit Prosper, le dodo, c'est ça, c'est le pieu... quoi !...

Il montrait le lit.

Haydée, souriante, répéta :

— Dodo... pieu...

Elle se montra, montra Prosper, joignit ses deux mains contre sa joue, pencha sa tête...

L'inflammable Prosper n'y put tenir.

— Est-elle gentille, cette gosse-là !

Il la prit dans ses bras, l'embrassa sur les deux joues.

Haydée posa son front sur l'épaule de Prosper. Brusquement, la raison lui revint. Il repoussa Haydée interdite, s'enfuit de la chambre, ferma la porte à clé.

— Brr, souffla-t-il une fois dehors, qu'est-ce qui m'a pris ! Oh ! les femmes... les femmes... quelle sale engeance ! Sacré petit grain de beauté ! C'est qu'elle est gentille tout plein ! Allons... allons... Prosper Godilleau, mon ami, de la tenue, de la tenue. N'abusez pas de la situation. Vous... un chevalier français ! Oh ! fi... fi...

Il entra dans la chambre de Militch. La jeune femme, les traits bouleversés, l'attendait. Elle l'entraîna vers une commode, lui montra du doigt une grosse bague d'argent...

— Tiens, fit Prosper Militch a oublié sa bague.

— Militch... Militch... demanda vivement la captive. Qui est Militch ?...

— Un brave garçon, un Bulgare que mon patron et moi nous avons caché. Il était prisonnier, il avait juré de retrouver sa jeune maîtresse, Wanda... la fille du vayvode...

— Mais c'est moi ! s'écria la jeune femme.

— Hein ?...

— Je suis Wanda, celle que cherche mon brave Militch.

Prosper, abasourdi, murmura :

— Comme on se retrouve... Ah ! c'est mademoiselle Wanda !

Il bondit.

— Tonnerre ! Et Militch qui est parti ce matin !

— Militch m'abandonne !

— Non... non... mademoiselle, dit Prosper plus respectueux, votre dévoué Militch ne vous a pas abandonnée. Une mission importante. Un devoir impérieux l'appelait au secours de l'homme auquel il doit la vie et la liberté.

— Que vais-je devenir ? gémit Wanda.

— Eh bien ! et moi ? moi qui suis l'ami de Militch... moi qu'il avait chargé de vous chercher en son absence... croyez-vous que je vais vous abandonner ? D'ailleurs, nous allons partir de Constantinople, aller rejoindre Militch. Je sais où il est... il nous attend...

Wanda tendit la main à Prosper :

— Merci, dit-elle simplement, jamais je n'oublierai ce que je vous dois.

Prosper serra la main de Wanda.

— Elle est plus civilisée que ses compagnes, pensa-t-il. Elle me serre la main. Elle ne me saute pas au cou.

Il soupira.

— Mademoiselle, dit-il, ne parlons pas de ça, et excusez-moi si mon langage a pu vous paraître parfois un peu familier. Voyez-vous, je suis un bon garçon... mais... mais l'éducation, ce n'est pas mon fait. Mes parents m'ont tout juste fait un peu instruire...

— Monsieur, dit Wanda, c'est-à-dire mon ami, mon bienfaiteur, peu m'importent vos manières, je ne connais que votre cœur, votre dévouement pour moi. Jamais... jamais je n'oublierai que sans la connaître vous avez volé au secours de cette inconnue qui vous implorait, bravant pour elle tous les dangers...

Prosper soupira plus fort. Son beau rêve avait les ailes cassées. Cette femme serait toujours son amie, mais rien de plus. Cette fille de naissance noble, la descendante d'une lignée de grands seigneurs bulgares, ne pouvait évidemment aimer l'ancien typographe. Prosper le comprit tout de suite. Courageusement, il étouffa le sentiment qui avait pris naissance dans son cœur.

— Mademoiselle, dit-il gravement, nous reprendrons plus

tard cette conversation. Pour l'instant, vous avez besoin de repos et moi aussi. A demain !

— A demain, mon ami, dit Wanda.

Derechef, elle tendit la main à Prosper, qui, s'inclinant, baisa galamment le bout des doigts de la fille du vayvode.

Et tristement il alla se coucher. Il se réveilla de fort bonne humeur.

— Parbleu, se dit-il en s'habillant, j'étais un sot de songer à Mlle Wanda, qui n'est pas faite pour moi, que j'aurais été contraint de respecter et d'épouser peut-être, si elle avait bien voulu toutefois, et à qui je n'aurais pu rester fidèle — ce qui eût été un crime. Mais soyez donc fidèle à une femme lorsque trois autres vous tendent les bras... et lorsque ces trois autres sont jolies à damner un saint ! Il n'y a pas dire, elles sont jolies... Ah çà ! Misérable Prosper, aurais-tu la pensée indigne d'abuser de ces trois jeunesses ?... Trois pauvres odalisques qui ont confiance en ta vertu... Ça serait du propre !

Il s'apaisa.

— Ce serait de la folie ! Et puis, elles sont trois ! Trois femmes pour un homme ! En France, un monsieur a trop de sa femme et de sa maîtresse... Ça ne fait que deux femmes. Ainsi, moi... je...

Il s'interrompit :

— Zut... zut... et zut... Pensons pas à ça. Songeons à ce que je vais dire du n'harem. D'abord, je vas le franciser. Comme ça, les Turcs me ficheront la paix. Et avant tout, prévenons Miradou pour que ses serviteurs n'aillent troubler ces pauvres femmes.

Miradou, dans le bureau de l'hôtel, était plongé dans la lecture des journaux turcs. Il accueillit Prosper avec un sourire malicieux.

— Et alors, cette petite ?

— Cette petite, fit froidement Prosper, elle est quatre.

— Quoi ?

— J'ai amené quatre femmes cette nuit ici.

— Quatre... pour vous tout seul ?

Marius Miradou n'était pas choqué. Il s'émerveillait.

— Quelle galéjade, fit-il, incrédule. Té ! qu'est-ce que vous auriez fait de quatre femelles ?

— Je n'en ai rien fait, mon bon Marius. Je leur ai donné à chacune une chambre. Ce qui fait quatre chambres que je prends à mon compte. Je vous prie d'inscrire le nom de mes cousines sur votre livre. Mais inscrivez-les à des dates différentes. Quand nous serons plus intimes, je vous dirai pourquoi...

— Alors, c'est pas des blagues ?

— C'est pas des blagues. Ecrivez. Voici le livre, voici la plume.

Marius Miradou obéit, n'en croyant pas ses oreilles.

Prosper dicta :

— Dans la chambre occupée par mon ami, se trouve depuis hier Mlle Dubreuil, orpheline, vingt-deux ans, toutes ses dents. Arrivée de Trieste. Se rend en France.

» Après, au 11, Mme Turquey, Anglaise... Vous y êtes ?... Arrivée il y a trois jours.

» Au 10, comtesse Mamiroff, Russe... Il y a six jours.

» Au 9, Mme Grindebotté, de la maison Durand, de Paris. Depuis dix jours votre cliente. Voilà.

Marius avait écrit sous la dictée du Parisien, sans hasarder une observation. Lorsqu'il eut fini, il posa sa plume, se gratta le front.

— Et alors, dit-il, ces dames... c'est des vraies dames !

— Je vous crois !

— Hum ! Et elles ont de l'argent !

— Ne vous occupez de rien, Marius, c'est moi qui paie.

Miradou s'inclina. L'argument était sans réplique.

— Et à présent, Marius, il faut me dire où je peux trouver tout faits des vêtements français ou anglais... des complets tailleurs. Ça existe-t-il, à Constantinople ?

— Té ! pardi ! Il n'y a qu'à aller chez Gornby and C°, une maison anglaise de premier ordre. Tous ses draps sont d'Elbeuf et les soieries de Lyon. C'est cher, naturellement, mais c'est beau.

— Faites-moi conduire au Gornby, et donnez l'ordre qu'on n'aille pas chez mes cousines avant mon retour.

— Oui, dit Miradou, mais vous me raconterez cette aventure. Moi, je flaire une chose extraordinaire. Té, osez dire que non, monsieur Prosper !...

— Vous saurez tout, Marius, affirma Prosper, parce que si je vous cachais la vérité, vous feriez des gaffes ! Vous en ferez tout de même ; mais au moins, comme je vous aurais mis au courant, je saurai à qui m'en prendre. Et vous pouvez imaginer ce qu'il vous en coûtera !

Cette menace troubla légèrement Marius.

Prosper ne lui laissa pas le temps de demander des explications. Il prit par le bras un petit Turc, sorte de chasseur de l'hôtellerie, qui bâillait dans le vestibule, et se fit incontinent conduire chez Gornby and C°.

Une heure après, on apportait à l'hôtellerie quatre malles en osier remplies de linge et de vêtements. Chaque malle portait le nom de sa propriétaire.

Prosper était avec Miradou, à qui il avait raconté les événements de la nuit.

Le brave Marseillais était enthousiasmé. Il ne réfléchissait pas au danger qu'il y avait pour lui à héberger quatre femmes turques enlevées à leur maître et seigneur, il ne voyait que le résultat : quatre femmes arrachées à leur prison et deux eunuques assommés.

— Monsieur Prosper, dit-il, permettez-moi de vous serrer la main. Il me semble que je serre celle de Bayard ou de Du Guesclin ! Or, je vais vous faire une réduction sur les chambres...

— Et vous augmenterez le prix des repas...

— Comme de juste, avoua naïvement Marius. Faut bien que je retrouve mon compte.

— Faites porter les malles devant les portes. C'est moi qui vais les remettre à leurs propriétaires.

Marius donna des ordres.

Le serviteur ayant déposé les malles dans le couloir, Prosper heurta d'abord à la porte de Wanda, lui souhaita le bonjour, lui remit sa malle.

— Vite, habillez-vous, vous irez ensuite aider vos compagnes

et vous leur ferez faire un paquet de leurs vêtements qui
doivent disparaître.

Sans attendre la réponse, il courut livrer la malle au 11,
au 10.

Aïscha et Nanaï, vêtues, attendaient avec impatience les vêtements. Elles ne s'occupèrent pas de Prosper, se précipitant
tout de suite sur les malles, curieuses de voir ce qu'on leur
apportait.

— En voilà des mousmées, dit Prosper vexé. Je serais un
commissionnaire qu'elles auraient fait plus attention à moi.

Mécontent, il ouvrit sans façon la porte de la chambre
d'Haydée, passa le panier d'osier...

— Où est-elle donc, la môme grain de beauté ?

Un éclat de rire lui répondit. Haydée était couchée, enfouie
sous les draps. Elle découvrit son visage, zézaya :

— Dodo... Pieu... Dodo...

Et, gamine, elle tendit ses bras vers Prosper... Prosper n'était
qu'un homme !...

CHAPITRE XX

Le père et le fils.

Ce n'était pas dans son château de Spandau que se trouvait
le vieux prince de Schwartz.

A peine Keller parti, le moribond s'était fait transporter dans
l'antique manoir de Schwartz, berceau de la famille, nid
d'aigle placé sur une montagne escarpée, à une lieue environ
de la ville de Schwartzburg, à laquelle cet ancien repaire des
burgraves révoltés avait donné son nom.

Wilhelm Schwartz et Keller avaient fait diligence. Ils arrivèrent à la nuit tombée au château de Spandau, apprirent le
départ du prince.

Sans perdre une minute, les deux hommes, qui voyageaient
depuis près de huit jours, montèrent à cheval, et, bride abattue, se dirigèrent vers le château de Schwartz, Wilhelm ne
voulant pas attendre le départ du premier train, qui n'avait
lieu que le lendemain matin.

Mais il y a loin de Spandau à Schwartzburg. Les chevaux
fourbus, il fallut bien se résigner, quelle que fût l'impatience
de Wilhelm, à prendre les voies ordinaires. Keller, d'ailleurs,
moulu, luxé, était incapable de continuer la route à cheval.

Wilhelm, exaspéré, maugréait :

— J'arriverai trop tard, Keller, et ce sera votre faute. Pourquoi m'avoir fait aller à Spandau ?

— Le prince s'y trouvait lorsque je suis parti... j'ignorais...

— Vous n'auriez pas dû ignorer, dit Wilhelm brutalement.
A l'avenir, retenez ceci, Keller : je veux que mes serviteurs
devinent mes pensées, préviennent mes désirs, et qu'ils aient
l'initiative suffisante pour prévoir mes ordres et les exécuter
avant que je les exprime.

Keller, terrifié, ne sut que répondre. Mais le malheureux
intendant pensait à part lui que sous ce nouveau maître la vie
allait devenir difficile, pour ne pas dire impossible, pour ceux
qui seraient à son service.

On arriva enfin au château de Schwartz. Une voiture avait été demandée télégraphiquement par Keller.

La voiture n'était pas à la gare. On dut donc louer deux chevaux et se rendre ainsi au château paternel.

Wilhelm Schwartz, contrairement à ce que craignait Keller, ne fit aucune observation, accepta ce contretemps de l'air le plus indifférent du monde.

Bien plus, au lieu de presser son cheval, il lui fit prendre un petit trot de chasse, semblant à présent peu pressé de revoir ce père qu'il avait la veille si grande hâte d'embrasser. Il regardait curieusement la campagne autour de lui, posait mille questions à Keller, surpris.

— Mon bon Keller, dit-il enfin, ne soyez pas surpris de mes demandes. Il y a longtemps, fort longtemps, que j'ai quitté le château de Schwartz. J'étais tout jeune lorsque j'y vins avec mon père pour la dernière fois. Vous savez que j'ai vécu surtout à Berlin, à Spandau, à l'étranger. Puis, j'ai eu, il y a quelques années, peu de temps après ma dernière entrevue avec mon père, une grave maladie. J'ai failli mourir. De cette grave maladie, il m'est resté quelques troubles qui m'ont fait oublier certaines choses. J'ai subi, comment dirai-je ? une légère perte de la mémoire, une diminution de cette faculté en ce qui concerne des faits et des choses que je connaissais fort bien avant ma maladie. Depuis, je me souviens de tout, mais c'est ce qui existait avant qui parfois m'échappe... Vous me comprenez ?

— Oh ! très bien ! Excellence.

— Bien. Alors, ne trouvez plus étrange les questions que je vous adresse.

— Mais pourtant, Monseigneur, vous m'avez reconnu à Constantinople ?

— Sans doute. J'ai oublié certaines choses, mais je n'ai pas tout oublié.

Keller, satisfait, et flatté que lui du moins fût resté dans la mémoire du fils de son maître, s'inclina profondément.

— Keller, dit tristement Wilhelm, je ne m'approche qu'avec crainte du château de Schwartz. A présent, je vois mieux mes torts... Je trouve juste la sévérité de mon père. Ah ! pourquoi faut-il que je l'aie quitté !... Si j'allais ne pas le trouver vivant... ce serait horrible !...

Wilhelm paraissait ému.

Le digne Keller, en bon courtisan, crut devoir montrer qu'il prenait part à cette émotion. Il retira ses lunettes et se frotta les yeux jusqu'à ce que la douleur en eût fait couler quelques larmes ; puis, d'une voix brisée, il murmura :

— Le noble prince de Schwartz ne saurait mourir avant d'avoir embrassé son digne héritier.

— Je voudrais l'entendre me pardonner mes fautes passées, dit Whilelm d'une voix sourde, ne pas avoir ce remords d'avoir offensé mon père et de vivre sans avoir obtenu son pardon.

— Le prince, Monseigneur, vous a pardonné. Il vous aime. Il vous attend les bras ouverts... Votre présence le guérira peut-être. Qui sait ?

Wilhelm haussa les épaules.

— Keller, fit-il rudement, vous ne savez pas ce que vous

dites. Si mon père était mourant à votre départ, il est peut-être mort à présent, ou il ne tardera pas... Ma présence ne changera rien.

Offusqué, l'intendant se tut. C'était un étrange maître que ce Wilhelm. On ne savait comment le prendre.

Mais déjà dans le lointain se profilait sur le ciel gris la silhouette noirâtre des tours massives du château. On arrivait au pied de la montagne.

Wilhelm poussa son cheval, prit le chemin qui serpentait à travers les pins centenaires, collés au flanc du mont hérissé de roches aiguës.

Le pont-levis était baissé. Wilhelm, un peu pâle, entra dans la cour d'honneur. Des valets accoururent.

— Mon père ? demanda Wilhelm.

Un vieux serviteur, le chapeau à la main, se courba jusqu'à terre.

— Hélas ! dit-il, le noble prince est mort il y a deux heures.

Wilhelm pâlit davantage.

— Conduisez-moi auprès de lui, dit-il simplement.

Deux valets se précipitèrent. Wilhelm les suivit.

Dans une grande salle gothique, sur un lit de parade, reposait la dépouille mortelle du prince de Schwartz. Des cierges brûlaient. Deux pasteurs, d'une voix monotone, lisaient des prières. Agenouillés, des serviteurs murmuraient les répons.

A l'entrée de Wilhelm, tout le monde se tut.

Le nouveau prince de Schwartz, tête nue, s'approcha du cadavre, le considéra longuement.

— Mon père ! fit-il.

D'une voix impérieuse, il ordonna :

— Qu'on me laisse seul avec lui.

On obéit.

Pendant plusieurs heures, le prince resta seul avec ce cadavre. Pria-t-il pour le repos de l'âme du défunt, implora-t-il le pardon paternel ? Nul ne sut ce qui se passa.

Le prince sortit enfin de cette lugubre salle. Il était livide.

Muets, silencieux, tous les serviteurs attendaient, groupés autour des pasteurs.

— Keller, dit le prince d'une voix grave, conduisez-moi à ma chambre. Je n'en sortirai que pour les obsèques.

Il suivit Keller, prit possession de son appartement.

— Que l'on mette le corps en bière à l'instant, dit-il, dès qu'il fut seul avec l'intendant. Que l'on prépare le caveau de famille et que l'on convoque les personnes nobles des environs. Je veux que l'enterrement ait lieu dans les quarante-huit heures au plus tard. Vous préviendrez officiellement Sa Majesté l'empereur. Je désire ne m'occuper de rien. Je reste là, vous viendrez me chercher au moment de l'inhumation. Allez...

Keller salua, se retira. Tout ce qu'il entendait depuis qu'il avait retrouvé le fils de son maître le jetait dans un trouble profond.

Comme il se retirait dans son appartement pour parer aux moyens d'exécuter promptement les ordres du prince, il se heurta à un homme qui venait en sens inverse et qui aussitôt s'excusa humblement.

— Par le diable, grogna Keller, qui êtes-vous, l'homme, et que faites-vous ici ?

— Je suis au service de Monseigneur le prince de Schwartz, monsieur l'Intendant.

— Vous ! Je ne vous ai jamais gagé que je sache.

— C'est Monseigneur qui a bien voulu me prendre à son service, monsieur l'intendant, le lendemain de votre départ de Spandau, pour remplacer Fritz Herbert, le second valet de chambre.

— Ah ! fort bien... c'est exact, je n'ai pas vu Fritz auprès de la respectable dépouille mortelle de Monseigneur. Il est vrai que depuis que je suis ici, il se passe de telles choses... et si rapides... et puis, cette mort inattendue me bouleverse à tel point... Le chagrin, la douleur, et aussi... la joie d'avoir ramené mon nouveau maître. Mais cela ne vous regarde pas. Comment vous appelez-vous ?

— Otto Schultz, monsieur l'intendant.

— De quel pays ?

— De Potsdam.

— Prussien, bien, cela. J'imagine que vous avez produit des références.

— Oui, monsieur l'intendant ; j'ai montré à Monseigneur mes certificats. Les lettres de mes anciens maîtres, M. le baron Hoffburg, du comte Kœnig, etc., etc...

— C'est bon... c'est bon... Si M. le prince vous a pris à son service, c'est qu'il vous jugeait digne de cet honneur, mon ami.

Otto Schultz salua.

— J'ai fait ce qui dépendait de moi, monsieur l'intendant, pour être agréable à M. le prince.

— Bien. Mais qu'est-ce que vous faisiez là ?

— Je venais me mettre à la disposition de M. le prince Wilhelm de Schwartz, et lui offrir mes services, M. le premier valet de chambre Hans Bach ayant pris de lui-même son congé sitôt que M. le prince a eu rendu le dernier soupir.

Keller rougit de fureur.

— Hans Bach a osé faire cela ! s'écria-t-il, abandonner son maître mort ! Ah ! il a bien fait de partir. Je l'aurais chassé, et sans lui payer ses gages, encore...

Otto sourit malicieusement.

— Hans Bach n'a pas réclamé de gages, dit-il. Il est parti tout simplement avec ses malles et m'a chargé de prévenir monsieur l'intendant qu'ayant assez servi, il se retirait chez lui pour finir ses jours dans le petit bien qu'il a pu acquérir grâce à la générosité de son maître.

— Dites grâce à ses vols, Otto Schultz ; mais qu'il prenne garde ! Si des bijoux ont disparu, c'est lui que j'accuserai, c'est lui que je rends responsable, le gredin... Quitter un si bon maître qui a fait sa fortune !...

Il leva les bras vers le plafond, semblant le prendre à témoin d'une telle indignité.

Otto Schultz humblement demanda :

— Dois-je me rendre chez M. le prince, monsieur l'intendant ?

Keller hésita.

— Le prince Wilhelm ne veut voir personne, dit-il, mais il

est évident que cette défense ne concerne ni moi ni vous. Attendez-moi là.

Il retourna sur ses pas, gratta à la porte de la chambre. Il en sortit au bout de quelques secondes.

— Otto, appela-t-il, venez faire vos humbles remercîments à M. le prince, qui consent à laisser retirer ses bottes par vous.

Otto, plié en deux, pénétra dans la chambre, se confondit en protestations de dévouement. Keller disparut.

Wilhelm, le front soucieux, écroulé sur un sofa, se laissa déshabiller par son valet de chambre.

— J'ai sommeil, dit-il, vous ne viendrez que lorsque je sonnerai.

— Oui, Monseigneur.

— Allez.

A ce moment, Wilhelm, qui n'avait pas daigné faire attention à son domestique, le regarda distraitement.

Les yeux d'Otto, fixés sur le visage du prince, se baissèrent. Il se retira lentement.

— Oh ! fit Wilhelm, je connais ce regard !... Il me semble avoir déjà vu cet homme ! Où donc ?

Il se coucha. Mais le sommeil qu'il attendait ne vint pas.

Wilhelm cependant ne songeait plus à son père, et ce n'était pas le chagrin qui le tenait éveillé. Il cherchait à se rappeler en quels lieux, en quelles circonstances, il avait déjà vu le regard clair, menaçant et ironique de cet Otto Schultz, son nouveau valet de chambre.

CHAPITRE XXI

Qui répond aux questions du lecteur.

Tout à sa douleur, Wilhelm Schwartz, ainsi qu'il l'avait déclaré, ne quitta sa chambre que le jour où, devant les représentants des grandes familles prussiennes, parents et amis de son père, devant l'envoyé de l'empereur, le comte Hermann Herrer, fut déposé dans le caveau de famille, situé sous la vieille chapelle du château, le corps du prince de Schwartz.

Cette cérémonie eut lieu dans le plus grand apparat.

Un service solennel fut célébré, et dans la chapelle tendue de noir, l'évêque de Cologne, cousin du prince, dit les dernières prières. Le comte Herrer, au nom de l'empereur, salua une dernière fois ce fidèle soutien de l'empire, ce grand Allemand qui, brisant des liens le rattachant à des familles lorraines qui avaient osé se déclarer pour la France, n'avait pas hésité à garder intacte sa loyauté à son vrai souverain.

Il termina par cette phrase qui émut le cœur de tous les assistants :

« Prince de Schwartz, votre maître et ami, Sa Majesté l'Empereur, n'oublie pas les services passés. Sa Majesté regrette que la mort qui vous enlève à son service l'ait empêché de vous récompenser plus dignement encore. Mais il se promet de faire pour votre fils, le prince Wilhelm, ce qu'il n'a pu faire pour vous, et il espère que cette pensée de son inaltérable amitié donnée en un tel moment par moi, aura pour effet d'adoucir l'immense douleur du prince Wilhelm.

» Les hommes passent. L'empire allemand reste toujours plus fort et plus grand. Que tous les hommes courageux, les fidèles soutiens de l'empire, n'oublient jamais que l'empire, c'est Sa Majesté, et qu'ils soient prêts toujours à sacrifier leur vie à celui que Dieu a mis à leur tête. Hoch ! Hoch ! Trois fois hoch ! Gloire à Sa Majesté l'Empereur. »

Sous les voûtes du caveau qui répercutaient le cri du comte Herrer, tous les assistants, oubliant qu'un mort venait d'être placé sous les lourdes dalles d'un tombeau, s'écrièrent avec enthousiasme

« Hoch ! Hoch ! Hoch ! Trois fois hoch ! Vive Sa Majesté l'Empereur ! »

Le défunt était déjà oublié. On remonta en hâte. Les invités se réunissaient autour de tables somptueusement servies.

Wilhelm, prétextant sa douleur, s'était dérobé à ces agapes indécentes. L'archevêque de Cologne présida à sa place.

Les hôtes du châtelain de Schwartz surent gré à leur hôte de son absence. Ils purent banqueter sinon joyeusement, du moins avec plus de liberté. Quelques louanges furent décernées à la douleur de ce fils inconsolable, quelques regrets accordés au défunt ; puis, la bière et le vin aidant, on oublia facilement quel triste motif avait réuni tout le monde.

Et après cinq heures de franche lippée, lorsque les convives quittèrent le château, la face congestionnée, quelques-uns tremblant sur leurs jambes, on aurait pu croire que tous venaient d'assister à un repas de noces, tant leurs clameurs étaient joyeuses et leurs propos badins.

Enfin les derniers équipages quittèrent le château. Le silence succéda aux cris, au mouvement.

A présent, l'héritier des Schwartz, le seul prince de ce nom, pouvait se croire enfin maître des millions du vieillard et désormais se présenter à la cour, sûr d'être bien accueilli, et certain que son passé douteux était absous.

L'empereur l'avait fait dire par son envoyé. Il n'oubliait pas les services rendus par le défunt à Bismarck, à de Moltke, à l'Allemagne.

C'est à cela sans doute que pensait Wilhelm, qui, enfermé dans sa chambre, déposant le masque de tristesse qu'il avait cru décent de prendre, souriait en se promenant de long en large.

Lorsqu'il comprit que le dernier invité était parti, il respira bruyamment, comme soulagé d'une contrainte qui devenait inutile, puisque à présent, il n'aurait plus pour juge de sa conduite que ses serviteurs, ses vassaux, c'est-à-dire des êtres tellement inférieurs, que leur opinion n'avait pour ainsi dire aucune valeur, leurs paroles aucune portée.

Wilhelm Schwartz paraissait tout à fait heureux. Si heureux, que lorsque Otto vint prendre ses ordres, il lui échappa, dans un accès de franchise, ces étonnantes paroles :

— Otto Schultz, il faut que je vous dise une chose. Je suis un sot. Oui, vraiment stupide. Figurez-vous que je m'étais imaginé que vous n'étiez pas un valet de chambre... un domestique ; mais que votre barbe, vos cheveux, ce costume étaient d'emprunt et que vous étiez un autre personnage, un ami à moi, un excellent ami, qui est en ce moment à l'étranger... mon meilleur ami.

Tout en disant ces mots, Wilhelm fixait le valet de chambre, épiant sur sa physionomie le moindre jeu de muscles, le moindre trouble dans le regard.

Otto soutint cet examen avec une parfaite impassibilité. Il ne manifesta même pas un léger étonnement.

— Monseigneur, dit-il respectueusement, j'avais cru m'apercevoir dès le premier jour que votre Excellence avait à mon sujet certaines pensées qui n'étaient pas naturelles et que je ne m'expliquais pas. Votre Excellence a la bonté de me dire pourquoi mes services lui déplaisaient.

» Tout de suite je vais aller faire raser ma barbe pour que votre Excellence voie bien comment est mon visage et se rende compte que je ne suis pas cet homme qu'elle appelle ironiquement son ami.

Wilhelm éclata de rire :

— Gardez votre barbe, Otto, mes soupçons ont disparu. Une vague ressemblance m'avait induit en erreur... Et puis, j'ai réfléchi. Ma pensée était absurde... Vous ne pouvez pas être... l'autre...

Sur ces paroles mystérieuses, Wilhelm congédia Otto, qui, en bon courtisan, s'empressa de rapporter à Keller cette conversation.

Keller se montra très flatté de la confiance que lui témoignait Otto, lequel lui semblait prendre un peu trop d'importance dans le château, car depuis son arrivée, Wilhelm ne voyait qu'Otto et ne voulait avoir affaire qu'à lui.

— Mon cher Otto, dit-il, notre nouveau maître — que Dieu le conserve ! — sera un excellent, un magnifique prince de Schwartz. Il est fâcheux que de temps en temps certains accès troublent son cerveau...

— Vraiment, le prince serait ?...

— Fou ? Non pas ! Qu'allez-vous supposer là, malheureux ! Il n'est pas fou, il a des absences... des oublis. Cela, à la suite d'une grave maladie.

Baissant la voix, l'intendant fit part à Otto, qu'il élevait au rang de confident, de la fameuse maladie de Wilhelm.

Les jours suivants, les deux hommes purent constater, en effet, que le prince de Schwartz n'était pas comme tout le monde, et ils échangèrent à plusieurs reprises des impressions qui étaient loin d'être favorables au nouveau châtelain.

Wilhelm, débarrassé des invités, débarrassé de son père, se montra à tous les domestiques — et ils étaient nombreux — tel qu'il était en réalité : fantasque, brutal, autoritaire, riant sans motif, passant de la plus extravagante gaîté à l'humeur la plus noire, traitant Keller de voleur, se faisant rendre des comptes, vérifiant tout, puis soudain, jetant les comptes en l'air et disant à Keller de dépenser royalement, sans compter, pour l'honneur des Schwartz.

Wilhelm ne reconnaissait plus les vieux serviteurs de son enfance. Il leur donnait des noms ridicules, les embrassait avec effusion, puis leur tournait le dos, après avoir vidé sa bourse dans leurs mains.

Parfois, il se montrait attendri, ému jusqu'aux larmes, se frappait le front et s'interrompait au beau milieu d'un ordre qu'il donnait, pour aller s'enfermer dans sa chambre.

Sur les conseils d'Otto, Keller informa tous les serviteurs de l'étrange maladie du prince, de ses pertes de mémoire. Il croyait par là rassurer la valetaille. Il obtint l'effet contraire.

Les domestiques, gens simples, comprirent qu'on leur cachait la vérité et que leur maître était une sorte de fou. Dès lors, ce fut à qui éviterait le prince.

Otto seul continua à montrer le même zèle, se trouva toujours auprès de Wilhelm, prêt à exécuter ses moindres caprices.

Wilhelm semblait ne s'apercevoir de rien. Ses journées s'écoulaient d'étrange façon. Il parcourait du haut en bas les étages du château, fouillant dans tous les meubles, jetait à terre le contenu des tiroirs, ouvrait et fermait les vieux manuscrits, les livres anciens entassés dans la grande bibliothèque, les feuilletait page par page, puis s'enfermait dans un grand cabinet de travail où il passait de longues heures.

Ceci fit penser à certains valets que le prince cherchait des vieux grimoires, pour avoir commerce avec le diable.

A la veillée, le soir, dans l'office et aux environs, on commentait à voix basse les faits et gestes du châtelain, et tremblants, tous se tournaient vers le vieux Keller qui, prudemment, hochait la tête d'un air réfléchi, se contentant de murmurer :

— Les grands ont de petites manies ! De petites manies ont les grands ! Les petits doivent se taire et ne rien voir. La famille de Schwartz est une grande famille dont je suis l'intendant ! Voilà ! Comprenne qui pourra !

Personne ne comprenait. Cela n'en était que plus terrible pour la valetaille qui, de plus en plus s'alarmait d'être au service d'un maître aussi terrifiant.

Un matin, plus maussade que de coutume, Wilhelm se leva après avoir demandé à Otto quel jour du mois on se trouvait.

— Le 20 novembre, lui fut-il répondu.

Wilhelm hocha la tête.

— Le 20 novembre ! murmura-t-il.

Il alla regarder aux fenêtres, bâilla :

— Ce château m'ennuie, dit-il. J'ai envie d'aller à Spandau. Je vais aller jeter un dernier coup d'œil sur les papiers laissés par feu mon père, mettre un peu d'ordre dans ces paperasses qui encombrent mon bureau.

— Si Monseigneur veut me permettre de l'aider.

— Non, non. fit violemment Wilhelm. Que personne n'entre dans mon cabinet de travail.

Keller gratta à la porte.

— Une lettre pour son Excellence, dit-il. La lettre vient de Schwartzburg, apportée par un express. Y a-t-il une réponse ?

Il était entré plus obséquieux que jamais, tendait un plateau de vermeil sur lequel se trouvait une lettre.

Wilhelm prit la lettre, la lut, pâlit légèrement, la froissa et la mit dans sa poche.

— Il n'y a pas de réponse, dit-il. Faites boire le porteur et donnez-lui un florin.

Passant devant Keller, il se dirigea d'un pas rapide vers son cabinet de travail en murmurant :

— Mina... Mina Wolfang ! Qu'elle aille au diable ! J'ai bien d'autres soucis...

Pendant ce temps, Otto et Keller qui avaient échangé un regard éloquent, quittaient la chambre de Wilhelm.

— Honnête Otto, dit Keller, je crois qu'un verre de vin du Rhin.

— Oui, dit Otto, cela nous remettra ; d'ailleurs, c'est l'ordre du prince

— Comment cela ?

— Il a dit de faire boire le porteur. Or, c'est vous qui portiez la lettre sur le plateau !

Cette lourde plaisanterie enchanta Keller, le fit rire aux larmes.

— Vous avez raison, dit-il ; je suis le porteur, je vais boire, et comme je ne puis absorber toute la bouteille, je vous invite...

— Et le vrai porteur...

— Cent coups de pied dans le ventre rugit Keller. Il est payé par l'administration, je ne lui dois pas à boire.

— Et le florin ?

— Je le mets dans ma poche, ami Otto, puisque. vous l'avez dit vous-même, je suis le porteur, et que le noble prince a dit de donner un florin au porteur et de le faire boire.

Otto s'extasia devant cette logique.

L'express fut congédié sans un pourboire.

Les deux amis, Keller et Otto burent, en revanche, à sa santé, et cela de telle façon que Keller, se sentant la tête lourde, prit le premier prétexte pour aller se cacher et se coucher dans un petit salon garni de fauteuils profonds et moelleux.

Wilhelm, enfermé dans son cabinet, compulsait fiévreusement des dossiers de lettres, de manuscrits, déchirait avec rage des enveloppes pour en examiner le contenu.

— Rien... rien... murmura-t-il ; c'est incroyable ! Cherchons encore ! Si je ne trouve rien ici... peut-être serai-je plus heureux à Spandau. Mais, vraisemblablement, c'est ici...

Il s'interrompit :

— Je rêve, pensa-t-il, je m'imaginais qu'on forçait la porte.

Il haussa les épaules.

— Des voleurs au château de Schwartz en plein jour, je deviens fou. C'est la fièvre que je mets dans ma recherche qui me trouble. Je devrais me reposer un instant ; voilà deux heures que j'absorbe la poussière de ces paperasses, que je respire l'odeur âcre de ces papiers jaunis, de ces parchemins humides. Ah ! pouah !

Il était assis devant un grand bureau dont les tiroirs étaient ouverts. Il fouillait toujours.

— Tiens, un vieux portefeuille... avec une glace... c'est de fabrication française.

Curieusement, il examinait le portefeuille vide de papiers, se mirait complaisamment dans la glace.

Son visage, soudain, pâlit ; ses yeux, agrandis par la stupeur, s'immobilisèrent dans la contemplation de ce que reflétait la glace.

Il voyait dans le miroir, juste en ce moment, s'ouvrir sans bruit, une petite porte placée derrière lui... un homme entrer lentement... Otto Schultz... qui levait son bras droit, braquant un revolver... visait à la tête.

Wilhelm sursauta :

— Nom d'un chien ! jura-t-il en français. Etes-vous fou ?

Otto, stupéfait, baissa son revolver.

Wilhelm s'était levé. Menaçant, il marchait vers Otto...

Ce dernier, pétrifié, regardait Wilhelm.

— Nom d'un chien ! fit-il. Nom d'un chien ! Le juron favori de Ludovic.

Lui aussi parlait français.

Wilhelm ouvrit ses bras.

— Ah ! je savais bien que c'était vous... que c'était toi... mon cher Henri !

— Ludovic... Cocorico... ! s'écria Otto.

— C'est moi... Embrasse-moi !...

Les deux cousins se jetèrent dans les bras l'un de l'autre.

Otto n'était, en effet, qu'Henri Malherbe, alias Henrich de Marsall, et le prince Wilhelm de Schwartz, c'était notre ami Cocorico, alias Ludovic Dortailles.

— Ça, par exemple, dit Ludovic, c'est un peu fort. Si je m'attendais à vous trouver ici, mon cher cousin...

— Et moi, donc ! fit Henri. Mais tutoyons-nous, veux-tu ? ce sera plus commode pour s'expliquer.

— Et Héléna... ma chère Héléna ?

— Elle est à Schwartzburg. J'ai reçu une lettre d'elle hier ; elle viendra sans doute aujourd'hui au château... si toutefois Monsieur le prince de Schwartz...

— Héléna va venir !... Ah ! mon cher Henri ! Que je suis heureux... Mais comment se fait-il ?

— Attends, attends. Je ferme la porte d'abord. A présent nous allons causer. Chacun va raconter son histoire. Toi, d'abord... Explique-moi par quel extraordinaire hasard tu te trouves M. le prince de Schwartz...

— Ce n'est pas le hasard. C'est un effet de ma volonté. J'ai voulu être mon frère Wilhelm, auquel je ressemble prodigieusement, paraît-il... pour pouvoir vous aider, Héléna et toi, dans votre tâche, retrouver le fameux document volé par le vieux prince.

— Ah ! dit Henri Malherbe, tu es un noble cœur, Ludovic. Héléna sera fière d'être ta femme.

CHAPITRE XXII

Les deux cousins.

— Donc, poursuivit Ludovic, j'étais parti, le cœur gros, pour la Turquie, obsédé par cette idée qu'Héléna et toi vous aviez à remplir une mission difficile, presque impossible, et mon regret était grand de ne pouvoir vous seconder.

— Tu avais ton devoir aussi.

— Sans doute, le journal qui m'envoyait dans les Balkans comptait sur mes services. Je ne pouvais lui faire défaut, et cela m'était d'autant plus difficile qu'il pouvait y avoir du danger... A la vérité, mon cher Henri, je dois t'avouer qu'une fois à Constantinople, je me suis rendu compte que n'importe qui aurait pu faire ce que je faisais, et renseigner les lecteurs aussi bien que moi. Mais laissons de côté mon reportage pour en venir aux faits intéressants. Le jour même de mon arrivée à Constantinople, j'eus la bonne fortune, ayant besoin d'un renseignement, de tomber sur un Européen qui me ressemblait comme un frère et répondait au nom de Wilhelm Hauser.

— C'était le fils du prince !

— Tout juste.

Ludovic raconta alors ce que le lecteur sait déjà. Puis il arriva au moment où Wilhelm levait sur lui son poignard.

— A ce moment, mon cher Henri, je me crus irrémédiablement perdu. Mais l'instinct de la conservation, plus fort que tout, me fit faire un brusque mouvement de côté au moment où, rapide comme l'éclair, le poignard s'abaissait sur ma poitrine. Ce geste me sauva la vie. La lame déchira mes vêtements, s'enfonça dans les épais tapis. Au même moment, Wilhelm, emporté par son élan, roulait à côté de moi, lâchait son arme. Je m'en emparai, et sans hésitation, sans remords, je lui plongeai le poignard dans la poitrine. Il poussa un juron effroyable, se tordit, ne bougea plus.

— Que fis-tu de son corps ?

— Ma foi, je ne m'amusai pas à lui creuser une fosse et à l'ensevelir. Je le jetai tout simplement par la fenêtre, je me laissai glisser à terre et, avisant un soupirail assez large, j'y poussai mon Wilhelm, qui alla rouler au milieu d'un tas d'outils, de caisses et de barriques.

— C'était imprudent. On pouvait découvrir le corps.

— On a dû le découvrir certainement. Mais rassure-toi : avant de quitter Constantinople, j'ai eu le soin de prévenir Mina Wolfang, cette maîtresse de Wilhelm, dont je t'ai parlé, qu'ayant été insulté par un Français du nom de Ludovic Dortailles, je l'avais tué. Donc, le mort n'est autre que moi. Si le gouvernement français et mon journal jugent à propos de protester contre mon assassinat, je ne les en empêche pas. Ça fera de la copie

Henri ne put réprimer un sourire.

— Tu as réponse à tout, fit-il. Tu partis donc avec ce brave idiot de Keller, que tu avais reconnu à la Bavaria Restauration.

— Oui. Mina m'accompagna au bateau. Je lui confiai Keller quelques instants, prétextant une course urgente. Il me fallait prévenir mon brave Prosper et Militch, qui auraient pu me croire mort. Le hasard me servit. Je pus entrer dans l'hôtellerie franque, sans rencontrer personne, glisser sous la porte de la chambre de Militch la lettre qui affirmait mon existence. Cela était, tu le comprends, pour le cas où on aurait retrouvé mon cadavre. Car enfin, on pouvait aller dans cette cave d'un moment à l'autre.

— Tu laissais donc cette Mina...

— Avec joie. Cette fille, fort jolie d'ailleurs, et intelligente, me paraît dépourvue de scrupules. Ç'eût été une compagne redoutable. Et puis... et puis... n'est-ce pas... Puisque j'étais Wilhelm Schwartz, peut-être aurais-je été obligé de jouer avec elle mon rôle jusqu'au bout.

Tous deux se mirent à rire.

— Bref, continua Ludovic, débarrassé de la dangereuse Mina, je partis avec cet imbécile de Keller pour embrasser mon cher père...

Ludovic cessa de sourire.

— C'était mon père, après tout, dit-il, d'une voix émue, ce traître qui avait combattu contre les Lorrains ses compatriotes. Je t'avoue que j'appréhendais fort cette entrevue... Mais il le fallait. J'espérais arriver assez à temps pour le trouver vivant... recueillir ses dernières paroles... apprendre de lui ce qu'il avait fait du document volé... ce document si important pour la France. J'arrivai trop tard. Le prince de Schwartz n'était plus à Spandau. Le temps perdu de Spandau à Schwartz dérangea mes projets. Là, je ne trouvai plus qu'un cadavre...

— Comme je te plains, mon cher Ludovic, quelle dure mission tu t'étais imposée là.

— Je pensais à la France, à Héléna, à toi... Ce fut votre souvenir qui me donna le courage lorsque je me trouvai seul en présence du défunt, de fouiller dans ses vêtements. Oui, j'eus ce terrible courage de chercher sur lui le document. Il n'y était pas. Je remis à plus tard mes recherches, et je restai quelques heures auprès de l'homme qui avait déshonoré ma mère. Son souvenir à elle... à elle que je n'ai jamais connue, que j'adore pourtant, et dont j'ignore le lamentable sort... m'empêcha de m'apitoyer sur ce bourreau. Je n'eus pour lui pas une larme, pas une prière. Il a une tombe, lui, le noble prince de Schwartz... mais ma mère, où repose-t-elle ? Hélas ! je n'ai même pas cette consolation suprême d'aller prier sur la tombe de celle qui me donna le jour.

Des larmes mouillaient les yeux de Ludovic.

Henri lui prit la main, la serra affectueusement.

— Cher Ludovic, dit-il, tu n'avais pas à regretter cet homme, qui fut ton père, il est vrai... mais qui fut aussi le bourreau de ta mère, l'oppresseur de la Lorraine, l'ennemi de la France. Ne pense plus à lui.

Ludovic dompta son émotion.

— Tu as raison, dit-il, cela est le passé. Songeons à l'avenir. Tu sais toute mon histoire. A ton tour de me dire ce qu'Héléna et toi vous avez fait...

— Oh ! mon récit est moins merveilleux que le tien. Pas de combat. Pas de sauvetage d'ennemi. Tout ce qui nous arriva fut très simple. A peine sur la terre allemande, je repris mon nom de Marsall et mon titre de parent du prince de Schwartz. Il me fut aisé dès lors d'être renseigné facilement. Le prince n'était pas allé à Berlin. Je respirai. J'appris que, dans le rapide de Paris-Cologne, il avait été pris d'une sorte de syncope et qu'on l'avait transporté en toute hâte à son château de Spandau. Assuré qu'il était là, réellement, et que, malade, il n'avait pu livrer le précieux document, je n'eus plus qu'une pensée... m'introduire dans le château.

— C'est alors que tu eus l'idée de ce déguisement ?

— Non, je me déguisai d'abord en valet de chambre anglais, et j'allai faire mes offres de service. J'ai eu la bonne chance de tomber sur un certain valet, plein de morgue, qui me déclara qu'il y avait justement la place de second valet à prendre, mais qu'on ne voulait que des Prussiens pour cette place. Je me retirai ravi. Le lendemain, Otto Schultz, muni de bons certificats, se présentait, était agréé par le prince et par le premier valet. Le jour même, il prenait son service.

— Et Héléna ?

— Héléna trouvait à se placer comme dame de compagnie, sous le nom de Julia Mihler, chez la générale von Baer, la femme du gouverneur de la citadelle de Spandau. Elle devait rester là jusqu'au moment où j'aurais repris le précieux document. Le document reconquis, je le lui remettais et elle rentrait en France toute seule, tandis que moi, pour détourner les soupçons, je restais encore quinze jours ou trois semaines chez le prince, prêt à me faire renvoyer au bout de ce laps de temps sous le premier prétexte venu : insolence, ivrognerie...

— Alors, Héléna est restée à Spandau...

— Attends donc. Le prince de Schwartz, de plus en plus malade, et qui avait — je le sus quelques jours après mon entrée chez lui — envoyé Keller chercher son fils, eut la fantaisie de vouloir mourir en son château de Schwartz. Cela me troubla un peu. Emporterait-il avec lui le document ? Le laisserait-il à Spandau ? Je finis par me persuader que le document suivrait le prince.

— C'était tout naturel.

— Et j'eus lieu de me féliciter de cette décision et d'avoir suivi le prince, car le premier jour de son arrivée, il se fit transporter dans ce cabinet de travail, renvoya tout le monde et utilisa le peu de vigueur qui lui restait à classer des papiers. Cet excès de fatigue l'acheva. On le trouva exténué, le soir, râlant dans son fauteuil. On le coucha. La fièvre s'empara de lui, le quitta, le reprit. Il était perdu. Quelques jours à peine lui restaient à vivre.

— Et Héléna ? demanda l'impatient Ludovic.

— Héléna, amoureux Cocorico, ne put quitter Spandau en même temps que moi qui suivais mon maître. Elle cherchait un prétexte, attendait une occasion pour se rapprocher de moi, venir habiter Schwartzburg. Elle a dû se rendre libre, car sa lettre m'annonce qu'elle sera aujourd'hui à Schwartzburg et qu'elle viendra sous un prétexte quelconque au château de Schwartz. A toi de donner les ordres nécessaires pour qu'on laisse venir jusqu'à nous Mlle Julia Milher...

— Parbleu ! à l'instant même... je vais...

— Calme-toi, nous n'avons pas fini de causer. Héléna n'est pas encore là. Elle ne viendra que dans l'après-midi.

Ludovic soupira.

— Il est onze heures à peine, si j'allais la chercher ?

— Es-tu fou ? Tu oublies que tu es le prince de Schwartz. Que tu ne connais pas cette femme...

— C'est juste.

— Tu ne dois pas avoir l'air de la connaître. Quand nous serons seuls... c'est différent.

— Tu me permettras d'embrasser ma fiancée ? demanda Ludovic souriant.

— Nous verrons cela. Réponds d'abord à mes questions. Quand je suis entré tout à l'heure, bien décidé à en finir avec le prince de Schwartz et à reprendre ce document qui, j'en suis certain, se trouve ici, tu étais en train de chercher...

— Et je n'ai rien trouvé. Mais permets-moi de te dire que si j'avais été Schwartz et que tu m'eusses tué, tu eus commis une maladresse.

— Oui et non. Tu est très mal vu de tes domestiques, qui croient que tu es fou, possédé du démon. Inutile de dire que je les entretiens dans cette idée.

— Merci.

— Pas de quoi. Ce qui fait que, toi mort, rien ne m'était plus facile que de faire passer ta mort sur un événement surnaturel

— Exact, cela.

— T'ayant logé une balle dans la tête, j'aurais pu fouiller enfin dans ce bureau dont tu portes toujours la clé sur toi. Mes fouilles terminées, le document retrouvé, j'aurais mis le feu, je t'aurais enfermé à double tour, et puis j'aurais été regarder cet ivrogne de Keller. Quand on serait venu à ton secours, il aurait été trop tard. Et d'ailleurs, serait-on venu à ton secours...? J'en doute. Tous les domestiques ici te détestent ou ont peur de toi. Je crois que leur premier soin eût été de faire main basse sur l'argent et les bijoux, et de détaler.

— J'ai fort envie de mettre mes gens à la porte.

— Garde-t'en bien. La bêtise de ces serviteurs peu dévoués pourra nous sauver.

— C'est égal, quand je pense que si je n'avais pas eu la glace devant moi et si je ne t'avais pas vu surgir grâce à elle, à l'heure actuelle je serais peut-être mort.

— Il y a un Dieu pour les bons Français :

— Je commence à le croire, et c'est ce qui me console de n'être pas mort, tué par toi et sous le nom de prince de Schwartz.

— Avoue que c'eût été justice au fond, puisque Schwartz est mort sous ton nom.

On gratta à la porte.

— C'est Keller, murmura Otto. Quelque dépêche... Attention... N'oublie pas que je suis ton valet de chambre.

— Parbleu !... Otto... allez ouvrir.

Otto obéit, alla ouvrir, introduisit Keller.

— Monseigneur, c'est encore un express. Je ne sais pas ce que fait l'administration des postes...

— Taisez-vous, Keller. Donnez-moi cette lettre que vous avez l'audace de me remettre de la main à la main.

Il prit la lettre des mains de l'intendant, qui, troublé par les fumées du vin du Rhin, avait négligé de l'apporter sur un plateau.

Keller, confus, rougit.

Ludovic avait décacheté la lettre. L'ayant lue, il dit à Keller :

— Faites attendre le porteur de ce mot.

Keller se hâta de disparaître.

— Qu'est-ce qu'il y a ? demanda Henri. Tu as l'air troublé...

— Lis ! fit Ludovic.

Il tendit la lettre à son cousin. Ce dernier lut à haute voix :

« Pour la dernière fois, je vous donne rendez-vous à l'hôtel » de la Cigogne à Schwartzburg. Si vous ne venez pas, ne vous » en prenez qu'à vous de la catastrophe qui arrivera.

» Il y va de votre vie, de votre honneur, de votre fortune.

» MINA. »

— Ho ! Ho ! murmura Henri, cette Mina Wolfang me semble en effet inquiétante. Cette lettre mystérieuse...

— N'est qu'un simple chantage. J'en ai déjà reçu une ce matin à la première heure, à laquelle je n'ai pas répondu.

— Tu as eu tort.

— Tu crois ?

— Je lis entre ces lignes plus qu'une menace. Un danger inconnu plane sur ta tête. Crois-moi. Va à l'instant à Schwartzburg voir cette Mina.

— Mais...

— Tu es le prince de Schwartz... tu as été l'amant de cette femme. Ton absence, outre qu'elle pourrait faire naître des soupçons dans l'esprit de cette créature, peut la porter à quelque violence.

— Elle doit vouloir de l'argent.

— Donne-lui en, mais je crois qu'il n'est pas question d'argent.

— Alors elle veut que je l'épouse.

— Ceci serait plus grave. Raison de plus pour te renseigner. Ménage cette Mina, Ludovic. Quelque chose me dit que cette femme nous créera bien des ennuis...

— Tu as raison. Je vais aller voir Mina Wolfang. Mais...

— Quoi ?

— N'en parle pas à Héléna, si elle vient en mon absence.

Henri réfléchit.

— Il vaudrait peut-être mieux lui dire la vérité ; mais peut-être, en effet, est-il prudent de taire l'existence de cette Mina, dont elle pourrait prendre ombrage. Dans tous les cas, cela lui causerait certainement un vif chagrin de savoir que tu es obligé de jouer le rôle de l'amant de Mina.

— C'est pour cela que je te prie, jusqu'à nouvel ordre, de ne pas lui parler de cette créature.

— Entendu.

— Cherche, pendant que je vais à Schwartzburg. Personne ne viendra te déranger. Je vais donner ordre à Keller, si en mon absence Mlle Julia Milher se présentait, de la conduire dans le salon voisin et de la prier de m'attendre. Tu pourras la regarder par la petite porte secrète qui est là. Tu n'as qu'à presser sur ce bouton. Moi seul connais l'existence de ce passage.

— Tu l'as découvert ?

— Hier... en lisant un manuscrit de feu le prince de Schwartz, renseignant son héritier sur les passages secrets, cachettes, oubliettes, etc.

— Et tu es sûr que toi seul connais cette porte ?

— Moi seul. J'ai interrogé habilement Keller, il ne sait rien.

— Bien. C'est donc par là que j'irai regarder Héléna et la ferai venir ici.

— Ne te trompe pas. La porte secrète également du salon est au fond d'un petit corridor. A droite et à gauche, ce sont des chambres noires... et dont les portes s'ouvrent au moyen d'un secret que je t'indiquerai à mon retour. Ce sont de précieuses cachettes.

— C'est bon... c'est bon. Va vite à Schwartzburg. J'ai hâte de chercher.

Ils se serrèrent la main.

Ludovic alla retrouver Keller.

Quelques instants après, Henri entendit dans la cour du château piaffer le cheval de Ludovic. Il le regarda mélancoliquement s'éloigner.

— Pauvre Ludovic !... Il me dit bonne chance. J'aurais dû lui adresser le même souhait. Je ne sais pourquoi... mais j'ai de sombres pressentiments. Cette journée sera fatale à l'un de nous.

CHAPITRE XXIII

Mina Wolfang.

Schwartzburg, qu'il ne faut pas confondre avec Schwartzbourg-Rudolstadt ou avec Schwartzbourg-Saudershausen, capitales des deux principautés de Schwartzbourg, enclavées l'une dans l'autre, se trouve au sud d'Erfurt.

Au temps de Frédéric Barberousse, c'était une réunion de pauvres chaumières, dont les habitants étaient des serfs du burgrave Schwartz, propriétaire du château auquel il donna son nom.

Peu à peu, les chaumières se transformèrent en maisons, le village s'étendit, devint une ville.

A l'heure actuelle, Schwartzburg est une ville de second ordre, assez peuplée, commerçante, reliée à Erfurt, à Leipzig, à Bayreuth par des voies ferrées.

Les voyageurs affluent dans cette cité, qui est presque au centre de l'Allemagne, et que sont obligés de traverser les touristes, les commerçants.

De là, le grand nombre d'hôtels qui existent, mettant par le va-et-vient de leurs clients un peu d'animation dans cette ville paisible, un peu endormie et qui sans les voyageurs qu'elle reçoit serait triste et morte.

L'hôtel de la Cigogne, sur la place des Trois-Rois, dresse ses murs noircis, ses toits ardoisés, couverts de mousse, qui disent son ancienneté.

L'hôtel de la Cigogne se targue d'être le premier, le plus ancien hôtel de Schwartzburg. Il en est aussi le plus important et le plus coûteux, sinon le plus confortable.

Une cigogne dorée, peinte sur une enseigne énorme qui grince au moindre vent, indique à tout passant l'hôtel tenu par Richert, honorable brasseur de la ville.

Ludovic n'eut pas de peine à se faire indiquer le logis de Mina Wolfang. Un brave ouvrier le renseigna tout de suite, s'offrit à l'accompagner.

Ludovic accepta, donna un florin à son obligeant conducteur, et la moustache conquérante, l'air insolent, il pénétra dans la cour de la Cigogne.

Il jeta la bride de son cheval aux mains d'un palefrenier, donna l'ordre de ne pas le desseller, et se fit conduire chez Mlle Mina.

L'Allemande, étendue sur un divan, savourait une cigarette. Elle ne se dérangea pas lorsqu'on lui annonça le prince de Schwartz.

Ludovic entra, poussa brusquement la porte, et d'un ton rogue demanda :

— Que signifie cette insistance, Mina ? Ne pouviez-vous attendre ? Mon père est mort, vous le savez, vous avez dû l'apprendre. Est-il convenable de venir troubler ainsi ma douleur ?

Mina, qui n'avait pas bougé lorsque Ludovic était entré, le considéra avec une ardente curiosité, sourit à ces paroles irritées.

— C'est extraordinaire, dit-elle, vraiment extraordinaire. Il n'est pas surprenant que tout le monde s'y soit pris... Moi-même j'ai été dupe.

— De quoi parlez-vous ?

— Mais de vous... mon cher monsieur Dortailles.

Ludovic, assommé, ne sut que répondre. Interdit, il regarda Mina. Gracieuse, elle lui désigna un fauteuil près du divan.

— Asseyez-vous, cher monsieur... et causons.

Ludovic, les dents serrées, caressant faiblement sa moustache du geste familier à Wilhelm Schwartz, obéit. Prudent, il réfléchissait.

— Monsieur Ludovic Dortailles, dit doucement Mina, vous êtes bien fort et je vous admire.

Un autre que Ludovic aurait protesté, payé d'audace, nié... Ludovic se garda bien de commettre cette faute.

Il comprit le danger de sa situation, mais il comprit aussi que toute feinte serait inutile avec cette femme qui l'avait deviné. Par qui ? Comment ? Il le saurait bientôt sans doute. Il prit un air dégagé.

— Mina Wolfang, dit-il, ce n'est pas moi qu'il faut admirer, mais vous, dont la perspicacité a su découvrir la vérité.

— Parlez-vous sincèrement ?

— Oui.

— Eh bien ! alors, mon cher, je vous dirai que vous auriez tort de m'admirer, car certainement jamais je n'aurais pu me douter que vous n'étiez pas Wilhelm, tant vous avez bien composé le personnage.

— C'est donc quelqu'un qui vous a ouvert les yeux ?

— Evidemment.

— Et qui donc ?

— Wilhelm Schwartz.

Ludovic bondit.

— Il n'est donc pas mort ?

— Il faut croire, ricana Mina. Vous ne l'avez pas complètement tué, et il en est revenu. Vous autres, Français, vous ne faites les choses qu'à moitié. A votre place, un Allemand, Wilhelm, par exemple, ne se serait pas contenté de donner un coup de poignard à son rival. Il l'aurait frappé jusqu'à ce qu'il ait la certitude que l'homme était mort et bien mort. Il n'aurait pas hésité à lui enfoncer dix fois la lame dans le cœur. Il lui aurait plutôt tranché la tête.

Ludovic se calmait :

— Après tout, dit-il, je préfère cela. Avoir tué mon frère me troublait. J'aime mieux qu'il soit vivant.

— Je sais que Wilhelm est votre frère, il m'a tout dit.

— Et vous venez, j'imagine, pour toucher le prix de votre silence ?

— Nullement.

— Pourquoi m'avez-vous écrit ?

— Simplement pour vous mettre en garde contre votre frère.

— Il ne peut rien contre moi. Comment prouvera-t-il que c'est lui qui est Wilhelm Schwartz ? Vous oubliez que j'ai pris tous ses papiers, qu'il n'a rien qui prouve son identité, que lors des obsèques du prince de Schwartz, il n'est pas jusqu'aux serviteurs, jusqu'au vieux Keller lui-même qui ne m'ait reconnu. Du reste, à Constantinople, vous avez pu juger vous-même quel respect me témoignait cet intendant, et la joie qu'il manifestait de m'avoir retrouvé !

— Tout ce que vous dites est fort juste. Wilhelm Schwartz, maintenant que vous avez pris sa place, s'il avait la folie de dire la vérité, serait immédiatement jeté dans une maison d'aliénés, à moins qu'un tribunal ne l'envoyât terminer ses jours dans une prison. Aussi Wilhelm ne songe-t-il pas à réclamer son nom, sa fortune, son titre.

— Qui sont aussi les miens, Mina Wolfang. Je suis aussi le fils du prince de Schwartz, et je suis l'aîné.

— Oui, mais vous êtes bâtard.

— Au-dessus de lui, il y a la nature, la voix du sang. .

— Dont vous vous moquez parfaitement, monsieur Dortailles. Ne me considérez pas, je vous en prie, comme une femme ordinaire, une petite institutrice trop heureuse d'avoir été séduite par le fils d'un prince. Je vaux mieux que cela. Traitez-moi plutôt comme une aventurière intelligente.

— Intelligente, en effet, au point d'avoir eu l'habileté de devenir la mère du fils de Wilhelm Schwartz.

Mina pâlit.

— Vous savez cela ?

— Oui, Mina Wolfang, et bien d'autres choses. Vous voyez que si vous n'êtes pas une femme ordinaire, je ne suis pas absolument un naïf ! Vous m'avez appelé. C'est donc que la situation de votre amant n'est pas brillante... que vous reconnaissez qu'à suivre sa fortune, vous courez le risque de compromettre à jamais la vôtre. Mais d'un autre côté, j'avoue qu'il me serait désagréable qu'en ce moment vous veniez vous mettre en travers de mes projets. Vous voyez que je suis franc. Jouons donc cartes sur table... croyez-moi... cela vaudra mieux dans votre intérêt et dans le mien.

Mina sourit.

— Je suis charmée, dit-elle gracieusement, de voir que je ne vous avais pas placé trop haut dans mon imagination et que vous répondez à l'idée que je me suis faite de vous dès que j'ai connu la vérité.

Ironique, Ludovic salua.

— Trop aimable, chère madame. Mais parlons de choses sérieuses, voulez-vous ?

— Je ne demande que cela.

— D'abord, que devient Wilhelm ?

— Il est en voie de guérison. Sa blessure est fermée. Il a perdu très peu de sang... le poignard avait glissé le long d'une côte. Ne craignez rien pour ses jours, il n'a jamais été en danger.

— Est-il en Allemagne ?

— Il est rentré avec moi. Hier encore il était ici. Vous pourrez vous renseigner en bas.

— Sous quel nom était-il inscrit ?

— Sous le vôtre, naturellement, Ludovic Dortailles.

— Hein ! fit Ludovic vexé, ce n'est pas amusant. Mon nom porté par cet homme. Il va le traîner dans la boue, exprès, le coquin !

— Pourquoi avez-vous pris le sien ?

— Parce que j'en avais besoin, aimable Mina. Et croyez que ce n'était pas pour le plaisir d'être prince, ni pour m'emparer des millions de feu mon père...

L'Allemande eut un sourire incrédule.

— Je comprends, dit Ludovic irrité, que cela vous paraisse extraordinaire. En Allemagne, on ignore le désintéressement. En France, il y a au contraire beaucoup de ces gens désintéressés qui font passer leur devoir avant leur intérêt. Ce genre de fous me paraît encore inconnu chez vous. Mais passons. Vous me disiez que Wilhelm était hier encore avec vous ?

— Il est parti hier soir.

— Où allait-il ?

— A Spandau, m'a-t-il dit. Sans doute allait-il faire une visite au château paternel.

— Pourquoi ne l'avez-vous pas accompagné ?

— Parce que je tenais à vous voir. J'ai feint d'être malade et j'attendais ici son retour, qui aura lieu demain où après-demain. Cela vous fait comprendre ma hâte, mon désir de vous voir le plus tôt possible.

— Oui.

Ludovic s'était levé. Il alla s'appuyer contre la grande cheminée.

— Vous n'avez plus de question à me poser ? demanda Mina.

— Pas pour l'instant.

— Alors je puis parler ?

— Je vous en prie.

— Vous avez été brave, je serai franche. Je n'aime plus Wilhelm. Il s'est fait rouler par vous. Je le méprise. Dans mon pays, on aime ceux qui réussissent ; on admire les vainqueurs...

— Et on crache sur les vaincus... charmant caractère.

— C'est le nôtre, Ludovic Dortailles. Vos plaisanteries n'y changeront rien. Donc, je n'ai plus d'amour pour Wilhelm, ni d'estime, ce qui est plus grave.

— Et comme je suis le plus fort, pour le moment du moins, vous vous mettez de mon côté. Mais si je venais à être le plus faible ?

— Justement, je viens vous proposer le moyen d'être toujours le plus fort.

— Et quel est ce moyen ?

— C'est de m'épouser.

Ludovic se contint. Deux sentiments luttaient en lui : l'indignation et une violente envie de rire. Il eut la présence d'esprit de réprimer son hilarité, de refouler son indignation.

— Cela est faisable, Mina Wolfang, dit-il gravement. Mais qui m'assure que cette union que vous m'offrez n'est pas au contraire un moyen de me livrer à mon ennemi, à mon frère ?

Cette observation parut décontenancer Mina.

— Il est certain, dit-elle, que vous avez le droit de vous méfier. Réfléchissez, cependant, que si j'étais avec Wilhelm, votre ennemi par conséquent, je n'avais qu'à me taire au lieu de vous prévenir du danger qui vous menace. Croyant Wilhelm mort, vous ne vous seriez douté de rien. Vous auriez pu commettre une de ces maladresses irréparables.

— Fort bien raisonné. J'admets votre sincérité. Résumons-nous donc. Wilhelm Schwartz, selon vous, est perdu, ne peut rien contre moi...

— A moins que je ne l'aide, fit Mina les dents serrées. Je sais aussi, moi, bien des choses que Wilhelm et vous ignorez. Je puis, à mon gré, perdre l'un ou l'autre. C'est vous que je veux sauver... Profitez-en.

— Oui, dit Ludovic rêveur, vous sauvez la main de la princesse Schwartz. Peu vous importe l'homme !

— Oui, c'est vrai, je veux être princesse de Schwartz.

— Eh ! dit Ludovic, Wilhelm a refusé de faire de vous sa femme... Soyez franche. Ce n'est pas parce que je suis le plus fort que vous me choisissez, c'est parce que Wilhelm ne veut pas de vous pour sa femme.

Mina rougit.

— J'avoue... Wilhelm a refusé hier catégoriquement de m'épouser.

— Et si maintenant il consentait ?

— Ah ! s'écria Mina, pâlissant soudain de fureur, il est trop tard à présent. L'affront a été fait. J'ai subi l'insulte. Je n'oublie pas. Je ne pardonne pas. Je suis avec vous... de corps et d'âme. Prenez-moi... faites de mon fils, du fils de votre frère, un prince de Schwartz, et je vous jure que vous n'aurez pas d'esclave plus obéissante, plus dévouée... Ma vie est à vous !

Elle avait pris la main de Ludovic, la serrait. Son regard ardent épiait sur le visage du reporter l'effet de ses paroles.

Il fallait à Ludovic toute sa volonté, toute sa fermeté d'âme pour rester impassible devant l'audacieuse proposition de cette femme.

Cette effroyable créature, avec un répugnant cynisme, avouait son ambition. Elle mettait à nu son âme mercenaire, la bassesse de ses instincts. Elle offrait son corps, son intelligence à celui qui la ferait princesse. Peu lui importait que dans ce marché ignoble fût sacrifié le père de son enfant, l'homme qu'elle avait aimé ! Vénale, elle se vendait pour un titre, pour de l'or...

Certes, si en cet instant Ludovic n'eût craint que pour lui, s'il n'avait redouté pour Héléna, pour Henri, le ressentiment de cette horrible femme, avec quelle joie il eût dit à Mina ce qu'il pensait de son immonde proposition, au risque de perdre la vie.

Mais il songea à ceux qui lui étaient chers. Il songea que la France avait été volée d'un document précieux, intéressant son avenir, qu'il n'avait pas le droit de risquer sa liberté, sa vie peut-être, celle de ses amis. Il imposa silence à son dégoût.

— Mina Wolfang, dit-il d'une voix grave, j'ai besoin de réfléchir. Vous comprendrez vous-même que je puisse hésiter à épouser celle qui fut la compagne dévouée de mon ennemi. Je ne refuse pas de faire de vous la princesse de Schwartz, loin de moi cette pensée ; mais je désire avoir des preuves réelles de votre amitié. Avant de faire de vous ma femme, je veux avoir la certitude que vous êtes mon alliée, que la future princesse de Schwartz saura défendre les intérêts de celui qui lui donnera son nom et sa fortune.

Mina Wolfang se redressa triomphante.

— Qu'à cela ne tienne, dit-elle, vous aurez ces preuves !

— Quand ?

— Bientôt... Je partirai demain pour Spandau. Trouvez-vous à Spandau le 26 de ce mois, à l'hôtel Royal. Vous verrez que Mina Wolfang est fidèle à ses amis. Le 26... Ludovic Dortailles, vous n'aurez plus à craindre Wilhelm Schwartz. Mais jurez-moi sur l'honneur que si je réussis vous m'épouserez.

— Si vous réussissez, Mina Wolfang... Que voulez-vous dire ?... Je ne puis engager ma parole sans connaître vos projets !

Mina hésita un instant.

— Non, dit-elle. Mieux vaut me taire. Ecoutez... Je suis plus généreuse que vous. Je ne vous demande pas votre parole, je suis certaine que lorsque j'aurai agi, vous serez le premier à faire à Mina Wolfang l'offre de l'épouser. Prince Wilhelm, ayez foi en votre future épouse, car elle a foi en vous. N'insistez pas... Je ne dirai rien.

Ludovic ne s'entêta pas. Trop heureux de s'en tirer à si bon compte et que Mina n'eût pas exigé sa parole qu'il eût été contraint de refuser, il se hâta de prendre congé.

— Mina Wolfang, dit-il, je serai à l'hôtel Royal le 26..

— Wilhelm de Schwartz, ce jour-là, vous serez un homme heureux !

Elle lui tendit la main.

Ludovic, galant, baisa cette main qu'il aurait voulu briser dans la sienne, et sans ajouter un mot de plus, il sortit.

Il n'en pouvait plus. Cette dissimulation l'étouffait. Il avait hâte d'être au grand air pour respirer à son aise, réfléchir à tout ce qu'il venait d'entendre.

On lui amena son cheval. Il se mit prestement en selle, jeta une pièce au palefrenier, sortit de l'hôtel. Une voix criait :

— Au revoir, prince de Schwartz !

Ludovic leva la tête. Mina était à la fenêtre...

Le sourire aux lèvres, Ludovic ôta son chapeau, fit un grand salut en murmurant :

— Le diable t'emporte, démon !

Et, furieux, il enfonça ses éperons dans le ventre de son cheval, qui, hennissant de douleur, partit comme un trait et renversa un gros bourgeois qui lisait la *Gazette de Cologne.*

Ludovic était si exaspéré qu'il ne se retourna même pas.

CHAPITRE XXIV

Celui qui passe à travers les murailles.

Ludovic n'était pas allé directement à Schwartzburg. Il s'était arrêté à un petit pavillon renommé, sorte de restaurant en vogue, situé au bord d'un petit ruisseau, à environ un demi-kilomètre de la ville, à quelque distance de la route.

Si Ludovic, qui avait quitté le château de Schwartz vers midi sans avoir pris le temps de déjeuner, éprouvait le besoin de séjourner au Pavillon des Fleurs, ce n'était pas uniquement pour se restaurer. Il voulait réfléchir aussi, combiner un plan, lutter à armes égales avec la dangereuse Mina Wolfang.

Il passa là près de deux heures, mangeant peu, pensant beaucoup. Cette halte, qui, semblait-il, était sans importance, devait être préjudiciable à Ludovic, amener par la suite de terribles événements.

En effet, si Ludovic, au lieu de séjourner au Pavillon des Fleurs, avait continué son chemin, il aurait rencontré aux portes de Schwartzburg Héléna de Marsall qui, modestement vêtue, se dirigeait à pied vers le château.

Il est hors de doute que Ludovic n'eût pu résister au désir de se faire reconnaître de sa fiancée, tout à la joie de la revoir, et que tous deux n'eussent longuement échangé de tendres propos.

Et ainsi, Héléna, avant de se rendre à Schwartz, au château, aurait eu la certitude que son fiancé se trouvait loin, alors qu'elle-même y pénétrait, et elle aurait pu s'étonner à juste titre d'entendre le vieux Keller lui dire :

— Vous êtes mademoiselle Milher... Monseigneur vous prie de l'attendre un instant. Il était sorti à cheval pour aller à Schwartzburg ; mais son cheval l'ayant désarçonné et s'étant enfui, Monseigneur est revenu aussitôt. Il se repose. Dès qu'il le jugera convenable, il descendra vous parler dans le petit salon, où il a donné ordre de vous introduire. Suivez-moi, je vous prie, mademoiselle Milher.

Cette phrase eût étonné et alarmé la jeune fille. Mais elle n'avait pas vu Ludovic. Elle le croyait toujours dans les Balkans. Elle ne connaissait pas l'homme qui avait pris le nom de Wilhelm Schwartz. Elle ne savait rien.

Elle suivit donc Keller dans le salon qui lui était destiné ; et comme l'intendant allait se retirer, elle lui demanda si elle pouvait parler à un de ses parents, Otto Schultz, car c'était lui qu'elle venait voir, et non M. le prince de Schwartz.

— Je sais ce que je dis, répondit Keller d'un ton rogue. J'ai les ordres de Monseigneur. Quant à votre parent, M. le valet de chambre Otto Schultz, sauf. le respect que je vous dois, mademoiselle Milher, c'est un homme insolent et mal élevé. Parce qu'il est le favori de Monseigneur, il se croit tout permis. Mais patience, chacun son tour. La faveur des grands est variable...

— Qu'a donc fait Otto ?

— Ce qu'il a fait, mademoiselle Milher, ce qu'il a fait ! Il m'a répondu grossièrement lorsque j'ai été le trouver dans le cabinet de Monseigneur pour le prévenir qu'il était l'heure du dîner. Oui, moi, l'intendant Keller... j'ai fait cela. Je me suis abaissé jusqu'à aller prévenir ce valet. Car, en somme, votre parent n'est qu'un valet dont je suis le chef. Eh bien ! Le croiriez-vous ? Otto Schultz m'a poussé dehors en me disant qu'il ne se souciait pas de dîner, qu'il avait à faire un travail pressé pour Monseigneur, et qu'il me défendait, — me défendait, vous entendez ? de remettre les pieds dans le cabinet de travail.

— Il a eu tort ! répondit Héléna en souriant. Mais je suis certaine que si vous alliez lui dire que Mlle Jeanne Milher le fait demander, il serait plus aimable.

— Non, dit Keller, je ne m'abaisserai pas une seconde fois à parler à cet homme. D'ailleurs, il a fermé la porte au verrou, il l'a barricadée ; c'est en vain que j'ai essayé de pénétrer par force.

— Vous voyez bien que vous êtes revenu lui parler...

— Permettez... Permettez... C'est parce que j'avais reçu l'ordre de Monseigneur, à qui j'avais rendu compte de l'insolence de son valet et qui m'avait ordonné de donner ordre à Otto d'aller lui parler.

— Et Otto a refusé ? dit Héléna tremblante.

— Il n'a pas positivement refusé, avoua Keller. Je ne lui ai rien dit. J'ai essayé de forcer la porte, et ne pouvant réussir, je suis allé dire à Monseigneur ce qui en était. Voilà.

— Et qu'a dit le prince ?

— Monseigneur a froncé les sourcils, il a fait : « Ha ! » et il m'a dit : « Retirez-vous. Qu'on me laisse seul... Que personne ne me dérange. »

— Et c'est alors qu'il vous a dit de me faire attendre ?

— Mais non, mademoiselle Milher, c'est avant son départ, cela.

— Maintenant, il ne m'a rien dit. Rien du tout. Et vous pensez bien que je ne suis pas assez sot pour aller le déranger. Il a l'air de fort mauvaise humeur. Et puis, quand il est rentré, il était tout drôle. D'abord, il n'avait pas son grand manteau. Il avait changé de chapeau. Il regardait autour de lui d'un air égaré. Il rougissait et pâlissait tout à tour. Encore une de ses lubies. Ah ! cette maladie lui a fait bien du tort...

Héléna l'interrompit :

— Je ne puis, dit-elle, attendre indéfiniment la visite de M. le prince, que je n'ai pas l'honneur de connaître, et qui, par conséquent, ne peut avoir rien à me dire, et je ne puis davantage attendre que mon cousin ait terminé son travail. Si vous ne voulez pas le prévenir, dites-moi où il est...

Keller, froissé, redressa la tête, superbe.

— Les ordres sont des ordres, Julia Milher. Si vous ne voulez pas attendre ici, allez-vous-en. Je sais ce que je répondrai à Monseigneur. Votre parent sera prévenu de votre visite quand M. le prince daignera quitter sa chambre et me faire appeler. C'est M. le prince qui informera son valet. Moi, j'ai fait deux visites à Otto Schultz... c'est trop de deux.

Fièrement, l'intendant, ayant prononcé ces nobles paroles, se retira. Héléna, déconcertée, resta seule.

— Mon frère, songea-t-elle, aura eu à se plaindre de cet imbécile et l'aura remis à sa place. Comment se fait-il qu'il soit aussi bien avec le fils du prince Schwartz ? Il m'a bien dit qu'après la mort du père, le nouveau prince l'avait gardé à son service ; mais il ne me parle pas de sa faveur auprès de son maître. Et ce document qu'il ne trouve pas... Qu'allons-nous faire ?... On s'impatiente en France. J'ai reçu à ce sujet une lettre qu'il faut que je lui montre.

Nerveuse, elle se promenait de long en large, regardant l'heure avancer. Il lui sembla entendre confusément comme un cri étouffé. Elle tressaillit, anxieuse, prêta l'oreille.

— Qui avait poussé ce cri ?

C'était Henri Malherbe...

Mais reprenons les faits qui venaient de se dérouler tandis qu'Héléna arrivait au château.

Ce qu'avait dit Keller était rigoureusement exact.

Le prince de Schwartz était rentré au château, sans cheval, une heure environ après son départ, avait parlé à Keller, gagné sa chambre.

Pendant ce temps, Henri Malherbe fouillait dans les tiroirs, examinait minutieusement tous les papiers qui lui tombaient sous la main.

Dans la fièvre de ses recherches, il avait éconduit un peu brusquement Keller, qui l'avait surpris agenouillé devant un vieux bahut qu'il venait de forcer et qui regorgeait de paperasses.

Pour ne plus être importuné par cet imbécile, Henri Malherbe avait barricadé la porte, et avec plus d'activité que jamais il avait continué à chercher, oubliant Ludovic, oubliant Héléna.

Sa patience et son obstination devaient être récompensées. Dans un petit coffret de fer rouillé, sale, enfoui sous des papiers sans importance, dans un coin du bahut, se trouvait le fameux document.

Henri en eut l'impression dès qu'il découvrit le coffret.

— C'est là, se dit-il, et pas ailleurs. Je le sens. Je le devine. J'ai d'ailleurs cherché partout, tout fouillé, tout scruté. Si le document n'était pas là, il ne serait pas dans cette pièce, pas dans ce château... ce qui est impossible. Ce n'est pas pour rien que le vieux Schwartz s'est enfermé ici avant sa mort.

Tout en parlant, Henri, à l'aide d'un couteau, forçait la serrure.

Il jeta un cri de joie. Le document était au-dessus de tous les papiers, bien en évidence.

Le prince n'avait pas eu le temps de le remettre dans son enveloppe, qui était à côté, portant la suscription suivante :

« *Pour Sa Majesté l'Empereur,*

» *Ce pli confidentiel ne doit être ouvert que par Sa Majesté l'Empereur lui-même.* »

Prestement, Henri mit le document dans une enveloppe blanche, le glissa contre sa poitrine ; puis, comme un écolier qui s'amuse du vilain tour qu'il va jouer, il prit l'enveloppe du document, courut au bureau, écrivit quelques lignes sur une feuille aux armes de Schwartz, glissa cette feuille dans l'enveloppe, la cacheta, fit fondre de la cire, scella l'enveloppe, apposa les armes de Schwartz, et tout heureux de sa plaisanterie, il retourna au coffret.

Mais au moment même où il s'agenouillait, ayant remis en place la lettre et se disposant à placer le coffret dans le bahut, il entendit ces mots :

— Misérable voleur ! Tu t'empares des papiers de mon père ! Tu cherches à prouver que je ne suis pas le fils de Schwartz ! Scélérat ! Meurs donc, en attendant que je tue tes complices !...

Effaré, Henri se retourna.

Un homme était là ! Par où était entré cet homme ? Toutes les portes étaient fermées. . . . .

— Ludovic ! s'écria joyeusement Henri. Tu m'as fait peur...
Ecoute... J'ai trouvé le document volé par le vieux Schwartz à
Paris.

Il ouvrit le coffret, en retira la fameuse enveloppe, la tendit
en riant à Ludovic :

— Et voici l'enveloppe qui contient...

Il ne put en dire davantage. L'homme s'était rué sur lui, le
prenait à la gorge, le jetait par terre...

— Ludovic !

— Je suis le prince de Schwartz.

Henri essaya de se dégager.

Mais l'homme était vigoureux. D'une force décuplée par la
rage, il maintint son adversaire, regarda autour de lui... Il vit
le couteau qui avait servi à forcer le coffre, s'en empara...

Un éclair. La lame s'enfonça dans la poitrine d'Henri
Malherbe.

Puis, Wilhelm, car c'était lui, fou de rage, frappa, frappa
sans relâche le malheureux Malherbe, qui ne put que jeter
un cri...

Il s'évanouit, resta immobile, baignant dans son sang.

Wilhelm s'empara de l'enveloppe. Il reconnut l'écriture de
son père. Pieusement, il baisa la lettre.

— Enfin, dit-il d'un air de triomphe, j'ai de quoi prouver
que je suis le fils de mon père. Cette lettre, ce document que
Dortailles et ses complices cherchaient à reprendre, doit être
infiniment précieux, puisqu'ils n'ont pas hésité, l'un à prendre
mon nom, l'autre à s'introduire chez moi pour s'en emparer.
Il sera remis à l'empereur par moi... par moi... Wilhelm
Schwartz !...

Il s'approcha du bahut, fit mouvoir un bouton dissimulé
sous la tapisserie. Le mur silencieux sembla s'entr'ouvrir.
Wilhelm passa à travers le mur, qui se referma.

A ce même moment, Henri ouvrit les yeux, voyant disparaître Wilhelm.

— Traître, murmura-t-il. Faux ami... Faux Français, qui a
craint que, l'ayant reconnu, je ne le trahisse, que je l'empêche
de garder les millions de son infâme père ! Misérable qui
m'assassines et emportes ce document pour te gagner l'amitié
de ton empereur ! Tu seras volé. Je l'ai, le vrai document. Je
l'ai et il va retourner à la France. Mais... Il faut... Héléna...
Ah !

Perdant son sang par plus de dix bessures, Henri, par un
effort surhumain, se traîna jusqu'à la porte secrète que Ludovic lui avait montrée.

S'appuyant au mur qu'il tachait de son sang, il se leva, fit
mouvoir le ressort, se traîna dans le petit couloir aboutissant
au salon, murmura d'une voix angoissée :

— Héléna... Héléna !...

Il ouvrit la porte de communication, s'abattit sur le tapis.

— Henri ! Ici ! blessé !

— Héléna, Héléna ! vite... écoute !...

— Au secours !...

— Tais-toi, au nom du ciel, tais-toi... N'appelle pas... Je n'ai
plus que quelques minutes... Je n'ai pas la force... Prends dans
mes vêtements... une enveloppe...

— Je l'ai...

— C'est le document... glisse-le dans ton corsage... Prends dans ma poche le revolver...

— Je l'ai.

— Si Ludovic te poursuit... frappe-le sans remords...

— Que dis-tu, Henri ?...

— Ludovic vient de m'assassiner...

— Grand Dieu !

— Il a pris la place et le nom du prince de Schwartz... le fils, qu'il a tué... Il veut garder sa fortune... son titre... Il est Allemand de cœur et de sang... C'est bien le fils de Schwartz...

Héléna, horrifiée, pâle de stupeur, écoutait, agenouillée, incapable de faire un geste, comme paralysée.

— Le prince de Schwartz, affirme Henri, c'est Ludovic... traître à la France, traître à ses amis... Qu'il soit maudit !

Héléna, frappée au cœur, baissa lentement la tête.

— Ludovic infâme ! gémit-elle.

— Oui, infâme plus que tu ne crois... car en me frappant il a juré de tuer mes complices. Mes complices, c'est toi, Héléna ! Punis-le ! Rentre vite en France et ce document rendu, ne vis que pour venger ton frère... pour punir le misérable... Jure, Héléna, que tu ne lui feras pas grâce... que tu le tueras...

Héléna, livide, étendit le bras :

— Je le jure ! dit-elle.

On entendit résonner dans la cour le pas d'un cheval.

Héléna s'était levée, se tordait les bras, désespérée.

— Mais toi... toi... toi, Henri... mon frère... t'abandonner ainsi...

— Qu'importe !... je vais mourir... Pense au document... La France d'abord. Ecoute... ce cheval que j'entends... va voir...

Héléna courut à la fenêtre.

— C'est Ludovic, dit-elle... tu as dû te tromper, frère... Ce n'est pas lui qui t'a frappé...

Henri ricana

— Le tour est bien joué. Il était ici... je te dis... Il m'a frappé. Il est venu par un passage secret... puis il est parti... est allé prendre son cheval... feint de revenir de Schwartzburg. Il va t'aborder le sourire aux lèvres, jouer la comédie de la douleur... pour mieux endormir tes soupçons... te tuer... Fuis... Héléna... Fuis... Et venge-moi... Adieu !

Héléna, éperdue, se jeta sur son frère, l'embrassa tendrement.

— Fuis, je te l'ordonne !

Elle se releva farouche.

— Adieu, Henri de Marsall, dit-elle, tu seras vengé. Le prince de Schwartz ne mourra que de ma main.

Elle vit une porte devant elle, l'ouvrit, et disparut.

Henri Malherbe, à bout de forces, était retombé. Il râlait.

Un tressaillement agita son corps inerte. Il entendait la voix de Ludovic.

— Vous êtes fou ou ivre, Keller ! criait-il. Je n'ai pu venir ici, puisque j'étais à Schwartzburg. Nous verrons cela plus tard. Où est Mlle Milher ? C'est bon, c'est bon. Nous nous expliquerons plus tard. Retirez-vous.

Henri entendit s'éloigner Keller, se rapprocher les pas de Ludovic....

Devant lui s'ouvrit toute grande la porte à deux battants...

Ludovic, souriant, parut :

— Ma chère Héléna !

Il recula, stupéfait...

Henri Malherbe redressait son buste, appuyé sur ses mains. Son regard haineux alla frapper Ludovic, muet de stupeur...

— Héléna me vengera ! dit le blessé d'une voix sourde. Héléna sait tout. Elle sait que c'est toi qui viens de m'assassiner... misérable... infâme... digne fils de Schwartz...

Ludovic se sentait devenir fou. Il porta ses mains à son front.

— Moi... qui t'ai tué... Moi... Henri... Que dis-tu ?... tu délires... Qui donc t'a frappé ? Au nom du ciel, rappelle ta raison... tu ne crois pas cela ! Tu n'as pu dire à Héléna... Voyons, que s'est-il passé ?...

Il balbutiait, s'approchait d'Henri, tendait vers lui des mains suppliantes.

— Héléna te maudit, assassin... comme je te maudis, toi qui, pour garder ton titre et tes millions, trahis la France, infâme Schwartz...

Ludovic poussa un cri terrible.

La tête d'Henri venait de retomber. Il ne bougeait plus...

Ludovic, affolé, se précipita, prit Henri dans ses bras.

— Henri ! Henri ! au nom du ciel, écoute-moi... parle-moi... c'est fou...

Il mit sa main sur le cœur de son cousin. Le cœur ne battait plus...

— Mort ! Mort !

Il se recula épouvanté, regarda avec horreur ses mains pleines de sang...

— Il est mort me croyant son meurtrier... Héléna le croit aussi !... Héléna !... Elle !... Qu'est-ce que cela signifie ?...

Une lueur traversa son cerveau.

— Ah ! hurla-t-il. J'ai tout deviné... Wilhelm Schwartz...

Il ne put en dire plus long. Le sang afflua brusquement à son cerveau. Ses yeux se voilèrent.

Il chancela, roula à terre, une écume blanchâtre aux lèvres, murmura :

— Héléna ! Héléna !

Il perdit la notion des choses, resta hébété, plongé dans une sorte d'état voisin de la folie.

CHAPITRE XXV

Les douze coups de minuit.

C'était le 25 novembre...

Dans une île de la Havel, petite rivière qui se jette dans la Sprée, au centre même de la ville de Spandau, se dresse la fameuse citadelle que domine la tour Julius, forteresse massive, énorme, qui contient dans ses murs le trésor de guerre de l'Allemagne.

Nuit et jour, des soldats crient sur les remparts, baïonnette au canon, le fusil chargé, prêts à tirer sur l'imprudent qui oserait pénétrer dans cette enceinte sacrée, interdite à quiconque n'est pas militaire.

Et encore les soldats ou les officiers qui ne sont pas de service ne peuvent-ils franchir les remparts qui encerclent la tour Julius s'ils n'ont un permis visé par les autorités militaires de Spandau, par le général commandant la place, par le gardien-chef de la tour Julius...

Cette fameuse tour Julius est inaccessible au commun des mortels. On ne peut même se reposer à ses pieds. On n'a que le droit de se promener à une assez grande distance, loin des sentinelles, loin des remparts.

Ce 25 novembre, par une nuit assez obscure, comme onze heures venaient de sonner, un homme ayant traversé le pont qui relie l'île à la ville vint se promener devant la tour Julius.

Les cris rauques des sentinelles qui le mirent en joue firent comprendre à ce promeneur nocturne qu'il y avait danger pour lui à rester près des remparts.

Il s'éloigna lentement, sans perdre de vue les abords de la tour Julius, dirigea sa promenade vers les bords de la Havel, vint s'asseoir sur un banc de pierre placé entre deux platanes et faisant face à la tour.

C'était le Bulgare Militch qui, impatient de voir Ludovic Dortailles, avait devancé l'heure du rendez-vous. Il prit un cigare dans sa poche et, patient, il se mit à fumer. Il pensait à Ludovic, à Wanda, à Prosper.

Peut-être ce dernier avait-il retrouvé sa jeune maîtresse ? Sinon, dès qu'il aurait vu Ludovic, fait cette chose pour laquelle son concours était indispensable, il retournerait à Constantinople, consacrerait sa vie à la recherche de la fille du vayvode.

Il ne comptait pas trop sur Prosper, qui, pensait-il, s'était embarqué dans une fâcheuse affaire en s'occupant d'enlever cette prisonnière turque, et qui pouvait fort bien avoir été victime de son dévouement intempestif.

Tout, d'ailleurs, tendait à prouver que Prosper avait subi des mésaventures, car il n'avait pas paru à l'hôtel que lui, Militch, occupait d'après les renseignements fournis par le fantaisiste Parisien.

Or, Prosper Godilleau avait affirmé qu'il serait à Spandau avant le 25, et probablement avant Militch. Donc, quelque chose s'était passé qui avait empêché le brave garçon de répondre à l'appel de Ludovic.

Mélancolique, Militch se demandait s'il ne devait pas avoir aussi, à son retour à Constantinople, à se dévouer à la recherche du Parisien.

Une ombre parut sur le pont. Militch regarda distraitement le passant qui allait au loin d'un pas rapide, se dirigeant comme lui vers la tour Julius.

L'homme paraissait pressé. Il s'approchait des remparts. Les cris des sentinelles l'arrêtèrent. Il fit brusquement demi-tour, rebroussa chemin.

Militch s'était levé. Il venait de reconnaître la silhouette de Prosper.

Prosper en même temps reconnaissait Militch. Il courut à lui, se jeta dans ses bras.

— Ah ! mon vieux Militch, ce que je suis content de te voir ! Non, mais as-tu entendu ces sauvages qui ne veulent pas

qu'on regarde leur vieille tour ? Est-ce qu'ils s'imaginent qu'on
va la mettre dans la poche, la leur emporter ?

— Quand es-tu arrivé ?

Il y a une heure. J'ai été faire les hôtels de la place. Je t'ai
enfin déniché. On m'a dit que tu étais sorti. J'ai pensé tout de
suite que tu serais au pied de la tour. Et le patron ? Il n'est
pas encore là ! Naturellement. C'est l'exactitude même, et c'est
nous qui sommes en avance. Tiens, écoute... C'est le quart de
onze heures qui sonne. Ah ! mon vieux Militch... A propos, que
je te dise. Tu vas être rudement content...

— Tu as retrouvé Wanda ?

— Tout juste, mon vieux frangin.

— Est-il possible ?

— Tu sais, la prisonnière que j'ai voulu enlever malgré tes
conseils et pour laquelle je me suis entêté à ne pas partir
avec toi...

— C'était elle ?

— C'était elle !

Militch ouvrit ses bras, serra Prosper à l'étouffer.

— Mon ami... Mon ami... Tu as fait cela... Tu l'as sauvée,
toi !... Ah ! tu peux disposer de ma vie... mon frère... Wanda
sauvée... délivrée ! Que le ciel soit béni. Où est-elle ?

— A Leipzig.

— Pourquoi n'est-elle pas ici ?

— Je vais t'expliquer... Oh ! rassure-toi, elle ne court aucun
danger. Mais que d'aventures, mon pauvre vieux. Et tout ça,
grâce à des femelles. Oh ! les femmes, les femmes ! Quelle
engeance ! Ne te marie jamais... N'aie pas de maîtresse...

— De quelles femmes parles-tu ?

— Des amies de Wanda, des prisonnières. Ah ! c'est vrai, tu
ne sais pas... Asseyons-nous, mon vieux, je vais te raconter ça.
Tu vas voir s'il n'y a pas de quoi devenir vingt fois toqué !

Militch, intrigué, prit place auprès de Prosper.

— Pour commencer par le commencement et te dire la vérité
vraie, mon cher ami Militch, je dois te dire que j'ignorais que
la jeune captive dont j'avais dessein de briser les chaînes
était cette Wanda que nous cherchions depuis longtemps. Le
hasard, qui est un machiniste bien cocasse, avait machiné
ce truc-là de faire que, sans le vouloir, j'avais mis la main sur
notre introuvable jeune personne. Un ban pour le hasard, qui
s'est bien conduit, et je continue. Je te raconterai plus tard
les détails de l'évasion et l'écrabouillage de deux eunuques
qui s'étaient mis en travers de notre départ. Pour lors, j'escalade le donjon de la prisonnière. Elle me présente trois gracieuses personnes : Haydée, Nanaï et Aïscha, gentilles à croquer, mais qui ne comprenaient pas un mot de français. Si
encore elles avaient *dévidé le jars* (1), on aurait pu s'entendre.
Mais nib... Donc, Mlle Wanda interprète, me narre le désir des
trois houris et le sien. Fallait les délivrer parce qu'elles avaient
été bonne filles, ou sans ça Wanda refusait de profiter de sa
libération.

— Ma noble maîtresse ! fit Militch ému, je reconnais là son
grand cœur.

____

(1) *Parler argot.*

— Pour avoir bon cœur, elle a bon cœur, et moi aussi. C'est ce qui m'a toujours fait du tort, tu le verras par la suite. Donc, sans trop me faire prier, je délivre tout le n'harem. On se rend chez Miradou, je donne ta chambre à Wanda, dont j'ignorais toujours le nom. Mais v'là qu'elle trouve un bague à toi... Elle la reconnaît, se met à pleurer... On parle de toi... On se trouve en pays de connaissance. C'est parfait. Elle était enchantée. J'étais ravi.

» Le lendemain, je me fais un devoir d'habiller ces dames en personnes civilisées. Tu comprends, ça les changeait tellement qu'elles étaient déguisées à souhait. Le maître du n'harem pouvait passer près d'elles, il n'y aurait vu que du feu. Dociles, ces dames gardent la chambre, font semblant de faire connaissance à table d'hôte, ne sortent pas de chez Marius, jouent aux petits jeux innocents.

» Moi, je commençais à me demander ce que j'allais faire des trois Turques. Pour Mlle Wanda, parbleu, ça allait tout seul. Je la conduisais ici et je te la confiais. Bon. Mais les autres ! J'informe Mlle Wanda que j'étais résolu à semer cette graine n'importe où. Elle pleure, me supplie de les conduire au moins hors de Constantinople, en pays civilisé. Je demande à réfléchir, et je vais retenir deux places, celle de Wanda et la mienne, sur un bateau italien, venu là pour je ne sais quel motif, et qui le surlendemain faisait voile pour Trieste. Mon idée bien arrêtée était de ne pas céder, de remettre un peu d'argent aux Turques et de m'en débarrasser.

» Mais, vois si je suis peu chançard... En revenant de retenir les places, comme je montais dans la chambre, je me heurte contre Haydée, qui avait reconnu mon pas... J'avais eu des bontés pour elle. La coquine ne m'en voulait pas. Au contraire.

» Elle se jette à mon cou, m'attire sur son cœur ; jl la suis dans sa chambre.

Prosper Godilleau baissa la voix, et, penaud, continua :

— Une heure après, j'allais retenir une troisième place sur le *Donatello*, c'était le nom de notre bateau.

— Passe pour cette Turque, mais les deux autres ?

— Les deux autres ? Ah ! oui, les deux autres ! Eh bien ! ma chère Haydée avait parlé. Le lendemain matin, Nanaï venait assister à mon petit lever, pleurant, se roulant à mes pieds... Je suis bon... je la consolai. Avant midi, une quatrième place était retenue.

— Je devine, dit Militch ironique. Il en fut de même pour l'autre.

— Oui, avoua Prosper. Aïscha occupa mon après-midi. Je suis bon.

— Tu allas retenir une cinquième place...

— Voilà !

— Pauvre ami !

— Plus à blâmer qu'à plaindre, tu as raison ; mais que pouvais-je faire ?

— Ce que tu as fait. Qu'arriva-t-il ensuite ?

— Rien du tout. Miradou, ce voleur, me fit presque une note colossale à titre de compatriote. Je me serais bien fâché, mais ce brigand de Marseillais me dit avec son accent : « Qué, monsieur Prosper, vous plaignez pas, allez, vous en avez pour votre argent ! Elles sont si gentilles, ces petites... Ah ! je voudrais bien être à votre place ! »

Le taciturne Militch riait aux éclats.

— Y a pas de quoi rire, grommela Prosper. Enfin, bref, on est parti ; le *Donatello* a levé l'ancre, nous sommes arrivés à Trieste. Une ville insupportable, mais je garderai d'elle un grand souvenir.

— Pourquoi ?

— Es-tu pressé, donc... Figure-toi que la traversée avait rendu mes trois Turques horriblement malades. Elles n'avaient jamais été en bateau, ces pauvres petites. Toujours bon, je les conduisis dans un grand hôtel... l'hôtel de Brindisi. Je les couche et je les soigne. Toute la journée, je leur ai fourré de la tisane. Il y avait de quoi crever, de boire autant d'eau chaude. Ça les a calmées. Vers le soir, mes trois mousmées, abruties, se sont décidées à roupiller. Ravi d'être enfin tranquille, je descends à la table d'hôte rejoindre Wanda, quand, au moment de m'asseoir, j'avise à une table voisine devine qui ?

— Comment veux-tu ?

— Le nommé Wilhelm Hauser-Schwartz... celui qui ressemble à m'sieu Cocorico... tu sais ?... ce sacré Prussien qui était avec nous le jour où on t'a cueilli derrière un buisson.

— Je n'aime pas cet homme.

— Et moi, donc ! Il était pâle comme une endive. On aurait dit qu'il relevait de maladie. Il était avec une superbe fille, que je pense être la fameuse Mina, son almée à lui. Je reste un moment chocolat. Le Prussien, qui m'avait vu, fronce les sourcils. Ça me vexe. J'arbore mon sourire du 14 Juillet, le grand sourire de gala, et, bien aimable, je lui dis : « Tiens, monsieur Wilhelm Schwartz ! Quelle heureuse surprise ! Et alors, ça va, votre petite santé... Et les affaires aussi ? Paraît que vous v'là un prince, à c'te heure ! Chouette, ça... Ça va mettre du beurre dans vos épinards... Plus amusant que d'être journaliste, hein ? »

— Il t'a répondu ?

— Du flan. Il s'est levé furieux, a pris le bras de sa gitane et a dit qu'on le serve dans sa chambre.

— Et tu ne l'as plus revu ?

— Non, mais il y a une chose qui me chiffonne, Militch.

— Laquelle ?

— C'est que j'ai appris que sa chambre était voisine de celle de Wanda.

— Eh bien ?

— Eh bien ! Après le dîner, j'ai été reconduire Wanda dans sa chambre, et nous avons causé de toi, du patron. J'ai dit que nous avions rendez-vous tous deux le 25 novembre, au pied de la tour Julius, pour une grosse affaire... très importante... et qu'il fallait à tout prix que je sois à Spandau avant cette date.

— Maladroit !

— Et je n'ai su que le lendemain que le Schwartz avait couché dans la chambre voisine, et qu'il aurait pu entendre notre conversation. Je ne me suis pas méfié...

— Crois-tu qu'il ait entendu ?

— Je ne crois pas, car moi je n'ai rien perçu de ce qui se

passait dans la pièce voisine. Et à moins qu'il n'ait percé un trou dans le mur...

— C'est possible.

— C'est très possible, car, je vais te dire, il m'est arrivé depuis que j'ai mis le pied en Allemagne toutes sortes de mésaventures qui ont retardé mon arrivée ici. Il y a six jours au moins que je devrais être à Spandau, mais on m'a cherché des chicanes partout, on m'a envoyé chez des commissaires, on a exigé mes passeports. Heureusement que j'étais en règle. Seulement, on gardait mes papiers toute la journée pour les vérifier. Tu comprends, on me faisait perdre mon temps, on me retardait.

» Et à Leipzig, ça c'est le bouquet, j'ai dû aller chez une sorte de préfet de police ou de juge qui voulait me garder en prison. Ce bougre-là prétendait qu'on m'avait dénoncé à lui comme faisant la traite des blanches. Il voulait m'incarcérer pour outrages aux bonnes mœurs. Tu vois ma tête... On a interrogé Wanda et les trois Turques. Je m'en suis tiré et je ne sais comment. Heureusement, j'avais pu prévenir Wanda, qui a dit comme moi. J'ai fait passer Haydée pour ma femme, et les deux autres pour mes belles-sœurs, et Wanda pour ma sœur. Ah ! c'en a fait un mic-mac

— Et ce n'est pas tout. Je dois comparaître après-demain de nouveau chez le juge. Ma foi, je n'ai pas attendu cette comparution, je suis venu à Spandau d'abord, et j'ai laissé les quatre femmes là-bas. Je demanderai conseil au patron, et après-demain on ira retirer ces malheureuses de l'hôtel d'Allemagne, où elles gîtent, très malmenées d'ailleurs par le propriétaire, que ces allées et venues de policiers, d'agents, ont effaré. Est-ce que cet apache n'avait pas la prétention tantôt de m'empêcher de quitter l'hôtel ? Je l'ai envoyé à Dache, et me voici. Mais, qu'est-ce que tu as ? T'as l'air embêté !

Au moment où Militch allait répondre, derrière les arbres apparut une silhouette bien connue.

Les deux hommes se levèrent.

— M. Dortailles.

— M'sieu Cocorico.

Le nouveau venu tendit sa main aux deux hommes.

— Merci, mes amis, d'être venus, d'être exacts. C'est bien.

— Vous pensez bien, patron, dit Prosper joyeusement, qu'on n'aurait eu qu'une jambe...

— Vite... suivez-moi... Nous ne sommes pas en sûreté ici... on causera plus tard. Il nous faut à l'instant quitter Spandau.

— Mais...

— Nous sommes dénoncés, surveillés, épiés ; je vous dirai pourquoi plus tard. Pas une minute à perdre. J'ai là une barque pilotée par trois hommes sûrs. Nous trouverons des costumes de matelots que nous revêtirons. Nous descendrons la Havel jusqu'à la Sprée, et nous suivrons le cours de la Sprée, jusqu'à ce que nous soyons loin de cette ville maudite.

Un coup sonna à l'horloge.

— Il n'est que temps. C'est à minuit qu'on doit s'emparer de nous... ici même... vite, vite...

Ahuris, Militch et Prosper suivirent Ludovic le long de la Havel, sans mot dire. Ils tournèrent la tour Julius, s'enfoncèrent sous les arbres, descendirent sur la berge. Ils virent une barque amarrée à une grosse pierre.

Ludovic siffla doucement.

De la barque trois hommes surgirent.

— C'est moi, dit Ludovic, êtes-vous prêts ?

— Oui, mon prince.

— Mon prince, murmura Prosper.

— Oui, dit à voix basse Ludovic, je me fais passer pour le prince de Schwartz, que je croyais avoir tué. Je t'expliquerai tout plus tard... n'aie pas l'air surpris... Ne m'appelle plus par mon nom.

— Compris, dit Prosper, qui ne comprenait pas.

Les trois hommes montèrent dans la barque.

— Nagez, ordonna Ludovic.

Les rames lentement se levèrent, s'abaissèrent sans bruit.

Le canot silencieusement glissa sur l'eau.

— Les vêtements, demanda Ludovic.

Le patron de la barque prit sous les banquettes des vareuses de laine, des chapeaux de cuir. Les trois passagers revêtirent ces déguisements. Nul ne parlait.

La barque rapidement s'éloigna de la tour Julius, passant sous le pont, allant dans la Sprée. Comme une ombre, elle glissait. Les becs électriques, sur la rive, n'éclairaient pas sa marche de fantôme. Leur clarté mourait au bord de l'eau.

On dépassa plusieurs ponts. Les clartés se firent plus rares. Une masse sombre surgit.

— Les remparts, murmura Ludovic.

Une vigie interpella :

— Ho ! de la barque !

— Patron Marcus et ses hommes, répondit le patron, vous nous avez fait passer l'examen tout à l'heure ; si vous le désirez, on va s'arrêter.

— Non... passez.

On entendit le bruit d'une chaîne tombant dans l'eau. La voie était libre. La barque passa. On était hors de Spandau...

A ce moment, lentement tintèrent derrière les fugitifs, dans la ville endormie, les douze coups de minuit.

Le son grave des heures parvint affaibli jusqu'à eux.

Ludovic eut un petit rire.

— A cette fois, patron, demanda Prosper à voix basse, je crois que ça y est et qu'on ne nous prendra pas, hein ?

Ludovic continua à rire doucement. Mais il ne répondit pas.

Les rameurs faisaient force de rames... La barque volait sur la Sprée...

CHAPITRE XXVI

Trop tard !

Lorsque Ludovic recouvra sa raison, qui avait failli sombrer à la vue de son cousin expirant, il se retrouva dans son lit.

Un effort de mémoire lui rappela le tragique événement.

Il pleura longtemps à chaudes larmes. Puis, faisant appel à son énergie, il dompta son chagrin.

— Les femmes pleurent les morts, les hommes les vengent,

dit-il d'une voix sourde. Je n'ai qu'à venger Henri. J'ai à reconquérir Héléna, j'ai mon pays à servir, à défendre.

Il sonna. Keller accourut. Le digne intendant, pour changer, était entre deux vins.

— Keller, demanda Ludovic, depuis combien de temps suis-je couché ?

— Ah ! s'écria Keller, Monseigneur ne délire plus... Monseigneur a toute sa raison. Gloire à la noble famille de Schwartz.

— Keller, répéta Ludovic, je vous ai posé une question.

— J'y réponds, Monseigneur. Vous m'avez demandé — quelle joie est la mienne ! — depuis combien de temps — que ce jour est heureux pour moi ! — vous étiez souffrant.

— Oui... répondez !

— Eh bien ! noble prince, lorsque le démon eut mis en lambeaux le corps d'Otto Schultz, et que nous vous trouvâmes étendu près de ce cadavre qui puait le soufre... c'était le 20 de ce mois. Nous sommes le 25.

— Le 25 novembre ! s'écria Ludovic. Vite... mes vêtements...

— Mais, Monseigneur....

— Mes vêtements, vous dis-je.

— Faible comme vous l'êtes, vous n'avez pas mangé depuis le 20...

— Je mangerai quand je serai habillé. Obéissez !

Ludovic repoussa ses couvertures, sauta à bas de son lit. Mais il avait trop présumé de ses forces. La tête lui tourna, il chancela. Sans Keller, il serait tombé.

Les tempes bourdonnantes, il s'assit dans un fauteuil.

Une sueur froide baignait son visage, ses mains...

— C'est vrai que je suis faible, murmura-t-il. Cela me passera. Un peu de nourriture... un vin généreux me rendront mes forces... Il faut que j'aille à Spandau. Il est huit heures ; vous ferez atteler le coupé pour midi, Keller. J'irai en voiture jusqu'à Erfaut. Vous m'accompagnerez jusque-là... jusqu'à la gare, Keller.

— Je suis aux ordres de Monseigneur... Cependant...

— Aidez-moi à me vêtir, je vous prie.

Keller se conforma aux désirs de Ludovic.

A moitié habillé, à la grande surprise de l'intendant, Ludovic se leva, fit quelques pas. Il était horriblement pâle.

— Cela va mieux, Keller, dit-il. La nourriture dissipera cette faiblesse passagère. Allez me chercher du porto et des biscuits.

Keller sortit, et contre son habitude revint après peu de temps. Il trouva Ludovic complètement habillé, assis dans son fauteuil. Il trempa deux biscuits dans un verre de porto. Un peu de sang colora ses joues.

— Je me sens mieux, dit-il. Je vous recommande le porto, Keller, quand vous aurez des faiblesses. A présent, dites-moi, qu'a-t-on fait du corps de ce malheureux ?

— D'Otto Schultz ? balbutia Keller.

— Oui.

— Ma foi, mon prince, vous me chasserez si vous voulez, mais j'ai pensé que le corps de cet homme ne pouvait pas rester plus longtemps dans ce château. Les griffes du démon avaient lacéré son corps de telle façon qu'on aurait dit des blessures. Le malin esprit avait même poussé la méchanceté

jusqu'à teindre de sang un petit couteau et le placer à côté du
cadavre pour faire croire à un crime. Un crime au château de
Schwartz ! Votre nom glorieux, Monseigneur, eût été déshonoré
par la présence ici des juges, des policiers...

— C'est vrai, ce que vous dites là...

— Je savais bien que Monseigneur m'approuverait, triompha
bruyamment l'intendant.

— Alors, vous avez enterré ce pauvre Schultz.

Keller, embarrassé, hésita.

— L'enterrer... pas précisément, Monseigneur ; cependant,
c'est tout comme...

— Parlez donc... Qu'avez-vous fait ?

— Je l'ai fait jeter le soir même dans le torrent qui coule
derrière le château et va aboutir à deux lieues d'ici, dans un
lac souterrain. Si donc, par hasard, — ce qui est inadmissible,
car le torrent est impétueux et profond, — on retrouvait son
cadavre, on ne pourrait décemment venir enquêter sur cette
mort au château de Schwartz.

Ludovic, rêveur, ne répondait pas. Si triste qu'il fût de voir
sans sépulture le corps de son cousin, du frère d'Héléna, il ne
pouvait songer à faire rechercher le cadavre d'Henri Malherbe
pour le faire enterrer.

Et quelle tombe serait la sienne ?

L'enfouir secrètement en un coin isolé que piétineraient les
passants peut-être, qu'iraient déterrer les chiens errants, ou
bien lui donner comme dernier asile le luxueux tombeau des
Schwartz ? C'était inadmissible.

En y réfléchissant, Ludovic était contraint de s'avouer que la
seule solution raisonnable avait été trouvée par cette brute de
Keller.

Il se tourna vers l'intendant.

— Keller, dit-il, vous avez bien agi, je suis content de votre
zèle. Je vous autorise à prendre cinquante florins sur l'argent
que vous avez en dépôt.

Le visage de Keller s'épanouit, rayonna.

— Monseigneur, balbutia-t-il.

— Donnez-moi votre bras. Je veux essayer de marcher un
peu... de prendre l'air...

La promenade fut salutaire à Ludovic. Il se sentit renaître
au grand air. Il rentra fatigué, mais mangea de grand appétit,
se reposa jusqu'à midi.

Lorsqu'il prit place dans la voiture avec Keller, il ne ressentait plus qu'un peu de faiblesse, un léger étourdissement.

De Schwartz à Erfaut, il y a à peine six à sept lieues.

Mais comme le mouvement de la voiture incommodait Ludovic, les chevaux, qui, sur son ordre, n'allaient pas très vite,
mirent assez longtemps pour faire le trajet.

A la gare, il n'y avait pas de train en partance pour la direction de Spandau. Il fallut attendre deux grandes heures. Ludovic put enfin partir.

Mais la distance est grande et les changements de trains qui
ne correspondaient pas firent perdre un temps considérable à
Ludovic, qui n'arriva à Spandau que fort tard dans la nuit. Il
était plus de onze heures.

A peine hors du wagon, il mangea en hâte un morceau, but
un verre de bordeaux et se dirigea vers la tour Julius.

La tour est loin de la gare. Ludovic, qui n'avait pas voulu prendre de voiture pour ne pas attirer l'attention, s'égara à plusieurs reprises, dut demander son chemin. Enfin, il arriva sur le pont qui joint les deux rives de la Havel, aboutit à trois cents mètres environ de la tour.

Il pressa le pas. Le cri des sentinelles l'avertit du danger. Il recula, gagna l'allée des platanes, pleine d'ombre.

— Militch et Prosper ne sauraient tarder, murmura-t-il. Ils sont convoqués pour minuit.

Les douze coups de minuit commencèrent à sonner.

Comme le dernier coup venait de retentir, que mourait sa vibration prolongée, brusquement devant les yeux de Ludovic une lueur brilla.

Il fit un saut de côté, se retourna, s'empara de la main qui avait brandi le poignard. Il éclata de rire.

— Mina Wolfang ! C'est vous ! A la bonne heure ! Vous m'aviez promis une bonne surprise pour le 26 novembre. Vous n'êtes pas en retard. Le 26 novembre vient de commencer à l'instant.

Mina Wolfang, car c'était elle, lâcha son arme.

— Oh ! gémit-elle, j'arrive trop tard !

— Trop tard, ricana Ludovic, je vous trouve en avance, moi ; la journée du 26 est de vingt-quatre heures.

— C'est vous... c'est vous que j'ai failli tuer, s'écria-t-elle. Malédiction ! Je croyais frapper Wilhelm...

— Que dites-vous ?

— Je dis que Wilhelm et moi nous savions que vous aviez rendez-vous cette nuit devant la tour Julius et que Wilhelm devait s'y rendre à minuit pour tromper vos amis, les écarter de vous. Ah ! je devine... les malheureux ont devancé l'heure et lui aussi. J'arrive trop tard... vos amis sont perdus... Wilhelm est sauvé...

— Eh quoi ! fit Ludovic indigné, c'est là cette preuve d'amitié dont vous me parliez...

— Oui, je voulais tuer Wilhelm, détruire le seul obstacle qui s'opposait à votre fortune, à la mienne !

— Que ne m'avez-vous prévenu de votre dessein ? Pourquoi ne m'avoir pas dit que vous étiez informée de ce rendez-vous ? J'aurais pris mes précautions. Grâce à vous, mes amis maintenant sont au pouvoir de ce scélérat de Wilhelm, qui va les traiter comme il a traité mon cousin à Schwartz. Il les tuera, et c'est vous qui en serez la cause, Mina Wolfang ! Maudite soyez-vous, exécrable femme.

Il avait fait un geste de menace, s'éloignait. Mina courut après lui, s'accrocha à ses vêtements.

— Que dites-vous ? Que dites-vous ? Oh ! pas cela ! Ne me maudissez pas ! J'ai cru bien faire. Mon orgueil était de vous sauver sans vous prévenir, de vous montrer que j'étais votre alliée, même au prix d'un crime. Les événements m'ont trahie. Mais vous ne connaissez pas Mina Wolfang. Elle prendra bientôt sa revanche...

— Je ne veux pas de votre amitié, dit Ludovic farouche. Je préfère vous avoir comme ennemie que comme alliée. Vous êtes une femme fatale. C'est pendant que j'étais près de vous, à l'hôtel de la Cigogne, que Wilhelm assassinait mon cousin, qui en mourant m'a accusé de ce crime, qui a persuadé à ma chère Héléna que j'étais son meurtrier. Par vous, j'ai perdu l'affection de celle que j'aimais. Son frère m'a maudit. Par vous, je perds à présent mes deux amis. Vous portez la mort et le malheur avec vous. Lâchez-moi. Eloignez-vous de moi. Vous me faites horreur !

Mais c'est en vain qu'il essayait de se débarrasser de Mina. L'Allemande obstinément se cramponnait à son bras. Elle paraissait en proie à une sorte de délire.

— Vous aimez... Vous aimez une autre femme, balbutiat-elle... Vous... ce n'est pas possible. Vous mentez... vous dites cela pour me torturer. Vous ne voulez pas que je sois princesse de Schwartz, parce que je n'ai pas réussi, et vous prenez ce prétexte pour que je vous quitte, que je renonce à être votre femme ! Eh bien ! non. Je serai princesse de Schwartz.

— Si Wilhelm vous épouse, peut-être.

— Je n'aime pas Wilhelm.

— Que vous importe l'amour ! Ce que vous voulez, c'est de l'or, un titre. Eh bien ! vous allez pouvoir les obtenir à présent. Vous n'avez qu'à me dénoncer aux magistrats allemands. Livrez-moi à mon frère, il vous récompensera. Il vous épousera sans doute. Allons, qu'attendez-vous ? Allez chercher les policiers. Je les attends. Je ne me sauverai pas. J'en donne ma parole.

— Vous êtes fou ! Vous voudriez que, moi...

— Je veux mourir. Que m'importe la vie à présent ! J'ai cru pouvoir rendre service à mon pays. J'en suis incapable, incapable de sauver mes amis qui vont mourir comme est mort Henri. Je n'ai même plus pour me soutenir l'amour d'Héléna. Je veux mourir, entendez-vous ? Vengez-vous de mon mépris, de ma haine, car je vous hais. Que ma ruine, ma mort soit la base de votre fortune, princesse de Schwartz ! Livrez-moi... Vendez-moi...

Exaspéré, il avait pris Mina par les poignets, l'avait jetée à genoux, et courbé sur elle, lui crachait à la face son mépris, son désespoir.

Sous l'outrage, Mina avait blêmi. Mais une autre douleur lui mordait le cœur. Le Français aimait une autre femme. Cela lui rendit sa vigueur, sa rage. Elle s'arracha des mains de Ludovic.

— Moi, vous livrer ! dit-elle. Jamais !

— Pourquoi ? vous avez peur ?

— Je vous aime !

— Vous !

— Moi ! Et jamais — sur la tête de ma mère, je le jure — je ne tenterai rien contre vous. Je vous aime ! vous avez cru que ce titre de princesse que j'ambitionnais était le but de ma vie ! Oui, d'abord... c'est vrai. Mais à Schwartzburg, ce n'était plus cela. Je vous ai vu... j'ai aimé... et ce titre que je demande, ce n'est pas pour la vanité d'être princesse et riche... c'est pour être votre femme à présent...

— Jamais ! déclara Ludovic. Jamais !

Mina avait baissé la voix.

— Je vous aime et vous ne m'aimez pas... Mais peut-être un jour m'aimerez-vous...

— Jamais !

— Qui sait ? Nous allons nous séparer. Vous irez de votre

côté, moi du mien. Mais, de loin comme de près, je saurai ce que vous faites, et que cela vous plaise ou non, je vous servirai... je servirai vos projets !

— Mes projets, c'est la ruine de votre patrie !

— Je vous aiderai contre ma patrie, dit Mina, les yeux étincelants. Qu'importe une patrie à celle qui aime ! Elle n'a pas de pays, de croyance que son amour...

Ludovic frémit. A cet amour sauvage, passionné, il eût préféré une haine terrible, impitoyable.

— Vous ne savez ce que vous dites, Mina Wolfang, dit-il sourdement. Moi je suis Français, mon devoir est de servir la France ; le vôtre, à vous Allemande, est de servir l'Allemagne contre la France, contre moi.

— Mon devoir, rugit Mina, est de me faire aimer de vous par quelque moyen que ce soit, puisque je vous aime.

— Mina Wolfang, chassez cet espoir de votre cœur ; je ne vous aime pas, je vous l'ai dit. Et je vous répète que je ne vous aimerai jamais. Tout nous sépare.

— Rien ne nous sépare que votre amour pour une autre femme.

— Cette raison, en effet, doit vous suffire.

Mina Wolfang grinça des dents.

— Oh ! cette femme... Cette Héléna... Je voudrais lui arracher le cœur.

Ludovic, qui se contenait avec peine, s'emporta en entendant cette explosion de haine à l'adresse de celle qu'il adorait.

— Ah ! prenez garde, Mina Wolfang, ne me poussez pas à bout. Je vous défends de prononcer le nom de ma fiancée. Il est souillé en passant par votre bouche. Qu'il ne tombe pas un cheveu de sa tête par votre faute, moi vivant, ou aussi vrai que je m'appelle Ludovic Dortailles, j'oublierai que vous êtes une femme !

— Et vous me tueriez ?

Ludovic ne répondit pas. Son silence était plus éloquent que toute parole.

Mina et lui se regardaient, les yeux étincelants de fureur. Ce fut elle qui parla la première.

— Ludovic Dortailles, écoutez bien ceci. Mina Wolfang vous a offert son amour. Vous avez repoussé Mina Wolfang. Elle vous pardonne. Vous aimez une autre femme dont vous avez l'imprudence de prononcer le nom. Cette femme, je la chercherai, dussé-je parcourir le monde, et je la trouverai. Oh ! rassurez-vous, je ne lui ferai aucun mal. J'ai réfléchi. Ma vengeance, si à ce moment-là vous me méprisez toujours, sera autrement terrible.

— Que ferez-vous, gronda Ludovic.

— Je lui prouverai qu'elle a tort de vous aimer, et elle cessera de vous aimer. Et elle me vengera en vous repoussant, en vous réduisant au désespoir, en se donnant à un autre.

Superbe, Ludovic sourit.

— Héléna sait que je l'aime. Elle ne vous croira pas.

Mina éclata de rire.

— Avez-vous déjà oublié qu'elle vous hait... qu'elle vous croit le meurtrier de son frère ?

Ludovic blêmit. Il avait oublié cela, en effet. Héléna le croyait coupable, le méprisait...

Cette défaillance ne dura qu'une seconde. Il releva la tête.

— Mina Wolfang, vous avez bien fait de me dire ces paroles. Elles me redonnent le courage de lutter. Tout à l'heure, j'étais fou. Je voulais mourir. Je n'en ai pas le droit. Je dois vivre, au contraire, pour prouver mon innocence et punir les assassins. Je dois vivre pour mon pays... pour vous aussi... pour ceux que j'aime. La lutte continue, Mina Wolfang, plus ardente que jamais. Libre à vous de rester neutre. Libre à vous de soutenir mon frère. Je ne veux pas de votre amitié. Je ne crains pas votre haine. Seul je me défendrai contre tous mes ennemis et contre vous aussi, Mina Wolfang... Adieu !...

Avant que Mina eût pu faire un geste pour le retenir, Ludovic s'était éloigné à grands pas, courant vers le pont.

Immobile, Mina vit la silhouette du Français s'enfoncer dans la nuit, disparaître.

Comme hypnotisée, elle resta longtemps, le regard perdu, vers cette ombre évanouie, puis son sein se souleva ; des sanglots contractèrent ses lèvres, des larmes abondantes coulèrent de ses yeux.

D'un pas lent, automatique, elle passa devant la tour Julius, se dirigea vers la ville. Quels sombres projets enfantait son cerveau pervers ? Son amour pour Ludovic allait-il lui inspirer quelque bonne pensée ? Sa haine pour Héléna n'allait-elle pas la pousser à commettre quelque nouveau crime ?

Celui qui aurait pu passer près d'elle et qui aurait pu recueillir les paroles qu'elle murmurait d'une voix brisée n'eût pas prophétisé l'avenir, car elle répétait inlassablement :

— Je l'aime... Je l'aime !...

Quels résultats cet amour sans espoir allait-il donner chez cette belle fille aux sentiments diaboliques, au visage doux et régulier, aux yeux limpides et clairs comme l'eau calme d'un lac ?

« Perfide comme l'onde », a dit Shakespeare...

CHAPITRE XXVII

Deux lettres.

Le sérail, le harem, le pensionnat de Prosper Godilleau — ces trois dénominations peuvent s'appliquer aux trois femmes de notre ami — était dans les transes depuis le départ de son sultan.

Haydée, qui depuis qu'on avait quitté Constantinople traitait Aïscha et Nanaï avec une certaine hauteur, avait abdiqué tout orgueil devant cette catastrophe : l'absence de Prosper !

La journée du 26 parut fort longue aux trois Turques.

Dans leurs chambres respectives, le nez contre les vitres, elles avaient épié tout le jour le retour du cher disparu.

Le soir venu, éplorées, elles se rendirent chez Wanda, qui essaya de les consoler, leur affirmant que leur seigneur et maître allait revenir, qu'il serait à Leipzig sûrement le lendemain, puisqu'il devait comparaître devant un magistrat.

Les paroles de Wanda ne purent calmer ces inconsolables, qui la quittèrent fort dépitées et dans le corridor passèrent subitement des larmes à la colère, surtout Aïscha et Nanaï.

Elles reprochèrent à Haydée d'avoir éloigné Prosper par ses exigences et son orgueil, et d'être la seule cause de sa fuite.

Haydée riposta aigrement que si le seigneur avait fui, c'était pour se dérober aux poursuites de deux femmes aussi stupides que Aïscha et Nanaï, car, pour elle, Haydée, elle était sûre de la tendresse de son seigneur.

Les discours agressifs, exaltés, se terminèrent par des coups de griffes et des prises de cheveux, accompagnés de cris aigus, qui mirent l'hôtel en révolution.

Le patron, attiré par le bruit, dut, avec l'aide de ses garçons, enfermer de force chaque femme dans une chambre dont il ferma la porte à clé.

Le scandale était énorme. Les voyageurs, choqués, réclamaient le départ de ces femmes.

Le patron ne demandait pas mieux, mais l'homme qui les avait amenées n'était pas là. Qui paierait ?

Il alla trouver le chef de la police. Il reçut un fort mauvais accueil.

Ce dernier venait de recevoir une dépêche du prince de Schwartz lui enjoignant de ne plus s'occuper de l'affaire du Français Godilleau et de ses parentes.

Il accusa le patron de l'hôtel d'être la cause du scandale, et le menaça de lui retirer sa licence si ces voyageuses étrangères, nobles dames, amies du prince de Schwartz, amies de Sa Majesté, portaient contre lui la moindre plainte.

Penaud, l'hôtelier rentra chez lui.

Le lendemain, obséquieux, il se présenta chez Wánda, porteur d'une lettre chargée. Il avait signé lui-même pour ne pas déranger la noble dame, qui, pensait-il, était encore en train de reposer.

Wanda ouvrit l'enveloppe. Elle contenait un chèque et deux lettres. Une des lettres était pour elle, l'autre pour Haydée.

Celle qui lui était adressée, écrite en bulgare, était de Militch.

Elle congédia le patron, lut tout de suite :

« Très noble maîtresse,

» Loué soit Dieu qui a permis que la fille du noble vayvode mon maître ait été sauvée par un ami, par celui qui m'a secouru. Vous êtes hors des mains de vos ennemis, mais je ne suis pas près de vous pour continuer à veiller sur vous !

» Un devoir impérieux m'a contraint d'aller au secours de mon libéateur, de nos amis.

» J'ignore ce qu'il attend de moi.

» Je sais que je risque ma vie, et je suis heureux de lui donner cette preuve de dévouement.

» Mais si je meurs, que deviendrez-vous, noble maîtresse ?

» Il faut qu'à l'instant vous quittiez l'Allemagne, que vous alliez en France, à Paris, avec vos compagnes. Faites-vous conduire au Family House, 6, boulevard Pereire. C'est là que j'irai vous retrouver si je vis, c'est là que mes amis, si je succombe, iront à votre aide.

» Le maître m'a donné un chèque pour vous. Sur les conseils de notre ami Prosper, je ne lui ai pas parlé de votre voyage en France. Je ne comprends pas pourquoi. Sans doute à cause des trois femmes.

» C'est Prosper qui m'a donné l'adresse de ce Family Hôtel. Suivez mes conseils. Touchez ce chèque, et sans perdre une minute. Car s'il vous arrivait d'échouer, peut-être vous rechercherait-on et seriez-vous encore prisonnière, livrée peut-être aux Turcs, qui sont les amis des Allemands.

» Ma joie est grande, maîtresse, de vous savoir libre et vivante. Bientôt, si Dieu le permet, vous reverrez près de vous votre vieux serviteur.

» MILITCH. »

Wanda était une jeune personne à la décision prompte. Cette lettre à peine lue, elle sonna, fit monter le patron :

— J'ai un chèque à toucher. Comment fait-on ?

Complaisant, le patron expliqua, fit signer, s'offrit à aller le toucher. Le chiffre de la somme qu'il venait de lire le rendait complaisant.

— Vous avez cinq mille marks à revenir. Voulez-vous des billets, des florins, des thalers ?

— Cela m'est égal. Je désire avoir cet argent le plus tôt possible et savoir à quelle heure il y a un train pour la France.

— J'aurai l'honneur de vous renseigner en vous apportant l'argent... et la note... C'est vous, n'est-ce pas, qui payez le tout ?

— Oui...

Le digne hôtelier se retira satisfait.

Il allait enfler sa note, et débarrassé de ces tapageuses clientes, il ferait croire aux voyageurs que pour leur être agréable il les avait mises à la porte.

Tandis qu'il allait à la plus prochaine banque, Wanda se rendait chez Haydée, lui remettait la lettre de Prosper qu'elle devait lui traduire, Haydée n'ayant que de vagues notions de français :

« Haydée, ma sultane,

» Je m'adresse à toi, bien que tu ignores le doux langage qui est le mien, mais que Mlle Wanda aura certainement l'obligeance de te traduire, parce que momentanément j'ai dû te faire passer pour Mme Godilleau. Cet homme excessif n'est qu'un blagueur. N'oublie jamais ça, ma fille, et ne va pas crier sur les toits que tu es Mme Prosper. Ça pourrait te faire le plus grand tort et à moi aussi.

» Aïscha et Nanaï, que j'aime autant que toi, ont des titres aussi à cet honneur.

» Par conséquent, ne te monte pas l'imagination et ne te pousse pas du col. Je te dis cela parce qu'il m'a semblé que tu faisais un peu la Sophie avec elles. J'aime pas ça.

» T'as compris. Moi... Je continue tout de même. Je t'adresse la présente à toi et aux deux copines, à seule fin de te faire savoir qu'il faut te cavaler avec elles au plus tôt.

» Tu suivras les conseils de Mlle Wanda, à qui je vous ordonne d'obéir aveuglément toutes les trois, si vous ne voulez pas à mon retour faire connaissance avec l'ami Bambou, un vieux copain à moi que je te présenterai certainement un de ces jours.

» Ce que je fais à Berlin, je ne te l'explique pas. C'est au-dessus de ta comprenoire. Et puis, je n'ai pas d'explications à te fournir. Suis-je le seigneur sultan, oui ou non ? Oui... Eh bien ! alors, qu'est-ce que tu réclames ?...

» Ma lettre est un peu sévère, Haydée, mais avec les femmes faut de la sévérité, ou sans ça on est fichu. Je suis sévère, mais juste. Aussi, après t'avoir dit quelques vérités, je mollis et je consens à vous envoyer un baiser que vous partagerez, Aïscha, Nanaï et toi.

» Je n'envoie qu'un baiser, parce que les fonds sont bas et que je deviens économe, mais je vous aime bien tout de même.

» C'est compris, hein ? Obéissance aveugle, sans ça gare à Bambou. Au revoir, mes enfants, Haydée, Aïscha, Nanaï, j'accepte vos hommages.

» Le bon Sultan,

» PROSPER GODILLEAU. »

La lettre de Prosper Godilleau était suivie de ce post-scriptum :

P.-S. — « Chère mademoiselle Wanda, comme c'est vous qui lirez cette lettre, je me permets de vous écrire un petit mot final, afin de vous présenter mes hommages, et vous dire que tout va bien. Nous avons retrouvé le patron, qui porte à présent le nom de l'homme que nous avons rencontré à Trieste et qui est justement celui qui nous a causé tous ces petits ennuis dans notre voyage. Le patron heureusement a tout réparé, et il vient d'écrire aux grosses légumes de Leipzig pour qu'on vous fiche la paix. Profitez de l'occase pour vous trotter à Paris, car j'ai comme une idée qu'il va y avoir du raffut.

» Je ne sais ce que manigance le patron, mais il y aura de la casse, pour sûr. Et à propos du patron, c'est drôle, mais je le trouve tout chose. Il n'est plus le même, à ce qu'il me semble. Il y a des moments où il nous fait de drôles de z'yeux. C'est au point que j'ose pas lui dire franchement ma pensée, et que, même, je *rougis* de vous l'avouer, je ne lui ai pas dit que je vous faisais filer en France.

» Je me donne des coups de poing sur la tête d'être comme ça, et d'avoir de pareilles idées au sujet de M. Cocorico. Mais c'est plus fort que moi. Ça doit être maladif. Militch n'est pas content et me regarde comme un propre-à-rien. Peut-être qu'il a raison. On verra ça plus tard. Et pour prendre congé, je vous réitère qu'il faut filer dès que vous aurez nos lettres, sans perdre une minute.

» Quand vous serez à Paris, au Family House, envoyez vite un petit bleu à l'adresse suivante, une dépêche, je veux dire à l'hôtel Adler, Unter den Linden... ce qui veut dire Sous les Tilleuls... c'est des arbres qui font de la tisane. Des fois qu'on serait absent et que quelque alboche ouvrirait la dépêche, écrivez ceci, nous comprendrons Militch et moi, que vous êtes arrivées sans danger : « Traversée excellente. Sardines fraîches. » Consommateur satisfait. Jérémie. »

» Et voilà, je me permets de vous serrer la main, avec laquelle je suis toujours votre ami dévoué. »

Haydée, à la traduction de cette lettre, manifesta une joie

enfantine. Elle voulait à tout prix la montrer à Aïscha et à Nanaï, et triompher devant elles par cette preuve de préférence.

Prudente, Wanda brûla la lettre. Mais Haydée eut une compensation, Wanda lui fit cadeau de l'enveloppe.

Cette enveloppe, Haydée la conserva précieusement sur son cœur après l'avoir montrée orgueilleusement à ses compagnes.

Deux heures après, le quartier féminin prenait le train.

Wanda et les trois Turques se dirigeaient vers la France, où elles n'allaient par tarder à arriver sans encombre.

Elles étaient sauvées, n'avaient plus à craindre les représailles allemandes ni d'aventures.

Militch et Prosper étaient victimes du plan organisé par Wilhelm Schwartz, qu'ils continuaient à croire Ludovic Dortailles, leur excellent ami Cocorico.

Quels étaient donc les projets de Wilhelm Schwartz ?

CHAPITRE XXVIII

L'Empereur.

Dans ce château, d'une architecture massive, régulière, qui vise au grandiose et dont le style frappe surtout par le manque d'originalité et de caractère, dans un grand salon-bureau de travail aux meubles clairs, qui détonnent avec les lourdes draperies tombant des hautes fenêtres et les sombres tableaux d'ancêtres suspendus aux murs recouverts d'étoffes sombres, Sa Majesté Guillaume II, roi de Prusse, empereur d'Allemagne, rêve.

La gravure a rendu célèbre — presque populaire — les traits du fameux autocrate.

Raide dans son fauteuil, le torse cambré, comme s'il passait une revue, la tête droite, la moustache relevée ; de ses yeux bleus, d'un bleu transparent, il contemple vaguement le portrait de Guillaume Ier, son grand-père.

Vêtu d'un uniforme de petite tenue de colonel de uhlans, il a une certaine allure, hautaine, violente, impérieuse.

Il a cinquante-trois ans, est souvent malade, se sent déjà vieux, las, incertain. Aussi parle-t-il parfois de paix universelle, s'intéresse-t-il aux utopies des humanitaires, médite-t-il sur les théories communistes, sociales.

Sa raideur et son intransigeance ne sont plus qu'apparentes.

C'était une attitude de commande qu'il croyait jadis devoir être celle d'un Hohenzollern, souverain maître du plus puissant Etat de l'Europe.

Mais ils étaient loin le rêve de sa jeunesse et ses désirs fous d'être le maître de la destinée de tous les peuples...

A présent, l'âme de l'empereur inclinait vers une paix armée, vers une entente générale.

La guerre des Balkans lui avait porté un terrible coup.

Il avait vu la défectuosité de cette fameuse artillerie qu'on disait la première du monde, de ces formidables canons Krupp ; il avait vu aussi le défaut de cette discipline prussienne, de cette instruction militaire allemande qui devaient faire des héros de tous ceux qui obéissaient aux officiers formés à cette école.

Volontiers, il se serait désintéressé du conflit, aurait laissé l'Autriche, son alliée, se tirer seule d'embarras. Mais le kronprinz et son parti étaient là, le poussaient, parlaient de la grandeur de l'Allemagne, de son rôle dans le monde.

A contre-cœur, l'empereur avait dû céder, prendre parti pour l'Autriche. Mais il prodiguait des conseils de prudence tout en déclarant hautement qu'il suivrait son alliée.

C'est à tout cela qu'il pensait en contemplant les portraits de son père et de son grand-père, tandis que le général von Stadt, un ami du kronprinz, était le directeur de l'espionnage allemand à l'étranger.

L'empereur écoutait d'une oreille distraite. Il avait tant de fois entendu ces rapports que le général concluait invariablement par ces mots :

— En résumé, je puis affirmer à Votre Majesté que, en France comme en Russie, grâce à votre admirable service d'espionnage, nous serions certains, en cas de guerre, de vaincre en peu de temps nos ennemis.

Mais ce jour-là, le général ne termina pas ainsi son rapport.

Ayant donné connaissance à l'empereur de tous les renseignements qu'il croyait intéressants, il mit toutes les pièces officielles dans sa serviette, et au lieu de prendre congé, il s'approcha respectueusement de l'empereur, et baissant la voix :

— Sire, me serait-il permis de m'informer auprès de Votre Majesté si, sans que j'en aie eu connaissance, est parvenue entre ses mains la pièce intéressant la mobilisation russe qui a été volée dans le cabinet du président du conseil à Paris ?

Guillaume, rappelé à la réalité, regarda le général.

— De quelle pièce parlez-vous ?

— Du document pris par le prince de Schwartz.

— Quand cela ?

— Il y a près de deux mois environ.

— Comment se fait-il que le prince de Schwartz ne m'ait pas envoyé ce document précieux ?

— C'est ce que j'ignore, Sire. Je dois avouer à Votre Majesté que je la croyais en possession de ce papier, et comme Votre Majesté ne m'en parlait pas... je n'osais me permettre...

— Le prince de Schwartz est mort récemment, dit l'empereur. Il est tombé malade subitement à son retour de France. C'est cela qui l'a empêché certainement de se rendre auprès de moi et de me faire part du succès de sa mission. Le prince de Schwartz était un ami sûr...

— Sans doute... sans doute... Et son fils, le prince Wilhelm, Sire, n'est pas moins fidèle. Son père lui aura remis le document, ou s'il n'a pas eu le temps, le prince Wilhelm l'aura retrouvé dans les papiers du défunt. Peut-être devrait-on attirer l'attention du prince sur ce point...

— Vous avez raison, général ; occupez-vous de cette affaire. Priez le prince de Schwartz de se rendre auprès de moi.

— Cela sera fait, Sire.

— Mais comment avez-vous pu savoir, général, que le prince de Schwartz avait réussi à s'emparer de ce papier ?

— Je ne l'ai su qu'indirectement et quelques jours après par
e rapport d'un de nos espions, m'avisant qu'un certain Henri
Malherbe avait été chargé officiellement par les affaires étran-
ères de reprendre ce document au prince, et que dans ce but
l était venu en Allemagne. On m'avait même envoyé le signalement de ce Malherbe et de sa maîtresse, qui l'accompagnait. Mais, à mon avis, cette femme était un homme, un
jeune policier déguisé pour mieux et plus facilement surveiller
t aider ce Malherbe.

— Et vous n'avez pas retrouvé ces deux hommes ?

— Non, Sire, avoua le général, confus. Je suppose que la
pseudo-femme et le Malherbe ont dû se déguiser dans le
train, dépister mes agents qui les attendaient...

— Vous ne croyez pas qu'ils auraient pu reprendre le document au prince de Schwartz ?

— Impossible, Sire. Personne — je me suis renseigné — n'a
pénétré auprès du vieux prince mourant que son fils.

— Alors, le document est parmi les papiers du prince ?

— Cela ne fait pas l'ombre d'un doute.

— Il est fâcheux, général, que vous n'ayez pas cru devoir
me mettre au courant plus tôt. Je vous aurais envoyé chercher
e papier chez le prince.

— Que Votre Majesté me pardonne, dit le général, mais je
croyais que le prince de Schwartz et Votre Majesté étaient
d'accord, et que le secret devait être gardé sur cette affaire. Et
puis, je n'avais pas d'ordre de Votre Majesté...

Guillaume sourit.

— Voyons, général, je ne pouvais pourtant pas vous donner des ordres au sujet d'une chose que j'ignorais.

Le général von Stadt rougit.

— Sire... Votre Majesté... balbutia-t-il.

— Ne vous excusez pas, général. Vous avez fait pour le
mieux. Le seul coupable est le prince de Schwartz, qui, entraîné par son zèle à nous servir, a voulu agir seul, présu-
mant trop de ses forces. Vous n'avez plus rien à me dire ?

— Non, Sire.

— Allez.

Le général porta sa main à hauteur du front, fit le salut militaire avec le geste sec et compassé d'un sergent instructeur,
tourna les talons, projeta sa jambe en avant d'un mouvement
brusque, la pointe du pied dirigée vers le sol et sortit automatique, raide, observateur strict des mouvements indiqués dans
ces manuels d'instruction aux jeunes recrues.

L'empereur, resté seul, alla à la fenêtre, souleva les rideaux,
regarda le givre qui couvrait les bordures de buis, les branches
d'arbres, écouta une lointaine sonnerie de clairon, et, le nez
collé aux vitres, reprit sa rêverie interrompue.

Une porte s'ouvrit lentement. Une toux discrète fit se retourner l'empereur.

Le chef des huissiers, Mannemann, salua profondément,
attendit d'être interrogé.

— Qu'y a-t-il, Mannemann ?

— Votre Majesté, c'est pour une demande d'audience.

— La personne qui sollicite a-t-elle sa lettre d'audience ?

— Non, Votre Majesté.

— Impossible, alors. Je suis surpris, Mannemann, que, connaissant le cérémonial d'usage, vous y manquiez. Vous savez bien que je ne reçois que les personnes qui ont une lettre d'audience signée par moi, portant l'heure et le jour de réception.

— Je demande pardon à Votre Majesté d'avoir enfreint les règlements, mais j'ai cru devoir prendre sur moi d'insister, la personne sollicitant une audience immédiate, insistant pour être reçue sans délai par Sa Majesté, affirmant qu'il s'agit de graves intérêts politiques.

L'empereur, surpris, demanda :

— Quel est donc cet homme qui prétend tenir entre ses mains le sort de mon royaume ?

— Son Excellence le prince Wilhelm Schwartz.

— Il ne saurait arriver plus à propos, murmura-t-il.

Et tout haut, il ordonna :

— Introduisez auprès de nous, et par faveur spéciale, le prince de Schwartz !

CHAPITRE XXIX

S. E. le prince de Schwartz.

Sanglé dans une élégante redingote, ganté de noir, son haut-de-forme voilé d'un large crêpe, l'héritier des Schwartz se courbait devant son souverain.

L'empereur attachait sur lui son œil clair, étudiait ce visage volontaire où se lisaient l'entêtement, une audace farouche en même temps que l'indécision du regard qui se troublait, laissant deviner l'émotion de l'homme qui se trouve en présence de son maître, de celui qui d'un geste peut faire courber toutes les têtes.

Cet examen fut favorable à Schwartz.

Après quelques secondes de silence, l'empereur, qui s'était assis, désigna un siège à son visiteur.

— Avant que vous me fassiez connaître le motif qui vous a poussé à me demander aussi brusquement une audience en dehors de toutes les règles, prince de Schwartz, laissez-moi vous dire la part que je prends au deuil cruel qui vient de vous frapper. L'empire a perdu en la personne de votre père un serviteur dévoué, moi je perds un ami, un soutien zélé de mon trône. C'est une perte irréparable, prince.

— Votre Majesté, Sire, peut-être assurée qu'à défaut des qualités de mon père, elle trouvera du moins en moi le même dévouement aveugle à ses intérêts, le même empressement à la servir et la même fidélité.

— Je le crois. Bon sang ne peut mentir. Vous êtes d'une race loyale fermement attachée à la cause de l'empire allemand. Je suis persuadé que le prince Wilhelm sera digne de son père.

A cet éloge, le prince de Schwartz rougit légèrement. Il s'inclina.

— J'ignore pour quels motifs, prince, vous êtes resté si longtemps éloigné de notre personne, ou plutôt je veux l'ignorer. J'oublie les plaintes de votre père, qui accusait d'ingratitude son fils prodigue. Vous voici de retour parmi les justes, déplorant vos erreurs passées. L'évangile nous enseigne qu'en un cas semblable, le père, joyeux du retour de son fils, lui fit revêtir une robe de lin et ordonna à ses serviteurs de tuer le veau le plus gras de ses étables. Je ferai donc ce qu'aurait fait votre père s'il eût vécu, moi qui suis le père de mes sujets, et je me réjouirai de vous voir revenu au logis paternel après une longue absence qui a dû porter ses fruits. Loué soit le Seigneur Dieu qui vous a remis dans la bonne voie !

L'empereur avait débité d'un ton nasillard cette petite homélie.

On sait qu'il lui arrivait souvent de paraphraser un verset de la Bible comme texte des sermons qu'il faisait à ses troupes, à ses matelots.

Cette manie de prédication était innée chez Guillaume, qui, non content d'être tour à tour général, amiral, peintre, musicien, sculpteur, écrivain, géographe ou historien, ne pouvait renoncer au plaisir de prêcher.

Avec une humilité affectée, Schwartz subit cette allusion à la conduite de l'enfant prodigue, et *in petto* se félicita que le sermon fût d'aussi courte durée.

— Votre âme, continua le monarque, vient d'être éprouvée. Elle sort de ces épreuves plus raffermie et plus prudente. Vous saurez éviter désormais les embûches de l'ennemi du genre humain, et vous vous souviendrez, si quelque tentation trop violente vous assaillait, que Dieu, qui nous a commis au soin de veiller sur les intérêts de nos sujets, nous a aussi donné le pouvoir de les conseiller et de leur dicter leur conduite. Que celui qui est sans péché jette la première pierre. Vos erreurs sont oubliées, prince de Schwartz. Vous n'avez plus désormais à rendre compte à votre empereur que de vos actes à dater de cet instant. Ainsi donc, parlez sans crainte et dites-nous quel devoir vous a conduit auprès de notre impériale personne.

Schwartz attendait avec impatience que l'empereur abordât ce sujet. Il ne se fit pas prier pour dire ce qui lui brûlait les lèvres.

— Sire, commença-t-il, j'ai un aveu à vous faire. Je ne suis pas le seul héritier de mon père, — selon la nature du moins, — car légalement je suis le seul prince de Schwartz.

L'empereur fronça les sourcils.

— Prenez garde, dit-il. Mesurez vos paroles, prince. N'insultez pas les morts.

— Sire, dit Wilhelm d'une voix ferme, je n'accuse point mon père. Je n'adresse aucun reproche à sa mémoire, mais je suis contraint de dire la vérité, car cette vérité est nécessaire pour que Votre Majesté comprenne le danger que peut faire courir à ses intérêts la prétention de mon frère naturel, qui est tout dévoué aux intérêts de la France.

— J'ignorais l'existence de ce frère. Etes-vous bien sûr ?...

— D'autant plus sûr, Sire, que ce frère qui, par un hasard miraculeux, me ressemble traits pour traits, n'a pas caché ses origines. Il s'est trouvé sur ma route, a essayé de me tuer, et croyant que ma blessure était mortelle, n'a pas craint de se substituer à moi, d'aller rejoindre mon père, qu'il supposait vivant. C'est lui, Sire, qui a reçu votre envoyé, c'est lui qui a enterré le prince de Schwartz, c'est lui qui s'est fait reconnaître par tous mes serviteurs. A tel point qu'il m'est impossible, à présent, de me présenter, sous peine de passer, moi, le vrai fils du prince de Schwartz, pour un usurpateur, pour un aventurier.

L'empereur était stupéfait.

— Une telle audace est-elle croyable ? balbutia-t-il.

— Je comprends l'incrédulité de Votre Majesté. Moi-même je n'aurais pas cru la chose possible... si je n'avais vu mon frère... si, avant de recevoir le coup de couteau qui devait me tuer, je n'avais entendu ce frère exécré m'avouer ses criminels desseins contre l'Allemagne.

— Je vais faire arrêter ce misérable !

— Impossible, Sire. Le faux prince de Schwartz a disparu depuis quelques jours. Où est-il en ce moment ? Je l'ignore... mais je ne tarderai pas à le savoir. Et je le retrouverai... je le ferai prisonnier de ma propre main.

— Vous avez tout pouvoir pour cela, prince. Je vais donner ordre...

— Un mot de Votre Majesté suffira. Un ordre d'elle m'autorisant, le cas échéant, à faire appel à la police, aux soldats...

— Vous aurez cet ordre. Mais dans quel but cet aventurier a-t-il pris votre place ? Sans doute il convoitait la fortune du prince ?

Wilhelm parut hésiter.

— Je ne crois pas, dit-il. La vérité m'oblige à avouer que je ne crois pas ce misérable intéressé. Son but était autre. Il a appris, je ne sais comment, que le prince de Schwartz avait soustrait à Paris une pièce fort importante. Ce document, qui devait vous être remis directement par mon père, est malheureusement resté entre ses mains, la maladie, puis la mort l'ayant empêché de vous rendre visite et une crainte légitime lui interdisant de confier en des mains étrangères un papier aussi précieux...

— Je devine. Il voulait reprendre le document.

— Oui, Sire.

— A-t-il réussi ?

Schwartz sourit :

— Je ne crois pas, Sire. Le prince de Schwartz avait eu le soin de mettre en lieu sûr ce document.

— Il faut le retrouver.

— On le retrouvera. Mais pour cela, Sire, il importe avant tout de s'emparer de ce misérable, de l'empêcher de poursuivre son œuvre néfaste.

— Certes !

— Ce Français s'appelle Ludovic Dortailles. A Constantinople, il était le reporter d'un grand journal français. C'est à Constantinople qu'il me frappa... se substitua tout de suite à moi... se fit reconnaître par le vieil intendant Keller qui venait me chercher de la part de mon père.

— Oh ! ces Français ! s'écria l'empereur d'un ton où il y avait pour le moins autant d'admiration que de colère, ils ont une audace insensée ! Les choses les plus folles, les plus invraisemblables ne les arrêtent point. Il est triste de convenir que jamais une idée aussi perverse, mais extravagante et courageuse, il faut l'avouer, ne serait venue à l'un de mes sujets. Au fond, ce Dortailles a joué là, pour servir son pays, une partie terrible, dont l'enjeu est sa tête.

— Votre Majesté, dit Wilhelm ironique, en louant mon frère ne s'aperçoit pas qu'elle rend hommage non aux Français, mais aux Allemands.

— Comment cela ?

— Ludovic Dortailles étant mon frère, est le fils d'un Allemand.

— Ah ! dit l'empereur souriant, c'est vrai. Votre Français a du sang allemand dans les veines, et c'est cela qui explique son courage et son audace. Je vous remercie, prince, de m'avoir rappelé ce détail. Mais il n'en est pas moins coupable.

— Doublement coupable, Sire, puisque fils d'un Allemand, il sert contre le pays qui devrait être le sien...

— Mais sa mère...

— Sa mère, Sire, hélas ! je dois en convenir, est Française. C'est quelque fille de Lorraine, sans doute, que mon noble père aura honorée de ses faveurs au moment de l'annexion de l'Alsace-Lorraine. Sans doute, ce devait être après quelque beuverie avec ses camarades. Il n'avait certainement pas conscience de ses actes. Sans cela, il ne se serait pas abaissé...

Guillaume éclata.

A cheval sur les principes, il ne tolérait pas ce que bien des gens appellent une étourderie, un péché de jeunesse.

— Le prince de Schwartz, dit-il, s'est conduit comme un reître du moyen âge. Si j'avais été son supérieur à ce moment, je l'aurais cassé de son grade.

— Mais, Sire...

— Un officier doit se battre et non violer les filles ! La joie du triomphe n'excuse pas une infamie.

Il se calma subitement :

— Le prince est mort, dit-il, en se repentant certainement de sa faute. Je n'ai plus le droit de le juger. Voyez cependant, prince, les conséquences de sa faute. Un fils est né qui est Français, qui se montre le plus acharné de nos ennemis, n'hésite pas à prendre votre place et ne reculera devant aucun moyen pour s'emparer d'un papier intéressant la défense de son pays. Patriote français, avant tout... le mensonge et le meurtre ne lui coûtent rien pour réussir. N'a-t-il pas déjà voulu vous tuer, vous, son frère ?

— Oh ! Sire, cette blessure est glorieuse pour moi, puisque je l'ai reçue d'un ennemi de mon pays. Mon frère, dites-vous ? Votre Majesté se trompe. Un Français ne peut être mon frère. Et ce n'est pas parce que le même sang coule dans nos veines que je reculerai devant mon devoir. Non... non... L'Allemagne avant tout ! Mon souverain d'abord ! Périsse ce fils de mon père plutôt qu'une honte à l'honneur allemand, qu'une défaite pour les projets de mon souverain !

Ce pathos ne voulait pas dire grand'chose.

L'empereur sourit. Il vit dans les phrases pompeuses et vides de Wilhelm une grande preuve de dévouement à sa personne.

— Vous avez raison, dit-il. Cet homme n'est pas votre frère. Ce Ludovic Dortailles est un misérable espion, un dangereux individu dont il faut au plus tôt s'emparer.

— Je m'en charge. Que Votre Majesté me couvre et autorise toutes les démarches que je croirais devoir faire pour mener à bonnes fins mon projet, et je jure qu'avant quatre jours, Ludovic Dortailles sera en son pouvoir.

— Le ciel vous entende !

Guillaume prit une feuille de papier sur son bureau, écrivit d'une main rapide :

« *Ordre à tous ceux qui liront cet ordre d'obéir au porteur du présent comme à moi-même, quoi qu'il demande, quoi qu'il fasse.* »

Il signa, data.

— Lisez ! dit-il.

Le prince de Schwartz rayonna.

— Avec ceci, dit-il, je réponds du succès !

— Allez, prince, tenez-moi au courant de vos démarches. Songez qu'il nous faut retrouver au plus tôt ce document qui intéresse fort notre empire et nous-même. L'espion une fois pris, il faudra que ce document se retrouve. Allez, et soyez assuré en toutes circonstances de notre faveur impériale.

CHAPITRE XXX

Unter den Linden.

Unter den Linden (Sous les Tilleuls) est le nom d'une des plus populaires promenades de Berlin.

Cette promenade, sise dans l'un des plus aristocratiques quartiers de la capitale allemande, a la prétention d'égaler les Champs-Elysées.

Elle ne ressemble cependant guère plus à l'élégante et grandiose avenue parisienne qu'un clocher de petit village de province ne ressemble aux tours de Notre-Dame.

Ces tilleuls énormes, coupés sans art, qui sont en bordure de vastes trottoirs, projetant une ombre épaisse quand brille le soleil, longent une avenue de longueur ordinaire.

C'est sous ces tilleuls que viennent s'asseoir, sur de larges bancs, les commerçants retirés des affaires, les oisifs, les officiers dont le tour de service est terminé, les riches bourgeoises avec leurs enfants et aussi quelques dames de Berlin d'allure un peu excentrique et d'une beauté relative que la pudibonderie allemande affecte de considérer comme des veuves.

Tout ce monde guindé, prétentieux, regarde défiler dans l'avenue les automobiles, les officiers en grande tenue, les voitures de maîtres, les lourds équipages de l'aristocratie allemande.

Nulle gaîté, nul éclat dans ce milieu.

Ces gens ont toujours l'air d'attendre une revue, et ceux qui passent semblent se rendre à une inspection par ordre, à une parade solennelle.

Prosper Godilleau, qui avait pris place sur un des bancs libres en compagnie de Militch, n'en revenait pas de voir l'attitude gourmée des gens assis sous les tilleuls, raides, immobiles.

— Ma parole, disait-il à Militch, ils paraissent tous être devant un objectif et attendre que le photographe leur dise : « Ça y est ! Vous pouvez gigoter à présent. » Singulier peuple !

Militch, flegmatiquement, fumait une grosse pipe de porcelaine, l'air heureux, béat.

— Ça ne te fait rien, toi, Militch, d'être entouré de pareils empotés ?

— Bah ! il est probable que nous n'avons plus longtemps à voir ces gens...

— Qui sait ?

— Et puis, à présent, je suis heureux de savoir que ma jeune maîtresse est hors de danger, qu'elle est à Paris, saine et sauve. Ce qui peut nous arriver m'est indifférent. Et il m'est indifférent aussi de fréquenter encore longtemps les Allemands, puisque je sais qu'ils ne pourront faire aucun mal à la noble Wanda. Pourquoi ris-tu ?

Prosper, qui était sorti de l'Alden Hôtel le visage renfrogné, venait en effet d'éclater de rire brusquement :

— Je ris, mon vieux Militch, parce que tout d'un coup je pense à la bobine de mes trois sultanes ! Ce qu'elles doivent être ahuries de se trouver à Paris, Haydée, Aïscha et Nanaï, elles qui n'étaient jamais sorties de leur harem et qui gloussaient, comme si elles allaient faire un œuf, quand elles avaient à traverser une rue. Va falloir qu'elles se dessalent, là-bas, et rapidement. Heureusement que Mlle Wanda est là pour les piloter !

Militch fit la grimace :

— C'est une occupation indigne de ma noble maîtresse, de la fille d'un vayvode, dit-il sévèrement, que de conduire par les rues ces trois femmes. Tu aurais pu songer à cela.

— J'aurais bien voulu te voir à ma place, riposta Prosper. Si tu crois que c'était facile de semer mes trois almées... Parbleu ! si ça n'avait dépendu que de moi, il y a longtemps que je me serais tiré des pieds et presto. Mais pas moyen. Elles ne quittent pas Mlle Wanda d'une semelle, et Mlle Wanda est tout le temps occupée d'elles. C'est elle, d'ailleurs, qui m'a contraint à les emmener. Je te jure bien que telle n'était pas mon intention. Par conséquent, si mes Turques nous retombent sur le dos, la faute en est à Mlle Wanda, qui n'a pas voulu s'en séparer.

— C'est vrai !

— Patiente un peu. A Paris, tout s'arrangera. J'irai perdre en quelque Moulin-Rouge ou aux Folies-Bergère ces trois almées qui ne manqueront pas d'amateurs. Après, elles se débrouilleront. Rien de plus facile.

Militch hocha la tête.

Il ne semblait pas très convaincu que Prosper Godilleau pourrait aussi facilement qu'il le disait se débarrasser de ses trois femmes. Mais il garda pour lui ses réflexions.

Il changea de conversation.

— Pourquoi, demanda-t-il à brûle-pourpoint, n'as-tu pas voulu que le maître soit prévenu que ma maîtresse et les trois Turques allaient en France ?

— Parce que...

— Parce que quoi ?

— Parce que j'ai mon idée... ou plutôt parce que je n'ai pas d'idée.

— Je ne te comprends pas.

— Ça ne m'étonne pas. Je ne me comprends pas moi-même, et ce qui est plus grave, il me semble que je ne comprends plus m'sieu Cocorico... C'est pas de la blague. Il m'échappe.

Avant, je lisais en lui comme dans un livre... je devinais ses pensées... Il me semblait que je faisais partie de lui, que j'étais sa doublure, si je puis dire. Et à présent, y a quelque chose...

— Quoi ?

— Est-ce que je sais, reprit Prosper avec humeur. C'est idiot, évidemment. Eh bien ! écoute Militch : je me méfie...

— Du maître ?... Tu es fou !

— Oui, dit Prosper embarrassé, c'est fou, c'est canaille, c'est tout ce que tu voudras, mais c'est comme ça !

— Mais pourquoi ? pourquoi ?

— Parce que le patron n'est plus comme avant... voilà ! Il me semble que c'est plus lui-même. C'est lui et c'est pas lui.

Militch haussa les épaules.

— Fiche-toi de moi, Militch, t'as raison. Je sais bien que ce que je dis est absurde, mais y a des choses qui ne se raisonnent pas.

— Encore si tu avais un motif pour parler ainsi...

— Des motifs... c'est pas ce qui manque. Ecoute : d'abord, le patron ne nous dit pas ce qu'il fait de ses journées. Une...

— Il cherche Schwartz.

— Qu'il dit. Et alors, pourquoi qu'il ne nous emmène pas avec lui ? Deux. Pourquoi que le patron n'habite pas avec nous ?

— Sans doute parce qu'il craint de nous attirer des ennuis, de nous compromettre.

— Trois. Pourquoi que nous ne savons pas où il habite ?

Militch ne répondit pas.

— Quatre. Pourquoi que chaque fois que je parle des camaros, des blagues qu'on faisait au journal, il est pressé de parler d'autre chose, lui qui aime tant ses copains ?

— Il a d'autres soucis en tête.

— Cinq. Pourquoi que lui, qui te disait vous à Constantinople, il t'a tout de suite tutoyé comme un vieux frangin ?

— Ah ! dit Militch se rengorgeant, le maître a voulu me faire honneur en me donnant cette preuve de son amitié pour moi.

— Penses-tu ? C'est pas le genre de m'sieu Ludovic, ça !

— Enfin, tu ne vas pas supposer que le maître n'est pas le maître ?

— Non... non... Et cependant...

Il s'interrompit :

— Tu as raison. Je m'imagine des choses... Je suis une brute. Ne parlons plus de ça. Le patron est évidemment préoccupé par des tas de choses. Il doit manigancer un tour de sa façon. Attendons ! Mais, crois-moi, Militch, jusqu'à ce qu'il soit moins préoccupé, ne lui racontons nos petites affaires que le moins possible. Marchons avec lui ; obéissons sans comprendre, mais gardons-nous à carreau.

— Moi, me méfier de mon libérateur ! dit Militch indigné. Jamais ! Ma vie est à lui.

— Oui, dit Prosper ironique, mais n'y a pas que ta vie et la mienne qui sont en jeu. Y a aussi celle de Mlle Wanda, Militch. Et celle-là, tu n'as pas le droit de la compromettre par une imprudence, par un excès de confiance. Songe que si ce que je crains était vrai, ce serait terrible. Je n'y veux pas encore croire. Mlle Wanda courrait le risque de se trouver sans protecteurs.

Militch baissa la tête.

Le Bulgare ne comprenait pas les motifs de méfiance de Prosper

Il avait foi en l'homme qui s'appelait le prince de Schwartz, et qui pour lui n'était autre que Ludovic Dortailles, son sauveur. Tout le lui prouvait.

Mais ce nom de Wanda, habilement jeté par Prosper dans la discussion, le faisait réfléchir. Il trouvait absurde la méfiance de Prosper, mais il consentait à écouter les suggestions de son ami, à se taire.

Cette attitude était fort pénible au Bulgare, nature loyale et franche. Il ne fallait rien moins que le souvenir de Wanda pour le dompter. Mais il était fort chagrin de cette contrainte.

Prosper Godilleau était aussi fort désolé d'être obligé de se méfier, car il avait beau se donner toutes sortes de raisons pour excuser sa méfiance, au fond de lui-même il la jugeait absurde, extravagante.

Cependant un secret instinct l'avertissait, le mettait en garde. Contre qui ? Contre quoi ? Il n'aurait pu le dire.

Il se reprochait amèrement de douter de Ludovic, et dans le même instant, confusément cette pensée surgissait :

— Si cet homme-là n'était pas Ludovic Dortailles ?

Repoussée aussitôt, cette idée n'en persistait pas moins, troublant la vie du brave garçon, le plongeant dans un abîme de perplexités. La raison lui montrait la folie de cette pensée.

Quel autre que Ludovic aurait pu se trouver au rendez-vous fixé par lui ? Quel autre aurait pris avec lui ses deux amis Militch et Prosper ? Quel autre que Ludovic, abusant du titre de son frère, aurait, à Leipzig, écrit et télégraphier pour qu'on n'inquiétât pas Wanda et ses compagnes ?

— Est-ce que Wilhelm Hauser, devenu Schwartz, n'aurait pas, au contraire, fait incarcérer ces femmes et Prosper et Militch comme espions ? Est-ce qu'il n'aurait pas envoyé pourrir au fond d'une casemate les amis de Ludovic ?

Tout démontrait que l'homme qu'ils voyaient tous les jours et qui portait le nom de Schwartz était Ludovic.

Prosper ne cessait de se répéter qu'il en était ainsi et que la raison lui faisait un devoir de chasser le soupçon qui le tenaillait... Mais la raison était vaincue par l'instinct.

Prosper Godilleau avait tort d'écouter davantage sa raison que son instinct, car cet instinct lui avait fait entrevoir la vérité.

Les deux hommes s'étaient tus.

Prosper sentait qu'il ne pourrait arriver à se faire comprendre et excuser par son ami.

Militch se désolait de voir d'aussi abominables sentiments se développer de jour en jour chez Prosper, et, certain de ne pouvoir le convaincre de sa folie, il préférait se taire, espérant que le temps guérirait Prosper de cette maladie du doute.

Derrière eux une voix joyeuse vibra :

— Que faites-vous là, mes amis ?

Les deux hommes se retournèrent, se levèrent, portèrent la main à leur chapeau.

— Bonjour, patron, dit Prosper prenant un air gai.

— Salut, maître, dit Militch.

— Vous deviez vous ennuyer dans l'hôtel et vous avez préféré venir vous asseoir sous les tilleuls au lieu de rester étendus dans les rockings-chairs de cette véranda surchauffée à l'excès. Vous avez bien fait. Ce mois de décembre s'annonce comme très doux. Ne dirait-on pas une journée de printemps aujourd'hui, à voir ce clair soleil... et cette température ?

— Oui, grommela Prosper. C'est un joli temps pour Berlin. Mais, voyez-vous, patron, moi je préfère la pluie de Paris et la boue de Ménilmuch au joli soleil allemand. Il est froid, ce soleil. Il est d'un rouge sale. C'est un soleil à la manque, quoi !

Schwartz rit bruyamment.

— Patience ! patience ! mon bon Prosper. Paris n'est pas loin. On y sera bientôt.

— Quand ça ?

— Dès que j'aurai retrouvé Wilhelm Hauser, dit Schwartz baissant la voix, mon bien-aimé frère.

— Je sais... je sais... Puisque c'est pour vous donner un coup de main à ce sujet qu'on est venu vous retrouver, Militch et moi. Ce que je vous demandais, c'est si ça sera long. Avez-vous une piste ?

— Je l'aurai bientôt. Ce soir... demain peut-être... Bientôt !...

Schwartz ricanait. Ses yeux lançaient des éclairs.

Prosper, qui l'observait, détourna ses regards.

— Le diable m'emporte, pensa-t-il, si jamais le patron a ri comme ça. C'est un rire de tigre qu'a le Ludovic Dortailles qui est là. Et ses yeux sont-ils assez méchants... assez haineux !... C'est pas possible que le patron soit changé comme ça...

Schwartz demanda :

— Tu sais conduire une auto, Prosper ?

— Vous le savez bien, patron. Puisque, une fois que j'étais fâché avec le journal, j'avais été chauffeur... Même que je vous ai conduit quelques fois... Après, j'ai lâché pour retourner à l'agence. Mais...

— Oui, oui, dit Schwartz vivement, excuse-moi. Il y a des moments où je ne sais plus ce que je dis.

— Et l'auto à conduire... C'est pour enlever...

— Justement. Je vais voir si je puis trouver une voiture d'occasion et je viendrai te chercher. A propos... vous n'avez pas besoin d'argent, ni l'un, ni l'autre ?

— Non, dit Militch.

— Si, dit Prosper ; l'argent envoyé à nos dames a fait un vide dans nos poches.

— Je vais vous en donner, dit Schwartz vivement Et ces dames ?

— Elles vous envoient bien le bonjour, m'sieu Ludovic. Mais elles s'impatientent. C'est pas gai, Leipzig... vous comprenez.. Elles demandent quand on ira les rejoindre.

— Je te dirai ça demain. Au pis aller... Si Militch et toi vous ne pouvez quitter Berlin, il n'y aura qu'à les faire venir ici.

— Chouette ! fit joyeusement Prosper. Si je télégraphiais ?

— Non, dit Schwartz, pas encore. Elles pourraient nous gêner.

— A vos ordres, patron.

— Voici des billets... Prends... Partage avec Militch. Ah ! une recommandation. Ne quittez pas l'hôtel... ou du moins dites où vous allez... car je puis avoir besoin de vous d'un moment à l'autre.

— Compris. Mais, voyez-vous, patron, vous avez tort de ne pas nous utiliser. Je suis sûr que si vous permettiez et que je me mette en chasse, je vous trouverais le Ludovic.

— Hein ?

— Pardon, la langue m'a fourché, m'sieu Cocorico. Je voulais dire que je trouverais en un rien de temps votre Wilhelm Schwartz.

— Je te remercie, Prosper. Mais c'est une satisfaction que je veux me donner. Je veux être seul à rechercher mon frère.

— Cela fait honneur à vos bons sentiments, patron, gouailla Prosper. Vous avez la bosse de la famille.

Schwartz jeta un regard de travers à l'incorrigible Parisien.

— Je sais à peu près où le trouver, murmura-t-il, et sous quel nom il se cache. Tout ce que j'exige de vous, c'est de vous tenir prêts à toute éventualité.

— Comptez sur nous pour l'enlèvement du citoyen.

— Pour l'enlèvement... et le reste, fit Schwartz.

— Parbleu !

Il s'éloigna après un regard amical aux deux hommes.

— A bientôt ! dit-il.

Militch, silencieux, suivit du regard Wilhelm Schwartz. Prosper, qui tortillait le bout de sa moustache d'un air agacé, lui dit :

— Militch !

— Quoi donc ?

— Tu n'as rien remarqué d'étrange dans l'attitude du patron ?

— Si. Il ne nous a pas tendu la main. Serait-il fâché ?

— Il n'est pas fâché. Seulement, voilà. Il a oublié que m'sieu Ludovic avait l'habitude de ce geste amical et familier envers ses inférieurs comme pour leur montrer qu'il les considérait comme ses égaux. C'était rien, cette poignée de main... et de la part d'un homme comme lui qui ne prodiguait pas les témoignages d'amitié, c'était beaucoup. Je suis heureux, Militch, que tu commences à voir un peu clair.

— Oui, dit gravement Militch. Je vois...

— Tu commences à me comprendre...

Militch se retourna vers Prosper et le fixant de ses grands yeux noirs :

— Prosper, dit-il, si tu avais dit vrai ?... Si cet homme était ?...

— Ah ! dit Prosper en riant, tu y viens enfin !

— Oh ! gronda le Bulgare, si j'en étais sûr ? Avec quelle joie j'étranglerais Wilhelm Schwartz.

— Jamais de la vie ! Militch, écoute. Ou, il est Ludovic ou il est Wilhelm. Ceci, nous le saurons quand nous aurons retrouvé l'autre. Jusque-là, motus ! Jusqu'à nouvel ordre, celui-ci est le patron, le vrai. Et puisqu'il compte sur nous pour enlever l'autre, — qu'il a sûrement découvert, — ouvrons l'œil et le bon. C'est en l'aidant que nous découvrirons le pot aux roses, et, qui sait ? que nous sauverons peut-être notre maître, le vrai ! Je t'expliquerai comment. Pour l'instant, Militch, laissons ça de côté, et viens briffer aux frais de la princesse...

Il l'entraîna vers l'hôtel Alden, situé à cinquante mètres de là.

Et, à part lui, il murmurait :

— Tout de même, je voudrais bien savoir qui c'est le vrai Cocorico !

CHAPITRE XXXI

La Famille Zébu.

Déborah Zébu était d'origine israélite.

Où était-elle née ? Quels pays avait-elle d'abord habités ? Mystère !

Elle parlait le portugais, l'espagnol, l'italien, le russe, l'anglais, le français et l'hébreu. Mais, chose étrange, elle n'avait jamais pu parvenir à parler à peu près correctement l'allemand. Elle le baragouinait de façon incompréhensible.

Cependant, il y avait près de quinze ans qu'elle habitait Berlin, tenait le grand bureau de placement situé 37. Friedrichstrasse.

C'est pour avoir près d'elle quelqu'un capable de se faire comprendre des Berlinois qu'elle était venue exploiter, que, quelques jours après son arrivée dans la capitale de l'empire allemand, Déborah Cahen — elle s'appelait ainsi de son nom de jeune fille — avait offert sa main et sa fortune à Abraham Zébu, juif allemand brun et barbu, ruiné par des spéculations de Bourse.

Abraham s'empressa d'accepter la fortune de Déborah.

Il fit un peu la grimace pour accepter également Déborah Cahen, jeune fille d'un certain âge, aux appas puissants et dont le triple menton retombait en énormes bourrelets sur une poitrine de dimensions exagérées.

Abraham pouvait montrer quelque répugnance à convoler en justes noces avec ce monstre femelle, car il était joli garçon, soigné de sa personne, élégant en dépit de ses pieds trop grands et de ses grosses mains rouges toujours gantées.

Il était, en somme, fort décoratif, et la courbe inquiétante de son nez, qui trahissait son origine, ne déparait pas trop un visage régulier encadré d'une barbe noire, aux grands yeux noirs et doux, ombragés de longs cils.

Mais il fallait vivre. Abraham était ruiné, absolument ruiné. Déborah le savait. Cette femme savait tout ce qu'elle avait intérêt à connaître.

Elle dit nettement à Abraham ce qu'elle attendait de lui en échange d'une grosse fortune et du don de sa personne.

Abraham Zébu serait le directeur officiel d'une grande agence de placement pour familles riches. Mais, en réalité, il ne serait que l'interprète des clients de la maison.

C'est Déborah qui dirigeait tout. C'est elle qui aurait la haute main sur un personnel choisi par elle et qui serait composé de personnes non israélites — les juifs étant trop paresseux.

Abraham approuva vivement cette opinion. Déborah placerait les clients à son gré et toucherait l'argent de la personne placée et du maître.

Quant à Abraham, il devait faire des courses pour la maison et se tenir constamment à la disposition de Mme Zébu.

Le mariage eut lieu.

Quelques jours après, s'ouvrait l'agence de placement Zébu, qu'une grande et intelligente publicité faisait tout de suite connaître et classait parmi les maisons sérieuses.

Et l'agence Zébu fit des affaires d'or. Déborah avait une compréhension admirable des affaires, des relations mondiales.

Elle pouvait offrir instantanément à ses clients des domestiques anglais irréprochables, qui à son appel accouraient de Londres, munis d'excellents certificats ; des institutrices françaises qu'elle prenait à Paris, des professeurs de musique italiens, des cochers russes, des nègres, des Indiens, etc. Elle avait toute la gamme de domestiques, de femmes de chambre, de professeurs qu'on pouvait imaginer, et de n'importe quel pays.

Avec la même facilité, elle plaçait à l'étranger les Allemands ou les Allemandes en quête d'un emploi.

C'était étourdissant.

Par exemple, ça coûtait cher aux maîtres et aux domestiques, mais ils se déclaraient généralement satisfaits, Déborah Zébu étant une personne sérieuse et ne s'occupant que des gens recommandables.

C'est à la maison Zébu que, le 2 décembre dans l'après-midi, vint se présenter une jeune personne à l'air mélancolique, vêtue avec une grande simplicité, non dépourvue d'élégance. Elle demanda à parler au directeur de l'agence, fit passer sa carte. Le domestique un instant après, l'introduisit auprès de Déborah.

Cette dernière tenait la carte entre ses mains.

— Miss Maud Allan ? dit-elle en examinant la jeune femme.

— C'est moi, madame, répondit-elle en anglais. Mais il doit y avoir erreur... j'avais demandé à parler au directeur.

— C'est moi, madame, répondit sèchement Déborah. Que désirez-vous?

— Je voudrais me placer comme dame de compagnie, chez une dame seule de préférence. Si je pouvais avoir la chance de trouver une dame qui voyage... je préférerais.

— Vous voulez voyager, miss ? Vous connaissez plusieurs langues ?

— Je parle anglais, naturellement, puisque je suis Anglaise, mais je parle aussi bien le français et l'allemand.

— Ah ! fit Déborah. Si vous parlez français... parlons français, voulez-vous ? Il y a quelque temps que je n'ai parlé français, cela me remettra la bonne prononciation dans la bouche.

— Comme il vous plaira, madame.

— Il me blaît peaucoup, déclara aussitôt Déborah. Je parle pien ce langue, vous ne drouvez bas.

— En effet, madame.

— Si je n'étais pas Déporah Zépu, c'est-à-dire une Perlinoise, une fraie allemante, che grois que ch'aurais un crant blaisir à être Française. C'est choli, la France, plus choli que votre pays. J'aime bas l'Angleterre. Il est humite et les gens vont pas attention aux cholies femmes.

— Madame, dit miss Maud un peu embarrassée, je suis venue...

— Pour être tame de gombagnie ! fit Déborah, fous le serez, ma petite... J'ai tes places peaucoup... vous choisirez. Mais vous gombrenez, miss, la maison Zépu est sérieuse. Elle blace les bersonnes sérieuses. Où étiez-vous avant ?

— Nulle part, madame. J'avoue que je n'ai jamais été réduite à servir. Mais des malheurs de famille...

Vivement émue, elle se mordit les lèvres, porta son mouchoir à ses yeux, essuya deux larmes furtives.

— Pien ! Pien ! dit Déborah satisfaite. Une cheune fille tu monte qui a eu tes refers... c'est très recherché ; c'est distingué. Il y a des bersonnes qui n'aiment pas ce chenre, barce que touchourre la cheune fille du monde, elle finit par sétuire le fils de son batron, ou le maître, lui-même... Mais en chénéral, on bense pas tout de suite à ça et on est gontent de se faire serfir par quelqu'un qui était lui-même serfi afant ses malheurs. Denez ! j'ai une affaire superbe... un fieux général presque itiot et très riche. Il est garçon. Cholie comme fous êtes, je carantis qu'il feuille tout de suite vous ébouser...

— Mais, madame, dit l'Anglaise suffoquée, je ne tiens pas à me marier... je n'ai nullement l'intention de me faire épouser par un général, si riche soit-il. Je vous demande une place chez une dame seule.

— Foui ! Foui ! dit aigrement Déborah. On dit ça, et puis on recrette ! Foyez-fous, miss, les tames seules, c'est une maufaise affaire. Elles sont exigeantes, méchantes et bas chénéreuses.

— Cela m'est égal. Le logement, la nourriture et de petits appointements pour l'instant, c'est tout ce que je puis exiger.

La grosse juive regarda l'Anglaise d'un air de pitié.

— Vous n'arriverez à rien tans la vie, déclara-t-elle. Enfin, ça vous recarde, che fais chercher. Mais il faut t'abord, miss... c'est l'usage de la maison... verser une betite somme pour le travail des recherches.

— Combien ?

— Si fous donnez une pièce de vingt marks, je pourrais troufer la place d'ici deux, trois chours. Si fous fersez deux pièces... je pense que chaurai fotre affaire demain.

— En voici trois, dit précipitamment miss, trouvez-moi la place tout de suite. Je suis lasse d'attendre, de vivre seule dans mon hôtel.

Elle avait pris dans son porte-monnaie les trois pièces d'or, les tendait à la juive.

Déborah escamota — plutôt qu'elle ne prit — l'argent qu'on lui présentait.

— Che fais trouver ! dit-elle. Che fais...

Abraham Zébu parut. Il salua distraitement l'étrangère, rendit compte à Déborah de sa course.

L'Anglaise, effarée, écoutait parler les deux juifs, cherchant à deviner dans quelle langue ils s'exprimaient. Elle vit soudain Abraham la regarder. Elle comprit qu'on parlait d'elle.

Déborah donna un ordre incompréhensible. Abraham sortit.

— Ma chère ! dit Déborah, fous avez de la chance. C'est

Abraham qui vient de me rappeler ça... Il y a ce matin une riche Allemande, veuve et sans domestique, qui est au Royal Hôtel. Elle feut chustement une tame pour lui tenir gombagnie, boyager avec elle. Elle se rend en France.

— Cela ferait tout à fait mon affaire ! dit l'Anglaise vivement.

On entendit une sonnerie.

— Chustement, Abraham téléphone à cette dame, à l'hôtel. Il fa demander combien elle feut fous donner et si fous pouvez fous brésenter.

— Oh ! peu importent les conditions.

— Parton, parton ! se récria Doborah, ça imborte peaucoup, miss, parce que, foyez-vous... il faut me ferser tout de suite la moitié de votre brémier mois de gage et votre batronne elle doit me ferser une somme équifalent à un mois entier.

L'Anglaise sourit.

— J'ignorais cela, fit-elle. Mais si la somme versée par ma nouvelle maîtresse était selon vous insuffisante... faites-moi engager quand même... je suis prête à payer la différence.

Déborah ouvrit des yeux énormes. Cette Anglaise, qui avait l'air de se moquer de ses appointements, l'ahurissait. Elle trouva une explication :

Cette fille a perdu la tête avec ses malheurs. Le Seigneur Dieu Jéhovah l'a frappée dans sa raison. Car autrement elle tiendrait à l'argent plus que cela.

— Abraham ne finit bas, ajouta-t-elle. Restez là, che fais foir.

Déborah alla au secours de son mari, téléphona à son tour. Elle revint au bout de quelques instants le visage épanoui.

— Miss, soyez gontente. Vous afez fotre blace. Et j'ai obtenu pour fous un choli gage. Vous aurez 80 marks par mois. C'est magnifique !

— En effet, madame, je vous remercie.

— Voici un betit reçu qu'Abraham a brébaré pendant que je décidais la chénéreuse tame...

Elle remit à miss Allan un carré de papier rose.

— C'est quarante marks.

Miss Allan prit dans son porte-monnaie un billet.

— Voici cinquante marks. Ça fait le compte.

Miss Maud Allan n'insista pas.

— Ne me faut-il pas un mot de vous pour me présenter chez cette dame ?

— Abraham l'écrit. Il donne de pons renseignements sur fous. Ah ! vous êtes câtée, che fous traite comme ma fille.

L'Anglaise se mordit les lèvres. Elle pensa : si Déborah volait ainsi sa fille, comment devait-elle traiter les étrangers.

Abraham entra une lettre à la main. Son indifférence de tantôt avait fait place à un sourire aimable. Miss Maud ne venait-elle pas de faire rentrer plus de cent marks dans la maison ?

Obséquieux, il s'inclina, remit la lettre à miss Allan.

— L'adresse est sur l'enveloppe, dit-il : Madame Clara von Bremenfeld... Vous n'avez qu'à lui remettre ce mot. Mes meilleurs souhaits, miss. Et si la place ne vous convenait pas, vous n'avez qu'à revenir à la maison Zébu. Nous nous ferons un plaisir de vous en trouver une autre.

— C'est plus qu'un blaisir, avoua la juive, c'est un tefoir pour une agence sérieuse de s'occuper des ponnes clientes. Vous pouvez compter touchours sur Déporah Zépu

L'Anglaise remercia, prit congé.

Quelques minutes après, une voiture la déposait devant le Royal Hôtel. Ayant fait passer sa carte et la lettre d'Abraham, miss Maud Allan était aussitôt conduite auprès de Mme Bremenfeld.

Elle s'attendait à voir une dame d'un certain âge. La veuve, au contraire, était jeune, jolie, fort aimable.

Elle accueillit cordialement sa nouvelle dame de compagnie, lui tendit les deux mains.

— Vous me plaisez beaucoup, miss. Je crois que nous nous entendrons.

— Je l'espère, madame, dit l'Anglaise, un peu choquée de cette cordialité. Je ferai tous mes efforts pour vous satisfaire.

— Vous m'apprendrez l'anglais. Je ne sais que l'allemand et le français. Je compte aller en France... Peut-être irai-je en Angleterre... Je ne sais pas, je verrai. J'ai de l'argent, vous savez. Je peux me permettre de voyager, d'aller où je veux. Je ne dépends de personne.

Elle soupira, répéta :

— De personne. Et pourtant...

Son visage, qui s'était attristé, s'éclaira.

— Mais ce n'est pas le moment des confidences. Nous nous connaissons encore trop peu. A propos, et vos bagages ?

— Ils sont à l'hôtel où je suis descendue : Ne sachant pas si je vous plaisais...

— Nous allons aller les chercher. En revenant, nous ferons un tour sous les tilleuls... à moins que vous n'ayez beaucoup de bagages.

— Je n'ai qu'une malle.

— C'est parfait. Ah ! la chambre à côté de la mienne est libre. Justement, les deux pièces communiquent... C'est charmant. Nous pourrons causer le soir.

Elle sonna, retint la chambre voisine, donna l'ordre qu'on fît avancer une voiture, mit son chapeau, puis prenant amicalement par le bras l'Anglaise, interloquée de ces allures familières et un peu communes, elle l'entraîna en fredonnant un refrain d'opérette.

Miss Maud trouvait que cette veuve était étrange.

CHAPITRE XXXII

Prosper fait une gaffe.

Schwartz avait acheté d'occasion une superbe voiture automobile pouvant contenir six personnes : quatre à l'intérieur, deux sur le siège.

Il en avait aussitôt prévenu Prosper, à qui il avait fait faire emplette d'une peau de bique, d'une casquette de chauffeur et de grosses lunettes.

Pour lui aussi, il avait acheté ces différents objets. Tous deux ainsi vêtus étaient méconnaissables.

— Bon ! fit Prosper, je comprends le truc. Nous pourrons à

notre aise évoluer autour du Schwartz, qui ne sera pas fichu de nous reconnaître, et le choper au bon moment.

— C'est cela.

— Mais dites donc, patron, me semble qu'elle est bien grande la voiture pour y fourrer un seul homme.

Schwartz eut un sourire narquois.

— Il ne sera pas seul, Schwartz. Il aura avec lui pour le garder à l'intérieur Militch et deux policiers.

— Comment, des policiers ?

— Sans doute. Il faut que cette arrestation, qui peut avoir lieu en plein jour, ait l'air légale.

— Mais...

— Or... je suis le prince de Schwartz, le vrai prince... pour tout le monde ; tandis que Schwartz n'est que Ludovic Dortailles, contre lequel nous avons ordre d'arrestation. Ce Ludovic Dortailles est un espion français que moi, Schwartz, j'ai résolu d'arrêter à mes risques et périls, pour le punir d'avoir osé se prétendre le fils de mon père, pour s'être fait passer pour le vrai Schwartz. Je sers ma vengeance et mon pays. Je m'empare de Schwartz — du soi-disant Schwartz — et je livre aux autorités ce dangereux Français.

Prosper rigola.

— Pour une bonne blague, c'est une blague, patron. Il va faire une bouillotte, le frère, quand il se verra emprisonner et condamner sous votre nom... sous le nom de Ludovic. Pourvu que la France ne s'avise pas de le réclamer ?

— Il n'y a pas de danger !

— Mais dites donc, patron... alors, c'est bien vrai... Schwartz est de votre famille ?

— Oui.

— Votre frangin ?

— Oui.

— Je croyais que vous disiez ça pour rigoler, moi ! C'est épatant, ça ! Deux frères qui physiquement se ressemblent tant et moralement si peu ! Une fripouille et un brave homme, ça fait deux frères. C'est épatant !

— Tu oublies, Prosper, que nous n'avons pas la même mère.

— Y a des chances... Ça, je m'en doutais. Votre mère est Française ?

— Lorraine.

— Deux fois Française, et la mère du chenapan, comme de juste, c'était une d'ici.

— Oui... oui... dit Schwartz, attention à ton volant Prends cette rue.

Cette conversation, commencée à la sortie du garage, se continuait à travers les rues de Berlin.

Prosper conduisait avec une maëstria consommée, prenant les rues que Schwartz lui indiquait du doigt au fur et à mesure qu'ils avançaient

— Où que nous allons donc ? demanda-t-il.

— Nulle part... Nous essayons la voiture.

— C'est une bonne marque, une marque française.

— Il y a des voitures allemandes qui sont aussi bonnes. C'est le hasard qui m'a fait choisir celle-là .

— Et le hasard a bien fait les choses, gouailla Prosper. Ça sera une petite satisfaction pour le soi-disant Ludovic Dortailles d'être conduit en prison dans une auto qui vient de France. Lui qui aime tant notre pays ! Ah ! le bougre ! Ce qu'on a des attentions pour ce choléra !

Schwartz ne répondit pas. Il avait toutes les peines du monde à se maîtriser. La blague de Prosper l'exaspérait.

— Moque-toi de moi, misérable, pensait-il, rira bien qui rira le dernier. Nous verrons quelle figure tu feras dans cette voiture lorsque tu te trouveras avec tes deux complices pieds et poings liés, conduit à la forteresse de Spandau, sous l'œil vigilant des policiers, entre une double haie de gendarmes. Patience ! Tu vas me servir à m'emparer de ton maître, et lui pris... ce sera ton tour.

Prosper, qui ne pouvait rester longtemps silencieux et que les paroles de Schwartz avaient un peu rassuré, reprit la conversation.

— A ce que je puis comprendre, patron, votre maman a été victime de cette brute de Schwartz... votre peu estimable père, hein ?

Schwartz fit entendre un grognement.

— Faut-il qu'il y ait des gens canailles tout de même ! Je vois ça d'ici. Cette brute en pays conquis abusant de sa force, violentant les femmes. Ah ! malheur que je me sois pas trouvé là ! Ce que je lui aurais détérioré sa margoulette, à ce propre-à-rien ! Je crois bien que je lui aurais mis les tripes au soleil et que je lui aurais fait passer le goût du pain ! Une fois mort, il aurait bien pu me faire fusiller... Ça m'aurait été égal de le rejoindre dans l'autre monde. Mais vous ne dites rien ? Pardon, excuse... je suis un serin de vous retourner comme ça le couteau dans la plaie et de vous rappeler de pareils souvenirs. Canaille de Schwartz, va ! Que j'aurais de joie à écrabouiller sa punaise de rejeton !

Remarquant qu'il parlait trop, Prosper à son tour se tut.

La promenade continua. Schwartz désigna du doigt une allée d'arbres qu'on voyait au bout d'une longue avenue.

— Allons sous les Tilleuls, ordonna-t-il ; ralentis !

Prosper obéit.

— C'est comme si qu'on irait faire un tour aux Champs-Elysées, murmura-t-il, mais les Champs-Elysées, c'est autrement bath.

La recommandation de ralentir n'était pas superflue.

A peine l'auto débouchait-elle dans la grande allée, qu'elle se trouva prise au milieu d'un nombre considérable de voitures qui descendaient à petite allure.

Prosper éprouva le besoin de placer son mot.

— On dirait qu'on suit un macchabée, murmura-t-il. Où sont ces messieurs de la famille ?

Goguenard, obligé de rouler lentement, d'aller plus doucement qu'un homme au pas, Prosper Godilleau jetait autour de lui des regards moqueurs, amusé par l'attitude gourmée des maîtres dans les autos découvertes.

— Sacrés Allemands, va ! Qu'est-ce qu'ils ont à se tenir raides comme ça ? On dirait des empalés.

Une gauloiserie allait s'échapper de ses lèvres.

Il la retint, remarquant l'attitude renfrognée de son compagnon.

— C'est drôle, pensa-t-il, il ne rit plus jamais à présent, le patron. Autrefois, quand je débitais mes sornettes, ça l'amusait. A présent, il rigole plus. On dirait que lui aussi a avalé sa canne...

Il soupira, jeta un coup d'œil sur sa gauche.

— Oh ! fit-il, ça c'est drôle !

Le cri qu'il jeta attira l'attention de Schwartz.

— Quoi ? fit-il.

— Regardez donc, patron, ces deux femmes-là, à gauche, qui viennent vers nous, qui montent. Y a un panier près du chauffeur. Y en a sûrement une que vous connaissez... pas la brune, bien sûr... elle a une voilette si épaisse sur son museau, mais l'autre... la blonde....

Schwartz lui serra le bras à le briser.

— Plus un mot, Prosper. Vite, tourne... un coup de volant... Suis la voiture.

— Ah ! je savais bien, dit Prosper. Ce visage ne m'était pas inconnu.

Habilement, il coupa la file, prit une allée de traverse, alla se placer derrière les voitures qui montaient.

Cette manœuvre ne s'opéra pas sans provoquer quelques jurons, mais Prosper s'en moquait. Il ne perdait pas de l'œil la voiture qui emportait les deux dames et dont le séparaient plusieurs autos. Mais grâce au panier, Prosper avait un point de repère.

On arrivait heureusement au bout des Tilleuls. La voiture tourna à droite.

Prosper, sans façon, dépassa ses confrères, accrocha légèrement un coupé, mais rejoignit promptement les dames, qui allaient à toute vitesse.

La poursuite ne dura pas longtemps. Bientôt, les dames s'arrêtèrent devant un somptueux hôtel.

— Le Royal ! dit Schwartz. Ralentis.

Prosper avait déjà exécuté l'ordre, se tenait assez loin.

Les dames descendirent. Des valets se précipitèrent respectueux. Les dames pénétrèrent dans l'hôtel.

Le panier avait été enlevé par un domestique, le wattman payé. La voiture roula.

Lentement Prosper s'approcha, stoppa.

— Attends-moi ! dit Schwartz.

Il sauta à terre, et à son tour pénétra dans l'hôtel.

La vue de l'auto de maître avait produit son effet sur le personnel. Un grand chasseur, la casquette à la main, vint au-devant de Schwartz, s'informa.

— Vous allez me donner de quoi écrire, dit Schwartz, et porter ma lettre à la dame blonde qui vient d'arriver.

— Mme Clara de Bremenfeld ?

— Oui, dit Schwartz, sans manifester le moindre étonnement. A elle-même. Quelle est cette jeune personne qui l'accompagne ?

— Mais...

— Voici un thaler.

— C'est miss Maud Allan, la dame de compagnie de Mme de Bremenfeld.

— Ah ! Cela importe peu, du reste.

Le chasseur avait conduit Schwartz dans un élégant salon de lecture. Sur de petites tables se trouvaient du papier à lettres, des plumes, des encriers. Schwartz s'assit, griffonna quelques mots, cacheta.

— Voici un autre thaler, dit-il. Portez la lettre tout de suite.

— De la part de qui ?

Schwartz éclata de rire :

— Vous êtes trop curieux, mon bonhomme. Allez !

Le chasseur rougit, disparut.

Schwartz regagna l'auto, reprit sa place.

— Au garage, dit-il. Ou plutôt, non. Au palais de l'empereur.

Prosper, ahuri, murmura :

— Vous allez chez l'empereur ?

— Ne suis-je pas le prince de Schwartz ?

— C'est juste. Mais c'est raide tout de même.

On arriva au palais impérial.

— Oh ! s'écria Schwartz, sot que je suis, je ne puis me présenter en cette tenue devant Sa Majesté. Les huissiers ne me laisseront pas passer.

Il soupira :

— Ce sera pour demain. Au revoir, Prosper.

— Vous partez ?

— Oui, je vais voir si Ludovic Dortailles est toujours chez lui.

— Voulez-vous que je vous conduise ?

— Non.

— Bien. Alors, je vais au garage. A propos, la dame blonde... C'était bien elle, hein ?

— Oui, dit Schwartz irrité, mêle-toi de ce qui te regarde. Bonsoir.

Il s'éloigna à grands pas, laissant Prosper dans sa voiture, tout déconfit de cet accueil.

— Hum ! murmura le brave garçon, c'est pas du Cocorico, ce genre-là. J'ai bougrement envie de le suivre. Quel malheur que je ne puisse pas plaquer ma voiture ! Y a pas... V'là que ma méfiance me reprend. Je suis un idiot d'abord. Quel besoin avais-je de lui montrer la bonne femme ? Ah ! Si c'est pas le patron, j'ai fait une gaffe. Pour sûr, il va manigancer encore quelque chose avec cette sacrée femelle. Oh ! les femmes !

Exaspéré, il partit à toute vitesse.

Pendant que ceci se passait, Mme de Bremenfeld — seule dans sa chambre, miss Maud rangeant ses affaires — recevait la lettre de Schwartz, et aussitôt une vive rougeur colorait son visage, qui rayonnait de joie.

Elle venait de lire ceci :

« Mina Wolfang,

» Je vous ai quittée brusquement. J'ai eu tort. Oubliez ma conduite. Il importe que nous soyons unis. Je vous verrai bientôt. Ne quittez pas cet hôtel sans m'avoir revu. Il y va de votre fortune. Silence ! Ne parlez pas de moi.

» Pour vous, je signe de ce nom qui est et n'est pas le mien. Mais vous savez, vous, que j'ai quelques droits à le porter.

» SCHWARTZ. »

Mina Wolfang, à la lecture de ce billet, perdit la tête, couvrit de baisers ce papier, le glissa dans son corsage.

— Enfin ! balbutia-t-elle extasiée, il m'aime !

La malheureuse, trompée par le style du billet, croyait qu'il avait été écrit par Ludovic, à qui elle ne cessait de penser.

Elle oubliait que Wilhelm aussi l'avait quittée brusquement à Schwartzburg sous un prétexte quelconque et l'avait laissée sans nouvelle depuis, cherchant à se débarrasser d'elle.

C'est de cet abandon qu'il s'excusait.

Mina rapportait tout à Ludovic, croyait qu'il regrettait la scène de Spandau, et la dernière phrase du billet, qui pouvait aussi bien s'appliquer à Ludovic qu'à Schwartz, achevait de causer cette confusion.

Cette lettre allait avoir des conséquences inattendues pour Schwartz.

Miss Maud Allan rentra.

— Madame, je suis à vos ordres.

— Ah ! ma chère, s'écria Clara de Bremenfeld — alias Mina — ah ! ma chère, que je suis heureuse ! Je suis sûre qu'il m'aime !

Et, folle de bonheur, elle embrassa sa dame de compagnie.

Miss Maud, impassible, arrangea les boucles de ses cheveux, un vague sourire aux lèvres.

— Ma chère, déclara Clara de Bremenfeld, il ne faut pas m'en vouloir si je ne vous en dis pas plus long, mais je dois garder le secret. Plus tard, je vous dirai tout.

Elle embrassa de rechef miss Maud, battit des mains et courut au petit porte-voix accroché près de la cheminée, commanda gaîment :

— Une bouteille de champagne... du meilleur, et des gâteaux !

Miss Maud soupira. La gaîté de cette femme lui faisait mal.

CHAPITRE XXXIII

Un homme actif.

Le chef de la police berlinoise, Wolfenbüttel, était un homme d'une cinquantaine d'années, au visage glabre, de stature exagérée, toujours impeccablement sanglé dans un uniforme de couleur sombre qui le faisait paraître encore plus grand.

Sur son grand nez d'oiseau de proie chevauchait une paire de lunettes d'or derrière laquelle s'abritaient deux petits yeux gris qui avaient la prétention d'être perçants.

Wolfenbüttel s'enorgueillissait de son nom qui pouvait faire croire à une vague parenté avec la noble famille des princes de Lunebourg--Wolfenbüttel.

Il n'avait aucun rapport avec cette famille aristocratique, et en dépit de ses prétentions, était un simple plébéien, fils de riches bourgeois qui, lui ayant donné une excellente éducation, avaient fait de lui un magistrat.

Pour quels exceptionnels services Wolfenbüttel avait-il été chargé de la police générale de Berlin, et avait-il obtenu ce poste si recherché ? On ne le savait pas.

Wolfenbüttel, il faut lui rendre cette justice, s'acquittait à merveille de ses délicates fonctions. On n'avait à lui reprocher aucun de ces fâcheux excès de zèle qui font commettre de déplorables méprises, de ces arrestations arbitraires qui font hurler tous les journaux sans distinction de parti.

Cela venait de ce que le prudent chef de police réfléchissait beaucoup lorsqu'une affaire lui semblait douteuse. Il réfléchissait même tellement, que lorsqu'il se décidait à donner un ordre, cet ordre arrivait généralement trop tard, et ceux qu'il avait dessein de faire arrêter étaient déjà loin lorsqu'on voulait leur mettre la main au collet.

Nous ne parlons ici que des affaires délicates, telles que : politique, espionnage ou affaires de mœurs compromettant des personnages haut placés.

Il va de soi que pour ce qui est des malfaiteurs ordinaires, escrocs ou assassins, le chef de la police ne se donnait pas la peine de réfléchir et faisait coffrer même sans grandes preuves ces peu délicats personnages.

Aussi Wolfenbüttel était-il particulièrement bien vu dans les hautes sphères et très apprécié par l'empereur, qui se plaisait à répéter souvent le mot de son policier :

— Il vaut mieux risquer de laisser échapper dix coupables que d'arrêter un innocent !

Parole profonde qui excusait la lenteur du chef de la police lorsqu'il ratait une arrestation.

A ce respect immodéré des puissants que le populaire l'accusait de favoriser, Wolfenbüttel joignait une autre manie ; il s'occupait de science héraldique et travaillait à un immense livre sur le blason et les origines des familles nobles allemandes. Peut-être espérait-il par là faire croire que lui aussi avait du sang bleu dans les veines.

C'est pendant qu'il travaillait à son ouvrage, que par cette fin de tiède journée de décembre survint un visiteur qui força la consigne, obtint d'être introduit séance tenante auprès du redoutable chef de police.

L'agent qui, tout tremblant et gagné par l'offre d'un royal pourboire, avait eu le courage de porter la carte du visiteur, s'attendait à se voir octroyer deux jours de salle de police, — mais que ne risquerait-on pas pour de l'argent ? — fut fort surpris de voir son chef, qui d'abord avait sursauté sur son siège, se radoucir brusquement après avoir regardé la carte de visite.

— Faites entrer Son Excellence ! ordonna-t-il.

Le visiteur se présenta, salua, raide, hautain.

Wolfenbüttel s'était levé. Sa haute taille décrivait un arc de cercle respectueux.

— Si Son Excellence veut prendre la peine de s'asseoir, insinua-t-il.

Il désignait un fauteuil.

— Je suis très honoré de recevoir la visite de Son Excellence. Justement, ces jours-ci, — comme le hasard est étrange ! — en m'occupant de blason, j'avais retrouvé une intéressante notice sur les armes de Votre Maison, qui date de 1115. Oui, Votre Excellence ! Il est fait mention pour la première fois, à cette date, d'un de vos ancêtres. Ce chevalier de Schwartz, dont les armes sont avec la devise...

— Monsieur, dit froidement le visiteur, il n'est pas question des origines de Schwartz, et ce n'est pas pour discuter blason que je viens vous voir.

Glacé, Wolfenbüttel pâlit, se tut.

— Monsieur Wolfenbüttel, dit moins rudement le prince de Schwartz, j'ai besoin de vos bons offices en tant que chef de la police.

Wolfenbüttel se rengorgea, prit une attitude réservée :

— Si ce que me demande Votre Excellence est compatible avec mon devoir, dit-il, je me ferai un plaisir de lui être agréable.

— J'ai besoin de quatre policiers sûrs.

— Dans quel but ?

— Pour conduire aux environs de Berlin une personne que je compte arrêter ce soir.

— Quelle est cette personne ?

— Mon frère.

A cette déclaration, Wolfenbüttel resta bouche bée.

Il reprit vivement ses esprits.

— Je croyais, prince, que vous étiez le seul héritier du nom et des armes.

— Je le suis. Mais j'ai un frère, un bâtard, qui a essayé de me voler mon nom, qui a eu l'audace, en mon absence, de s'introduire au château de Schwartz, qui s'est substitué à moi, a recueilli le dernier soupir de mon père expirant...

— Oh ! oh ! ceci est bien extraordinaire.

— C'est la vérité !

— Je n'en doute pas, Excellence. Je vais faire une enquête à ce sujet. Et si les faits sont exacts, je vous affirme que ce malfaiteur, ce misérable, ne tardera pas à être arrêté.

— Non, dit Schwartz, c'est moi qui veux l'arrêter.

— Plaît-il ?

— J'ai des raisons pour cela. Ce bâtard ne s'est pas contenté de vouloir me voler mon nom. Entre autres crimes, il est coupable d'espionnage pour le compte de la France, dont il est un des agents secrets les plus habiles. Bien plus, il a formé le dessein d'enlever ou d'assassiner l'empereur.

— C'est impossible ! balbutia Wolfenbüttel. Je le saurais.

— Vous voyez que vous l'ignoriez.

— Ma police est admirablement faite, et...

— Il ne s'agit pas de cela. Je viens vous prier de donner ordre à quatre de vos meilleurs policiers de m'obéir ce soir aveuglément.

Wolfenbüttel se rebiffa.

— Ceci est contraire à tous les règlements, déclara-t-il. C'est impossible.

— Parce que ?...

— Parce que mes agents ne doivent obéir qu'à leurs chefs hiérarchiques, à mes subordonnés, et à moi.

— Aussi, vous le voyez, je vous prie de leur donner l'ordre de m'obéir, et ce faisant, c'est à vous qu'ils obéiront, puisque c'est vous qui aurez donné cet ordre.

— Monsieur le prince, riposta le policier froissé, je trouve que la plaisanterie a assez duré. Vous avez à vous plaindre d'un individu. Formulez votre plainte et adressez-la moi directement. Pour vous, je consens — et c'est contre le règlement — à ce que votre demande ne suive pas la voie hiérarchique. Une fois que j'aurai pris connaissance des griefs formulés contre cet inconnu, je verrai si je puis agir de ma propre autorité ou si je dois être couvert par un mandat à moi donné légalement par le juge ou par le procureur impérial, si toutefois je crois devoir m'adresser à un magistrat pour décliner toute responsabilité en cette affaire, qui, je dois vous l'avouer, ne me paraît pas très claire.

Le prince de Schwartz se renversa dans son fauteuil, éclata de rire :

— Monsieur Wolfenbüttel, dit-il, vous n'êtes pas très intelligent.

— Monsieur...

— Vous supposez bien que si je me suis donné la peine de vous relancer et de vous demander quatre policiers dont j'ai besoin, c'est avec la certitude que vous ferez droit à ma requête.

— C'est ce qui vous trompe, monsieur le prince, riposta ironique le chef de la police. J'ai le plus grand respect pour votre illustre famille, mais si illustre que soit le nom de Schwartz, j'ai le regret de vous répondre que ni par prière, ni par menace, vous n'obtiendrez de moi ce que vous désirez. Les lois et les ordonnances de police sont faites pour tout le monde, sans exception aucune. Vous voudrez donc bien vous conformer aux décrets qui régissent mes agents et moi-même. Je suis désolé... mais... la loi est la loi !

Il courba l'échine, puis se redressa triomphant.

Schwartz ironique le considérait.

— Monsieur Wolfenbüttel, dit-il, vos subordonnés vous doivent obéissance.

— Certainement ! Il faut une discipline dans la police comme dans l'armée.

— Parfaitement. Et c'est en vertu de cette discipline que je vous requiers à présent de faire ce que je vous ai demandé.

Wolfenbüttel se troubla.

— Excellence... j'ignorais...

Il avait vu le prince de Schwartz sortir un portefeuille de sa poche, en retirer un papier qu'il dépliait lentement.

— Ce papier... cet ordre... demanda le chef de police, vient sans doute du juge d'instruction.

— Dans la théorie que l'on donne au soldat français, il y a au début cette petite notice que nos manuels militaires ont copiée en la modifiant : « La discipline faisant la force principale des armées, il importe que tout supérieur obtienne de ses subordonnés une obéissance immédiate, une soumission de tous les instants. »

— C'est peut-être du procureur impérial que vient...

— A ceci, la théorie allemande ajoute, et ceci peut s'appliquer à la discipline chez les policiers : « Ce soldat doit obéir au brigadier... ce brigadier au lieutenant... ce lieutenant au major... »

— Monsieur le prince, demanda Wolfenbüttel tremblant, cet ordre émanerait-il de Son Excellence le ministre de la justice ?

— Et, continua Schwartz imperturbablement, du major nous passons au colonel, du colonel au général, au commandant en chef, pour arriver à Sa Majesté, que Dieu conserve...

Il se leva brusquement, salua en parlant de l'empereur, puis tendit à Wolfenbüttel le papier déplié.

Le chef de police lut. C'était l'ordre écrit et signé il y avait deux jours par Guillaume II.

Wolfenbüttel était livide. Il se vit disgrâcié, chassé. Son échine souple se courba d'une façon étonnante, sa tête s'inclina plus bas encore que la première fois. On n'aurait jamais soupçonné une telle souplesse chez un homme aussi raide.

— Que Votre Excellence me pardonne, dit-il. Je suis son humble et dévoué serviteur...

— C'est bien, dit Schwartz sèchement, que les quatre policiers se tiennent prêts.

Il remit l'ordre de l'empereur dans son portefeuille.

— Je viendrai ce soir ici. J'aurai une auto. Ils monteront dedans, m'obéiront sans discuter.

— Oui, Votre Excellence. Doivent-ils être armés ?

— Un browning suffira. Qu'ils aient un bâillon, un capuchon, des cordes... pas de menottes.

— Est-ce qu'ils devront rester avec Votre Excellence ?

— Non. Le prisonnier conduit en lieu sûr, ils pourront revenir ici. A ce soir. Ne vous dérangez pas. Je connais le chemin.

Il se retira lentement, laissant Wolfenbüttel bouleversé.

CHAPITRE XXXIV

Agression nocturne.

« La Sprée est pareille à un cygne à son entrée à Berlin. Elle en sort semblable à une truite. »

Cette gracieuse comparaison est d'un des plus célèbres poètes allemands.

Mais il est peu probable que c'est à cette citation que songeait le nocturne promeneur qui, vers onze heures du soir, accoudé sur le pont de Janowitz alors désert, regardait couler les eaux sales, noirâtres de la Sprée.

L'homme regardait, pensif.

Un grand pardessus-sac, de coupe anglaise, dont le large collet était relevé, le protégeait contre le froid de la nuit.

On ne voyait que le bout de son nez, le col masquant en grande partie son visage, et son chapeau melon enfoncé jusqu'aux oreilles, cachant ses yeux.

A l'extrémité du pont, aussi chaudement vêtus que le taciturne rêveur, deux hommes, les mains dans les poches, se tenaient en sentinelles, semblant surveiller celui qui avait choisi cette heure étrange pour venir rêvasser dans ce quartier désert.

L'homme enfin parut las de contempler les vagues limoneuses de la Sprée. Il se redressa. Puis, pensif, nonchalamment il traversa le pont. Derrière lui, les deux hommes se mirent en marche, le suivirent.

Arrivé dans une rue voisine, devant une maison de belle apparence, l'inconnu sonna. On l'attendait sans doute, car la porte s'ouvrit aussitôt et sans bruit.

L'homme entra après un regard derrière lui, s'assurant que ses suiveurs étaient toujours là. Ceux-ci s'approchèrent, vinrent se placer devant la porte.

Ils n'échangèrent pas un mot, se figèrent dans une immobilité de statue, semblant insensibles au froid qui s'élevait tout à coup.

Il y avait un bon moment que ces deux étranges sentinelles étaient à leur poste, lorsque se fit entendre le ronflement étouffé d'un moteur. Le bruit grandit, se rapprocha.

Doucement alors, l'auto ainsi annoncée, glissa, vint s'arrêter à quelques pas. Celui qui tenait le volant de l'auto sauta à terre, aborda les deux hommes, leur dit quelques mots à voix basse. Il ne les avait pas convaincus sans doute, car les deux gardiens discutaient.

Le conducteur de l'auto sortit de sa poche un papier, le fit lire aux deux hommes, qui subitement respectueux portèrent la main à leurs chapeaux.

Le conducteur, d'une voix impérieuse, donna un ordre. Les gardiens obéirent, s'éloignèrent, s'enfoncèrent dans la nuit.

La portière de l'auto s'ouvrit. Quatre hommes s'élancèrent sur le trottoir.

Celui qui avait fait partir les deux autres en plaça trois en faction, fit monter sur le siège le quatrième, jeta un coup d'œil sur l'auto, s'assura que tout était en parfait état, puis, s'introduisant dans la voiture, il baissa d'épais rideaux derrière les vitres.

Et à son tour, il vint se joindre aux trois hommes. Il attendit un moment, s'impatienta, consulta sa montre. Ce geste, lui faisant entr'ouvrir son manteau doublé de fourrures, permit à ses compagnons de voir que leur chef était en habit de soirée. Mais nul ne dit mot.

Le chef tressaillit soudain, donna un ordre à voix basse, fit cacher ses hommes sous une porte cochère, se colla lui-même contre le mur, se dissimulant dans l'ombre.

La porte s'ouvrit avec lenteur. Un bruit de voix arriva jusqu'à la rue. Le mystérieux rêveur du pont de Janowitz apparut dans l'ouverture sombre. Il sortit. La porte derrière lui se referma sans bruit.

L'homme fit un pas, regarda à droite, à gauche. Effaré, il vit surgir de la nuit quatre hommes. Il voulut se reculer, sonner à la porte de la maison. Trop tard.

Les quatre hommes s'étaient rués sur lui. En moins de temps qu'il n'en faut pour l'écrire, il avait les pieds, les jambes et les bras liés. Un bâillon avait été mis sur sa bouche, étouffant ses cris. Un sac de toile, garni d'ouate, jeté sur sa tête, l'étouffait.

Il sentit qu'on l'emportait. Dans le véhicule qui l'entraînait, l'homme, furieux, essaya de rompre ses liens. Ce fut peine perdue. Il entendit des ricanements, puis un ordre bref. On lui retirait son capuchon.

Il ne vit rien autour de lui, distingua un vague rayon de lumière à travers les stores baissés, rayon qui paraissait et disparaissait, puis bientôt cette lueur fugitive cessa.

L'homme comprit qu'il était en rase campagne. C'était la nuit complète dans l'auto, qui filait à une allure désordonnée.

Le chauffeur — le chef — devait bien connaître Berlin. En quittant le pont de Janowitz, il était revenu sur ses pas — pour donner le change sans doute — en cas qu'il fût suivi.

Il avait traversé l'allée de Unter den Linden, avait fait un crochet, passé devant l'hôtel de ville, obliqué vers Alexander-

Place, obliqué encore, passé devant Friedrichshain, puis franchissant les portes de Berlin à une allure folle, il avait pris le chemin de Weissensée. C'est une manière de village assez distant des faubourgs de Berlin.

L'auto, en trombe traversa Weissensée, piqua sur Pankow.

Le chauffeur avait éteint les lanternes électriques qui étaient à l'avant et étaient réglées par une manette placée près du volant.

C'était courir grand risque, car on pouvait se jeter sur une voiture ou un convoi venant en sens inverse. Le hasard fit qu'on ne rencontra personne.

Avec un ronflement sourd, dans la nuit courait cette masse sombre éclairée par la pâle lueur des étoiles.

On dépassa Pankow. L'auto ralentit. Un carrefour se présentait.

La voiture tourna, enfila un petit chemin qui donnait sur la route nationale, s'enfonça à travers un petit bois, le dépassa, alla stopper à cinq cents mètres de là, derrière une haie de grands peupliers qui masquaient une maison carrée, massive, paraissant inhabitée, et dont un côté était barré par un cours d'eau qui, venant des prairies voisines, allait se perdre dans le bois prochain.

Le chef descendit. Il prit dans la poche de son pardessus une clé, ouvrit une porte basse, tourna un commutateur.

— Remettez le capuchon au prisonnier, ordonna-t-il.

L'homme fut de nouveau encapuchonné.

Derrière le chef, les quatre hommes l'apportèrent, le suivirent, montèrent derrière lui au premier étage.

Mais là l'électricité ne marchait plus. Il fallut allumer une lampe qui se trouvait sur une table.

La lampe allumée, le chef prit dans sa poche une lettre, et ayant fait déposer le prisonnier sur un canapé, il remit à l'un des hommes cette lettre :

— Pour votre chef, dit-il simplement, avec défense expresse de l'ouvrir avant demain soir. Il y va de la vie pour lui. Vous pouvez disposer de l'auto et rentrer à Berlin. J'ai ici, sous un hangar, une autre voiture toute prête. Allez.

Respectueux, les quatre policiers s'inclinèrent. Ils sortirent.

Le chef entendit les trépidations du moteur, le ronflement, puis plus rien...

Alors, sûr d'être seul avec son prisonnier dans cette maison déserte, il retira son manteau, le jeta dans un coin, prit dans son habit des papiers qu'il plaça sur la table, sous la clarté de la lampe.

Il alla quérir sur un meuble un buvard, un encrier, une plume qu'il apporta à côté des papiers, puis tranquillement, il se saisit d'un petit canif, trancha les liens du prisonnier, lui retira son capuchon.

Ce dernier, étourdi, manquant d'air, ne bougeait pas. Le chauffeur obligeamment lui fit respirer des sels.

Le prisonnier éternua bruyamment, se dressa sur le canapé et, menaçant, alors bondit vers son agresseur.

Il recula. Le chauffeur braquait sur lui un revolver.

— Un cri, une menace... et je fais feu.

— Vous oseriez, rugit le prisonnier, vous livrer à cet acte infâme et...

Il interrompit sa phrase, recula, livide :

— Le prince de Schwartz ? murmura-t-il.

— Non, Sire, ricana le chauffeur, je ne suis pas le prince de Schwartz... je suis son frère... Ludovic Dortailles, reporter français... ce qui n'est pas tout à fait la même chose.

Guillaume II, roi de Prusse, empereur d'Allemagne, baissa la tête.

— Je suis en votre pouvoir, monsieur, qu'exigez-vous de moi ?

— Je vais vous le dire...

L'homme que Ludovic avait appelé « sire » se détourna. Un sourire énigmatique, railleur, erra sur ses lèvres.

CHAPITRE XXXV

Les conditions de Ludovic.

L'empereur s'assit.

S'il avait un moment perdu contenance en se voyant aux mains de son ennemi, si à la stupeur de se voir tout d'abord en face de celui qu'il croyait le prince de Schwartz il avait eu une minute d'effroi en apprenant le véritable nom de son agresseur, il retrouvait sa fermeté d'âme, à présent qu'il pressentait que la lutte entre lui et son adversaire allait être grave.

Il ne faut pas oublier, en effet, que si fantasque et si extravagant qu'apparaisse aux yeux des Français le maître des destinées de l'Allemagne, il n'en est pas moins un homme courageux, que son impulsion première entraîna souvent à des paroles excessives que sa raison lui reprochait ensuite.

C'est un Allemand qui a beaucoup fait pour son pays, et qui, s'il n'avait pas subi les influences de sa famille et de son entourage, aurait pu amener une détente entre la France et l'Allemagne.

Mais nous n'avons pas à juger sa politique.

C'est l'homme seul que nous mettons en scène, et cet homme est aux prises avec un homme non moins brave que lui, non moins audacieux.

Tous les deux ont au cœur à un degré puissant l'amour de leur pays.

Qui l'emportera ?

Guillaume, après les dernières paroles de Ludovic qui furent suivies d'un assez long silence, avait retrouvé son sang-froid.

C'est d'un regard ferme, autoritaire, qu'il examinait Cocorico.

Ludovic Dortailles avait posé son revolver. Il s'était assis devant la table encombrée de papiers. Il semblait chercher ses phrases. Il parla enfin.

D'une voix nette, précise, claire, il énonça ses griefs, ceux de la France.

— Sire, dit-il, ne voyez pas en moi un ennemi personnel de Votre Majesté. Ce n'est pas Guillaume II que j'ai voulu enlever, c'est l'empereur. C'est à l'empereur, au maître d'un vaste empire qui toujours fut l'ennemi de mon pays, que je m'adresse.

— Votre procédé, monsieur, est inqualifiable. Vous vous êtes présenté sous un faux nom. Vous avez capté ma confiance...

— Et j'ai obtenu de Votre Majesté, dit railleusement Ludovic, un ordre que j'ai sur moi et qui m'a été fort utile pour enlever Votre Majesté avec le concours de ses policiers. En guerre, toutes les ruses sont bonnes. Ce n'est pas de la déloyauté, c'est de l'adresse. Pour le reproche que vous me faites, Sire, d'avoir pris un faux nom, permettez-moi de vous dire que, si légalement je n'y ai pas droit, en fait je n'en suis pas moins le fils du prince Schwartz... Oh ! rassurez-vous, je ne me réclame pas d'un tel père... J'ai pris momentanément ce nom, mais je m'empresse de le rendre à mon frère Wilhelm, à qui je ne le réclamerai jamais. Je suis né Ludovic Dortailles et Dortailles je reste... C'est un nom lorrain, un nom bien français et que je n'échangerai jamais contre tous les titres et les richesses de vos sujets...

Guillaume se croisa les bras.

— Au fait, monsieur ! dit-il sèchement.

— Un peu de patience, Sire. Nous avons le temps... Nul ne viendra nous déranger. Vous oubliez que c'est sur votre ordre que vous êtes mon prisonnier... Wolfenbüttel, votre perspicace chef de la police, ne se hasardera pas à venir ici. Il croit que je suis Wilhelm et vous Ludovic Dortailles... que Sa Majesté m'a donné ordre d'arrêter.

L'empereur se mordit les lèvres.

— Avouez que c'est bien joué. Vous ne voulez pas l'avouer ? Soit. Je comprends votre dépit. Etre l'autocrate d'un vaste empire, le souverain absolu de millions d'hommes et se voir à la merci d'un journaliste français... c'est vexant. Mais nous ne sommes pas ici pour nous occuper de nos personnalités. Avant de me donner une réponse définitive et qui pourrait avoir de terribles conséquences, je prie Votre Majesté de m'écouter avec la plus grande attention.

— Soit. Mais je vous préviens que je ne m'abaisserai pas à discuter plus longtemps avec vous, monsieur, et pour la dernière fois je vous dis : « Que voulez-vous de moi ? Dans quel but m'avez-vous enlevé, fait prisonnier ? »

Ludovic Dortailles sourit.

— Vous avez raison, dit-il, tout ce bavardage est inutile. Allons au fait.

Il réfléchit quelques secondes, puis brusquement :

— Vous allez rendre à la France l'Alsace et la Lorraine.

Guillaume II effaré, regarda son interlocuteur. Ce qu'il entendait lui paraissait tellement extravagant qu'il n'en croyait pas ses oreilles.

— Vous dites ? murmura-t-il.

— Je dis, répéta Ludovic imperturbable, que vous allez rendre l'Alsace et la Lorraine, que vous avez volées !

— Vous êtes fou.

— Je suis si peu fou, que j'ai préparé l'acte de cession de 'es deux provinces.

L'empereur s'était levé. Il était très pâle.

— Je comprends, dit-il, ma liberté et ma vie seront le prix de cet abandon de deux provinces allemandes.

— Voilà.

— Eh bien ! Monsieur, vous vous êtes trompé si vous avez

cru cela de moi. Je suis en votre pouvoir, tuez-moi. Je ne signerai pas.

Ludovic fit entendre un petit rire narquois.

— Vous signerez, Sire, lorsque vous aurez réfléchi. Ne me dites pas que votre signature n'a aucune valeur et qu'il vous faut pour rendre deux provinces l'assentiment de votre Parlement, de votre peuple, de vos ministres... Vous savez fort bien vous passer du consentement de ces gens-là, le cas échéant... Pour nous faire le coup d'Agadir, votre Kirdelen-Waetcher n'a consulté personne, pas même vous... Et vous n'ignorez pas que vos socialistes — qui sont mieux organisés que les nôtres et qui sont en Allemagne une force, et une force redoutable — préféreraient rendre deux provinces que de voir éclater la guerre, une guerre terrible, entre deux pays, qui sans ces deux provinces auraient pu s'entendre et s'unir.

— Les socialistes allemands sont patriotes.

— Ce sont vos journaux qui le disent... Mais vous savez, vous, que les socialistes n'attendent qu'une occasion pour vous renverser, pour proclamer la République... Une guerre vous serait fatale... Songez à Napoléon III. Le même sort vous attend.

— Napoléon III a été vaincu.

— Vous le seriez aussi. Mais, même vainqueur, sachez que votre trône serait ébranlé et détruit par votre peuple... L'époque des souverains absolus n'est plus... Croyez-moi, Sire, signez cet abandon. Vous mécontenterez vos pangermanistes, votre fils, les partisans de la guerre, qui sont en petit nombre ; mais le peuple, le peuple qui crie misère et ne demande que du travail, sera pour vous. Cet abandon provoquera peut-être une révolution, c'est certain... mais de cette révolution vous sortirez plus fort, chef d'une monarchie constitutionnelle...

— A moins que je ne sois tué.

— Ça, dit Ludovic, c'est encore possible. Mais ceci ne me regarde pas. C'est à vous de prouver à votre peuple, qu'en rendant l'Alsace et la Lorraine et en cherchant à vous faire une amie de la France, vous avez été au-devant d'une guerre et que vous assurez à tout jamais la paix universelle...

— Cessons ces plaisanteries, monsieur. L'Alsace et la Lorraine sont allemandes et le resteront.

— Non...

L'empereur ne répondit pas.

— Si vous ne signez pas, Sire... prenez garde ! prenez garde ! Vous mort, moi je reste muni de l'ordre que vous avez eu l'imprudence de me donner et qui me confère un pouvoir illimité. Je m'emparerai du kronprinz, de l'impératrice, de vos enfants, qui subiront, hélas ! le même sort que vous. La famille royale supprimée avant même qu'en Allemagne on ne soit prévenu de cette catastrophe, je serai en France et nos soldats seront devant les portes de Strasbourg et de Metz, tandis que votre empire, sans chef, affolé, sera livré aux socialistes, à l'anarchie, à la guerre civile peut-être, et que vos soldats jetteront leurs armes, fuiront épouvantés devant les nôtres. *Finis Germaniæ...*

Guillaume, épouvanté, écoutait.

Ludovic parlait avec une telle fermeté, que l'empereur ne

mettait pas en doute un instant que cet audacieux Français n'exécutât son plan infernal.

Il avait raison : *Finis Germaniæ*... C'était la fin de l'empire allemand. Ne pas signer, c'était la mort.

L'empereur, s'il ne s'était agi que de lui, eût fait bon marché de sa vie, préférant la mort au déshonneur, à l'abandon de ces deux provinces que, de bonne foi, il considérait comme faisant partie de l'empire.

Mais il était troublé profondément par ce qui pouvait arriver, qui arriverait certainement, lui mort ! Sa femme, ses enfants seraient victimes du Français. L'Allemagne à son tour allait connaître les horreurs de la guerre civile...

Or Guillaume aimait son pays. C'est à l'Allemagne qu'il pensa avant tout. Avait-il le droit de la sacrifier pour une vaine question de point d'honneur ? Pouvait-il, dans l'impasse où il se trouvait acculé, demeurer ferme sur ce point : refuser de signer ce traité que la violence lui extorquait ?

Il frémit !

Son cœur se déchirait. Rendre l'Alsace et la Lorraine ! ! ! Cette pensée faisait battre son cœur à coups pressés, affluer le sang à mon cerveau.

De tout ce que lui avait dit Ludovic, des conséquences de cet abandon, il n'avait rien retenu. Il ne voyait qu'une chose : deux provinces allemandes données à la France, sans combat, sans gloire. Honteusement, elles étaient données — pour rien !

Ah ! s'il avait su ! Pourquoi au moment d'Agadir, alors que la France désemparée s'affolait, que des ministres impuissants perdaient la tête, pourquoi n'avait-il pas suivi les conseils du kronprinz, du parti de la guerre ? Il se reprochait amèrement ce qu'il appelait à présent sa faiblesse.

— L'heure passe ! dit Ludovic. J'attends la réponse de Votre Majesté.

Guillaume baissa la tête. La France prenait sa revanche.

Il avait fallu des centaines de mille de soldats pour vaincre ce pays, et l'Allemagne à présent dépendait du caprice d'un seul Français.

Situation terrible ! Vengance effroyable !

Le Français rééditait pour son compte le mot farouche de Bismark : « La force prime le droit ! » La Justice immanente arrivait à son heure.

Sans mot dire, Ludovic Dortailles trempa la plume dans l'encrier, la tendit à Guillaume, qui, livide, s'était approché de la table, comme poussé par une force supérieure.

Il lui désigna les papiers.

— Signez là... et là...

Désespéré, la rage au cœur, songeant à l'éclatante revanche qu'il prendrait dès qu'il serait libre, l'empereur demanda :

— Si je signe... je puis à l'instant quitter cette maison... retourner à Berlin ?...

Ludovic eut un sourire gouailleur.

— Ah ! non, fit-il. Il me faut le temps de quitter l'Allemagne. Mais que Votre Majesté se rassure. Les policiers qui m'ont aidé à vous enlever... remettront au chef de la police dès demain une lettre de moi disant où se trouve Votre Majesté. Et Wolfenbüttel se fera un devoir d'accourir, de couper les liens dont j'aurai l'honneur d'envelopper les bras et les jambes de Votre Majesté, ainsi que le bâillon que je mettrai sur sa bouche. C'est une captivité un peu dure — mais de quelques heures seulement — que subira Votre Majesté, qui ne saurait m'en vouloir de songer tout d'abord à ma sûreté.

Guillaume, l'œil injecté de sang, s'assit devant la table :

— Devant Dieu, dit-il d'une voix sourde, je proteste contre la violence qui m'est faite, et j'atteste le ciel que si je signe ceci, c'est dans l'intérêt de l'empire seulement ; car s'il ne s'était agi que de ma vie, j'en aurais volontiers fait le sacrifice.

— Je rends hommage au courage de Votre Majesté, et je me tiens prêt à affirmer envers et contre tous que l'empereur d'Allemagne, en cédant à mes instances, n'a fait qu'obéir aux intérêts supérieurs de l'Allemagne.

Ludovic avait débité cette petite tirade d'un air moitié figue, moitié raisin. La vérité nous oblige à dire qu'il n'était nullement ému par les angoisses terribles de l'homme qu'il tenait à sa merci.

Qu'on ne taxe pas notre héros d'insensibilité. Mais Ludovic était Lorrain, c'est-à-dire deux fois Français. Il avait devant lui l'homme qui avait approuvé les persécutions dont souffrait la Lorraine, le fils et le petit-fils d'ennemis héréditaires.

Ce Guillaume, de plus, était l'ami de son père, c'est-à-dire du bourreau de sa mère.

Tous ces sentiments, qui emplissaient son cœur, avaient chassé la pitié qu'il aurait pu avoir pour son ennemi.

Et si à ce patriotisme exalté qui le faisait agir, on ajoute que par le fait de son frère il avait perdu son cousin et se savait accusé d'assassinat par sa fiancée, on conviendra que le brave Cocorico n'était pas précisément porté à faire du sentiment en ce moment.

— Votre Majesté voudra bien écrire en toutes lettres que c'est de sa propre volonté, et sans y avoir été contraint par la violence qu'elle rend à la France ces deux provinces volées par son grand-père.

L'empereur eut une dernière révolte. Il brisa sa plume, se leva...

Farouche, Ludovic s'empara de son revolver et, très pâle à son tour, il dirigea l'arme vers la tête de l'empereur, le visant entre les deux yeux.

— C'est assez parler, dit-il d'une voix rauque ; signez à l'instant ou, par le ciel, je vous jure que cette minute est la dernière de votre existence, et que demain votre femme et vos enfants seront morts.

Guillaume prit une autre plume. D'un geste rapide, il la trempa dans l'encrier, se rassit, signa...

Ludovic se pencha pour lire la signature...

A ce moment, un bruit terrible ébranla les murs de la pièce. La porte vola en éclats.

Wilhelm Schwartz se précipita, suivi de Militch, de Prosper, de Wolfenbüttel et d'une nuée de policiers. Il sauta à la gorge de Ludovic.

— J'arrive à temps, vociféra-t-il. Votre Majesté est sauvée.

— Et moi aussi ! rugit Ludovic.

Il se débarrassa de l'étreinte de son agresseur, d'un coup de poing jeta la lampe à terre.

L'obscurité régna ..

CHAPITRE XXXVI

Ce qui s'était passé.

Comment Wilhelm Schwartz se trouvait-il là ?

L'explication est simple. Wilhelm avait découvert à Berlin la retraite de Ludovic. Cette découverte était due non à son habileté, mais au hasard, qui lui avait fait croiser un jour Ludovic Dortailles.

Par malheur pour le brave reporter français, il était ce jour-là tellement préoccupé, qu'il n'avait pas remarqué ce promeneur, qui à sa vue s'était brusquement jeté sous une porte cochère, et après l'avoir laissé passer, l'avait suivi de loin.

Il s'ensuit que Wilhelm avait eu dès lors sur son frère cette supériorité de le savoir à Berlin et de connaître son domicile, alors que lui, Ludovic, ignorait absolument où était Wilhelm.

Naturellement, Schwartz se garda bien de renseigner Prosper et Militch. Il ne tenait nullement à ce que ces deux amis dévoués fussent en présence de leur patron, car vraisemblablement Ludovic n'aurait pas manqué de leur prouver que c'était bien lui qui était Ludovic Dortailles et non celui qu'ils avaient aveuglément suivi.

Dès lors, le plan de Schwartz fut fait. Il s'agissait, avec le concours de Prosper et de Militch, d'enlever Ludovic et de le conduire en lieu sûr.

Au moment même où Prosper et Militch, reconnaissant leur erreur, voudraient se retourner contre Schwartz, ils seraient appréhendés par des policiers cachés qui auraient tout entendu et ainsi seraient renseignés sur l'authencité du vrai prince de Schwartz.

Le plan était ingénieux. Mais pour le mener à bonne fin, il était urgent de s'assurer l'aide de la police et, pour ce faire, d'avoir l'appui de l'empereur.

La malechance voulut que Wilhelm, ayant découvert son frère, se présentât trop tard chez l'empereur.

L'huissier, qui le reconnut, — il le prenait pour le Schwartz qui s'était présenté, — lui dit une première fois que Sa Majesté chassait, une autre fois qu'il était aux environs de Berlin, mais qu'il pouvait se présenter quand il le voudrait, Sa Majesté ayant déclaré qu'elle était toujours visible pour le prince de Schwartz.

Wilhelm apprit ainsi que son ennemi l'avait devancé. Dans quel but ?

Il supposa tout naturellement que c'était pour se faire reconnaître pour le vrai prince, et par conséquent anéantir toutes réclamations postérieures du vrai Schwartz. Comment parer ce coup ?

Schwartz décida qu'il devait tout dire à son souverain, jusqu'à ce que Ludovic, ne se doutant de rien, vînt de nouveau chez l'empereur.

C'est pénétré de cette idée que Wilhelm, en habit, se présenta chez Sa Majesté à une heure tardive, certain de le trouver au palais impérial.

Il éprouva une déconvenue. L'huissier lui apprit que l'empereur, suivi par deux policiers, s'était rendu incognito chez le comte de Karow, conseiller intime, demeurant près du pont de Janowitz. Il donna l'adresse exacte du prince de Schwartz, qui avait dit venir pour une communication de la plus haute importance et qui ne souffrait aucun retard.

Wilhelm, un peu dépité, alla à l'hôtel Adlon, et gardant son habit, — qui était de rigueur le soir pour être admis chez l'empereur, — il prit avec lui Prosper et Militch, et tous trois, en auto, se dirigèrent vers le pont Janowitz.

Chez le comte de Karow, qui n'était pas encore couché, Wilhelm apprit que l'empereur était parti quelques instants après son policier privé, Hermann Wolff, homme de confiance qui l'accompagnait partout.

L'empereur était venu à pied, puis Hermann Wolff, qui l'avait escorté avec deux agents, était entré chez le comte, où il n'était que peu resté, ayant à aller prendre sa faction sur le pont. Enfin, quelques secondes après le départ de Sa Majesté, le comte avait entendu, à sa grande surprise, le bruit d'une auto.

— Pour qui était cette voiture ? demanda Wilhelm.

Le comte de Karow avoua n'avoir rien compris à la présence de cette automobile. Elle n'avait certainement pas été commandée par Sa Majesté, qui avait dit s'en retourner à pied.

Wilhelm tortilla sa moustache.

— Comte, il se passe quelque chose d'extraordinaire, dit-il. Sa Majesté a dû être victime de quelque guet-apens. Je gagerais ma vie que l'empereur n'est pas rentré au palais !

— Que dites-vous là, prince, qui aurait osé ? s'exclama le comte.

— Il est facile de nous en assurer. Deux policiers et Hermann Wolff, dites-vous, escortaient l'empereur. Voulez-vous m'accompagner chez le chef de la police ? Nous saurons par le rapport de ces policiers si nous nous trompons.

Le comte de Karow accepta avec empressement. Il prit place dans l'auto.

Wofenbüttel accueillit les deux visiteurs d'un air satisfait. Il se confondit en salutations, et avant même que Wilhelm ait pu placer un mot, il lui disait l'air ravi :

— Votre Excellence a donc réussi ?

— En quoi ?

— Mais à arrêter cet espion qui... que... enfin, Votre Excellence me comprend. Est-elle satisfaite des quatre hommes que j'ai choisis ? Ah ! des policiers triés sur le volet... j'ose le dire. Ils sont en bas, sans doute.

— Der Teuffel ! jura Wilhelm. Vous êtes fou, monsieur Wolfenbüttel, ou le diable m'emporte... Mais il ne s'agit pas de cela. Nous tirerons l'affaire au clair tout à l'heure. Où est Sa Majesté ?

— Sa Majesté ?

— Oui... l'empereur.

— Où sont les policiers qui l'accompagnaient ce soir chez moi ? dit le comte Karow.

— Mais, monsieur le conseiller, je ne sais... ils doivent être avec Sa Majesté... Comment voulez-vous ?...

— Ils ne sont pas rentrés, vous êtes sûr ?

— Sûr... oui... c'est-à-dire non... Lorsque Sa Majesté sort incognito... je ne vois les agents qui l'escortent que s'ils ont à me faire un rapport relatant quelque incident... lorsqu'il ne s'est rien passé...

On frappa à la porte. L'huissier de service annonça les agents Blofitz et Muller.

— Ah ! dit Wolfenbüttel... ils arrivent à propos. Messieurs, ce sont justement mes deux policiers... Qu'ils entrent !

Blofitz et Muller furent introduits.

— Qu'avez-vous fait de Sa Majesté ? tonitrua Wolfenbüttel. Où est Sa Majesté ? Allons, parlez, misérables ! Brigadier Muller, vous m'entendez ?...

— Oui, chef, dit Muller faisant le salut militaire. Sa Majesté a été laissée par nous dans la maison de M. le conseiller comte Karow, où l'a suivi Hermann Wolff.

— Pourquoi... pourquoi... ne...

Embarrassé, Wolfenbüttel se tourna vers Karow et Wilhelm.

— Ils ont accompagné Sa Majesté, dit-il. Vous voyez... oh ! j'étais sûr d'eux...

Karow l'interrompit :

— Vous n'étiez pas là, devant ma maison, lorsque Sa Majesté est sortie ?

— Non, monsieur le conseiller, dit Muller. Un homme est venu en automobile... J'ai vu descendre de nos confrères lorsque nous partions... cet homme nous a montré un ordre de Sa Majesté de lui obéir en tout et pour tout. Il nous a ordonné de nous éloigner.

— Misérable ! vociféra Wolfenbüttel. Vous avez déserté votre poste !

— Mais, monsieur le chef, bégaya Muller, puisque Sa Majesté nous ordonnait...

— Vous n'avez donc pas compris que cet ordre était faux ?

— Non, dit Wilhelm écumant, cet ordre était vrai. Je comprends tout à présent, monsieur Wolfenbüttel, notre empereur a été enlevé, et vos policiers se sont faits inconsciemment les complices de cet enlèvement.

Le chef de la police, écrasé, ahuri, regarda Karow.

Le comte, soucieux, approuvait d'un hochement de tête.

— C'est évident, murmura-t-il. On a éloigné les agents, tué sans doute Hermann Wolff. Sa Majesté est montée dans l'auto... Qui sait où l'on a conduit l'empereur ? C'est effroyable ! Et c'est en sortant de chez moi ! Oh ! je suis déshonoré ! Un coup pareil...

Wilhelm, maître de lui, demanda d'une voix brève :

— L'homme qui a réquisitionné vos policiers leur a-t-il expliqué le but de cette course nocturne ?

— Mais, s'écria Wolfenbüttel, c'est vous qui avez réquisitionné mes policiers pour vous emparer de votre frère, un aventurier, un espion...

— Non, dit Wilhelm, ce n'est pas moi. C'est au contraire cet aventurier qui nous a tous dupés, cet espion, ce Ludovic Dortailles, qui, sous mon nom, ayant arraché je ne sais quel ordre à Sa Majesté, s'en est servi pour enlever notre souverain bien-aimé...

— Ciel ! Est-il possible ?... Mais alors... moi... je...

Wolfenbüttel se laissa choir. Il était sur le point de se trouver mal.

— Sortez, dit Wilhelm aux deux agents, qui s'éloignèrent aussitôt.

Il y eut un silence. Karow, inquiet, interrogeait Wilhelm du regard.

— Comte, dit enfin ce dernier, voulez-vous donner ordre, vous qui en avez le pouvoir, à M. le chef de la police de mettre immédiatement à notre disposition quatre autos et des agents ?

— Certes ! dit Karow.

Il se tourna vers Wolfenbüttel :

— Vous avez entendu ?

— Oui... oui... Excellence. Et moi-même je me mettrai à la tête... je dirigerai les recherches. Sera-ce assez de trente agents ?

— C'est plus qu'il n'en faut, dit Wilhelm. Que les voitures s'approvisionnent d'essence. Nous aurons sans doute beaucoup de chemin à faire et à toute allure... L'auto qui a enlevé Sa Majesté a près de deux heures d'avance. Et puis... qui sait de quel côté elle s'est dirigée ?...

— Nous le saurons, dit soudain le chef de la police.

— Comment cela ?

— Mais par mes agents, qui certainement rentreront cette nuit ou demain matin.

— Eh ! s'écria Wilhelm, lorsque cet aventurier rendra la liberté à vos policiers, il sera trop tard. Ce misérable sera hors de notre atteinte. Il aura gagné la France, sans doute.

— On peut télégraphier... téléphoner... l'arrêter à la frontière ! Si vite qu'aille sa voiture, le téléphone va encore plus vite, insinua Karow.

— Sans doute, mon cher comte. Mais si Sa Majesté a été assassinée ?...

Les trois hommes frémirent à cette pensée.

— Oui, dit Wolfenbüttel, vous avez raison, il n'y a pas une minute à perdre. Il faut qu'à l'instant mes policiers se mettent en campagne... explorent les environs de Berlin. Je vais donner des ordres !

Il sortit précipitamment. Karow, resté seul avec Wilhelm, demanda :

— N'avez-vous pas le moindre soupçon de l'endroit où ce misérable a pu conduire notre souverain ?

— Non, dit Wilhelm soucieux, pas le moindre. On étouffe ici. Il enleva son manteau, parut en habit, irréprochable.

— J'avais revêtu la tenue de rigueur, dit-il avec un sourire lugubre, pour aller présenter mes hommages à Sa Majesté... je ne me doutais pas...

— Oui, oui, interrompit Karow, c'est une terrible catastrophe ! Pourvu que nous arrivions à temps ! Quel scandale cela va faire !... Sa Majesté ne nous pardonnera jamais !

Les deux hommes se turent. Ils avaient fort à penser.

Karow, lui, se voyait déshonoré, ruiné, disgracié par cette aventure. Wilhelm songeait que Ludovic, capable de tout, s'il n'avait pas supprimé l'empereur, le gardait prisonnier, et l'avait conduit en lieu sûr.

Qu'allait-il advenir de tout ceci ? Et comment, par la suite, le prince de Schwartz, cause involontaire de tout ce qui arrivait, oserait-il se présenter à la cour ? Qui sait même si l'on ne l'accuserait pas de complicité avec ce traître ?

Quoi qu'il en soit, si l'on ne réussissait pas à mettre la main sur Ludovic et à lui arracher l'empereur vivant, c'en était fait de la fortune de Wilhelm Schwartz.

Il y avait déjà un grand temps que Wilhelm et Karow méditaient silencieusement, assis devant le grand poêle de faïence qui emplissait d'une chaleur suffocante le bureau du chef de police, lorsque l'on entendit le grondement sourd d'une auto.

Puis ce fut un arrêt brusque. Des cris, des interjections, une discussion et soudainement, Wolfenbüttel, le visage épanoui, fit irruption :

— Nous le tenons ! dit-il. Mes agents viennent d'arriver. Il est aux environs de Pankow...

— Vite, dit Schwartz jetant son manteau sur le bras, partons.

— Un instant, Excellence. J'attends trois autos de police avec leurs hommes. Les voici justement. Les agents qui ont été à Pankow vont nous conduire

— Qu'est-ce que cette lettre ? demanda Karow à Wolfenbüttel, qui, tout en parlant, brandissait une enveloppe.

— C'est une lettre que cet audacieux malfaiteur a eu l'audace de me faire porter par l'agent Kœnig, et qu'il me prie de n'ouvrir que demain.

Wilhelm lui arracha la lettre, déchira l'enveloppe, lut tout haut :

« Monsieur Wolfenbüttel est un galant homme, mais un chef
» de police médiocre. S'il veut se rendre à l'Ermitage, près
» Pankow, il comprendra qu'il n'a plus qu'à se démettre de ses
» fonctions, car Sa Majesté ne lui pardonnera jamais de s'être
» fait le complice de ceux qui l'ont enlevée. »

— La signature ? demanda Karow.

— Il n'y en a pas, dit Wilhelm ; mais ce que je viens de lire est clair. En route !

Il sortit comme un fou du cabinet, suivi de Karow. Wolfenbüttel ramassa précipitamment la lettre que Wilhelm avait jetée, courut derrière eux.

Wilhelm s'était jeté dans son auto. Sur le siège se tenait Prosper et Militch. Prosper tenait le volant.

Wilhelm se rappela qu'il avait une indication à donner. Il baissa la glace, et dit à mi-voix en désignant l'auto dans laquelle venait de prendre place Wolfenbüttel :

— Nous le tenons. Suis cette voiture.

Karow, effaré, regardait sur le trottoir.

— Un instant, dit Wilhelm.

Il appela Karow.

— Monsieur le conseiller, montez avec moi.

Karow obéit machinalement. La voiture qui avait servi à Ludovic et avait ramené les agents se mit en marche. Prosper prit la suite.

Derrière lui, trois énormes autos emplies d'agents s'ébranlèrent.

— Que diable ceci ? grogna Prosper. Près de cinquante hommes pour s'emparer du Schwartz ! Ça n'est pas du Cocorico, ça... Il ne se met pas à cinquante contre un. Qu'en penses-tu, Militch ?

— Nous saurons tout à l'heure de quoi il retourne, dit le Bulgare à voix basse. Tu as raison... c'est louche, soyons sur nos gardes.

Les voitures, comme une trombe, traversèrent Berlin, se dirigèrent vers Pankow.

Nous avons vu que le mauvais génie de Schwartz l'avait emporté et qu'il était arrivé à temps pour sauver son souverain.

Sa présence à Pankow expliquée, reprenons notre récit.

CHAPITRE XXXVII

?

La lampe renversée avait provoqué un désordre indescriptible, une mêlée générale. Des cris s'entre-croisaient. Des jurons français alternaient avec des jurements allemands, des exclamations de colère ou de douleur. On piétinait, on brisait les meubles, on se battait.

Une voix dominant le tumulte cria :

— Des lumières !

Wolfenbüttel, qui était près de la porte, s'élança hors du salon, suivi de deux policiers. Les trois hommes allaient chercher les lanternes des autos. Ils reparurent.

Une clarté éblouissante envahit la salle. Ce fut une stupeur.

L'empereur, à terre, était maintenu par von Karow, qui le serrait à la gorge.

Un policier étranglé gisait aux pieds de Prosper.

Militch, un poignard levé, allait frapper un agent qu'il avait collé contre un mur, l'immobilisant de sa main de fer.

Mais ce qui était plus extraordinaire que tout, c'est que, au milieu de cette scène de désordre, un homme en habit, les bras croisés, se tenait impassible, son pied appuyé sur la poitrine d'un autre homme en habit, qui était évanoui.

Quel était cet homme ? Quel était celui qui était étendu à terre ? La ressemblance effrayante de ces deux hommes pétrifiait tous les spectateurs.

Von Karow, qui, confus de sa méprise, avait lâché son empereur, oubliant dans son émoi de s'excuser, regardait alternativement le visage des deux hommes, balbutiant :

— Qui est Schwartz ?...

Guillaume n'était pas moins surpris.

Wolfenbüttel, ahuri, approcha sa lanterne du visage des deux Schwartz, l'abaissant, la relevant d'un mouvement machinal, incapable de prononcer un mot.

Prosper et Militch se regardaient comme terrifiés.

— Tonnerre ! s'écria Prosper, elle est raide celle-là ! Qui qu'est le patron ?

L'empereur le premier se remit de sa surprise.

D'une voix hautaine, il demanda à l'homme, qui, impassible, attendait :

— Qui êtes-vous ?

— Wilhelm, prince de Schwartz.

— C'est faux ! dit une voix faible. C'est faux !

Celui qui était à terre venait de reprendre ses sens. Se soulevant avec effort sur ses mains, il murmurait :

— Je suis Wilhelm !

L'empereur, abasourdi, murmura :

— C'est effrayant. Une telle ressemblance... Qui croire ?

Wolfenbüttel fit un pas.

— Sire, dit-il, Votre Majesté...

— Quoi ? Que voulez-vous ? Reconnaissez-vous le vrai Schwartz ?

— Hélas ! non. Peut-être serait-il prudent de les arrêter tous les deux...

— Aidez cet homme à se relever, dit l'empereur.

Deux policiers aidèrent à se relever le second Schwartz, qui n'avait aucune blessure. Sa tête, lorsqu'il était tombé, avait porté contre un pied de la table avec une telle violence, qu'il avait perdu connaissance. A présent, il se ressaisissait peu à peu, se remettait de cette commotion. Il prit la parole.

— Devant Dieu et devant les hommes, dit-il, je jure sur la tombe de mon père, que je suis le prince Wilhelm de Schwartz.

— Tu n'es qu'un misérable imposteur, s'écria son frère, tu te nommes Ludovic Dortailles !

— C'est toi qui es le Français.

— C'est toi !

— Silence ! ordonna l'empereur. Nous allons découvrir la vérité. Saisissez-vous de ces deux hommes. Mettez-leur les menottes !

Les deux hommes n'eurent pas un geste de révolte. Ils tendirent les mains aux policiers.

— Messieurs, dit Guillaume, nous allons aisément retrouver l'aventurier... le faux Schwartz... le misérable qui m'a enlevé, celui qui a arraché à ma confiance un ordre lui permettant de s'assurer, pour la réussite de ses coupables projets, le concours de la police, de l'armée, des magistrats... Celui sur lequel on trouvera cet ordre sera le coupable. Fouillez ces deux hommes.

Les deux prisonniers eurent un regard de triomphe.

— Tu vas donc être démasqué, scélérat !

— Enfin tu vas être puni de ta trahison, Ludovic Dortailles.

Ils se regardaient, le rire aux lèvres, le regard menaçant.

— Celui-ci d'abord ! dit Guillaume, désignant le Schwartz qui avait terrassé l'autre.

Wolfenbüttel le fouilla consciencieusement. Dans la poche intérieure de l'habit, il eut la surprise de ne trouver qu'un mouchoir de poche, en batiste, sans initiales.

— Rien ! dit-il.

— A l'autre.

Le second Schwartz fut fouillé. On trouva sur lui des papiers, un portefeuille. Il blêmit.

— Ce portefeuille n'est pas à moi ! dit-il. Il n'est pas à moi, je le jure !

Mais on ne l'écoutait pas. On examinait le contenu.

— L'ordre de Votre Majesté ! dit Wolfenbüttel.

Le prisonnier qu'on venait de fouiller jeta un cri de rage.

— C'est faux !... C'est faux ! C'est pendant que j'étais évanoui que le Français a mis ses papiers dans ma poche. Jamais je n'ai eu ce portefeuille en ma possession ; je jure...

L'autre Schwartz ricana :

— Mensonge bien digne d'un aventurier aux abois. Ce portefeuille est bien à lui. Jamais il ne m'a appartenu.

Hors de lui, le premier Schwartz s'adressa à von Karow :

— Comte Karow, vous que j'ai été chercher tout à l'heure pour m'aider à sauver Sa Majesté, dites...

— Comte Karow, ne vous laissez pas influencer par cet homme, dites la vérité. Reconnaissez-moi... moi, le vrai Schwartz. Ces deux complices du Français... que j'ai amenés ici, leur persuadant que j'étais leur patron... leur maître... et qui m'ont accompagné dans toutes mes courses depuis Spandau...

— C'est moi qui étais à Spandau.

— C'est toi qui avais donné rendez-vous à Spandau à ces hommes devant la tour Julius pour perpétrer ton exécrable trahison ; mais c'est moi qui t'ai devancé et me suis fait passer aux yeux de tes complices pour Ludovic Dortailles.

— Menteur !

— Infâme !

— Taisez-vous ! s'écria l'empereur exaspéré. Le coupable, le faux Schwartz est celui qui avait sur lui mon ordre.

— Mais je ne l'avais pas, cet ordre... j'en ignore le contenu. Ce traître a profité...

— Je vous ordonne de vous taire !

Guillaume s'adressa à Prosper et à Militch :

— Répondez, vous autres. Quel est le Français ?

Prosper, effaré, s'écria :

— Comment diable voulez-vous que je le sache ! Tous deux disent la même chose. Tous deux prétendent avoir été à Spandau. Alors, dame ! c'est affolant ! Tous deux prétendent que nous sommes venus avec lui ici. Mais quel est celui avec qui on s'est amené ici ? Montrez-le-moi. Si vous me le montrez, eh bien ! alors, pas moyen de faire erreur... c'est l'autre qu'est M. Ludovic, quoi ! C'est clair !...

— Regardez-les bien, dit Wolfenbüttel menaçant, et dites-nous la vérité... Il y va de votre tête.

— Vous pouvez me zigouiller, dit Prosper, mais, la tête sur l'échafaud, je vous dirais ce que je me tue à vous faire comprendre, c'est que Ludovic Dortailles c'est pas celui qui était avec nous, mais celui qui était ici avec l'empereur. Voilà. A présent, débrouillez-vous ! Moi je donne ma langue au chat.

Et de fait, le malheureux Prosper, pas plus que tous les spectateurs de cette scène, ne comprenait rien à ce qu'il voyait.

C'est en vain qu'il cherchait à surprendre sur la physionomie des deux Schwartz un indice qui pût le mettre sur la voie. Les deux prisonniers étaient identiquement semblables. Leurs traits reflétaient la même haine farouche, la même irritation l'un contre l'autre.

Prosper n'avait pu surprendre le moindre coup d'œil, le moindre demi-sourire qui eût éclairé son amitié, révélé son vrai patron.

De ceci, il se dépitait fort, songeant à part lui que si Ludovic s'était fait un peu reconnaître, lui, Prosper aurait pu lui rendre service, l'aider à faire passer l'autre pour Ludovic. Mais rien... **rien**...

— Monsieur le conseiller Karow, demanda l'empereur, quel est votre avis ? Le porteur de cet ordre est-il le coupable ?

Karow toussa.

— Il devrait l'être, Votre Majesté. Mais cette obscurité voulue par votre agresseur a pu lui permettre... heu ! je ne sais pas... c'est une supposition... hem !... S'il s'était en effet débarrassé du portefeuille, l'avait glissé dans la poche... hem !... de son adversaire...

— Monsieur le conseiller, interrompit, presque brutalement Wolfenbüttel, cela ne tient pas debout. Les preuves sont des preuves. Ce qui trahit le coupable, c'est l'ordre trouvé sur lui.

— C'est possible... c'est possible, dit vivement Karow ; je n'affirme rien.

— Wolfenbüttel, dit l'empereur, votre avis est donc que le faux Schwartz est cet homme ? Celui sur qui vous avez trouvé des papiers ?

Le chez de la police se troubla ;

— Votre Majesté... je n'ai émis qu'une supposition. Tout semble prouver que cet homme est coupable...

— Le croyez-vous ?

Wolfenbüttel, très embarrassé, hésita :

— Oui et non. Il me semble bien que c'est lui qui est venu réquisitionner mes policiers... et cependant, je crois aussi que c'est lui qui était tout à l'heure avec M. le conseiller Karow. Ah ! pourquoi sont-ils tous deux en habit ? S'ils avaient eu des vêtements différents... Mais en habit tous deux, tous deux pareils... C'est à perdre la raison.

L'empereur devait sans doute partager cette opinion, car il ne se hâtait pas de prendre une décision. Sa perplexité croissait d'instant en instant. L'aventure était mystérieuse au possible, énigmatique et troublante.

Cet ordre, qui devait tout expliquer, n'expliquait rien. Il pouvait avoir en effet été glissé subrepticement dans la poche d'un Schwartz par l'autre. C'était invraisemblable, mais possible. D'ailleurs, tout n'était-il pas invraisemblable dans cette affaire ?

Anxieux, tous épiaient l'empereur. Un des Schwartz éleva la voix :

— Votre Majesté m'autorise-t-elle à parler ?

— Oui.

— Il est quelqu'un qui pourrait nous aider à découvrir la vérité... à prouver que je suis le vrai Schwartz...

— Son nom, demanda vivement l'empereur

— Mina Wolfang... qui sous le nom de Clara de Bremenfeld, loge à l'hôtel Royal.

L'autre Schwartz bondit.

— Mina Wolfang, ma maîtresse, s'écria-t-il. Oui... c'est cela. Je supplie Votre Majesté de l'entendre. Comment n'y avais-je pas songé plus tôt ? Ce misérable imposteur croit en me devançant troubler l'esprit de Votre Majesté... mais heureusement ma chère Mina donnera les preuves... les preuves les plus irréfutables, que j'ai été son amant... que je suis Wilhelm Schwartz

Il fallut s'interposer, l'autre Schwartz voulait se jeter sur son frère. L'empereur, dépité, ordonna :

— Nous n'en tirerons rien. Il faut — non les confronter —

mais les entendre séparément. Monsieur le conseiller Karow, je vous nomme à l'effet de retrouver le coupable. Vous présiderez, aidé par Wolfenbüttel, un tribunal secret dont les membres seront choisis par moi. Que rien de cette affaire ne transpire au dehors... Conduisez ces hommes en prison. A Berlin !

— Les deux complices aussi ? demanda Wolfenbüttel, désignant Prosper et Militch.

— Ah ! permettez, s'écria Prosper. Complices de quoi ? Nous avons aidé le prince de Schwartz à venir délivrer Sa Majesté... Et c'est pas la prison que nous méritons... mais une récompense.

Cette plaisanterie, qui indigna tous les assistants, produisit sur l'empereur un effet contraire. Un vague sourire se dessina sous sa moustache.

— On verra, dit-il. Tout dépendra de leurs réponses au prochain interrogatoire. Laissez-les libres dans l'hôtel qu'ils habitent, mais surveillez-les. Défense absolue de sortir et de communiquer avec l'extérieur. Venez Karow.

Raide, l'empereur passa devant les deux Schwartz.

Wolfenbüttel, aux menottes des prisonniers, fit ajouter de nouveaux liens.

— En route, dit-il aux policiers, laissez partir la voiture de Sa Majesté... qu'elle ne se trouve pas mêlée au cortège qui escorte ces deux scélérats... ou plutôt ce scélérat. Ah ! je donnerais dix ans de ma vie pour savoir lequel est le Français.

— Et moi donc ! s'écria Prosper, je donnerais bien trente ans de votre vie... et même davantage.

Il ne put finir sa phrase. Des mains brutales l'entraînèrent, ainsi que Militch.

Mais Prosper était radieux. Un des deux Schwartz discrètement avait souri. Il savait enfin lequel était Ludovic Dortailles.

CHAPITRE XXXVIII

Deux rivales.

Mme Clara de Bremenfeld fut désagréablement surprise, ce matin-là, en voyant entrer chez elle un monsieur correctement vêtu qui, se présentant au nom du chef de police Wolfenbüttel, lui intima l'ordre de l'accompagner immédiatement.

Mme de Bremenfeld, vaguement inquiète, interrogea son visiteur, mais ce fut en vain. L'envoyé du chef de police se renferma dans un mutisme prudent.

— Je ne sais rien, dit-il, c'est l'ordre.

Mina Wolfang, troublée, essaya de gagner du temps, promit de passer dans la journée, objecta qu'elle avait des courses urgentes. Son interlocuteur lui dit :

— C'est l'ordre. Une voiture est en bas. Si vous refusez de me suivre, je vous fais transporter de force par mes agents.

— C'est une indignité, protesta Mina, je n'ai rien fait... je ne suis pas coupable !

— Cela ne me regarde pas. C'est l'ordre.

— Mais enfin, monsieur, que me veut-on ?

Le policier ne répondit pas.

— Serai-je longtemps absente ?

— Je ne sais pas. Cela dépend de vous. Veuillez me suivre.

Mina se résigna. Elle embrassa avec effusion sa dame de compagnie.

— Miss, dit-elle, j'ai confiance en vous. Si je ne revenais pas...

L'agent, impatienté, la prit par le bras, l'arracha à miss Maud Allan, ne la lâcha que dans le couloir.

L'Anglaise, impassible, n'avait pas sourcillé. Elle vit partir sa maîtresse d'un œil sec, prit un livre, s'assit près de la fenêtre, se mit à lire. Mais sa pensée n'était pas à la lecture. Elle tournait machinalement les pages du livre. Elle n'avait pas conscience de son geste, rêvait, mélancolique, l'esprit détaché, le regard morne...

Il y avait plusieurs heures qu'elle était ainsi plongée dans sa douloureuse rêverie, lorsque brusquement la porte s'ouvrit. En coup de vent, hors d'elle, bouleversée par une extraordinaire émotion, Clara de Bremenfeld apparut.

— Vite... vite... ma chère miss, faisons nos malles. Nous partons. Profitons de notre liberté. Ce soir, demain peut-être, il serait trop tard.

L'Anglaise, à la vue de Clara, avait tressailli et, refoulant en elle-même les sentiments pénibles qui l'agitaient, elle avait repris, comme par enchantement, son impassibilité coutumière.

— Dans quelques minutes, dit-elle, tout sera prêt. Où allons-nous, madame ?

— A Paris.

Une lueur de joie vite réprimée brilla dans les yeux de l'Anglaise.

— Ah ! ma chère ! gémit Clara, qui était effondrée dans un fauteuil, quelle aventure ! quelle émotion !...

Correcte, l'Anglaise, qui allait préparer ses malles, s'arrêta, attendit que sa maîtresse voulût bien s'expliquer.

— J'ai cru mourir, dit Mina. C'est tellement inouï, ce qui arrive... Ah ! tant pis... il faut que je parle, que vous sachiez tout. Asseyez-vous près de moi, miss.

Elle éclata en sanglots.

— Madame, dit froidement Maud, calmez-vous, je vous en prie.

— Me calmer... est-ce que c'est possible, lorsque je viens d'être mise en présence de l'homme que j'ai aimé et de celui que j'aime !

Miss, étonnée, la regarda.

— Oui, miss. On vient de me conduire je ne sais où... devant des juges... des conseillers... le chef de police... que sais-je ? Et là... on a fait comparaître ces deux hommes... l'un après l'autre, et l'on m'a demandé : « Quel est celui qui est votre amant ? » Qu'auriez-vous répondu, miss ?

Miss Maud Allan ne put réprimer un sourire.

— Il me semble, madame, que la réponse était facile et que, mieux que personne, vous étiez à même de renseigner ces messieurs.

— Ah ! vous croyez cela ! C'est vrai, vous ne savez pas... Apprenez donc que ces deux hommes, qui sont prisonniers, je ne sais pourquoi... se ressemblent comme deux gouttes d'eau.

Ce sont les deux frères. Tous les deux fils du prince de Schwartz.

Miss Maud pâlit affreusement.

Toute à son récit, Clara ne remarqua pas l'émotion de l'Anglaise.

— Oui, miss, les deux frères... un a été mon amant... c'est le fils légitime du prince... J'ai vécu des années avec lui... un enfant est né de notre amour. Mais, hélas ! je n'aime plus Wilhelm à présent, c'est l'autre que j'aime et qui ne m'aime pas... c'est le bâtard... c'est le Français Ludovic Dortailles.

Miss Maud porta la main à son cœur, ferma les yeux, comme si elle allait s'évanouir.

— Alors, continua Mina, on a voulu me faire dire lequel des deux était le vrai Schwartz. Voyez-vous d'ici ma situation... Pouvais-je perdre mon amant Wilhelm ? Pouvais-je perdre celui que j'aime... Ludovic Dortailles !

— Qu'avez-vous fait ? demanda d'une voix à peine distincte miss Maud.

— Je les ai reconnus tous les deux.

— Comment ?

— Oui... j'ai reconnu le premier Schwartz... le vrai. Il m'était impossible de ne pas le reconnaître. Il a rappelé le passé... évoqué des souvenirs... fait appel à mon amour... parlé de notre enfant...

— Mais... mais l'autre ?

— L'autre ! s'écria Mina. Voilà qui est terrible ! On l'a fait comparaître quand son frère a été sorti. Le chef des juges a dit : « Vous êtes un imposteur... vous n'êtes pas le prince de Schwartz. Cette femme vient de nous dire la vérité. »

— Et, interrogea miss Maud angoissée, qu'a-t-il répondu, le Français, car c'était le Français, celui-là... n'est-ce pas ?

— Ah ! je ne sais plus, balbutia Mina affolée, je l'ai cru... et à présent je crois... oui, j'ai la certitude que c'était bien Ludovic Dortailles... mon cœur me le dit. Mais alors j'ai été troublée, je n'ai plus su... D'ailleurs, lors même que je n'aurais pas été sûre... J'aurais répondu comme je l'ai fait.

— Vous avez dit, s'écria l'Anglaise indignée, qu'il était le vrai Schwartz !

— Mais certainement, dit Mina, étonnée de la chaleur que mettait miss Maud dans son apostrophe.

— Et vous saviez que ce n'était pas vrai ?

— Son émotion, d'ailleurs, le trahira... lorsqu'il se trouvera devant moi.

— Je savais... je savais, dit Mina irritée, c'est-à-dire je croyais. Mais quand il m'a regardée en souriant et qu'il m'a dit doucement : « C'est toi, Mina, toi la mère de notre enfant, toi que j'aime et qui m'aime, qui as osé dire que ce Français était Wilhelm Schwartz ! Tu l'aimes donc à ce point que tu veuilles le sauver au risque de me faire périr, moi Wilhelm Schwartz !

— Il a dit cela ! Ludovic a dit cela ! Oh ! l'infâme ! le lâche !

Mina Wolfang, interdite d'abord, s'était levée.

— Mais, miss, qu'est-ce qui vous prend ? Qui êtes-vous pour traiter d'infâme l'homme que j'aime ?

— Je suis... ou plutôt j'étais la fiancée de ce misérable.

— Comment ?

— Je me nomme Hélène de Marsall, je suis la sœur de celui que Ludovic a lâchement assassiné dans son château de Schwartz, craignant que mon frère ne trahît son usurpation, ne l'empêchât de s'approprier un nom et une fortune qui ne lui appartenaient pas !

— Vous !

— Faites-moi arrêter si vous voulez... Dénoncez-moi. Rassurez-vous... je ne chercherai pas à fuir. Au contraire, je veux être arrêtée... je veux démasquer ce misérable. Je ne me tromperai pas, moi, en dépit de la ressemblance des deux frères.

— Mais...

Mina Wolfang, épouvantée, murmura :

— Taisez-vous ! Au nom du ciel, taisez-vous !

— Pourquoi me taire ? J'ai mon frère à venger. Que m'importe la mort, si en mourant j'assure le châtiment du coupable !

— Jamais... jamais... dit Mina violemment. Je vous défends de faire cela.

— Vous me défendez... de quel droit ? dit Hélène avec hauteur.

— J'aime Ludovic.

— Moi... je le hais.

Les deux femmes se regardèrent menaçantes. Leurs yeux lançaient des éclairs. Elles se sentirent dès cet instant ennemies mortelles, irréconciliables.

Mina s'approcha, baissa la voix :

— Mademoiselle de Marsall, dit-elle... je me nomme Mina Wolfang. Ceux qui me connaissent savent que lorsque je veux quelque chose... cette chose doit être. Or, je ne veux pas que vous touchiez à Ludovic Dortailles, que vous le livriez à ses ennemis.

Hélène lui lança un regard de mépris, sourit dédaigneusement.

— Et il en sera ainsi, dit Mina avec calme... Je vous poignarderais plutôt.

— Un crime ne doit pas coûter beaucoup à qui aime un assassin.

Mina se mordit les lèvres.

— Ecoutez, dit-elle avec colère, il ne s'agit pas de nous dire des douceurs, nous sommes ennemies, n'est-ce pas ?

— Certes !

— Eh bien ! puisque nous le savons et que nous n'avons pas besoin de dissimuler nos sentiments l'une envers l'autre, j'estime que, pour l'instant, il convient de nous unir pour sauver cet homme, du moins pour ne pas contribuer à le perdre, et que par conséquent, nous devons toutes les deux quitter Berlin... aller à Paris. Si Ludovic Dortailles est mis en liberté, il viendra en France. Alors, à ce moment, nous reprendrons chacune notre liberté d'acton ; vous, vous chercherez à faire à l'homme que vous haïssez tout le mal possible, et moi je m'efforcerai de sauver celui que j'aime ; et dans cette lutte sans merci, je jure que je ne vous épargnerai pas. Malheur à vous, si vous vous trouvez sur mon chemin.

Hélène baissait la tête. Elle venait de penser à la mission qui lui avait été confiée par son frère et qu'un instant, dans sa haine farouche contre Ludovic, elle avait oubliée. Quelle mauvaise Française était-elle donc pour faire passer son ressentiment et ses injures personnelles avant son pays ?

Elle rougit de honte ! Elle, la fière Lorraine, elle avait pu oublier un instant son pays ! Et ce document précieux, libérateur, qu'elle portait sur elle, dans son aveugle rage, elle avait failli le sacrifier !

Elle releva la tête.

Mina Wolfang dévisageait Hélène. Elle trouvait bien étrange ce revirement, cette soumission absolue à ses désirs. Elle pensa :

— La Française me ménage un tour de sa façon. Elle espère m'échapper d'ici que nous soyons à Paris. Elle se trompe si elle croit réussir. À Paris même je saurai la tenir. Elle verra à ses dépens qu'on ne s'attaque pas impunément à Mina Wolfang et à celui qu'elle aime.

Comme si elle eût compris ce qui se passait dans l'esprit de sa rivale, Hélène lui dit d'un ton plus ferme :

— Je vous donne ma parole, Mina Wolfang, de ne rien tenter contre Ludovic Dortailles ni contre vous jusqu'à notre arrivée à Paris. Je vous donne ma parole de ne pas chercher à me soustraire à votre surveillance !

— Votre parole ! ricana Mina.

— Pardon ! fit Hélène avec dignité, je suis comtesse de Marsall. Dans ma famille, on a coutume de tenir sa parole, même au péril de sa vie.

Cette réponse si noble et si fière impressionna Mina, la convainquit.

— C'est bon... c'est bon, dit-elle ; je vous crois. D'ailleurs, j'aurai l'œil sur vous. S'il vous plaît, miss Allan, voulez-vous faire votre malle pendant que je ferai les miennes ! N'oubliez pas qu'avant une heure il faut que nous soyons à la gare.

— Nous y serons.

En effet, une heure plus tard, le rapide emportait vers Paris deux jeunes et jolies femmes qui, installées dans un compartiment de première, causaient presque amicalement. C'étaient les deux ennemies : Hélène de Marsall et Mina Wolfang.

Tandis qu'elles se hâtaient de fuir Berlin, qui pour elles devenait un séjour dangereux, que devenaient les deux Schwartz, Prosper Godilleau et Militch ?

CHAPITRE XXXIX

Cocorico.

Le secret avait été religieusement gardé sur l'extravagante affaire de Pankow. Tout le monde, à Berlin, et même dans l'entourage de l'empereur, ignorait la tentative qui avait failli lui coûter la vie.

L'arrestation des deux Schwartz avait été également tenue secrète.

Les policiers, terrorisés par les menaces de Wolfenbüttel, n'avaient garde de parler, sachant que la moindre indiscrétion pouvait leur valoir le bagne, ou tout au moins un long emprisonnement.

C'est dans le plus grand mystère qu'eut lieu l'instruction de

l'affaire. Les trois assesseurs adjoints à Karow et à Wolfenbüttel durent s'engager par serment à ne parler à âme qui
vive de la mission de confiance dont les avait honorés l'empereur.

Les deux Schwartz, enfermés dans une prison militaire,
furent surveillés par des policiers qui avaient pris part à la
course nocturne de Pankow. Deux agents couchaient avec chacun des Schwartz dans sa cellule.

Les deux cellules étaient voisines. Nul n'était admis à parler
aux prisonniers, ni à les voir. C'est un des policiers de surveillance qui allait chercher leur nourriture.

Lorsqu'ils étaient conduits pour être interrogés chez le conseiller, ordre était donné à tous les geôliers, gardiens, soldats
et officiers de s'éloigner. Nul ne voyait les prisonniers à l'aller
ni au retour.

Une automobile grillée, stores baissés, emmenait et ramenait
les deux Schwartz l'un après l'autre. Un peloton de gendarmes
armés jusqu'aux dents escortait la voiture. Ce luxe de précautions ne fut pas inutile. Il empêcha le secret de s'ébruiter.

Cette affaire — qui devenait une affaire d'Etat — resta in-
soupçonnée de tous.

Le soir, l'empereur se rendait chez le comte de Karow, se
faisait mettre au courant des incidents de la journée. Hélas !
l'instruction ne donnait aucun résultat. Force fut au conseiller
Karow d'avouer que ses collègues et lui n'avaient pu découvrir
la vérité.

Ils avaient cru un instant pouvoir démasquer le coupable.
Mina Wolfang avait reconnu tout d'abord son amant. Mais
elle avait également reconnu le second prisonnier comme tel.

L'insistance des juges n'avait servi qu'à provoquer chez la
malheureuse femme une attaque de nerfs. Ce n'était pas une
solution.

Pour les deux amis ou complices du Français, le résultat
avait été identique.

Le Bulgare avait toujours dit :

— Je ne sais pas... Je ne sais rien.

Prosper Godilleau s'était borné à dire aux juges obstinément :

— Pour moi, l'homme que nous avons conduit à Pankow
était le vrai Schwartz ; l'autre, c'est mon patron. Dites-moi
quel est celui qui était avec nous et je vous dirai, moi, quel
est Ludovic Dortaillos, dit Cocorico.

On n'avait rien put tirer de lui. Promesses, menaces n'a-
vaient produit aucun effet.

Cependant, le conseiller Karow était persuadé que Prosper
Godilleau avait reconnu son maître. Il avait refusé de regarder
en face les prisonniers, séparément ou réunis, craignant sans
doute de se trahir. Et à l'ordre qui lui avait été donné de dévi-
sager les prévenus, de les regarder franchement les yeux dans
les yeux, il avait répondu insolemment :

— Je fais de mes yeux ce que je veux. Ils sont à moi, et le
roi de Prusse n'est pas assez riche pour s'offrir les mirettes de
l'ami Prosper.

Le conseiller Karow, irrité, avait prévenu le témoin que s'il
persistait dans son attitude inconvenante, il allait le faire emprisonner.

A quoi, Prosper Godilleau, en ricanant, avait répondu qu'il en serait ravi, que rien au monde ne lui serait plus agréable que de ne plus se trouver en face d'un gredin comme Wilhelm Schwartz, que m'sieu Cocorico aurait bien dû zigouiller.

L'empereur, informé, avait alors ordonné que la nommée Mina Wolfang et les deux complices du Français soient conduits à Spandau, enfermés dans la forteresse et mis au secret jusqu'à nouvel ordre.

Malheureusement, lorsque cet ordre fut donné, trois jours s'étaient écoulés. Mina Wolfang, que la police n'avait pas surveillée — n'ayant pas d'ordre — était partie avec sa dame de compagnie pour une destination inconnue.

Prosper et Militch — quoique surveillés — avaient trouvé le moyen une nuit de s'évader de l'hôtel Adlon, sous les costumes de deux agents de police qu'on trouva dans leur chambre, bâillonnés et ficelés comme des saucissons.

Cette triple disparition de Mina, de Prosper et de Militch, exaspéra l'empereur, qui fit retomber sur Wolfenbüttel sa mauvaise humeur. Il donna trois jours au chef de police pour retrouver ces témoins.

Le comte Karow subit le contre-coup de la colère impériale. Ordre lui fut donné de juger immédiatement les deux Schwartz comme coupables du crime de lèse-majesté et de les punir d'un emprisonnement à vie dans la forteresse de Spandau.

Et trois jours francs lui furent donnés après la condamnation pour découvrir le faux Schwartz, sous peine d'avoir à se démettre de ses fonctions et d'être banni de la cour. Un exil dans ses terres, d'une durée indéfinie, complétait le châtiment du malheureux conseiller.

Les autres juges étaient également prévenus qu'ils suivraient leur chef dans sa disgrâce.

On conçoit dès lors avec quels sentiments de haine, de fureur, le tribunal procéda lorsque pour la dernière fois les deux Schwartz parurent en sa présence.

Sommés tous deux de dire la vérité, les deux hommes se regardèrent, puis gardèrent le silence. Tous deux avaient compris que toute parole serait inutile, aucun d'eux ne pouvant prouver son identité.

Karow, exaspéré, s'emporta jusqu'à les injurier :

— Comte Karow, dit alors Schwartz avec calme, vous regretterez un jour vos paroles, lorsque la vérité éclatera.

— Comte Karow, dit aussitôt l'autre, quand vous aurez reconnu qui je suis, vous regretterez de m'avoir traité aussi durement que cet imposteur.

Cela menaçait de finir en bouffonnerie. Les deux hommes disaient les mêmes phrases, invoquaient les mêmes souvenirs, se servaient des mêmes termes, se traitaient réciproquement de menteur et d'aventurier. Il fallait en finir au plus tôt.

Les juges, navrés, déclarèrent que devant l'obstination des deux scélérats — ils finissaient par les traiter tous deux de la même façon, — il n'y avait plus qu'à prononcer la condamnation.

Karow, désespéré, lut l'arrêt. Les deux Schwartz apprirent leur condamnation sans broncher, avec une sorte d'indifférence.

A la question qui leur fut posée à savoir s'ils n'avaient rien à dire au sujet de l'arrêt qui les frappait, les deux Schwartz répondirent en même temps :

— Rien !

Dans la nuit, tous deux furent conduits séparément à Spandau et logés dans deux cellules voisines.

Le conseiller Karow annonça cette même nuit à Sa Majesté la condamnation des deux Schwartz. L'empereur, pour toute réponse, lui tourna les talons, le quitta sans même l'honorer d'un regard.

C'en était fait de la fortune du comte Karow. Sa disgrâce était complète. Il n'avait plus qu'à retourner dans ses terres, s'exiler, attendre la mort.

Il annonça d'un ton lugubre à Wolfenbüttel, qui l'attendait chez lui, le résultat de cette entrevue. A sa grande surprise, le chef de la police ne parut pas autrement ému.

— Je conçois votre indifférence, dit aigrement Karow, ma disgrâce ne vous touche pas. Mais prenez garde qu'avant peu Sa Majesté ne vous manifeste son ressentiment. Votre démission forcée, monsieur le chef de la police, pourrait bien être suivie d'une confiscation de vos biens et même d'un emprisonnement.

— Oui, dit avec calme Wolfenbüttel, car je suis responsable de la sottise de mes agents qui ont laissé fuir ce Prosper Godilleau et son compagnon.

— Que vous n'êtes pas près de retrouver, et par conséquent, vous n'êtes pas près de rentrer en grâce.

— Aussi, monsieur le conseiller, ne perdrai-je pas mon temps à courir après ces deux hommes et après Mina Wolfang. J'ai trouvé un bien meilleur moyen de reconquérir la faveur de notre maître.

— Et, s'il vous plaît, quel est ce moyen ?

— C'est bien simple, c'est de découvrir le faux Schwartz.

Karow jeta un regard de pitié au chef de police. Il n'était pas loin de penser que le chagrin d'être bientôt révoqué avait troublé la raison de Wolfenbüttel.

— Si vous avez trouvé ce moyen, mon cher, je vous engage à ne pas perdre de temps pour l'employer. Vous n'avez que trois jours.

— C'est plus qu'il ne m'en faut.

— Et quel est-il, ce moyen ?

— Monsieur le conseiller, avant toutes choses, il faut que vous me fassiez avoir du gouverneur de Spandau libre accès dans la tour Julius, où sont enfermés les deux hommes. Il faut, qu'une fois ce laissez-passer obtenu, vous vous en procuriez un et que vous en procuriez un autre à von Stholberg, l'un des juges.

— Pourquoi donc cela ?

— Parce que je veux avoir avec moi deux témoins qui entendront l'aveu du faux Schwartz et l'empêcheront, par conséquent, de se rétracter s'il lui en prend envie.

— Soit. Mais le moyen ?

— Vous verrez. Il faut que nous soyons demain dans la nuit à Spandau, et que nous nous trouvions tous les trois au lever du jour devant les cachots des prisonniers, où pendant la nuit d'imperceptibles trous seront pratiqués dans les portes nous permettant de voir et d'entendre.

— Et vous m'affirmez...

— Il y a quatre-vingt-dix-neuf chances sur cent pour que nous réussissions. Mais n'y en aurait-il qu'une, que nous devons la risquer.

— Certes, dit Karow, il y va de notre avenir...

Le lendemain soir, trois hommes pénétraient dans la prison de Spandau. Ils avaient un ordre de visite en règle, car nul ne s'opposait à leur entrée. C'étaient Karow, Stholberg et Wolfenbüttel. Ce dernier, sous son vaste manteau, portait un paquet assez volumineux...

Les deux Schwartz avaient dormi d'un sommeil agité. Le vrai et le faux avaient eu toutes les peines du monde à bannir les pensées qui les harcelaient, les préoccupaient...

Enfin, le sommeil bienfaisant avait clos leurs paupières, et si quelques mouvements nerveux faisaient tressaillir leurs corps sur le dur grabat qui leur servait de couche, décelant ainsi l'énervement auquel ils étaient en proie, du moins ils oubliaient leurs soucis.

Le jour se leva. Un jour gris, lamentable, qui avait peine à arriver jusqu'aux deux prisonniers.

Dans le couloir de la prison, une vive clarté surgit. Elle montra Karow anxieux, l'œil collé contre la porte d'une cellule, et Stholberg l'œil collé contre la porte voisine.

Entre eux, Wolfenbüttel, qui brusquement rejetait son manteau, ouvrait une cage d'osier.

Un coq surgit, effaré.

Ebloui un instant par la clarté fulgurante du projecteur que dirigeait vers lui un gardien, il se dressa aussitôt sur ses ergots, emplit d'air ses poumons, et d'une voix stridente, éclatante, jeta son bruyant :

— Cocorico ! Cocorico ! Cocorico !

L'un des dormeurs, arraché à son sommeil, se jeta à bas du lit, et se frottant les yeux, dit gaîment en français :

— Qui m'appelle ? Cocorico, c'est moi !

La porte de sa cellule s'ouvrit avec fracas. Trois hommes se ruèrent sur lui.

— Enfin ! rugit Wolfenbüttel, nous le tenons, le Français !

Ludovic Dortailles, un peu pâle, sourit :

— L'idée était bonne, dit-il. Je me suis trahi. Eh bien, soit. C'est moi Ludovic Dortailles, dit Cocorico. Vive la France !

DEUXIÈME PARTIE

LE FILS DE L'ALLEMAND

CHAPITRE PREMIER

La vieille dame.

Au-dessus d'Yverdon, dans le canton de Vaud, sur une petite colline verdoyante, masquée par un épais rideau d'arbres, se dresse ue coquette villa distante de deux kilomètres environ de Fribourg.

C'est la « Villa du Souvenir ».

Le Souvenir ! Si ce nom mélancolique et doux n'est guère en rapport avec la villa élégante et les nombreux serviteurs qui l'habitent, il semble du moins convenir à la propriétaire de la maison.

Louise Frankey est une dame d'une soixantaine d'années, au visage régulier, aux yeux clairs emplis d'une indicible tristesse. Des cheveux blancs encadrent ce visage, qui dut être d'une parfaite beauté avant que le temps et les chagrins ne l'eussent marqué de leur empreinte.

Mme Frankey, « lady Frankey », comme la désignent ses domestiques, est une dame très connue à Fribourg, où partout on trouve des traces de sa bonté: crèches, hôpitaux, asiles pour les vieillards, ouvroirs et refuges pour les jeunes filles. Son inlassable charité et sa générosité sont légendaires.

Les autorités de Fribourg ne parlent d'elle qu'avec respect. Le peuple, plus familier, lui marque sa reconnaissance en l'appelant « la bonne Française ».

Louise Frankey est Française, en effet. Le titre de lady lui vient de son mariage avec lord Frankey, un riche Anglais, qu'elle épousa à son lit de mort. Mais ceci demande quelques explications.

Avant son mariage, celle qui devait être la richissime lady Frankey était une jeune fille de vingt-cinq ans environ, qui remplissait les délicates fonctions d'infirmière, de garde-malade, dans un somptueux sanatorium élevé au bord du lac de Neufchatel.

D'où venait-elle ? Nul ne le savait.

Comment avait-elle été amenée, jolie comme elle l'était, à entrer dans ce sanatorium, affecté principalement aux tuberculeux, et dont la discipline était très rigoureuse ? On ne l'avait jamais su.

Elle avait consenti à sacrifier sa jeunesse, à renoncer à l'amour, pour remplir le pénible métier de garde-malade, en compagnie de vieilles infirmières, de médecins froids et graves, se liant par un engagement très dur et très sévère que lui avait imposé l'administration.

Bien payée, certes, mais contrainte de ne sortir du sanatorium — sous aucun prétexte — avant l'expiration de son engagement, tenue à une obéissance aveugle envers ses chefs, soumise à toutes les exigences des malades, ne quittant un mourant que pour soigner un moribond, sachant d'avance que tous ceux à qui elle prodiguait ses soins n'avaient que quelques mois, quelques semaines, souvent quelques jours à vivre.

Nulle distraction, nulle promenade au dehors. Des conversations banales et courtes aux heures des repas avec ses collègues, qui la jalousaient et sourdement critiquaient sa jeunesse, sa beauté, s'efforçant de lui nuire auprès des médecins, des administrateurs. Elles ne pouvaient admettre le dévouement de cette jeune femme, qui remplissait avec un zèle admirable son noble métier d'infirmière.

Louise — c'était le seul nom qu'on lui connaissait alors — déjoua toutes les manœuvres de ses compagnes par sa conduite admirable qui força l'admiration des médecins attachés à l'établissement, et lui valut les remercîments enthousiastes des malades qui se disputaient ses soins.

Elle parlait très purement le français et l'allemand, mais de préférence le français, n'employant la langue allemande que lorsqu'elle ne pouvait faire autrement, quand ses malades ou des filles de service ignoraient absolument le français.

Elle resta ainsi, à multiplier ses efforts pour tâcher de sauver des malades destinés à la mort, de longues années, sans jamais faillir au devoir sublime qu'elle s'était imposé, promenant au chevet des mourants, le long des couloirs du sanatorium, son visage pâle et doux, aux grands yeux mélancoliques. Ce visage de madone, impassible et régulier, s'anima pourtant un jour.

Louise, depuis plusieurs semaines, veillait nuit et jour un malade que lui avait confié le docteur en chef du sanatorium Bordt, en lui disant :

— Lord Frankey, le jeune homme que vous voyez, n'a pas une semaine à vivre. Tâchez de ne pas lui laisser soupçonner la gravité de son état, distrayez-le, empêchez-le de penser... C'est tout.

— Mais le régime à suivre ?...

— Oh ! avait ricané Bordt, donnez-lui ce qu'il voudra.. il est fichu, et ce que nous pourrions faire ou rien, c'est la même chose. Pas la peine de vous esquinter le tempérament. Allez, madame Louise... Son compte est bon.

Satisfait de lui, le docteur se retira, persuadé que son client, qui paraissait plongé dans le coma, n'avait rien entendu des quelques mots dits à voix basse à l'infirmière.

Il se trompait. Lord Frankey avait tout entendu. Sitôt le docteur parti, il se souleva sur sa chaise longue, et d'une voix brisée, demanda à Louise émue :

— Est-ce que vraiment je suis condamné ?

Louise balbutia :

Le docteur se trompe, monsieur.

— Avez-vous eu ici beaucoup de malades qui sont sortis guéris du sanatorium ?

— Mais certainement.

— Ah !

Lord Frankey eut un sourire ironique.

— Vous voulez gagner votre argent, dit-il. On vous a dit de mentir... vous mentez... Vous avez raison.

— Monsieur...

— Oh ! c'est sans méchanceté que je vous dis cela. Je ne veux pas vous froisser... Vous m'avez l'air honnête, oui... honnête et jolie...

Louise rougit, ne répondit pas.

L'Anglais se renversa sur ses oreillers, ferma les yeux.

Louise contempla un instant le malheureux jeune homme qui venait si cruellement d'apprendre que le nombre de ses jours était compté.

Il était grand, mince, distingué. Son visage rasé, très pâle, au menton proéminent, offrait une vague ressemblance avec les portraits de Dante. Comme lui, il avait les joues creuses, les pommettes saillantes, et ses yeux étaient enfoncés sous l'arcade sourcilière, comme tapis dans l'ombre. Son front bombé était ombragé de cheveux très longs, d'un blond ardent.

La jeune femme se sentit émue à la vue de cet homme sur qui la mort avait déjà posé sa griffe.

— Pauvre garçon, murmura-t-elle, trente ans à peine et mourir déjà !... Non, c'est impossible... le docteur Bordt doit se tromper. On doit pouvoir le sauver.

Elle essaya ce miracle. Et, chose inouïe, à force de soins, elle prolongea près d'un an la vie du moribond.

Le docteur Bordt n'en croyait pas ses yeux. Il ne s'expliquait pas l'erreur de son diagnostic, ne savait à quoi attribuer la vie prolongée de son client.

Lord Frankey lui donna la clé de l'énigme :

Un jour que le docteur lui tâtait le pouls, s'émerveillant de voir les couleurs revenir à son client, l'Anglais lui dit flegmatiquement :

— Je crois, docteur, que malgré votre affirmation, je suis destiné à vivre encore longtemps. Ne vous récriez pas... J'ai entendu ce que vous aviez dit à Mme Louise lorsque vous m'avez remis entre ses mains. J'ai même eu après votre départ de dures paroles, que je regrette, à l'égard de mon admirable garde-malade ; c'est elle qui m'a sauvé, oui, docteur, en me faisant suivre un régime que vous aviez négligé de me prescrire, me croyant perdu. Sans vous en prévenir, elle m'a soigné... à son idée... Et vous voyez, le résultat est assez heureux.

Le docteur Bordt, furieux, quitta l'Anglais.

Une infirmière s'était permis de soigner à sa façon un malade !... Elle était en train de guérir un homme que lui, docteur Bordt, avait irrémédiablement condamné... C'était un comble !

Il se précipita chez le directeur du sanatorium.

Une heure après, Louise était informée qu'ayant contrevenu aux ordonnances médicales du docteur Bordt, elle avait huit jours pour quitter le sanatorium.

La jeune femme, désespérée, se voyant désormais sans place, ne put retenir ses larmes, lorsque lord Frankey l'interrogea

L'Anglais pâlit, mais il ne dit pas un mot pour consoler Louise. Seulement, la colère qu'il ressentit contre le docteur fut telle qu'il eut une syncope.

Louise, affolée, courut chercher le docteur.

— Puisque vous me remplacez, dit brutalement le docteur, soignez vous-même votre malade.

Il poussa Louise hors de son cabinet.

Lord Frankey, heureusement, se remettait. Il fit appeler un domestique, pria Louise de se retirer.

Le domestique, quelques instants après, sortait du sanatorium et revenait avec le notaire, un officier ministériel et un pasteur.

Séance tenante, Louise, informée par lord Frankey, se voyait devenir sa femme et son héritière. Le mariage avait lieu devant les témoins exigés par la loi et choisis par le lord parmi le bas personnel du sanatorium.

Le mariage terminé, le notaire faisait transporter le malade hors du sanatorium, malgré l'opposition du directeur, et le conduisait dans la maison du pasteur, où à peine arrivé, l'Anglais expirait dans les bras de sa femme, que tous ces événements précipités semblaient avoir rendue presque folle.

Elle fut malade pendant longtemps. Lorsqu'elle recouvra la santé, Louise se trouva être lady Frankey, riche de plusieurs millions, veuve, libre, maîtresse absolue de sa fortune, l'Anglais ayant fait en bonne et due forme un testament qui était inattaquable.

Dès cet instant, Louise Frankey consacra son existence à faire le bien autour d'elle. Elle vint s'installer aux environs de Fribourg, dans la « villa du Souvenir » et ne tarda pas à être l'âme de toutes les bonnes œuvres, la fée bienfaisante à qui s'adressaient tous les malheureux du canton.

Le temps, qui ne respecte rien, n'épargna pas la bonne Française. Elle vieillit. Sa beauté ne fut plus qu'un souvenir.

Mais si le temps, qui se plaît à faner toutes choses, est aussi le divin guérisseur des maux dont il apporte l'oubli, il ne put chasser des yeux de Louise la mélancolie persistante qu'on y avait toujours vue, et le souvenir du passé — d'un passé lamentable sans doute — semblait devoir toujours vivre en son cœur.

Mais cette douce tristesse devait s'éclairer d'un rayon de bonheur. Louise Frankey, si compatissante aux malheureux, allait avoir la joie d'exercer sa charité d'une façon agréable et touchante. Hélas ! ce devait être à la suite d'un malheur.

De riches fermiers, qui étaient établis à quelques kilomètres de la « villa du Souvenir », étaient morts brûlés vifs dans leur ferme incendiée, et avec eux tous leurs enfants.

On n'avait pu sauver qu'un petit garçon de cinq à six ans, répondant au nom de Karl, et qui, nourri par la femme du fermier, était depuis les premiers jours de sa naissance confié par ses parents — des étrangers — à cette brave femme, sa nourrice.

On voulait mettre l'enfant à l'hospice.

Lady Frankey, qui aux premières lueurs de l'incendie s'était rendue sur les lieux du sinistre avec ses domestiques pour porter secours aux malheureux, s'opposa à ce projet et proposa de garder l'enfant jusqu'à ce qu'il fût réclamé par ses parents.

On s'empressa naturellement de faire droit à sa requête.

Le petit Karl, qui pleurait à chaudes larmes, réclamant sa maman Bruger, fut remis à lady Frankey, qui maternellement l'embrassa, s'efforçant d'apaiser sa douleur.

Elle l'emporta, respectueusement saluée par ceux qui étaient là.

Karl s'accoutuma vite à sa nouvelle vie, s'attacha à sa bienfaitrice, qu'il n'appela plus que marraine. Bientôt, il oublia sa nourrice.

C'est en vain que lady Frankey essaya, par lui, d'avoir des renseignements sur sa vraie mère. Les souvenirs du petit Karl étaient confus.

Tout ce qu'il savait d'elle, c'est qu'il l'avait vue il y a longtemps, que c'était une dame très jolie qui l'avait embrassé bien fort et qu'elle lui avait fait cadeau de beaux joujoux.

Interrogés, les cousins de Klauss Bruger, le fermier défunt, ne purent guère mieux renseigner la bonne Française.

L'un d'eux se rappela vaguement avoir entendu dire que la mère du petit Karl était une dame très riche, du nom de Mina Wolfang, qui écrivait très souvent aux Bruger pour envoyer de l'argent et demander des nouvelles du petit ; mais il y avait plusieurs mois, lui avait dit quelques jours avant l'incendie, la femme Bruger, que cette dame n'avait pas écrit.

Naturellement, il ignorait l'adresse de cette dame, les lettres qu'elle écrivait ayant été détruites par l'incendie.

Du père de Karl il n'était jamais fait mention.

Quelque malheureuse jeune fille qui aura été séduite, puis abandonnée... Ce doit être le sort de cette Mina Wolfang, songea lady Frankey. Et à présent, à bout de ressources, elle abandonne son enfant, confiante dans la bonté des Kruger... Pauvre femme ! Qui sait si elle ne reviendra pas un jour le réclamer, si son séducteur ne se repentira pas, lui aussi. Jusque-là, je veillerai sur Karl, je l'élèverai, je lui servirai de mère.

Et en effet, elle eut pour l'enfant toutes les tendresses et les dévouements d'une vraie mère. Elle avait même fini par le considérer comme son fils. Elle l'adorait.

Bientôt elle n'eut plus qu'une pensée, c'est que Karl lui restât, que jamais il ne fût réclamé par ses parents dénaturés.

Karl, de son côté, adorait sa marraine.

Il grandissait, se fortifiait, et, d'une intelligence très vive, apprenait vite et bien.

Son éducation, un peu négligée chez les Bruger, avait été reprise par lady Frankey, qui faisait peu à peu de Karl un délicieux garçonnet parfaitement bien élevé, plein de cœur et d'ardeur pour s'instruire.

Quelques mois s'écoulèrent.

Louise Frankey était enfin heureuse et, tout à son affection s'imaginait que ce bonheur allait durer toujours. Hélas ! elle fut vite détrompée. Par un clair matin du mois de mars, elle vit entrer chez elle le secrétaire du bourgmestre de Fribourg, Albert Schop. Elle le connaisssait fort bien. C'est à lui qu'elle s'était adressée dans les premiers temps qu'elle avait recueilli Karl, pour qu'il fût fait des recherches au sujet de sa mère.

C'est Albert Schop qu'elle avait chargé de renseigner ses parents si jamais ils venaient à Fribourg s'informer du sort des Bruger et de l'enfant confié à leurs soins.

Ce fut donc avec une secrète émotion, une vague appréhension qu'elle lui demanda s'il avait appris quelque chose de nouveau.

— Oui, madame, dit Schop respectueusement, je vous apporte des nouvelles qui vont vous combler de joie, vous qui aimez tant ce petit que vous avez eu la bonté d'adopter. Ses parents se sont enfin rappelés son existence... le père, du moins, car la mère est morte. J'ai eu sa visite hier soir. Il était tout inquiet. Je l'ai rassuré et lui ai donné votre adresse. Vous n'allez pas tarder à recevoir sa visite. Il était accompagné par un Français de ses amis et...

Schop s'interrompit. Lady Frankey, qu'il croyait combler de joie, chancelait. Ses yeux étaient pleins de larmes, son visage blêmissait. Schop n'eut que le temps d'avancer un fauteuil dans lequel lady Frankey se laissa tomber.

— Madame, madame, balbutia le secrétaire du bourgmestre, seriez-vous souffrante ? Que vous arrive-t-il ?

— Un grand chagrin, monsieur, dit-elle tristement. Je m'étais attachée à mon petit Karl, et l'idée de m'en séparer...

Courageusement, elle essaya de dompter sa douleur, s'efforça de sourire.

— Excusez mon émotion. Je serai plus forte dans un instant. J'aurais dû prévoir cela. Mais, égoïstement, je ne songeais qu'à mon bonheur d'avoir près de moi cet enfant... J'avais oublié qu'il n'était pas à moi... qu'un jour ses parents pourraient...

Sa douleur fut plus forte que sa volonté. Elle éclata en sanglots.

Décontenancé, le brave Schop murmura :

— C'est vrai. Vous avez raison... je ne pensais pas... Moi qui croyais que vous seriez si heureuse... à cause du petit...

Son visage s'illumina. Il crut avoir trouvé une solution.

— Mais au fait, fit-il, pourquoi, après tout, ne garderiez-vous pas cet enfant ? Je puis dire à ces messieurs que je me suis trompé... qu'on ne sait pas ce qu'il est devenu, qu'il faut que je me renseigne...

Lady Frankey cessa de pleurer.

— Non, dit-elle vivement, ce serait odieux. Je vous remercie de vos bonnes intentions, monsieur Schop, mais je ne puis accepter cela. Je n'ai pas le droit de priver un père de son fils. Ce serait abominable. Je dois souffrir seule. Karl sera rendu à son père. Je m'efforcerai d'oublier, en faisant des heureux autour de moi.

— Madame, dit Schop ému, vous êtes admirable. Pardonnez-moi la proposition que j'ai eu la sottise de vous faire. Ne voyez dans mes paroles qu'un maladroit désir de vous plaire, de faire quelque chose pour vous, qui avez tant fait pour les malheureux, dont vous êtes la Providence.

— Je fais de mon mieux pour soulager les infortunés qui n'ont pas eu, comme moi, la chance de trouver un homme de cœur qui les dota d'une fortune. Ne parlons plus de cela, monsieur Schop. Allez prévenir ces messieurs... le père de Karl. Je vais moi-même informer l'enfant de cet événement heureux pour lui. Je connais mon devoir. Je le ferai jusqu'au bout.

Albert Schop s'inclina, prit congé de lady Frankey.

A peine le secrétaire avait-il quitté le salon, que, sonnant sa femme de chambre, lady Frankey donna l'ordre que Karl lui fût amené.

Le petit Karl ne se fit pas attendre. Il arriva en courant, se jeta au cou de sa marraine, l'embrassa éperdument.

— Oh ! marraine, qu'as-tu ? tu as pleuré. Qui t'a fait du chagrin ?

Il se recula, serra ses petits poings, fronça les sourcils.

— Je ne veux pas, moi, qu'on te fasse pleurer, marraine.

Lady Frankey sourit tristement.

— Karl, mon enfant, si j'ai du chagrin, c'est parce qu'il va falloir nous séparer...

— Nous séparer ?

— Oui, ton père va venir te chercher.

— Mon père ?

— Oui, Karl, ton père... le mari de ta maman que tu trouvais si jolie... qui t'apportait de beaux jouets...

— Ah ! fit Karl, et maman alors viendra aussi avec lui ?

— Hélas ! mon pauvre chéri, ta maman... tu ne la verras plus...

— Pourquoi ?

— Elle est morte. Elle est au ciel avec les anges. Elle veille sur son petit Karl... qui pensera toujours à elle, et pour lui faire plaisir aimera bien son père.

— Morte !... Au ciel ! répéta Karl. Oui... je sais... Alors, je ne la verrai plus ?...

— Plus jamais...

Karl, rêveur, regarda sa marraine.

— Mais toi, dit-il, tu es ma maman aussi...

— Je t'ai aimé du moins autant qu'elle t'aimerait, si elle vivait.

— Alors, puisque tu as remplacé maman, pourquoi que tu ne resterais pas avec mon père ? Il se mariera avec toi et tu seras ma maman pour de vrai.

— Ce que tu dis là, mon petit Karl, est impossible. Ton père est jeune comme l'était ta mère. Moi, je suis une vieille femme... j'ai des cheveux blancs...

— Qu'est-ce que ça fait ? Puisque je t'aime... père t'aimera aussi...

— Ne dis pas de folies, Karl. Je te répète que c'est impossible.

— Ah ! fit Karl boudeur. Alors, mon père est un méchant.

— Karl, dit sévèrement lady Frankey, tu ne dois pas parler ainsi. Il faut aimer, chérir ton père...

— Je ne le connais pas.

— Tu vas le connaître.

— Il faudra que je l'embrasse ?

— Certainement !

— Ah ! Pourquoi qu'il n'est jamais venu me voir avant aujourd'hui ?

— Il n'a pas pu. Il voyageait, sans doute. Mais ceci ne te regarde pas. N'oublie pas, Karl, que ton père n'a pas de comptes à te rendre. Tu dois le respecter, lui obéir, ne pas le questionner, ainsi que font les enfants mal élevés. Tu ne voudrais pas passer à ses yeux pour un petit garçon mal élevé ? Que penserait-il de moi, qui me suis occupée de toi ?

— C'est juste, murmura Karl. Je ne dirai rien. Mais je veux, marraine, que tu viennes avec moi... je ne veux pas te quitter... tu me promets, dis ?

Câlin, il embrassa sa marraine.

— Tu viendras avec mon père. Il faudra bien qu'il t'aime lui aussi. Tout le monde t'aime, d'abord. Tu es si bonne, marraine !

— Ton père décidera. Tu peux être certain, dans tous les cas, que je ne t'oublierai jamais. J'irai te voir souvent. Je t'écrirai.

— Non, non, ce n'est pas la même chose. C'est toi que je veux.

Lady Frankey, d'un bond, se leva.

— C'est lui, dit-elle, c'est ton père.

— Oh ! marraine, j'ai peur !

Lady Frankey prit Karl dans ses bras, l'embrassa tendrement, longuement.

— Mon petit Karl chéri, murmura-t-elle, mon cher enfant, ne dis pas ces choses-là. C'est ton père. Il faut l'aimer autant et plus encore que tu m'aimes. C'est ton devoir... N'aie pas peur...

La femme de chambre entra :

— Milady, dit-elle, il y a là deux messieurs qui désirent vous parler.

— Ont-ils dit leur nom ?

— Oui, Milady, mais je n'ai pas bien compris. Je crois que le plus grand s'appelle Wilhelm Sonan, et l'autre Prosper Bobineau.

Lady Frankey, tenant Karl par la main, sentait les yeux de l'enfant fixés sur elle. Elle ne voulut pas laisser paraître son émotion. Les lèvres tremblantes, mais d'une voix ferme, elle dit :

— Faites entrer ces messieurs !

CHAPITRE II

Un revenant.

Dans son logis de la rue Thérèse, Héléna, accoudée à son balcon, écoutait tristement les acclamations de la foule escortant la retraite militaire.

Elle se rappelait que bien des semaines auparavant elle était accoudée à ce même balcon, toute joyeuse, entre les deux êtres qui lui étaient les plus chers, son frère, son fiancé !

Le premier était mort, lâchement assassiné !

Et l'autre...

Oh ! de celui-là, il valait mieux ne pas se souvenir. Comme il avait trahi son espoir, souillé son amour, ce misérable Ludovic Dortailles ! Il n'avait pu résister à l'appât d'une fortune princière.

Après avoir traîtreusement tué Henri, il s'était approprié le nom et les titres de Wilhelm Schwartz, héritier de l'immense fortune de son père ; puis, croyant Wilhelm mort, il avait essayé de capter la confiance de l'empereur.

Et alors il se passait une chose inouïe, invraisemblable.

Les deux frères, mis en présence, s'accusaient, étaient emprisonnés tous deux, et finalement, le vrai Schwartz restait en prison, tandis que Ludovic, sous le nom de son frère, triomphait, héritait, reniait son pays et se conduisait en véritable Allemand de naissance et d'origine.

Si, longtemps en lui, le sang maternel l'avait emporté, s'il avait gardé pieusement le souvenir de l'héroïque jeune fille que fut Jeanne Dortailles, sa mère, indignement souillée par l'amour du prince de Schwartz, il n'avait pas tardé, à peine dans le pays de son odieux père, à oublier le passé...

Et à présent, qu'était-il devenu ? Il n'était plus en Allemagne. On le cherchait en vain de toutes parts.

Wilhelm Schwartz, cependant, dans une prison expiait, sous le nom de Ludovic Dortailles, les crimes de son frère... Et jamais, pour lui, ne viendrait la liberté... Il était condamné à une détention perpétuelle...

Héléna, douloureusement, pensait à cela. Elle ignorait la fin de l'aventure, et son ignorance, soigneusement entretenue par Mina Wolfang, était la cause de son injustice envers Ludovic. Car c'était bien lui qui se mourait dans les prisons de Spandau...

Pour comble de malheur, l'héroïque jeune fille, abusée par Mina, en qui elle avait d'abord cru trouver une rivale, avait fait d'elle sa meilleure, son unique amie.

L'astucieuse créature avait fini par convaincre Héléna qu'elle ne recherchait Ludovic que pour se venger.

Or, cet homme que toutes deux cherchaient, c'était Wilhelm, Wilhelm à qui Mina avait rendu son amour, puisque c'était lui qui l'emportait.

Héléna croyait chercher Ludovic, elle.

En restant l'amie de la Française, Mina espérait arriver à découvrir ce qu'était devenu Wilhelm, qui avait mystérieusement disparu de Berlin après la condamnation de Ludovic.

Tout ce qui s'était passé avait été tenu secret. Mais Mina avait de puissantes relations, et seule elle avait connu la vérité, que jalousement elle cachait à Héléna

Quel était donc son but ? Nous ne tarderons pas à le savoir.

Ce qui est certain, c'est qu'à l'heure présente, elle haïssait non seulement Ludovic, qui, selon elle, n'avait pas été à la hauteur de la situation et qui lui avait fait perdre l'amour de Wilhelm, mais elle détestait encore plus Héléna, ayant deviné de quel amour ardent et profond Ludovic l'aimait.

Et déjà, c'était pour elle une joie immense d'entretenir la haine dans le cœur d'Héléna contre un homme qui n'avait cessé d'être digne d'elle.

Les derniers accords de la musique militaire mouraient au loin, entraînant avec eux les cris les plus confus de la foule.

Héléna ferma sa fenêtre. Elle était plus belle que jamais dans ses vêtements de deuil.

Une glace lui renvoya son visage. Elle eut un sourire navrant.

— Je suis morte à toute joie, à tout amour ! dit-elle tout haut.

— Il ne faut pas dire cela, s'écria une voix joyeuse.

Héléna se retourna. Elle vit Mina Wolfang, qu'elle n'avait pas entendue entrer et qui avait surpris ce cri désespéré.

Héléna ne releva pas la phrase de son amie.

— J'ai reçu des nouvelles d'Allemagne, dit-elle en désignant un siège à Mina. Celui qui se fait appeler Wilhelm est toujours introuvable ; par contre, on prétend — mais ceci n'est pas confirmé et ne m'est dit qu'à titre confidentiel, — que le vrai Wilhelm se serait évadé.

Mina blêmit.

— Ludovic Dortailles serait libre ! fit-elle.

— Pas Dortailles, rectifia Héléna, celui qu'on a emprisonné sous ce nom, c'est-à-dire le vrai Wilhelm. Si cela pouvait être, j'en serais heureuse pour lui, bien que je n'aie aucun motif de désirer son bonheur. Mais c'est plus fort que moi ! C'est bizarre. L'annonce de cette évasion m'a comblée de joie.

Mina Wolfang, se remettant, murmura :

— Moi aussi... moi aussi... Je suis toute saisie, vous voyez !

— Je comprends cela, dit gravement Héléna, Wilhelm est le père de votre enfant.

Mina rougit, essaya de sourire.

— Vous abusez de mes confidences, minauda-t-elle, c'est mal.

— Pourquoi mal ? Je puis ne pas aimer le fils de l'homme qui a dépouillé les miens et cependant reconnaître en tant qu'Allemand il s'est conduit en sujet loyal, digne de son pays. Ce n'est pas sa faute si de cruels événements nous ont fait ennemis.

— En effet, en effet, dit précipitamment Mina ; mais laissons ce sujet qui vous attriste, et permettez-moi de répondre à votre bonne nouvelle par une meilleure.

— Ludovic est à Paris ! s'écria Héléna, pâle de colère.

— Je le crois. Je n'en suis pas certaine, mais je ne tarderai pas à le savoir. Figurez-vous que tantôt, je passais rue de Lille...

— C'est là qu'est l'ambassade d'Allemagne ! dit machinalement Héléna.

— Oui, fit Mina, rougissant, j'avais été chercher moi aussi des renseignements.

— Je ne vous blâme pas. C'est tout naturel que vous alliez chez le représentant de votre pays pour vos affaires personnelles.

— Oh ! méchante, fit l'Allemande, boudeuse, vous me jetez toujours mon pays au visage.

— Moi, fit Héléna surprise. Où donc prenez-vous cela ?

— Vous nous haïssez, je le sens bien.

— Vous vous trompez, Mina Wolfang, je déteste l'Allemagne, je ne déteste pas les Allemands. Ce n'est pas du tout la même chose.

— Ah ! fit Mina, un peu interloquée, je vous demande pardon.

— Vous disiez donc, reprit doucement Héléna, qu'en passant rue de Lille...

— Ah ! oui ! Il y a là, à quelques pas de l'ambassade, un ravissant petit hôtel. Un homme en sortait dans une auto, un joli coupé conduit par un chauffeur porteur d'une livrée marron. En sortant, la voiture croisa un monsieur qui s'écria, à la vue de celui qui était assis dedans

« Tiens, Dortailles, comment ça va ? » Mais le monsieur interpellé ne regarda même pas celui qui lui parlait Il passa raide, dédaigneux. L'auto partit à toute allure. Intriguée, je m'approchai du monsieur resté sur le trottoir et qui, furieux, murmurait : « Poseur ! Imbécile ! » Je me mis à rire. Il se mit à rire aussi, et s'adressant à moi :

» — Après tout, dit-il cela arrive souvent dans la vie que d'anciens camarades qui ont fait fortune méprisent ceux qui n'ont pas eu de chance.

» — Ah ! ce monsieur est votre ami ?

» — C'était. Nous étions, il y a à peine deux mois, journalistes tous les deux dans la même feuille ; moi, je le suis toujours, mais môssieu Ludovic Dortailles, qui, après avoir été envoyé par son journal dans les Balkans, a jugé à propos de planter là son reportage pour aller faire, Dieu sait quoi ! ne daigne plus reconnaître son ami Métivart. Môssieu a hôtel, voiture ! Môssieu a fait un héritage ! Si ça ne fait pas suer !

» J'en savais assez. Je tournai le dos à M. Métivart, et je pris la direction opposée à la sienne. Dès que je fus certaine qu'il n'était plus rue de Lille, je reviens sur mes pas et j'allai carrément au numéro 87 — c'est le numéro de l'hôtel d'où sortait l'auto. Je demandai au concierge si M. Dortailles était visible. Il me répondit que je devais faire erreur, que le propriétaire de l'hôtel était M. le comte de Waldorf, arrivé depuis huit jours. Je m'excusai et je partis.

— Waldorf, s'écria Héléna, c'est le nom d'une terre de mes parents, là-bas en Lorraine, dans les pays annexés. Le misérable a osé prendre ce nom.

— Vous croyez donc que c'est lui ?

— J'en suis sûre. Mon cœur bat trop violemment. Quel autre que lui aurait eu le cynisme de prendre ce nom ? Et d'ailleurs, vous avez bien vu que ce journaliste aussi l'a reconnu.

Mina eut un sourire aigu.

— Ça, dit-elle, ce ne serait pas une preuve. Le monsieur qui était dans la voiture était tout rasé, le journaliste aurait pu se tromper.

— Il s'est fait raser pour mieux se déguiser. Il a oublié qu'il y a une chose qu'on ne peut jamais changer... c'est le regard. D'ailleurs, il est facile de s'en assurer.

— Comment cela ?

— J'irai demain rue de Lille.

— Attendez. Laissez-moi d'abord m'assurer que c'est lui. Permettez-moi d'abord de me renseigner... de l'épier.

— Soit. Allez rue de Lille, dans la matinée. Si vous n'avez rien appris, j'y passerai dans la soirée.

Mina ouvrit la bouche pour formuler quelques objections, lorsque la bonne entra effarée :

— Mademoiselle... oh ! mademoiselle !

— Qu'est-ce qu'il y a ?

— Un revenant !

— Un revenant ?

Héléna n'avait pas plutôt prononcé ce mot, que ses yeux s'agrandirent démesurément. Une sorte de joie folle mêlée d'indicible épouvante s'empara d'elle. Immobile, les pieds cloués au sol, comme pétrifiée, hagarde, elle regardait.

Devant elle, souriant, très pâle, un homme se tenait, n'osant avancer. Des larmes inondaient son visage. Il fit un pas en avant, étendit les bras, murmura :

— C'est moi, c'est bien moi ! Vivant ! Ma chère Héléna.

— Henri, mon frère ! toi ! toi ! s'écria Héléna.

Défaillante, elle s'abattit sur la poitrine de son frère. Puis, comme un oiseau blessé, elle ferma les yeux, entr'ouvrit la bouche, pencha la tête et s'évanouit.

Mina Wolfang, discrètement, sans être remarquée, se retira. Personne d'ailleurs ne faisait attention à elle.

Affolée, la bonne tapait dans les mains d'Héléna, qu'Henri avait déposée sur un canapé.

Agenouillé près d'elle, il la couvrait de baisers, riant et pleurant à la fois.

— Petite sœur ! reviens à toi ! je t'ai fait peur... Je suis apparu trop brusquement... Pardonne-moi... Reviens à toi, ma chérie ! Que j'entende ta voix... Héléna, ma sœur bien-aimée ! Chère Héléna !

Elle rouvrit enfin les yeux. D'un geste rapide, elle prit dans ses mains la tête de son frère, l'embrassa avec transport.

A ce mouvement affectueux succéda un torrent de larmes. Mais c'étaient de douces larmes, des larmes de joie, de bonheur.

— Est-ce possible, Henri ! Toi... Toi vivant ! Dis-moi que je ne rêve pas !... Parle-moi, mon frère !... Rassure-moi, j'ai peur.

— Chère Héléna, c'est moi... c'est bien moi !

— Tu n'es donc pas mort ? dit naïvement Héléna.

— Comme tu vois, ma chérie ! répondit Henri Malherbe en riant, et je n'ai guère envie de mourir, je t'assure. J'ai vu la mort de près plusieurs fois, et cela ne m'a pas donné envie de quitter la vie.

— Je n'en crois pas mes yeux... Comme tu es pâle et maigre ! Comme tu as dû souffrir !

— Beaucoup, c'est vrai ; mais ce dont j'ai le plus souffert, c'est de n'avoir pas de tes nouvelles, d'ignorer ce que tu étais devenue. Je craignais que tu ne sois tombée aux mains de nos ennemis et qu'une détention perpétuelle...

— Cela aurait pu arriver, mais grâce au ciel, j'ai pu échapper aux trahisons.

Ce mot de trahison fit froncer les sourcils à Henri. Il se releva, vint s'asseoir près d'Héléna, et d'une voix sourde demanda :

— Qu'est devenu mon agresseur ?

— Ah ! dit Héléna avec une sorte de fureur, réjouis-toi, mon frère ! Ce jour est doublement heureux pour nous. Je te retrouve, et il n'y a qu'un instant je viens d'apprendre que celui que je cherchais en vain depuis de longs jours est à Paris... Ludovic Dortailles est ici... Je sais où il habite...

L'œil d'Henri flamboya.

— Bien. Dès demain, je verrai ce traître.

— Je le verrai aussi !

— Il a de terribles comptes à rendre : à la France d'abord... à nous ensuite. Mais laissons pour le moment ce sujet douloureux et dis-moi, petite sœur, tout ce qui t'est arrivé depuis que, croyant mourir, je t'adressai mon dernier adieu en te disant le nom de mon meurtrier.

— Non... parle d'abord... si tu n'es pas trop fatigué.

Henri embrassa sa sœur.

— Je vais donc te conter mon odyssée. Oh ! dans ses grandes lignes. Je ne m'appesantirai pas sur les détails.

» Tu sais que je fus traîtreusement frappé d'un coup de couteau. Je passe. Je m'étais évanoui. Ce qui s'était passé ensuite, je n'en sais rien. Combien de temps restai-je au château ? Je l'ignore. Je sais que je fus rappelé à moi par une sensation de froid intense. On venait de me jeter dans un torrent.

» Bien qu'étourdi, je fis machinalement les gestes de tout homme qui se noie et sait nager. J'agitai mes bras... je remontai à la surface de l'eau. Le torrent qui m'emportait avait un cours très rapide. Je me laissai donc emporter par cette eau furieuse, n'ayant qu'un souci, maintenir ma tête hors de l'eau.

» J'étais dans une sorte de souterrain... C'est ce dont je me rendis compte lorsque je vis tout d'un coup, après une profonde obscurité, le soleil briller au-dessus de ma tête. Et presque aussitôt, ralentissant son cours impétueux, le torrent se jetait dans une rivière, me déposait sur la rive.

» J'étais à bout de forces... Je respirai un moment. A l'aide de mon mouchoir, je me fis un pansement sommaire, puis, accablé de fatigue, je m'endormis. Le soleil, qui était dans tout son éclat, me réchauffa et sécha mes vêtements.

» Lorsque je rouvris les yeux, je vis, penchés au-dessus de moi, plusieurs paysans qui m'épiaient curieusement. Je balbutiai quelques mots, racontai que j'étais tombé à l'eau en pêchant, et que la rivière m'avait déposé évanoui au pied des arbres où ils venaient de me voir. Je demandai si quelqu'un d'entre eux pourrait me loger jusqu'au lendemain. Ils se regardèrent en hésitant.

» Je crus qu'ils se demandaient si j'avais les moyens de payer. Je me tâtai. Mon porte-monnaie était dans ma poche. Je le pris et avec ostentation je montrai les pièces d'or qu'il contenait. A ma grande surprise, la vue de cet or sembla redoubler leur méfiance. Cela se conçoit, j'avais sur moi le modeste costume de valet que je portais au château de Schwartz. Ils hochèrent gravement la tête et s'éloignèrent sans mot dire.

» Seul, un vieux bonhomme, qui avait l'air plus matois, resta à me considérer, puis brusquement il m'offrit l'hospitalité pour le temps qu'il me plairait et le prix que je voudrais. J'acceptai son offre avec reconnaissance... Cet homme m'aida à me lever. Il avait remarqué que je paraissais exténué, souffrant... Je voulus le suivre, mais j'avais trop présumé de mes forces, trop perdu de sang. Je chancelai, m'accrochai à mon guide.

» Curieusement, il s'informa pourquoi j'étais si faible. Je lui répondis que j'étais blessé. Il m'inspirait confiance. Toutefois, je m'abstins prudemment de lui dire les origines de ma blessure. Il ne me posa plus de questions, me conduisit chez lui. C'était une pauvre maison délabrée, à l'orée d'un grand bois qui semblait sauvage tant il était peuplé de ronces, d'herbes folles et d'arbustes croissant en liberté aux pieds d'arbres séculaires. Sur le seuil de la maison se trouvait une jeune fille misérablement vêtue, mais au visage sympathique. Elle sourit à ma vue.

» — C'est ma fille, dit l'homme. C'est elle qui la première vous a vu et est allée prévenir tout le monde. Elle vous croyait mort, assassiné.

» Il n'ajouta plus rien, me fit entrer. D'une voix rude, il ordonna à la jeune fille de me donner à manger. Elle s'empressa d'apporter sur la table un morceau de fromage, du pain, une cruche de bière. Avidement, je mangeai et je bus. Mes hôtes se tenaient devant moi. Le paysan, assis sur un escabeau, me dévisageant avec attention, la fille debout, me souriant toujours. Ce frugal repas m'avait un peu restauré.

» — Je voudrais bien me reposer, dis-je, je suis si las.

» — Ah ! c'est qu'il n'y a pas de lit, mon bon monsieur, dit lentement le paysan. Moi, je couche sur ce matelas que vous voyez là-bas, et ma fille couche dans la pièce voisine. Il faudra vous contenter d'un peu de paille dans l'écurie. Il y a déjà la chèvre et le cochon, mais ils se serreront un peu pour vous faire place.

» Un peu étonné de la froideur soudaine du paysan, je murmurai :

» — Je m'en contenterai pour cette nuit ; demain je vous débarrasserai de ma présence.

» Le paysan ne répondit pas. Il se leva, me fit signe de le suivre. Il ouvrit, à côté de la cheminée, une petite porte basse que je n'avais pas remarquée, me fit passer par cette porte qui donnait sur une cour entourée de piquets. Dans un coin de la cour, il y avait l'étable, ma chambre. »

— Mon pauvre ami ! gémit douloureusement Héléna, en être réduit à cela...

— Ceci n'est rien. Ecoute la suite.

CHAPITRE III

L'odyssée d'Henri Malherbe.

» Le malheur rend les gens humbles. Je remerciai mon hôte, et, pénétrant dans l'étable, je me laissai tomber sur une botte de paille, repoussant du pied les deux animaux qui venaient me flairer. Leur curiosité satisfaite, ils s'éloignèrent, se tinrent à l'écart. J'entendis le paysan fermer le verrou de la porte de l'étable, mais je n'attachai aucune importance à ce détail.

» Etourdi par l'atmosphère irrespirable du lieu, fatigué, je m'endormis tandis qu'un rayon de soleil, filtrant à travers la toiture mal jointe, venait se jouer sur mes vêtements. Lorsque je rouvris les yeux, il faisait nuit. J'avais été réveillé en sursaut par le bruit du verrou qu'on tirait. Je vis une ombre qui se glissait dans l'étable.

» — Monsieur, dit une voix douce, il faut vite vous ensauver, les gendarmes vont venir !

» — Les gendarmes ! m'écriai-je éperdu, pourquoi ?

» — Père prétend que vous êtes un criminel, que vous êtes couvert d'or que vous avez volé, que vous avez été blessé en attaquant les gens.

» — Mais c'est faux !

» — Je vous crois, j'ai essayé de le faire croire à père, mais il n'a pas voulu m'écouter. Ses amis lui ont monté la tête, et il y a déjà plusieurs heures qu'ils sont partis à la ville pour prévenir les gendarmes. Moi, on m'avait enfermée dans la maison. Je serais venue plutôt sans ça. Il m'a fallu le temps de dévisser la serrure. Père me battra, mais ça m'est égal. Vous avez l'air d'un brave homme, je suis contente de vous sauver.

— Le cher petit cœur ! fit Héléna, sais-tu son nom ?

— Hélas ! non ! J'étais affolé, j'avais la fièvre, j'étais blessé, je perdis la tête, je ne songeai qu'à fuir au plus tôt. Il me semblait entendre le pas des chevaux des gendarmes. Jetant un bref merci à mon sauveur, je quittai précipitamment l'étable. Un premier obstacle se dressait, les piquets aigus qui entouraient la cour. Je ne pouvais songer à passer par la maison fermée à clé. La fille de mon traître de paysan était passée par la porte basse dont je t'ai parlé. Elle avança une brouette, monta dessus, m'aida à enjamber les rudes piquets, où je laissai quelques morceaux de vêtements. Ce ne fut pas sans peine. Enfin, j'étais hors de cette maison inhospitalière. En proie à une terreur folle, je me dirigeai vers le bois, me hâtant autant que je le pouvais. Je ne repris un peu de tranquillité que lorsque je me trouvai au milieu du bois épais, caché par les buissons, loin de tout sentier.

» Je ne devais pas être longtemps tranquille. J'entendis bientôt des aboiements furieux. Je prêtai l'oreille. Les aboiements se rapprochaient. Je compris tout. Les gendarmes s'étaient fait accompagner d'un chien policier qui avait trouvé ma trace. Ils devaient avoir mis pied à terre et s'apprêtaient à le suivre.

» Je me crus perdu. Mais je ne perdis pas courage. Je résolus de disputer chèrement ma vie à ceux qui me cherchaient. J'avais sur moi un long couteau à cran d'arrêt. Je l'ouvris et j'attendis de pied ferme. On marchait dans la forêt. Je vis au loin poindre la lueur d'une lanterne. Embarrassés par les broussailles et les ronces, les gendarmes n'allaient que lentement, encourageant le chien, le rappelant, craignant de perdre sa trace.

» Brusquement, d'un fourré, une forme noire jaillit. C'était le chien, une bête de grande taille, au poil rude. Il jeta un cri féroce, se jeta sur moi. J'étais prêt à la lutte. Arc-bouté sur mes jambes, adossé contre un arbre, je reçus le choc, pris l'animal à la gorge et le frappai violemment de mon couteau. La Providence veillait sur moi. Atteint en plein cœur, le chien tomba sans pousser un cri, les pattes contractées et s'accrochant à mes vêtements...

» Quelque chose tomba. Je n'y pris pas garde. Je me jetai dans la partie du bois la plus touffue, du côté opposé à celui où je voyais briller la lumière de la lanterne. M'accrochant aux ronces, m'égratignant le visage, m'ensanglantant les mains, j'allai longtemps ainsi, harassé, fourbu, prêt à tomber à chaque pas, soutenu seulement par la ferme volonté de fuir, déployant une énergie surhumaine. Lorsque je me crus assez loin de ceux qui me poursuivaient, n'entendant plus rien, je m'arrêtai. J'avisai un énorme chêne feuillu et je grimpai dans ses branches épaisses pour me dérober à tout regard.

» Les gendarmes avaient perdu ma trace. Je restai là jusqu'au matin, transi, grelottant, épiant les moindres bruits. Le jour parut enfin. Je descendis de ma cachette et je poussai un cri de colère. Dans ma lutte avec le chien policier, j'avais perdu la ceinture de cuir attachée sous ma veste et dans laquelle se trouvait tout mon or. Il ne me restait plus qu'un peu d'argent, très peu dans mon porte-monnaie.

» Cette fois, je me crus bien perdu. Qu'allais-je faire ? Ma blessure, par bonheur, ne s'était pas rouverte, mais j'étais bien faible. Lentement, je traversai le bois, employant à cette marche près d'une journée, me nourrissant de jeunes pousses de ronces, buvant l'eau des ruisseaux, mangeant des baies.

» Je fus assez heureux, à la tombée de la nuit, pour sortir de ce bois et aboutir non loin d'un verger isolé enclos seulement d'une petite haie. C'était aux abords d'un village. Tout le monde reposait. J'entrai sans scrupule dans le verger et fis main basse sur les fruits qui se trouvaient à ma portée. Ce repas me ranima.

» Je traversai le village et, prenant la route qui s'offrait à moi, je marchai. Sur mon chemin, je fis la rencontre d'une hutte abandonnée. Ce fut mon asile pour la nuit. Je m'éveillai avant le jour et je repris ma course.

» Je croisai, après deux heures de marche, un charretier transportant des légumes dans sa charrette. Le cheval, après m'avoir dépassé, prit peur, se jeta dans un fossé et renversa la charrette avec son contenu. Je revins sur mes pas et offris mes services au charretier. Je l'aidai tant bien que mal à refaire son chargement. J'avais l'air si misérable qu'il me prit pour un mendiant sans doute, et généreusement m'offrit de partager avec lui son repas. J'acceptai avec joie. Jamais repas ne me parut plus délicieux. Je dévorai du pain, du jambon, des saucisses et un gros morceau de fromage, puis je bus une rasade de kirsch étendu d'eau.

» Je quittai le brave homme en l'accablant de remercîments. Mes forces revenaient. Je me sentais un courage indomptable. Le brave charretier n'avait pas borné ses bienfaits à me restaurer, il m'avait indiqué une ferme distante de trois lieues où l'on cherchait à embaucher des valets de ferme.

» Je me rendis à cette ferme par le chemin de traverse que m'avait montré cet excellent homme. Je ne craignais plus les gendarmes, plus rien. Il me semblait que j'étais sauvé. Je m'étais trop hâté de me réjouir. Le fermier chez lequel m'avait envoyé le charretier ne voulut pas de moi. Je ne lui parus pas assez vigoureux pour être employé au dur travail des champs. Cependant, me prenant en pitié, il m'hébergea et me nourrit jusqu'au lendemain, où je repris ma course vagabonde.

» Une petite ville m'apparut après plusieurs heures de marche.... A la petite auberge où j'étais descendu pour me restaurer, j'eus la chance d'arriver à un bon moment. Le valet d'écurie venait d'être renvoyé par son patron. Timidement, j'offris mes services.

» L'aubergiste, m'ayant dévisagé, hésita ; mais le lendemain, c'était jour de marché, et il avait ces jours-là de nombreux clients. Il n'avait pas le temps de chercher un nouveau valet. Il m'embaucha, mais, comme gages, ne me donna que le gîte et la nourriture, prétextant que les pourboires étaient assez élevés pour me rémunérer largement de mes peines. Je n'avais pas le droit d'être difficile, j'acceptai.

— Mon pauvre Henri ! Toi, réduit à être valet d'écurie. Quelle misère !...

— Elle ne dura pas longtemps. Quelques jours après, je fis la connaissance d'un client de passage, un israélite, qui, ayant causé avec moi, s'aperçut que j'étais plus instruit que mon métier ne semblait l'indiquer. Il ne s'enquit pas des motifs qui m'avaient amené à accepter cette place, mais devinant quelque mystère qui me faisait désirer garder l'incognito, il résolut d'en profiter, et m'offrit d'entrer à son service comme homme de confiance, et au besoin comme secrétaire. Il habitait Berlin, où il tenait un bureau de placement. Il se nommait Zébu !

— Zébu ! s'écria Héléna, je le connais... c'est-à-dire je connais sa maison. C'est dans cette agence que j'ai trouvé à me placer et que je suis entrée au service de Mina Wolfang, qui s'appelait alors...

— Eh bien ! ma petite Héléna, si tu as vu de près les Zébu, tu devines sans peine que je tombai de Charybde en Scylla, et que ma nouvelle situation ne valait pas mieux que la précédente. Chez l'aubergiste, au moins, j'étais assez convenablement logé et surtout bien nourri, puis je récoltais par-ci par-là quelques pourboires. Chez les Zébu, j'étais logé et nourri, — c'étaient aussi mes gages, — mais logé dans une infecte mansarde et nourri misérablement.

» Le sort enfin cessa de s'acharner après moi. Un matin, les Zébu étant absents, j'ouvris la porte à un jeune homme d'allure distinguée, fort élégamment vêtu et qui paraissait en proie à une sombre mélancolie.

» C'était un riche lord anglais, du nom de Falkland, qui, ayant vu dans la rue l'enseigne du bureau de placement, avait fait arrêter la voiture qui le conduisait à la gare, pour venir chercher dans l'agence un compagnon de voyage immédiat pour le distraire de ses ennuis. Il n'était pas très fixé. Il voulait emmener quelqu'un tout de suite : dame de compagnie, valet ou secrétaire, peu lui importait.

» Je dis que les Zébu n'étaient pas là et le priai de revenir. L'Anglais consulta sa montre et dit que le train partait dans une heure ; il accordait dix minutes aux Zébu pour revenir, lui offrir une personne et toucher cent livres sterling. Une idée folle me passa par la tête. Je m'offris au jeune lord.

» L'Anglais, qui ne m'avait même pas regardé, me toisa. Sans doute ma physionomie lui plut. Il prit dans sa poche les cent livres, me les remit en me disant : « Puisque c'est vous » qui avez trouvé l'homme, voici ! A présent, venez ».

» Croyant rêver, je suivis mon nouveau patron. Il me fit monter dans une voiture chargée de malles, et nous partîmes. Je n'osai interroger lord Falkland, éperdu de bonheur, redoutant de le voir changer d'idée. Je venais de gagner cent livres ! De quoi revenir en France ! Mais je ne devais pas de sitôt avoir cette joie.

Lord Falkland, entre deux bâillements, me demanda mon nom. Je lui répondis que je le lui dirais plus tard, étant obligé de le taire pour des raisons politiques. Ceci aguicha la curiosité de l'Anglais, qui oublia pendant quelques minutes de s'ennuyer.

» — Au moins, dit-il, pourrais-je savoir votre nationalité, car je présume que vous n'êtes pas Allemand.

» — Je suis Français.

» — Français ! Ah ! fort bien ! j'aime considérablement les Français.

» Il sourit... et recommença à bâiller. Arrivé à la gare, cet original me dit :

» — Nous voyageons en première classe, naturellement, et vous êtes mon secrétaire. Nous allons en Russie.

» — Mais, fis-je, je n'ai pas de passeport. A la frontière...

» — J'ai plusieurs passeports sur moi, dit-il, dans le cas où j'aurais plusieurs personnes à faire voyager et avec des signalements différents. Vous répondrez au nom de Cobb Harry.

» Une heure après, nous étions installés dans un compartiment que le lord avait retenu.

» — J'ai réfléchi, dit-il dès que le train fut en marche, que vous n'étiez pas suffisamment confortable pour mon secrétaire, et j'ai pris tout le compartiment pour vous permettre de vous transformer. Vous trouverez dans cette grande valise jaune un complet neuf et du linge. Nous sommes de la même taille. Transformez-vous. Ne remerciez pas. Ne dites rien. J'ai horreur des phrases inutiles.

» J'obéis à la lettre aux prescriptions de mon sauveur, qui, tandis que je me transformais, — comme il disait, — regardait d'un air morose le paysage. Lorsque je fus prêt, je sollicitai l'attention de mon patron. Il me regarda distraitement, murmura :

» — All right ! You au truly à gentleman !

» Et comme je ne savais que répondre, impatienté, il saisit mes misérables vêtements et les jeta sur la voie. Je pris le parti de ne pas troubler ce mutisme. J'aurais bien voulu me nommer, dire ma vie, me faire connaître enfin ; mais ce neurasthénique Anglais, dès que j'ouvrais la bouche, me condamnait au silence en laissant tomber d'une voix blanche ces mots :

» — Ne parlez pas. Le bruit me fatigue.

» Nous arrivons sans encombre en Russie. Nous n'avions pas échangé cinquante mots dans ce long voyage. Ma compagnie semblait agréer à l'Anglais ; je dis : semblait, car rien dans son attitude extérieure ne paraissait indiquer qu'il fût heureux d'avoir près de lui ce compagnon de voyage qu'il désirait tant.

» Nous allâmes ainsi, aussi muets, pendant plusieurs jours, traversant les villes, séjournant à peine quelques heures dans les plus beaux hôtels, car l'Anglais, immensément riche, ne regardait pas à la dépense, ne se privait de rien. Il payait royalement, sans mot dire, sans vérifier.

» Le matin du sixième jour où nous étions ensemble, comme nous allions partir pour Saint-Pétersbourg, ville distante de quelques heures, nous étant arrêtés en route à plusieurs reprises comme je te l'ai dit, l'Anglais vint dans ma chambre de fort bonne heure. Il me dit :

» — Harry Cobb, je suis très content de vous. Combien désirez-vous gagner ?

» — Rien, dis-je. Mais je voudrais savoir ?...

» — Vous n'avez rien à savoir. N'interrogez pas, cela me fatigue. Voici un chèque de mille guinées. Ah ! Cobb, nous n'allons plus à Saint-Pétersbourg, nous revenons un peu sur nos pas. Nous allons en Suède. Les Russes m'ennuient. Voulez-vous, s'il vous plaît, donner des ordres ?... Ah ! voici encore de l'argent pour les dépenses... Vous paierez, cela me fatigue. Quand vous n'en aurez plus, vous me préviendrez. Ah ! Cobb, je vous prie, payez toujours comme si vous étiez lord Falkland, ne discutez jamais.

» C'était la première fois que lord Falkland me tenait un aussi long discours.

» Je ne te ferai pas le récit peu mouvementé de notre voyage. La vie s'écoulait pour moi silencieuse, banale et monotone. Il fallait en finir. J'avais longtemps patienté, dans l'espoir d'une explication et aussi parce qu'il me répugnait d'abandonner cet original qui m'avait rendu service. Mais je ne pouvais cesser de penser à toi et je me reprochais comme un crime ces voyages en compagnie de ce neurasthénique crispant, alors que peut-être tu étais en danger et que tu comptais sur mon secours. Je n'y tins plus.

» A Copenhague, un soir après le dîner, j'accompagnai lord Falkland dans sa chambre. Il m'offrit un siège, et avant que j'aie ouvert la bouche :

» — Harry Cobb, dit-il gracieusement, seriez-vous disposé aujourd'hui à me dire votre nom et tout ce qui vous concerne ?...

» — Cela tombe à merveille, j'avais justement l'intention de vous demander enfin un entretien au cours duquel j'aurais la liberté de parler longuement.

» Lord Falkland sourit :

» — Parlez tant que vous voudrez, dit-il. A présent, je suis moins atteint de spleen. Je peux supporter les discours.

» Je me rappelai la bonté de l'Anglais et ne me fâchai point. Je lui racontai tout, Héléna... tout ce que toi et moi nous avions fait, et dans quel but. Je lui dis mes espoirs et mes craintes à ton sujet. J'avais à peine fini, que Falkland me demandait pardon de son égoïsme :

» — Mais je rachèterai ma faute, s'écria-t-il plein d'enthousiasme, je vous aiderai à retrouver miss Héléna, à punir ses ennemis, à rentrer en possession de vos papiers... Nous partons dans dix minutes !

» — Pour où ?

» — Pour Paris d'abord ! Et puis nous irons en Allemagne ! Ma fortune est à votre disposition, mon crédit, mes amis ! Ah ! que je suis désolé et cependant heureux ! Secouez encore la main avec moi, vieil ami ! Hurrah ! hurrah ! pour miss Héléna.

» Il était guéri du spleen. Passionné pour nos aventures, il ne désirait plus qu'une chose, en prendre sa part. Ce riche oisif avait trouvé une source d'activité, une raison de s'intéresser à la vie en s'intéressant à toi...

» Nous partions le soir même. Tu sais la suite de l'histoire, puisque grâce à lord Falkland je suis à Paris, près de toi. A ton tour de me dire ce qui t'est arrivé, ce que sont devenus les fameux papiers.

CHAPITRE IV

Lord Falkland.

— Mon cher Henri, je m'empresse de te rassurer. Les papiers soustraits par le prince de Schwartz et que tu m'avais confiés au moment où tu croyais mourir sont revenus à Paris, et par mes soins ont été rendus à leur légitime possesseur. C'est moi-même qui les ai remis au ministre...

Henri Malherbe poussa un soupir de soulagement :

— Le ciel soit loué, Héléna ! Notre voyage en Allemagne n'aura donc pas été inutile, et je ne regrette plus d'avoir failli mourir.

— Tu dis bien, Henri, notre voyage n'aura pas été inutile, dit Héléna d'une voix sourde, puisqu'il nous a permis de rendre service à notre pays et en même temps de reconnaître les réels sentiments d'un faux patriote, d'un traître.

— Ne parle plus de ce misérable Dortailles, pour l'instant du moins... Que son souvenir ne vienne pas troubler la joie de mon retour.

Une larme perla aux longs cils d'Héléna.

Henri prit sa sœur dans ses bras.

— Je te comprends et je souffre avec toi, pauvre cher petit cœur trahi, brisé... Ah ! il paiera cher les larmes que tu verses !

— Non, Henri, je ne pleure plus. Mon cœur est mort depuis la trahison de cet infâme. Si je pleure, c'est de joie, c'est parce que tu es là.

— Tu t'abuses, Héléna, dit son frère tristement, et tu essaies de m'abuser. Ta douleur est trop naturelle, trop légitime pour que j'ose t'en faire un reproche.

— Si nous parlions d'autre chose ? dit vivement Héléna.

— Soit. Je t'ai narré par le menu mes aventures, mais toi tu n'as encore rien raconté...

La porte du salon s'ouvrit. La bonne parut...

— C'est un monsieur qui est là. Il demande s'il peut se présenter. Il dit qu'il attend depuis trois heures dans la rue...

— Ah ! sapristi ! s'écria Henri, je suis impardonnable. C'est Ned. J'avais oublié de te dire...

— Ned ?...

— Oui, mon ami Falkland. Qu'il entre... qu'il entre vite !

Ces mots, jetés d'une voix éclatante, étaient parvenus jusqu'aux oreilles de l'Anglais. Il n'attendit pas une minute de plus. Il entra brusquement et la bonne ferma la porte derrière lui.

— Miss Héléna, dit-il, excusez-moi de venir troubler les doux instants de joie que vous cause le retour de votre frère. Mais je vous dois des excuses pour avoir, par mon égoïsme, retardé cette joie. Et puis...

Il eut un sourire adorable.

— Et puis, à vous dire vrai, j'étais très impatient de faire votre connaissance.

Héléna lui tendit affectueusement la main.

— Monsieur, dit-elle simplement, voulez-vous être mon ami ?

— Oh ! miss ! s'écria lord Falkland, une telle faveur à moi, qui ne mérite que des reproches...

Il baisa galamment la main de la jeune fille.

— Henri m'a dit ce que vous aviez fait pour lui !

— Trop peu, vraiment, et je ne m'en console qu'en pensant que je vais pouvoir faire beaucoup pour lui... et pour vous...

— Comment cela ?

— A présent que vous êtes réunis, vous ne devez plus vous séparer, affronter de nouveaux dangers. C'est moi, miss, qui retrouverai le misérable qui a voulu tuer votre frère et qui le tuerai !

L'Anglais parlait avec une conviction superbe. De ses grands yeux bleus jaillissaient des éclairs.

Héléna l'admira. C'était vraiment le bel Anglo-Saxon dans toute sa pureté.

D'une élégante robustesse, les membres bien proportionnés, le visage d'un ovale très régulier, distingué d'allure et de ton, il représentait le type accompli de la grâce unie à la force. Sa mâle beauté n'avait rien de banal, et la mélancolie qui passait parfois sur son visage ajoutait un charme nouveau, un peu romantique, à son aspect.

Le regard de l'Anglais se croisa avec celui d'Héléna. Et il pâlit subitement. Un sentiment nouveau, inconnu, venait de s'emparer de lui. Il se troubla, perdit son assurance, et tristement, ironique, il murmura :

— J'ai l'air d'un rodomont, n'est-ce pas, miss Héléna ? d'un capitan de comédie à m'offrir de pourfendre un homme introuvable et que, vraisemblablement, je ne rencontrerai jamais.

— Détrompez-vous, M. Ludovic Dortailles est à Paris. Après s'être caché plus de six mois à tous les regards, il ose venir ici même, dans cette ville, jouir de ses richesses, du prix de sa trahison. Sans doute, croit-il tout oublié ! Il croit mon frère mort, et il se dit qu'une femme seule n'osera pas s'attaquer à lui. Il se trompe ! Le serment que j'ai fait sur le corps de mon frère que je croyais mort, je le tiendrai ! Je frapperai Ludovic Dortailles !

— Vous voulez tuer vous-même cet homme, miss Héléna ? s'écria l'Anglais avec une admiration mêlée de crainte.

— Oui, fit Héléna d'une voix stridente, mais pas tout de suite. J'ai réfléchi. Il ne souffrirait pas assez.

— Héléna, reprit Henri, je comprends ta pensée. Tu veux le démasquer aux yeux de tous, lui faire subir affronts sur affronts, le rendre un objet de mépris public, faire qu'à sa vue on se détourne avec dégoût...

— Certes !...

— Prends garde ! Sa haine pourrait se retourner contre toi. Les bêtes féroces acculées, réduites aux abois retrouvent un courage suprême pour foncer sur l'ennemi. Je suis d'avis qu'au contraire il faut écraser la tête de la vipère lorsqu'on la rencontre sur son chemin et non lui faire momentanément grâce dans l'espoir de lui faire plus tard expier ses forfaits. N'est-ce pas votre avis, Ned ?

Ned n'entendait pas. Il dévorait du regard Héléna, qui, les yeux perdus, semblait absorbée dans une pensée profonde. L'Anglais, en extase, admirait la vivante statue qu'il avait devant lui. Il pensait qu'il avait peut-être vu des femmes aussi belles, mais jamais aucune ayant une physionomie aussi noble et aussi expressive.

— Ned, que pensez-vous ? répéta Henri.

— Oh ! certainement, répondit l'Anglais, vous avez tout à fait raison, très cher.

Héléna soupira.

— Puisqu'il en est ainsi, dit-elle, puisque je suis seule de mon avis, punissons le traître. Ceci peut être fait demain.

— On le trouvera ! s'écria impétueusement Falkland ! Je veux le provoquer, moi... moi le premier ! Ah ! ne vous opposez pas à mon dessein. Si je succombe, vous agirez comme il vous plaira. Mais, je vous en supplie, laissez-moi le soin de châtier cet homme. Je ne risque rien. Je n'ai que ma vie à perdre. Et personne ici-bas ne regrettera ma mort.

— Ned !...

— Oh ! monsieur !...

Ces deux reproches jaillirent en même temps des lèvres d'Henri et de sa sœur.

L'Anglais, touché, s'excusa :

— Pardon ! j'oubliais mes deux amis si nouveaux... et pourtant déjà si vieux dans mon cœur.

— On ne peut se battre en duel avec cet homme, dit Héléna, en proie à une haine folle, inexplicable ; il ne mérite pas qu'on lui fasse l'honneur de croiser le fer avec lui.

— Nous ne pouvons pourtant l'assassiner, fit Henri d'un ton de reproche.

— Il faut le juger et le punir.

— Oui, dit l'Anglais enthousiasmé, c'est cela. Ce sera très bien ! Nous réunissons des gens que nous payons très cher. Nous leur faisons enlever le coquin, qu'ils transportent dans une maison isolée, et nous le faisons comparaître devant vous. Nous serons ses juges. On le laissera se défendre, et après on l'exécutera !

— Qui ? dit Henri.

— Mais, répondit simplement et naïvement l'Anglais, le bourreau, naturellement.

— Le bourreau, mon cher Ned, n'exécute que les arrêts de la justice, de la loi.

— Eh bien ! mais nous serons la justice. Il n'y a pas besoin d'un jugement rendu par vos présidents habillés de rouge, ni de gendarmes et autres cérémonies ridicules que vous autres Français vous croyez devoir employer pour faire mourir un criminel. En Angleterre, le condamné est simplement pendu dans la prison, en présence du shériff, accompagné de deux constables. On hisse un drapeau noir devant la prison, et c'est fini. Nous ferons comme en Angleterre, et si votre bourreau ne veut pas pendre l'homme que nous aurons condamné, parce

qu'il n'a pas l'habitude, eh bien ! il se servira de sa guillotine.

Héléna frissonna. Il lui sembla que les folles paroles de
l'Anglais pouvaient se réaliser. Les yeux fixés sur lui, haletante, elle écoutait encore.

— Oui, continuait tranquillement lord Falkland, nous aurons sa guillotine. On la lui achètera. Quand on devrait la
lui payer très... très cher. Et lui-même, qui aura exécuté notre
sentence, je le ferai très riche avec les siens, et s'il craint
d'être ennuyé en France par vos autorités, il ira en Angleterre,
où je lui donnerai un magnifique cottage près de Londres pour
finir sa vie.

Henri Malherbe, qui avait écouté avec une sorte de stupeur
les extravagantes paroles de lord Falkland, haussa les épaules
avec humeur.

— Ce sont des projets absurdes, dit-il, nous ne pouvons agir
ainsi.

— Pourquoi ?

— Parce que c'est impossible.

— A cause de vos lois, de vos juges, dont vous avez peur !
Ah bien ! transportons l'accusé, sur un yacht que j'achèterai,
dans une île déserte, et exécutons-le là.

— Ce serait plus raisonnable déjà, pourtant...

— Ah ! il n'y a pas de milieu, dit l'Anglais. Si nous ne le
provoquons pas en duel, jugeons-le. Jugeons et frappons. Duel
ou exécution. Choisissez.

— C'est terrible, murmura Malherbe. Il faut pourtant le
punir. Ah ! s'il pouvait me provoquer...

Falkland éclata de rire.

— C'est bien ce que je disais, nous retournons au duel.

Héléna se leva.

— Henri, je te défends de te battre avec cet homme ! dit-elle
impérieusement. Tu n'as pas le droit de risquer encore ta
vie.

— Bravo ! bravo ! approuva l'Anglais, ce sera donc moi qui
dès demain...

— Non, dit Héléna avec hésitation, pas vous non plus. Il
faut d'abord le voir, l'entendre, et puis... et puis, on verra...

Malherbe se mordit les lèvres.

Et comme Héléna baissait la tête, il la prit par le bras.

— Regarde-moi en face, Héléna...

Héléna obéit.

— Tu ne veux pas qu'il meure, au fond ?

— Si, dit Héléna avec effort.

Puis, brusquement, elle éclata en sanglots, et quitta le salon.

Lord Falkland, éperdu, s'était levé.

Henri Malherbe du geste le retint.

— Que se passe-t-il, dit Ned bouleversé, qu'a donc miss
Héléna ?

— Ah ! dit Henri les sourcils froncés, il se passe que tout en
méprisant profondément Ludovic Dortailles, ma sœur l'aime
peut-être encore.

— Ah ! murmura Ned blêmissant, est-ce possible ! Elle aime
ce misérable !

Elle le hait. Elle le croit, du moins. Mais elle le hait moins
depuis qu'elle m'a revu... qu'elle n'a **plus** à lui reprocher ma

mort. Et elle espère qu'il se disculpera des autres accusations.

— Oh ! dit avec tristesse Ned, elle est donc disposée à pardonner à cet homme, à l'épouser ?

— Ne croyez pas cela, dit vivement Henri. Vous ne connaissez pas ma sœur. Héléna ne pardonnera pas. Héléna ne sera jamais la femme de Dortailles. Dût son cœur se briser, elle sera inflexible. Mais elle l'a aimé, elle est femme, et elle ne peut se faire à l'idée que je dois tuer ce misérable. Elle souhaite sa mort au même instant qu'elle voudrait le voir vivre ! Elle demande avec violence qu'il soit tué, et l'idée de se trouver en présence de son cadavre lui arrache des larmes. Il faut l'excuser. Héléna, si énergique, si vaillante devant le danger, vient de redevenir femme. Après toutes les épreuves qu'elle a subies, la joie de me revoir, moi, qu'elle croyait mort, a ébranlé tout son organisme, exacerbé ses nerfs. Elle a eu une crise tout à l'heure. Elle a ri et pleuré avec excès. En ce moment, elle n'est plus elle. Son cerveau a subi un choc terrible. Excusez-la, Ned.

— Oh ! de tout mon cœur.

— Une nuit de repos changera tout cela.

— Mais si vous alliez la consoler ?...

— Non, ma présence l'énerverait. Je connais Héléna. La solitude et le repos lui sont nécessaires. Demain, j'en suis certain, je retrouverai ma sœur. La Lorraine intrépide qui n'ayant pas hésité à risquer sa vie pour la France n'hésitera pas à punir ceux qui l'ont trahie. A demain, Ned...

— A demain, Henri, dit l'Anglais pensif.

Il serra machinalement la main de son ami.

— Croyez-vous que vraiment, si ce Dortailles mourait, elle serait si mécontente ?

— Je ne crois pas.

— Ah !

Il hésita un instant :

— Dites-moi donc où il habite ?

— Je l'ignore. Mais je le saurai demain, puisque Héléna le sait.

— Alors, dit vivement l'Anglais, je reviendrai demain de bonne heure. Bonne nuit.

Henri le regarda sortir.

— Aimerait-il Héléna ? Brave Ned. S'il pouvait déraciner du cœur de ma sœur le souvenir de cet assassin... Mais réussira-t-il ? L'aimera-t-elle jamais ?

Il se croisa les bras, marcha rêveur à travers le salon. Puis, relevant la tête :

— S'il ne s'agissait que de moi, je lui ferais grâce ! Mais il a pactisé avec nos ennemis, il s'est fait leur complice, et cela, je ne puis le lui pardonner ! Que ma sœur se lamente, que sa douleur soit immense, tant pis ! Je ne puis m'arrêter aux larmes d'une femme ! J'ai un devoir à remplir, et je le remplirai quoi qu'il arrive. Je tuerai Ludovic Dortailles, mais non pas en combat loyal. Je le frapperai comme il m'a frappé, traîtreusement, par surprise ! Il adviendra de moi ce que pourra ! Je suis deux fois Français, puisque Lorrain ! Que périssent les traîtres à la France ! Je jure que Dortailles mourra, et qu'il mourra demain !...

Menaçant, le regard chargé d'éclairs, *Henri Malherbe* regagna sa chambre.

On entendait faiblement les sanglots d'Héléna... Henri Malherbe ne voulut pas les entendre...

CHAPITRE V

Entente cordiale.

Celui qu'Héléna Malherbe et Mina Wolfang avaient identifié, *malgré le nom d'emprunt de comte de Waldorf qui déguisait* sa personnalité, celui qu'elles appelaient Ludovic Dortailles était assis ce soir-là devant son bureau, les traits contractés, le visage bouleversé par une émotion qui ressemblait à de l'effroi.

Pour la dixième fois, il relisait la lettre qu'il avait devant ses yeux et murmurait :

— Est-ce possible ?... Comment cela a-t-il pu se faire ?... Mais cet homme est donc un démon !...

La porte s'ouvrit sans bruit. Un valet entra, correct, guindé, impassible. Il fit deux pas en avant, joignit les talons, laissa tomber d'une voix blanche :

— *Il y a là une dame qui insiste pour parler à monsieur le* comte.

— Je n'y suis pour personne, Peter ! dit sèchement Ludovic Dortailles. Renvoyez cette dame.

Le valet s'inclina légèrement, fit demi-tour.

— Attendez.

Le valet fit un autre demi-tour, resta les talons joints, les mains sur la couture de son pantalon.

— Cette dame a-t-elle dit son nom ?

— Non, monsieur le comte. Elle a dit seulement qu'elle était une amie de monsieur le comte et que monsieur le comte serait *très heureux de la recevoir, ayant à dire à monsieur le comte* des choses de la plus haute importance.

Ludovic Dortailles haussa les épaules.

— Quelque aventurière, fit-il à mi-voix.

Puis, soudain inquiet :

— Comment est cette dame, Peter ? Jeune, jolie ?...

— Cette dame porte une épaisse voilette, mais cependant on peut deviner ses traits, vaguement. Sans crainte de me tromper, j'oserais affirmer à monsieur le comte que la dame doit être jolie, qu'elle est jeune et très élégante. C'est certainement une femme du monde, du meilleur monde...

Ludovic Dortailles réfléchissait.

— Dois-je congédier cette personne ? demanda le valet.

— Oui... non... c'est-à-dire... Faites entrer.

Le valet salua, se retira.

Ludovic affecta de se plonger dans *la lecture d'un journal* qu'il venait de prendre sur son bureau, et dont il avait étalé les deux feuilles ouvertes sur la lettre qu'il était en train de lire.

Un froufrou soyeux lui annonça que la visiteuse était devant lui. La porte venait de se refermer derrière elle discrètement.

Ludovic releva la tête, tressaillit, puis pâlit.

Mina Wolfang venait de relever sa voilette. Sa voix railleuse résonna dans le bureau :

— Eh bien ! cher ! Comment cela va-t-il ? Vous ne vous attendiez pas à me voir de sitôt, monsieur Ludovic Dortailles ?

— En effet ! répondit Ludovic froidement. Que désirez-vous de moi ?

— Un siège d'abord. Je vous dirai ensuite le but de ma visite.

Les regards de Ludovic et de Mina se croisèrent étincelants, chargés de menace.

Puis Ludovic baissa les paupières. D'un geste machinal, il désigna un fauteuil, invita Mina à s'asseoir :

— Prenez ce fauteuil... Je vous écoute... Qu'avez-vous à me dire ?

Mais au lieu de s'asseoir, Mina s'avança, appuya ses deux mains sur le bureau, et se penchant vers son interlocuteur, immobile, glacé, elle dit à mi-voix :

— Wilhelm !

— Je m'appelle Ludovic Dortailles.

— Wilhelm Schwartz, reprit Mina avec une sourde irritation, cessons ce jeu. Inutile de feindre davantage, je t'ai reconnu. Moi seule t'ai reconnu, et c'est pourquoi je viens à toi. Je n'oublie pas que tu es le père de mon enfant... Je viens te sauver !

Ludovic Dortailles se renversa dans son fauteuil. Sardonique, un pli méchant au coin des lèvres, il dit :

— Vous croyez donc que je suis le vrai prince de Schwartz, mademoiselle Wolfang ?

Mina haussa les épaules :

— Ne jouons pas sur les mots. Tu es le prince de Schwartz, Wilhelm, et ton frère Ludovic, quoique bâtard, c'est aussi un Schwartz, puisqu'il est le fils de ton père. Le même sang coule dans vos veines... mais vous n'avez pas la même mère, et c'est pourquoi, malgré tout, vous serez toujours ennemis. Cependant vous n'en êtes pas moins deux Schwartz...

Ludovic ou Wilhelm ne répondit pas. Curieusement, il regarda fixement Mina, qui soutint sans broncher ce regard. Puis, d'une voix tranchante, le comte de Waldorf dit :

— Que je sois Ludovic ou Wilhelm, peu importe ! Je suis ce que je veux être, ce que je dois être, Mina Wolfang, et vous êtes la dernière personne qui saurez la vérité.

— Pourquoi ?

— Parce que, à Ludovic comme à Wilhelm, vous avez menti. Vous avez trahi tour à tour l'un pour l'autre, prête à vous donner définitivement au vainqueur, prête à fouler aux pieds le vaincu pour vous assurer le titre de princesse de Schwartz. Or, ce titre ne vous appartiendra jamais.

— Ah ! riposta Mina, se décidant à prendre place dans le fauteuil qui lui avait été offert ; c'est ce que l'avenir décidera. Ecoute, Wilhelm, je comprends ta méfiance à mon égard. Non seulement je ne te reproche pas tes soupçons, tes paroles blessantes, mais encore je les approuve. Tu as tort de me redouter, d'être sévère envers moi. Oui, j'ai voulu te trahir ; oui, j'ai voulu être la femme de ton frère. Mais pourquoi cette trahison ? Parce que tu semblais faire fi de moi, me reléguer dans l'ombre.

» Tu m'accuses d'avoir été intéressée, ambitieuse, d'avoir à tout prix voulu devenir une princesse de Schwartz. C'est vrai. Mais pour qui ai-je voulu ce titre, ta richesse ? Pour moi ? Allons donc ! Tu sais bien que lorsque je t'ai connu, lorsque je t'ai aimé, tu étais pauvre, déshérité, et que ton avenir s'annonçait le plus misérable du monde. Cela a-t-il modifié mes sentiments ? T'ai-je été fidèle dans les mauvais jours ? Tu ne réponds pas... Soit, je répondrai pour toi !

» Wilhelm Schwartz, je t'ai aimé ardemment, sincèrement pendant plusieurs années, n'attendant rien de toi, vivant de ta vie, liée à toi pour le bien comme pour le mal, dans le bonheur comme dans l'adversité. Mais un fils nous est né... ton fils... le mien. Et c'est pour ce fils que je suis devenue celle que je suis...

» Ta fortune ? ton titre ? ce n'est pas pour moi que je les veux... et tu le sais bien ; c'est pour lui, c'est pour notre fils, qui n'a pas encore de nom, qui vit en Suisse, loin de ses parents dont il ignore le vrai nom, et qui, si nous venions à mourir, ne serait qu'un pauvre bâtard que l'assistance publique serait obligée d'élever.

Ludovic ou Wilhelm interrompit Mina.

— Il n'est pas question de cet enfant, Mina Wolfang. Pour la dernière fois, que voulez-vous au comte de Waldorf ?

A cette question, Mina répondit par une autre question :

— Vous voulez absolument, mon cher Wilhelm, être encore Ludovic Dortailles ? Soit, gardez ce personnage, puisque cela vous plaît. Nous verrons si vous resterez jusqu'au bout de cet entretien celui que vous prétendez être. Au surplus, cela ne me gêne nullement pour la communication que j'avais à vous faire. Ecoutez-moi attentivement, je vous prie.

Cette recommandaiton était pour le moins superflue. Le comte de Waldorf était tout oreilles.

— Mon cher Ludovic, puisque vous êtes Ludovic, vous savez combien je vous ai aimé. Lorsque j'ai vu que Wilhelm me repoussait, refusait de donner un nom à mon enfant, je suis allée vous trouver, je vous ai offert mon amour, le moyen de réduire à l'impuissance votre ennemi, d'être le seul, l'authentique prince de Schwartz. Rappelez-vous notre entrevue au pied de la tour Julius. Votre frère avait enlevé vos amis, leur avait persuadé qu'il était Ludovic.

» A ce moment, vous m'avez dédaigneusement repoussée. Vous ne pouviez m'aimer, ayant le cœur plein de votre fiancée, Héléna Malherbe, à qui vous gardiez jalousement votre foi. Vous vouliez rester digne d'elle, de son amour. Je ne me tins pas pour battue. Et puisque vous ne vouliez pas être à moi, je résolus que vous ne seriez jamais à celle que vous aimiez...

» Le hasard me servit admirablement. Il fit que, à bout de ressources, votre fiancée, en quête d'une place de dame de compagnie, vint justement s'adresser à moi, sous un faux nom. Je la pris à mon service, et la comblai de joie en lui annonçant que j'allais me réfugier en France. J'ignorais alors qu'Héléna Malherbe portait sur elle les plans volés par le prince de Schwartz.

Le comte de Waldorf tressaillit. Ironique, Mina demanda :

— Je ne vous ennuie pas ?

— Continuez, dit froidement le comte qui s'était ressaisi.

— Le hasard, toujours, me fit découvrir que Mlle Malherbe et moi nous intéressions au sort des deux Schwartz emprisonnés pour crime de lèse-majesté, et il ne me fut pas malaisé de découvrir le vrai nom de Mlle Malherbe et ses sentiments, qui, chose étrange, n'étaient pas du tout des sentiments affectueux, ainsi que je le supposais, pour son ex-fiancé.

» Trompée par les apparences, abusée par les événements, Héléna Malherbe croyait que vous, Ludovic Dortailles, vous étiez un traître, que vous aviez assassiné son frère et que vous n'aspiriez qu'à une chose, prendre la place de Wilhelm Schwartz, mais non pas pour servir votre pays, pour, au contraire, vous enrichir des dépouilles de votre frère et devenir, sous le nom de prince de Schwartz, un véritable Allemand tout dévoué à Sa Majesté.

» Hélas ! Ludovic, je dois vous faire un aveu. Emportée par ma haine pour Wilhelm et par mon amour pour vous, j'eus l'atroce courage de laisser votre fiancée dans son erreur, de vous noircir à ses yeux et de vous représenter comme un lâche renégat, cupide, intéressé, ambitieux, et qui préférait cent fois être un riche Allemand qu'un pauvre Français, se moquant pas mal de la France. Je sais que ma conduite fut abominable. Me la pardonnerez-vous jamais ?

Les paupières baissées, pâle, impassible, le comte de Waldorf ne bougea pas. Mina Wolfang continua :

— Ce qui est plus abominable encore, Ludovic, c'est que, non contente d'avoir capté la confiance de cette admirable créature, j'arrivai à lui persuader que moi aussi je vous haïssais et que mon plus vif désir était de me venger de vous. Elle s'enthousiasma pour mes projets, voulut être de moitié dans ma vengeance. Et dès lors, toutes deux, devenues amies intimes, nous n'eûmes ni repos ni trêve jusqu'à ce que nous vous ayons découvert, vous cherchant en France, en Allemagne, un peu partout...

» Nous commencions à désespérer, lorsque ce hasard — qui décidément est pour nous — me fit vous rencontrer tantôt, comme vous sortiez de votre hôtel. Vous avez croisé un journaliste, un de vos anciens camarades que vous n'aviez pas salué. La fortune, sans doute, vous a fait dédaigner ce compagnon de misère, qui s'est épanché en paroles et en menaces et a confirmé ma supposition.

» Un instant j'avais douté que ce fût vous que je venais de voir. Votre ex-camarade le journaliste m'a persuadé que je n'avais pas commis d'erreur. Nous étions deux à avoir reconnu, sous le comte de Waldorf, l'ex-reporter Ludovic Dortailles. Vous devinez la suite. J'ai couru tout de suite renseigner ma chère amie Héléna Malherbe. Et toutes deux nous avons résolu de venir vous surprendre demain matin ici.

Elle fit une pause.

— Je vois que cela ne vous émeut guère. Evidemment, maintenant que vous êtes prévenu, vous prendrez vos dispositions et demain Héléna et Mina, les deux inséparables, trouveront l'oiseau envolé. Je vois comme un sourire au coin de vos lèvres. Je gage que j'ai deviné votre pensée. Mais je vois aussi se contracter votre front.

» Vous vous demandez pourquoi j'ai trahi la confiance d'Hé-

léna et comment il se fait que je vienne vous informer de
nos projets...

» Vous allez tout comprendre et pourquoi, ayant cessé de
vous aimer, je passe brusquement dans votre parti. Comme
nous étions avec Héléna en train de combiner par quel moyen
nous allions nous venger définitivement et cruellement de vous,
quelqu'un est venu chez mon amie. Je ne vous ferai pas lan-
guir. Ce quelqu'un n'est autre qu'Henri Malherbe.

— Le mort ! s'écria le comte de Waldorf, pâlissant et en
proie à la plus vive agitation.

— Le mort, ricana Mina, est bien vivant ! Ah ! les gens que
vous tuez se portent assez bien, mon cher. Mais ne m'interrompez pas, ne me troublez pas, et prêtez-moi encore, je vous prie,
toute votre attention. La présence de ce revenant m'avait contrainte à me retirer. Le frère et la sœur, tout à la joie de se
revoir, après de touchantes effusions, se racontaient leurs aventures. Ils étaient si occupés d'eux, qu'ils m'avaient oubliée.
Cela me permit de rester longtemps dans la pièce voisine et
d'entendre ce qu'ils se disaient.

» C'est ainsi que j'appris que, pas plus tard que demain,
Héléna serait accompagnée dans la visite qu'elle voulait vous
faire de son frère et d'un certain Anglais, ami et sauveur de
Malherbe, un lord extravagant et riche à millions, et qui me
semble très épris de votre chère fiancée, si j'en juge par le
trouble qu'il manifesta à plusieurs reprises dans le courant
de la conversation.

» Vous m'avez écoutée ? Oui... Bien. Logiquement, puisque à
présent je ne vous aime plus — vous ai-je dit que je vous
haïssais ? non, et bien ! je vous le dis, — je devrais laisser
faire ces gens-là, qui me vengeraient de vous. Ils sont trois
qui vous exècrent : le frère, qui vous croit son meurtrier, la
sœur qui vous croit infidèle et rénégat, et l'Anglais qui n'as-
pire qu'à vous supprimer pour pouvoir faire sa cour à votre
belle Héléna...

— En effet, dit le comte de Waldorf d'une voix sourde, je ne
m'explique pas du tout votre conduite, Mina Wolfang. Pourquoi venir me prévenir de ce que veulent faire mes ennemis,
vos amis ?...

Mina cligna des yeux, se recueillit un instant, puis, relevant ses paupières, le regard ardent, elle dit d'une voix
rauque :

— Parce que ces gens-là, qui croyaient que j'étais loin d'eux,
ont aussi décidé qu'après vous avoir supprimé, ils s'empare-
raient de mon fils pour s'en faire une arme contre Schwartz...

Le comte de Waldorf se leva d'un bond.

— Oui, rugit Mina, ils veulent aller en Suisse voler mon
fils, le torturer...

— Mon fils ! s'écria le comte de Waldorf livide, les poings
serrés.

Mina Wolfang éclata de rire.

— Tu as perdu, Wilhelm... donne un gage ! Tu viens de te
trahir. Tu n'es pas de force avec moi. Je t'avais bien dit
qu'avant la fin de l'entretien, je t'obligerais à avouer que tu
n'étais pas Ludovic Dortailles.

— Quoi ? interrogea Wilhelm, — car c'était bien lui, — il

n'est pas vrai que mes ennemis veulent s'emparer de notre fils ?...

Mina haussa les épaules.

— Il n'en a pas été question une minute. Ces gens-là ne s'occupent ni de toi, ni de notre enfant. Toute leur pensée est tournée vers Ludovic Dortailles, dont ils veulent tous se venger, et comme ils croient que c'est toi, naturellement c'est à toi qu'ils vont s'en prendre. Et à présent que te voilà averti, Wilhelm, faisons la paix.

» Si j'ai eu des torts envers toi, je t'en demande pardon, mais mon excuse est dans ton indifférence affectée pour notre enfant. A présent, je vois que tu aimes notre Karl autant que moi. Aussi je ne te demande plus rien pour moi. Le cri que tu as poussé, ton émoi, m'ont révélé le secret de ton cœur. Tu adores Karl... Je suis sans inquiétude pour son avenir. Je puis disparaître, oubliée et pauvre, mon fils sera heureux et riche.

Mina Wolfang s'approcha de Wilhelm qui, debout, les yeux égarés, la regardait, l'esprit ailleurs.

— Tu ne m'embrasses pas, Wilhelm ?

— Si ! dit l'Allemand.

Machinalement, il effleura de ses lèvres la joue de Mina qui, tendrement, lui rendit son baiser.

— Comme tu es froid, Wilhelm ! Tu m'en veux encore, je parie... Mais puisque je n'ai jamais aimé que toi, que mon amour pour ce Français n'était que du dépit, une comédie destinée à te ramener à moi...

— Ecoute, dit Wilhelm, il ne s'agit plus de cela. Laissons le passé tranquille et occupons-nous du présent.

— Il est simple, le présent, dit gaîment Mina, nous n'avons qu'à quitter tout de suite cet hôtel et à prendre le train demain matin à la première heure. Nous irons à Berlin... dans notre cher pays. Tu es riche .. tu es puissant... nous nous aimerons... Nous ferons venir notre fils auprès de nous, et nous rirons tous deux de la sotte figure de ces Français qui s'obstinent à chercher leur compatriote en train de mourir dans une cave de la prison de Spandau.

— Non, dit violemment Wilhelm, voilà ce qui te trompe. Il est libre !

— Hein ! quoi ? balbutia Mina, tu dis...

— Je dis que depuis dix jours environ, Ludovic Dortailles s'est évadé et que toutes les recherches pour s'emparer de lui ont été vaines. Tiens, vois cette lettre que je lisais lorsque tu es arrivée. Prends-en connaissance. Tu verras que ce présent qui te semble si souriant et si facile, est gros de menaces. Ludovic Dortailles est libre ! Le lion est déchaîné, malheur à nous !

Mina, d'un mouvement fébrile, avait pris la lettre. Au fur et à mesure qu'elle lisait, son visage se décomposait. Lorsqu'elle eut terminé :

— Heureusement ! murmura-t-elle que, sauf l'empereur, le gouverneur de Spandau et toi, tout le monde ignore cette évasion. Si les Malherbe avaient eu vent de cette nouvelle...

— Eh ! s'écria Wilhelm, je me moque bien de Malherbe et de sa sœur. Je suis de force à mettre tout seul cette bande à la raison. Mais c'est mon frère ! Eux ! qu'ils apprennent la chose... qu'ils découvrent que je ne suis pas Ludovic ! Et

après ? Ils ne peuvent pas m'assassiner ! C'est à mon frère
surtout, tu l'as avoué, qu'ils en veulent. C'est lui qui est leur
véritable ennemi, celui qu'ils croient assassin et rénégat. Moi,
je ne suis pour eux qu'un Allemand ! Je défends mon pays,
mon père, mon bien. Ils ont le cœur trop haut placé pour
m'en vouloir d'aimer mon pays. Mais c'est mon frère !

— Où peut-il être ? interrogea Mina anxieuse.

— Pas en France, assurément, dit Wilhelm. Sans cela, tu
l'aurais déjà vu chez sa fiancée. Dix jours qu'il a fui... Dix
jours ! Que fait-il ?...

— Il est peut-être resté en Allemagne, attendant l'occasion
favorable pour rentrer en France, se cachant.

— Un moment j'ai pensé comme toi. Mais je connais trop le
caractère entreprenant et aventureux de Ludovic Dortailles
pour croire qu'il ne va pas trouver un moyen de se procurer
de l'argent, des passeports. Oublies-tu qu'il parle l'allemand
comme sa langue maternelle ? Il a des amis à Berlin, partout !
Et puis, il lui était si facile de se faire passer pour moi ! N'oublions pas que bien des gens ignorent où je suis actuellement,
et que le prince de Schwartz se cache sous le nom de comte
de Waldorf, directeur du service d'espionnage en France.

— Enfin ! se récria Mina, s'il n'est pas en France... s'il n'est
pas en Allemagne... où peut-il être ?

Wilhelm s'empara de la main de Mina, qu'il serra à la briser.

— Et s'il était en Suisse ! fit-il d'une voix étranglée.

— En Suisse ? quelle folie ! pourquoi ?...

— Pour s'emparer de mon fils !

— Tu es fou !

— Non, Mina, ce que tu as dit tout à l'heure par manière de
plaisanterie et pour me faire découvrir me revient à l'esprit.
Ludovic Dortailles désire prendre sa revanche. Il ignore où
me trouver. En s'emparant de notre enfant, il est certain que
tôt ou tard nous nous mettrons à sa recherche, et qu'il nous
rencontrera.

Mina balbutia :

— C'est vrai que je lui ait dit, je crois, que notre enfant était
à Fribourg.

— Stupide créature ! s'emporta Wilhelm, je ne sais ce qui
me retient...

— Mais tu t'alarmes à tort, interrompit Mina, que veux-tu
qu'il fasse de notre enfant ? Cela le gênerait. Ludovic n'ira pas
à Fribourg. Il n'y songe même pas. Je te jure que son premier
souci sera de revoir Héléna. Il croit qu'elle l'aime toujours.

Wilhelm Schwartz secoua la tête.

— J'ai de sinistres pressentiments. Ludovic est libre et n'est
pas auprès de sa fiancée. Donc, mon frère s'occupe de moi, me
recherche, prépare des armes pour lutter avec avantage contre
moi.

— Au fait, dit Mina, qui perdait son assurance, puisque nous
n'attendons pas ici la bande Malherbe et que nous ne voulons
pas encore qu'ils sachent que tu n'es pas Ludovic, profitons de
ce départ pour aller faire un tour en Suisse, à Fribourg...

— Oui, dit Wilhelm rêveur, il faut faire cela. Mais si par
hasard ils retrouvaient nos traces ?...

— Impossible, dit Mina ; tu te déguiseras, et moi je m'habil-
lerai en homme. Malherbe est, dit-on, un policier très habile,

mais je le défie de supposer que les deux hommes dont on pourra lui donner le signalement, c'est toi et moi.

— Tu as raison. Nous allons nous préparer. Demain nous serons à Fribourg. Nous retirerons notre enfant de chez ses parents nourriciers. Tu le prendras avec toi. Vous irez tous deux vous réfugier en Autriche, vous cacher dans un pays perdu. Moi je tiendrai tête à Ludovic, et dussé-je le faire assassiner, je te jure que j'en viendrai à bout et ne tarderai pas à te rejoindre.

Wilhelm et Mina commençaient à se rassurer.

— Allons nous préparer, dit Wilhelm, faire notre valise. Je donnerai des ordres en conséquence.

— Oui, dit Mina, et en même temps tu chargeras ton concierge de remettre à Mlle Malherbe la lettre que je vais lui écrire et dont tu prendras connaissance.

. . . .

Il était à peine neuf heures du matin lorsqu'une auto stoppa dans la rue de Lille, devant l'hôtel du comte de Waldorf. Deux hommes et une femme descendirent de voiture.

Les deux hommes avaient l'air résolu. On lisait dans leurs regards une énergie farouche.

La femme était un peu pâle. C'était Héléna Malherbe, accompagnée de son frère et de lord Falkland.

Le portier de l'hôtel, aux questions d'Henri, répondit poliment que M. le comte de Waldorf était parti au milieu de la nuit sans dire le lieu de sa destination. Il était accompagné d'une jeune et jolie femme qui avait laissé un mot pour une demoiselle Malherbe.

— C'est moi, dit Héléna, s'avançant vivement.

— Voici la lettre, mademoiselle...

— Et vous êtes sûr que ce M. de Waldorf est réellement parti ? insista Henri.

— Oh ! certes, monsieur ! C'est moi-même qui ai ouvert la portière de la voiture.

— Quelle adresse a-t-il donnée au chauffeur ? Quelle indication de gare ?

— Mais, monsieur, je ne sais...

— Voici cent francs pour vous, dit précipitamment lord Falkland, dites la gare tout de suite. Choisissez. Cent francs, ou je boxe.

— Gare de l'Est ! s'écria le concierge, happant le billet au vol et battant en retraite vers sa loge.

— Le misérable ! gronda Henri. Il s'est hâté de fuir dans son nouveau pays, de se mettre à l'abri de notre colère. C'est cette Mina Wolfang qui l'a prévenu, parbleu ! Tu vois, Héléna, que mes soupçons étaient justes et que... Mais qu'as-tu ?

— Rien, rien ! balbutia Héléna qui chancelait. Lis.

Elle donna à Henri la lettre qu'elle venait de lire.

Empressé, le jeune lord aidait Héléna à remonter en voiture.

Les deux hommes prirent place sur la banquette du fond.

— Rue Thérèse, d'où vous venez, ordonna l'Anglais.

— Les bandits ! s'écria Henri hors de lui. Ecoutez, mon cher ami, ce qu'ose écrire à ma sœur la complice de ce misérable traître.

Il lut tout haut :

« Ma chère Héléna,

» Je suis désolée de vous enlever Ludovic, que je croyais
haïr. Mais je viens de m'apercevoir que je l'aime. Et lui aussi
m'aime, il n'a jamais aimé que moi. Il vient de me le jurer, et
nous allons nous marier. Comme il est Allemand de cœur et de
nom, il préfère épouser une Allemande. Ce sentiment est trop
naturel pour que vous puissiez le blâmer...

» Et en somme, vous auriez tort de continuer à lui en vouloir d'avoir servi l'Allemagne contre la France... Vous servez
bien la France contre l'Allemagne, votre frère et vous. Chacun
doit défendre son pays.

» Si vous passez par Berlin, nous serons heureux de vous
voir...

» Votre ami dévouée,

> Mina Wolfang,

» *Bientôt Mina Dortailles, comtesse de*
Waldorf et princesse de Schwartz. »

— Oh ! s'indigna l'Anglais, quelle vilaine créature que cette
femme, n'est-ce pas, miss Héléna ? Quelle abominable personne !...

— Oui, dit Héléna d'une voix faible comme un souffle. Mais
lui !... quel homme odieux... Oh ! le lâche !... le lâche... l'infâme...

Lorsque la voiture s'arrêta devant la rue Thérèse, Henri et
l'Anglais durent emporter Héléna évanouie.

Elle ne revint à elle que pour être en proie à une fièvre violente. Et toujours sur ses lèvres, dans son délire, revenaient
ces mots :

— Ludovic ! le lâche... l'infâme...

CHAPITRE VI

Court, mais nécessaire.

Pendant que ces événements se déroulaient à Paris, notre
ami Cocorico, contre qui se liguaient toutes les haines, se
présentait chez lady Frankey en compagnie de son fidèle
Prosper.

Car c'était bien lui qui s'était fait annoncer sous le nom de
Schwartz, homme que la cameriste avait estropié comme elle
avait défiguré le nom de Godillot.

Comment et par quel hasard Ludovic Dortailles se trouvait à
Fribourg, loin de la citadelle de Spandau, où il devait rester
jusqu'au moment où il serait passé par les armes, c'est ce que
nous allons apprendre à nos lecteurs.

On se rappelle que grâce à l'ingéniosité d'un de ses geôliers,
l'infortuné Ludovic, jusqu'alors maître de la situation, avait
laissé échapper son secret et, surpris par le chant du coq, avait
jeté un joyeux : « Me voilà ! » en répondant au triomphant
cocorico du volatile.

La feinte n'était plus possible. Ludovic s'était trahi. Il lui
était désormais impossible de jouer le rôle de Schwartz et de
jeter le trouble dans l'esprit de ses juges.

Ayant perdu la partie, galamment il était résolu à payer. L'enjeu, c'était sa vie. Il la livra à ses bourreaux et fut condamné à être fusillé.

Par excès de cruauté ou peut-être par générosité, on lui laissa ignorer la date de son exécution. Et qu'on ne s'étonne pas de cette sévérité à l'égard de Ludovic. Si la prison à temps ou à perpétuité est le châtiment réservé aux espions, la peine de mort est infligée pour crime de lèse-majesté.

Or, Ludovic Dortailles avait porté la main sur Sa Majesté, avait emprisonné l'empereur, l'avait menacé de mort, et l'accusation déclarait que seule l'arrivée du loyal prince de Schwartz avait empêché ce scélérat d'accomplir son épouvantable dessein.

Le jugement avait eu lieu dans le plus grand secret dans la forteresse de Spandau. Défense expresse avait été faite aux journaux de parler de l'affaire.

Ludovic Dortailles avait dédaigné de se défendre, de disputer sa vie à ses juges.

— A quoi bon ces interrogatoires et toutes ces vaines formalités ? avait-il déclaré gaîment. Je me reconnais coupable de tous les crimes dont on m'accuse. Mon plus grand tort est de n'avoir pas réussi. Peut-être, si je n'avais pas échoué, toute votre Allemagne serait-elle bouleversée à l'heure présente, transformée en jeune République, et peut-être me porterait-on en triomphe, car ma réussite supprimait les éternelles querelles entre mon pays et le vôtre, donnait la paix au monde, et les peuples, au lieu de s'égorger, renonçaient à leurs absurdes armements, fraternisaient, se liaient d'amitié, permettant au commerce, à l'industrie, à la culture de se développer librement pour le plus grand bien-être de l'humanité.

» Je suis venu trop tôt sans doute. L'heure n'est pas encore arrivée où régnera la paix universelle et où les nations ne seront plus à la merci du caprice d'un seul homme. Je vois que vous vous indignez et que vous allez me retirer la parole. Je me tais donc. Mais ne m'interrogez plus... je ne répondrai pas... J'ai avoué. Je n'ai que ma vie à vous donner, prenez-la, et qu'il n'en soit plus question. Sur ce, messieurs : Vive la France ! »

On comprend que de telles paroles n'étaient pas faites pour améliorer le sort du prisonnier. Son refus de répondre aggrava — si cela est possible — son cas.

Le défenseur de pure forme qu'on lui avait donné perdit la tête, et renonçant à son plaidoyer, se trompa de phrase, recommanda le prisonnier à toute la sévérité du tribunal.

Ceci fit sourire Ludovic. Ce sourire exaspéra le président, qui se substitua à l'accusateur impérial de sa propre autorité, requit la mort contre cet effronté coquin.

Le calme du prisonnier ne se démentit pas une seule fois pendant toute la durée de son jugement. Il semblait être là comme un spectateur.

Lorsqu'on rapporta avec indignation à l'empereur l'indécente tenue de Ludovic, Guillaume ne put s'empêcher de murmurer :

— Il est dommage qu'on soit obligé de le fusiller... Ce Français est vraiment un homme !

Parole qui combla de stupeur les conseillers d'empire et le

général Lautenberg qui, on ne sait pourquoi, avait présidé les débats de cette extraordinaire assemblée de juges, où conseillers, policiers et militaires étaient réunis.

Donc, Dortailles fut enfermé dans son cachot et attendit patiemment que sonnât l'heure de sa délivrance, c'est-à-dire de sa mort.

Par ordre de l'empereur, on épargna au prisonnier le travail quotidien, les corvées et toutes les vexations auxquelles les geôliers soumettent les prisonniers convaincus d'espionnage.

Même un pasteur protestant se hasarda à plusieurs reprises à venir offrir au condamné les secours de la religion. Ludovic le reçut fort courtoisement chaque fois, s'entretint avec lui de choses banales, mais se refusa à écouter les avis du digne ministre. Il finit, agacé par son insistance, par lui dire :

— Mon révérend, je suis un enfant abandonné. J'ai été élevé par un vieux curé de village qui était le modèle des hommes et par un vieux docteur athée qui était dans son genre un saint homme. A leur contact, j'ai compris qu'il y avait de braves gens partout, chez ceux qui croient et chez les autres. J'ai été baptisé et je suis catholique.

» Pourquoi je ne suis pas pratiquant ? je n'en sais rien. Sans doute parce que ma vie a été tellement occupée par le souci de gagner ma vie, que je n'ai pas eu le temps de faire de longues stations dans les églises. Je dois convenir que cela ne m'a pas empêché d'être honnête et de toujours rendre service quand je l'ai pu, ne me préoccupant pas de la religion et des croyances des gens avec lesquels j'étais en rapports. M'étant passé de religion pendant ma vie, pourquoi voulez-vous qu'au moment de mourir je me soumette à une religion, à un dogme qui ne sont pas les miens ?

» Croyez-vous que je n'irai pas au ciel parce que je n'aurai pas lu votre Bible ? Et puis, qu'est-ce qui me prouve que le protestantisme est meilleur que le catholicisme ou les doctrines de Confucius ? Remportez vos homélies et vos Bibles, mon cher pasteur, et ne vous occupez plus de mon âme. Elle deviendra ce qu'elle pourra.

» Dieu, Jéhovah, Mahomet, l'Eternel, le Grand Architecte de l'univers, quel que soit le nom qu'il vous plaira de lui donner, connaît le fond de mon cœur, et certainement il fera au ciel une toute petite place à ce brave Cocorico, qui n'a qu'un regret en mourant, c'est de n'avoir pu se rendre utile à sa chère France. Et là-dessus, bonsoir. Si vous revenez, parlez-moi du temps, du théâtre, de votre fiancée, ou ne revenez plus.

Le pasteur ne revint plus.

Personne ne vint troubler les douloureuses méditations de Cocorico, qui, malgré lui, subit la déprimante influence de la solitude à mesure que s'écoulaient les jours.

Loin des geôliers, dans sa prison fermée à tous les regards, Ludovic commença à désirer la mort. Il n'avait pas essayé de fuir. Il sentait trop que c'était impossible.

Il souhaitait mourir pour que ses amis n'aient pas l'idée de tenter quelque chose pour sa délivrance. Il craignait de leur part une tentative désespérée. Prosper et Militch n'étaient pas hommes à l'abandonner, s'ils étaient libres.

Et Héléna ! Ah ! le charmant et cruel souvenir ! Jour et nuit, la pensée d'Héléna assiégeait Ludovic, le désespérait, lui arrachait des larmes de douleur et de regret. Il y pensait sans cesse.

Enfin, un matin de très bonne heure, Ludovic fut réveillé en sursaut. Un geôlier parut. Il tenait à la main une lanterne. Il ne faisait pas encore jour.

— Levez-vous, dit-il, et venez.

— C'est pour aujourd'hui ? demanda Ludovic.

— Oui.

— Derrière la porte entre-bâillée, Ludovic vit les canons des fusils, entendit des chuchotements. Il se leva en hâte, s'habilla. Devant la mort, il retrouvait son énergie.

— Je suis prêt ! dit-il.

— Vous ne désirez rien ? demanda le gardien chef, étonné par ce calme. Un verre de schnick... Ça vous réchaufferait... Il y a du brouillard...

— Allons donc, riposta Cocorico, c'est bon pour vous autres Allemands de vous donner du cœur au ventre avec de la boisson. En France, nous n'avons pas besoin de réconfortant pour aller à la mort. Nous allons au-devant d'elle, comme nous irions au-devant d'une belle fille, le regard brillant et le sourire aux lèvres.

Il passa devant le bonhomme interdit, poussa la porte.

Une dizaine de soldats étaient rangés dans le couloir, l'arme au pied. Devant eux, deux sergents qui écoutaient les recommandations d'un officier.

— Messieurs, dit Ludovic le chapeau à la main, je vous salue.

— Silence ! dit l'officier bourru, on ne parle pas sous les armes.

— Vous voulez dire devant les armes, rectifia Ludovic. Je n'y suis pas encore, lieutenant.

— Silence, donc ! *Der Teuffel !* maudit fanfaron de Français !

Ludovic mit son chapeau, haussa les épaules.

— En France, dit-il, devant les condamnés à mort, on se découvre, on ne les insulte pas.

Les deux sergents, sur un signe de l'officier, rouge de colère, le prirent chacun par un bras.

Cocorico remarqua qu'ils n'avaient pas de fusil. Ils portaient un revolver d'ordonnance en bandoulière.

— C'est pour le coup de grâce ! songea l'intrépide Ludovic. Ils ont bien peur que je survive au feu de peloton. Il est certain qu'une fois que j'aurai dix balles dans le corps et que chacun des deux sergents m'aura logé dix autres balles dans la tête, il y a des chances pour que je ne me relève pas pour faire des farces à Sa Majesté.

Les sergents l'entraînaient.

Le gardien chef et un autre geôlier marchaient en tête du cortège. Puis venaient le lieutenant, puis cinq soldats. Derrière ces cinq soldats, Cocorico était encore encadré par les deux sergents. Cinq soldats fermaient la marche.

— Bigre ! murmura Ludovic, ça se passe sans cérémonie... en famille... On va me fusiller à la papa... sans me lire la sentence, sans défilé de régiment devant mon cadavre. C'est gentil tout plein...

— Taisez-vous donc, lui souffla un sergent, le herr lieutenant va vous faire mettre un bâillon.

Ludovic se tut.

La petite escorte ayant descendu plusieurs escaliers, s'arrêta dans une grande pièce. Il y avait là un homme vêtu de noir assisté de deux personnages. Il baragouina quelques phrases, parmi lesquelles Ludovic crut comprendre que la justice civile le remettait à la justice militaire, qui devait lui appliquer la rigueur des lois.

Le lieutenant alla signer un registre. L'homme noir signa aussi avec ses deux acolytes. Et un gradé imposant apparut, les yeux gros de sommeil, traînant son sabre.

On présenta les armes.

C'était le gouverneur de la citadelle de Spandau. Il jeta un regard morne sur le prisonnier qu'on lui enlevait, serra la main de l'homme noir, fit remarquer au guichetier et à son aide que, puisqu'il faisait jour, il était inutile de laisser les lanternes allumées.

On obliqua à droite. Un grand champ était là, s'étendant à perte de vue. Pas une âme.

Au lieutenant, toujours au garde-à-vous, il dit en bâillant :

— Vous pouvez disposer ! Expédiez-moi cette canaille !

Ludovic se retourna vivement, disposé à gifler son lâche insulteur. Les deux sergents le retinrent.

— Après tout, dit-il tout haut, à quoi bon corriger ce goujat !

On l'entraîna vivement dans la cour. Il y eut un échange de consignes, de mots d'ordre entre le lieutenant et le chef de poste. La porte s'ouvrit. La sentinelle présenta les armes. Quelques soldats sortirent du poste, vinrent curieusement voir le prisonnier. On était dehors...

— Pourquoi donc, se demanda Ludovic, ne me fusille-t-on pas dans la cour de la citadelle ?

Le cortège passa sur un pont, traversa la Sprée. Il n'y avait personne dans la rue. Le jour se levait, pâle et blafard.

Au pas accéléré, les soldats et leur prisonnier traversèrent la ville.

Devant la grande porte de Spandau, il y avait une charrette attelée d'un cheval noir. Sur cette charrette, il y avait un cercueil. L'officier se retourna.

— C'est pour toi, ça, chien, dit-il.

Ludovic ne répondit pas. Il avait légèrement pâli.

La charrette prit sa place derrière le cortège. On était hors de la ville.

— On va me fusiller en pleins champs ! pensa le malheureux, j'aime mieux cela.

La funèbre escorte marchait sur la grande route qui va vers Berlin. Cela dura une heure environ.

On plaça Ludovic au milieu du champ.

— Liez-lui les mains ! ordonna l'officier.

Ludovic repoussa les sergents, furieux.

— Je ne veux pas qu'on me lie, dit-il. C'est assez d'outrages comme cela. Je ne veux pas être lié ni avoir les yeux bandés.

Les sergents, bousculés, se jetèrent sur lui ; l'officier s'avança, le poing levé.

Rassemblant toutes ses forces, Ludovic se débarrassa des sergents, évita le coup de poing dans la figure que lui portait l'officier, volta, lui décocha un terrible coup de pied dans le ventre, l'étendit à terre.

Les deux sergents crurent devoir se porter au secours de l'officier, qui hurlait ; tandis que les soldats, respectueux de la discipline, restaient abrutis, l'arme au pied, n'osant bouger.

De grands cris retentirent. Un officier supérieur arrivait au galop de son cheval. Il arrivait pour voir si l'exécution avait eu lieu.

Les deux sergents, précipitamment, allèrent se placer à côté de leurs hommes.

L'officier fit un effort pour se relever.

Ludovic, les bras croisés, attendait.

Au même instant, un coup de feu retentit. Le cheval, frappé à la tête, s'abattit.

— Vite ! cria une voix, en voiture, m'sieu Cocorico.

Le conducteur de la charrette, restée au bord du chemin, n'était autre que le fidèle Prosper.

Ludovic poussa un cri de joie, s'élança, sauta dans la charrette.

— Feu ! feu ! crièrent les sergents affolés.

Et au hasard ils déchargèrent leurs revolvers.

Les soldats, ahuris, n'ayant pas le temps de viser, épaulèrent, tirèrent.

Ludovic était enlevé.

Le cheval, fouetté à tour de bras, s'emportait. Les balles sifflaient autour des fugitifs, abrités dans le fond de la voiture. Aucune ne les atteignit.

Prosper fouettait toujours. Ce fut deux heures de course folle. Le cheval, épuisé, s'abattit...

— Au cercueil ! dit Prosper. Y a des vêtements de rechange... Vivement, déguisons-nous en bourgeois et barbons-nous. (Se barber voulait dire se coller une barbe.)

En dix minutes, les deux hommes se rendirent méconnaissables. Et alors ils firent cette chose inouïe, absurde, extravagante, d'une audace folle...

Ils revinrent sur leurs pas, rentrèrent à Spandau. Et cela réussit.

On chercha partout les fugitifs, sauf à Spandau, naturellement... Ils y restèrent trois jours, ne se cachant nullement, déguisés en braves commerçants venus pour affaires, logés à l'hôtel, fréquentant les brasseries.

Puis ils se décidèrent enfin à s'en aller. Mais, prudents, ils se gardèrent de se rendre directement en France. Ils allaient en Suisse.

C'est justement cette pensée qu'ils allaient en Suisse qui suggéra à Ludovic l'idée de s'emparer du fils de Mina et de Schwartz.

— J'ignore ce qu'est devenue Héléna, dit-il à Prosper. Cet enfant me servira d'otage, m'assurera des bonnes intentions de ce misérable Schwartz.

On sait la suite. S'ils avaient mis aussi longtemps à gagner Fribourg, c'est par excès de prudence et à cause des policiers que l'on avait lancés dans toutes les directions.

Comment Prosper était-il parvenu à se substituer au conducteur de la charrette funèbre ? En le grisant, tout simplement.

S'étant échappé de l'hôtel où on le gardait à vue avec Militch, tandis que le Bulgare se rendait en France pour veiller sur les jours de Wanda, Prosper, lui, se tenait à Berlin quelques jours, se cachait chez un brave commerçant français ; puis, un peu rassuré, se décidait à montrer son nez.

Voyant qu'on ne s'occupait plus de lui, il allait à Spandau et se plaçait dans une manufacture de draps. Il se donnait pour Italien et se liait peu à peu avec les ouvriers allemands, perfectionnait son langage, attendait les événements.

La chance lui fit faire connaissance d'un croque-mort qui s'adonnait à la boisson. Prosper cultiva ce bonhomme. Et bien lui en prit.

C'est par lui qu'il sut, sous le sceau du secret, que Ludovic allait être fusillé ce jour-là.

Se substituer à lui après l'avoir grisé ne fut pas difficile. Son plan était déjà fait.

Le brave garçon, qui avait dissimulé un fusil sous le cercueil rempli de vêtements, comptait tirer sur l'officier avant qu'il ne commandât le feu ; puis sur les sergents, et Ludovic, à la faveur du désordre, aurait gagné la charrette.

Le geste du lieutenant n'avait pas permis à Prosper de tirer. Il craignait de blesser Ludovic. Il s'était rattrapé en faisant feu sur le cheval du major, qui avait entraîné son cavalier dans sa chute. Le major s'était cassé la jambe et avait perdu connaissance.

Le reste du programme avait été exécuté à peu près comme le voulait ce brave Prosper.

Point n'est besoin de dire combien Ludovic remercia son sauveur et quelle reconnaissance il lui voua. Aux effusions de Cocorico, Prosper, gouailleur, se contenta de répondre :

— Vous voyez bien que j'avais raison de vouloir vous accompagner quand même dans les Balkans. Et vous qui ne vouliez pas, m'sieu Cocorico ! Ça vous arrive pas souvent, mais faut convenir que cette fois-là vous n'aviez pas beaucoup de flair...

CHAPITRE VII

Les droits du père.

Dès que Louise Frankey eut dit à sa femme de chambre de faire entrer les deux visiteurs qui venaient lui réclamer le petit Karl, elle recouvra ses esprits.

Une résolution immuable lui venait de ne se séparer de ce petit être, qui avait si bien réussi à faire vibrer en elle la fibre maternelle, qu'à la condition d'avoir toutes les garanties nécessaires pour qu'il fût heureux.

Certes, le père avait des droits imprescriptibles en venant réclamer son enfant ; la loi était pour lui et lui donnait pleins pouvoirs pour le retirer de cette maison où on l'avait entouré de soins et de tendresses.

Mais il y avait aussi, à côté de ces droits légaux, les droits du cœur, de ce cœur fait de dévouement et d'affection, que l'on ne pouvait ainsi fouler aux pieds.

Il y avait les droits de la reconnaissance : n'avait-elle pas recueilli cet enfant, et si son père pouvait, à l'heure actuelle, le retrouver charmant, gracieux et en parfait état de santé, n'était-ce pas grâce à ses soins ?

Non, il faudrait aussi compter avec elle, et on ne lui arracherait pas de la sorte, pour toujours et sans la perspective de le revoir et de pouvoir l'aimer encore, la créature qu'elle s'était habituée à considérer comme son véritable enfant.

Les deux étrangers avaient été introduits.

La première impression qu'ils produisirent sur Louise fut assez favorable à leur égard.

Ludovic, avec sa physionomie calme et de franche apparence, s'était incliné respectueusement devant la propriétaire de la villa du Souvenir.

Il s'était fait raconter son histoire et ne pouvait qu'éprouver une réelle admiration pour le noble dévouement de cette excellente femme, qui ne cachait pas ses vibrantes sympathies pour la France, sa patrie.

Il savait de combien de bienfaits on était redevable à celle que son titre de *la Bonne Française* entourait comme d'une auréole.

Aussi éprouvait-il une vive répugnance à jouer cette fois le rôle qu'il s'était donné, nécessaire cependant à l'accomplissement de ses projets.

« Jamais, pensait-il, jamais je n'ai ressenti autant de dégoût à prendre la peau de cet ignoble Wilhelm Schwartz que le diable emporte ! Et cela devant une compatriote à que je voudrais crier mon sincère emballement pour sa conduite généreuse et pour les sentiments qu'elle professe comme moi à l'égard de notre cher pays. Quelle rancœur ! Mais il le faut. Il n'y a pas à reculer. »

De son côté, Prosper dévorait des yeux la vieille dame, comme s'il eût eu devant lui le drapeau.

« C'est à genoux qu'on devrait lui parler, à cette femme-là ! pensait-il. Et dire que nous sommes obligés de lui faire une canaillerie. Ah ! si je n'étais pas si dévoué au patron, et si je savais pas que tout ce que fait Cocorico c'est pour le bien de la cause, ce que je me tirerais des pattes et le planterais là avec plaisir ! »

Lady Frankey, la *Bonne Française*, rendit leur salut aux deux hommes avec la même courtoisie, et les invita à s'asseoir.

— J'ai été prévenue de votre visite, messieurs, dit-elle d'une voix légèrement tremblante, par M. le secrétaire du bourgmestre de notre ville. Je connais le but de votre démarche auprès de moi, et quoique la trouvant toute naturelle, je ne vous cacherai pas qu'elle détruit cependant toutes mes espérances.

» Je me suis attachée à votre enfant absolument comme s'il eût été le mien propre, et ma peine et ma douleur seront bien grandes de me séparer de lui. Etes-vous donc si pressé de me le retirer, et ne pourriez-vous, tout en vous occupant de lui comme il vous sied, puisque vous êtes le père, le laisser cependant en garde à mes soins ? Son éducation, soyez-en certain, n'aurait à souffrir d'aucune sorte, et, puisqu'il n'a plus de mère, il continuerait à trouver près de moi tout ce qui pourrait la lui remplacer.

Ludovic, un peu embarrassé et légèrement ému, prit quelques secondes pour répondre. Il se rappela enfin qu'il devait piétiner toute question de sentiment et articula d'une voix qu'il s'efforça de rendre sèche et brève :

— Impossible, madame... Impossible ! Comme on a dû vous

le dire, et sachant vous-même mon nom, cet enfant, mon fils, est appelé à des destinées toutes différentes. Tout en vous rendant justice et vous sachant gré de tout ce que vous avez fait pour lui, il ne saurait me convenir de le savoir loin de moi. Il entre dans mes intentions de le voir se développer sous mes yeux et de le quitter le moins possible. Vous voyez donc que je ne puis, à mon grand regret, satisfaire au premier désir que vous venez de m'exprimer.

En entendant cette parole péremptoire, Louise Frankey pâlit. La voix vibrante, mais autoritaire et presque agressive de son interlocuteur l'avait fait tressaillir. Elle éprouvait une étrange surprise à constater la différence d'impressions qu'elle venait d'éprouver pour cet homme ; d'abord, au premier aspect ; ensuite, en l'entendant parler.

— Monsieur, répondit-elle d'une voix étranglée par l'émotion, vous vous exprimez avec l'autorité que vous donne la loi et vous revendiquez des droits que vous avez sur un enfant que, permettez-moi de vous le dire, vous avez à peine dévisagé depuis que nous causons.

Elle se tourna vers le petit Karl qui, depuis le commencement de la conversation, s'était réfugié près d'elle, et observait avec curiosité les deux inconnus.

L'enfant paraissait peu disposé à faire un excellent accueil à ceux qui venaient le ravir à sa chère marraine.

La physionomie cordiale du journaliste parisien n'était pas cependant pour déplaire au bambin. Et de plus, la mine un peu réjouie de Prosper l'amusait.

Lady Frankey poussa doucement le petit Karl vers Ludovic.

— Va, dit-elle, va, mon chéri, embrasser ton père !...

L'enfant se dirigea, les bras ouverts, vers celui qu'on lui désignait.

— Monsieur, mon père, balbutia-t-il, je veux bien vous embrasser ; mais vous ne serez pas vilain avec ma bonne marraine que j'aime tant. Vous ne lui ferez pas du chagrin. Je veux bien aller avec vous si vous l'emmenez aussi, mais je ne veux pas ne plus jamais la revoir.

Ludovic considéra l'enfant avec un sourire.

Le petit Karl offrait une très réeelle ressemblance avec sa mère. Blond et délicat, il avait les yeux de Mina Wolfang et rappelait peu son père.

Se laissant aller à son impulsion naturelle, Cocorico prit celui qui, en réalité, était son neveu, sur les genoux. Pauvre petit ! Etait-il responsable de toutes les tares de sa famille ?

— Mon petit bonhomme, fit-il d'un ton moitié ferme, moitié railleur, ce que tu proposes là n'est pas réalisable. Il ne suffit pas de dire : « Je veux ! » et : « Je ne veux pas ! », ce qui dénote que nous avons de la volonté et que nous tenons de la race, pour que tout ce que l'on désire puisse s'accomplir.

Alors, il embrassa doucement le garçonnet et lui caressa légèrement les joues, sans cesser de le considérer d'un regard pénétrant et quelque peu embarrassé, car cette dissimulation lui pesait beaucoup.

Louise Frankey avait suivi toute cette scène avec une grande attention. L'attitude de Ludovic l'avait profondément surprise.

En admettant de la part du père de Karl très peu d'effusion pour son enfant, il était au moins étrange de constater non de la froideur, mais une si parfaite indifférence, et même une gêne très manifeste lorsqu'il lui avait parlé. Un doute traversa sa pensée. Si cet homme-là n'était pas le père de Karl ? Ces deux étrangers, qui s'étaient fait connaître au secrétaire du bourgmestre, étaient-ils bien les mêmes que ceux qu'on lui avait annoncés ?

Elle reprit par la main le petit Karl, qui, tout boudeur et le cœur gros, lui était revenu.

— Monsieur, dit-elle à Ludovic, vous êtes Allemand, m'a-t-on dit, et votre compagnon est Français ?

— Oui, madame, fit Ludovic, qui finissait par trouver que tous ces préliminaires devenaient un peu longs. On a dû vous prévenir de tout cela et vous faire connaître nos personnalités en vous annonçant notre visite.

— Vous m'excuserez, reprit Louise ; mais vous comprendrez facilement qu'il me soit nécessaire, avant de vous confier cet enfant, d'avoir sur votre compte de plus amples renseignements que ceux, assez vagues, que l'on a pu me fournir jusqu'à présent.

— Par exemple ! N'avons-nous pas donné toutes les pièces nécessaires pour faire valoir notre demande et au besoin notre revendication ?

— Cela est possible, mais il n'en est pas moins évident que, jusqu'à la visite au cours de laquelle M. Schop est venu m'avertir de votre venue, vos noms m'étaient parfaitement inconnus. Il doit vous paraître tout naturel, il me semble, que je vous adresse quelques questions. Par exemple, il me serait absolument nécessaire de savoir au moins par quelles suites de circonstances vous avez pu apprendre que votre fils était chez moi.

— Soit, madame, il est facile de vous contenter. L'enfant n'était-il pas en pension chez des fermiers d'origine allemande, les nommés Bruger ? Lors de l'incendie qui dévora leur ferme, le mari et la femme trouvèrent la mort. L'enfant fut sauvé et recueilli par vous.

— Cela est exact, et comme toutes les pièces nécessaires pour faire reconnaître l'identité de votre enfant avaient été brûlées, il fut impossible de vous aviser de tout ce qui s'était passé. Le petit Karl, d'ailleurs, il faut bien le dire, ne se souvenait que très vaguement de vous. Seuls, les traits de sa mère étaient restés présents dans son souvenir. Or, sa mère n'existe plus, m'a-t-on dit.

— En effet, madame. Mais moi, je suis encore de ce monde, et je viens vous réclamer mon fils. C'est précisément pour cela que j'ai entrepris avec mon secrétaire ce voyage. Nous sommes descendus à l'hôtel de la Cigogne et avons eu tous les détails des faits accomplis par le fermier Klauss Bruger, qui nous a mis au courant. De là notre démarche au bourgmestre et notre visite chez vous. J'espère, madame, que vous voilà satisfaite et que votre petite enquête est maintenant close.

Ludovic avait débité un peu nerveusement les faits qu'il venait de citer. Il était visible que cette scène l'agaçait et qu'il aspirait à la voir se terminer au plus tôt.

De son côté, Prosper, très décontenancé, se contentait d'approuver son maître par de vagues hochements de la tête à chacune de ses paroles.

Loin d'avoir convaincu la vieille dame, tous ces renseignements, débités à la hâte, n'avaient contribué qu'à accroître ses soupçons.

De plus, il lui venait même, relativement à la nationalité de celui qui se disait le père de Karl, une très certaine défiance. Sa façon de s'exprimer n'était pas celle d'un Allemand.

— Tous les détails que vous m'avez donnés sont rigoureusement exacts, en effet, répondit-elle. Vous n'avez omis qu'un point assez capital et que tout Allemand, formaliste par principes, aurait commencé par me fournir. Je n'ai eu, en effet, que de très vagues renseignements sur la famille de celui que vous voulez emmener. Et je vous déclare que je ne vous le confierai que si vous voulez bien me fournir des pièces nécessaires qui puissent confirmer toutes vos prétentions.

Ceci avait été dit d'un ton ferme et décidé qui acheva d'impatienter le journaliste.

— Finissons, madame, fit-il en se levant, exemple qui fut suivi par Prosper, car cet entretien menacerait de durer plus longtemps qu'il ne convient. L'enfant que je viens réclamer, mon fils enfin, est de famille princière ; je croyais que vous le saviez et qu'on vous en avait avisée. C'est ce qui vous explique que je ne veuille ni ne puisse le laisser ici. Il convient qu'il soit élevé en mon château et sur mes terres, et qu'il s'inspire de toutes les traditions que sa maison lui léguera.

» Du reste, à défaut de mon titre, mon nom, que l'on a peut-être dénaturé en vous l'annonçant, aurait dû suffire pour vous fournir toutes les explications nécessaires à ce sujet. Je me nomme le prince Wilhelm de Schwartz. Et quant aux pièces officielles, il vous suffira de vous adresser au bourgmestre de Fribourg pour reconnaître...

Il n'acheva pas.

En entendant prononcer le nom de prince de Schwartz, lady Frankey avait eu un brusque mouvement de recul. Elle était devenue livide. Elle chancelait. Le petit Karl s'était cramponné à elle...

— Vous ?... s'écria-t-elle. Vous ? le prince de Schwartz... Ce nom maudit !...

Et, brusquement, portant sur sa poitrine une main crispée elle s'abattit en son fauteuil et s'évanouit

L'enfant se mit à éclater en sanglots.

— Qu'a-t-elle donc ? s'écria Prosper, qui s'était élancé pour lui prodiguer des soins.

— C'est étrange, en effet, dit Ludovic, très étonné de l'effet qu'il avait produit à l'énoncé de ce nom qui n'était pas le sien. Décidément, cette famille des Schwartz n'a dû laisser partout que d'affreux souvenirs et semer le malheur sur son passage. N'importe, profitons de cet évanouissement.

— Nous allons donc la laisser ainsi ?

Ludovic s'approcha de Louise Frankey.

— Tant pis ! Il le faut, dit-il, le temps est maintenant trop précieux, et d'ailleurs c'est le meilleur moyen pour couper court à l'opposition que nous trouvons ici.

Se tournant vers le petit Karl :

— Viens, petit, fit-il en lui prenant la main Nous allons faire soigner ta marraine.

Mais l'enfant se serrait étroitement à celle qui lui avait servi de mère. Il se débattait et refusait de venir. Ludovic, décidé, l'arracha cependant du fauteuil qu'il tenait embrassé et l'emprisonna dans ses bras.

Au seuil de la porte, il se heurta à la femme de chambre qui venait, attirée par le bruit.

— Votre maîtresse, dit-il, qui doit se séparer de cet enfant, vient d'avoir une crise de larmes provoquée par cette séparation pénible et que je regrette. Je la confie à vos soins, car il nous faut partir de suite.

Alors, sans s'arrêter aux protestations de la domestique, toujours chargé de son fardeau, il s'engagea dans l'escalier, suivi de Prosper, et cherchant à étouffer les cris de l'enfant. Ils arrivèrent dans la rue, sautèrent dans la voiture qui les attendait, et se firent conduire à la gare à fond de train.

L'express pour Paris venait justement d'arriver. Ils le prirent aussitôt.

Le plan de Ludovic avait pleinement réussi. Il tenait en ses mains l'enfant de Schwartz et de Mina. Il faudrait plus que jamais, compter avec lui, maintenant !

CHAPITRE VIII

Promenade sentimentale.

Deux jours après les événements que nous venons de raconter, deux promeneurs erraient auprès des ruines de la maison Klauss Bruger.

De ces deux personnages, l'un présentait des traits délicats, couronnés d'une chevelure blonde, laquelle se perdait sous une casquette de touriste. Son vêtement était dissimulé sous un cache-poussière très ample et qui cachait les formes.

L'autre, vêtu d'un costume de chasseur excursionniste, tenait en main une canne à pomme d'or. Il était plus grand, plus âgé que son jeune compagnon et avait les épaules larges et carrées.

Tous deux paraissaient considérer avec consternation les décombres de ce que l'incendie avait anéanti.

— Tu es bien certaine, Mina, dit l'un des deux, que c'est en cet endroit que s'élevait la ferme où se trouvait Karl, notre enfant ?

— J'en suis absolument sûre, répondit la jeune femme, habilement déguisée sous ses habits masculins, et je ne saurais me tromper.

— Mais alors, il n'y a pas à dire, il est arrivé ici un affreux malheur ! Le feu a pris à cette demeure. Ces murs noircis, ces décombres, nous le disent assez clairement. Nous ne trouverons pas ici notre fils ! Pourvu que l'incendie n'ait pas fait de victimes parmi lesquelles nous avons à le compter !

— Que dis-tu là, Wilhelm, cela n'est pas possible. On nous aurait avisés. On m'aurait prévenue, moi, du moins. Ces gens-là avaient mon adresse.

Wilhelm de Schwartz eut pour sa compagne un regard de colère.

— Prends garde, s'écria-t-il, je te déclare responsable de la vie de mon enfant. Il est temps de nous expliquer sur ce point. Vois-tu, j'ai toujours eu sur ce rejeton de ma race des projets fortement arrêtés dans ma pensée et que j'ai résolu de mettre à exécution. Je veux lui léguer la haine traditionnelle qui a toujours régné dans notre maison. La haine du pays voisin. La haine de la France !...

» Si le peuple, chez nous, peut se laisser gagner aux théories humanitaires, il n'en sera jamais de même de la classe aristocratique, de la noblesse de notre nation. Germains nous sommes, Germains nous resterons toujours ; avec la même envie d'invasion que nos ancêtres avaient pour l'ancienne France, pour la Gaule, qui excitait toute leur convoitise et dans laquelle ils pénétrèrent.

» Mon fils verra peut-être ce rude choc qui jettera la plus lourde épée dans la balance du destin. C'est te dire à quel point je tiens à celui qui détient, avec mon sang, toutes les aspirations de notre race. Malheur à toi si, par ta négligence, je vois tous mes desseins anéantis.

A cette allusion à la conduite de Mina vis-à-vis de Ludovic — qu'elle avait failli sauver un instant par sa déposition lors de l'incarcération des deux frères dans la forteresse de Spandau — la jeune Allemande se redressa.

Elle sentit le danger qu'une telle supposition, fondée du reste, pouvait lui valoir de la part de Schwartz, dont la jalousie n'était pas éteinte. Le souvenir du Français qu'elle avait aimé vint l'assaillir un instant et la fit tressaillir. Mais elle avait renoncé à toute espérance. Il était mort, sans doute. La justice des Allemands était prompte, et le crime de lèse-majesté dont il s'était rendu coupable ne pouvait faire entrevoir aucun pardon. N'avait-elle pas résolu de s'attacher plus que jamais le véritable prince de Schwartz, désormais son unique espérance.

— Wilhelm ! s'écria-t-elle véhémente, que tu me connais mal, et que tu sais peu toi-même l'amour profond que j'ai pour notre enfant. A cette heure, tu ne parles que des projets que tu fais pour lui, quand moi je ne songe qu'à son existence. Ne sais-tu pas tout ce qu'il est pour moi, et peux-tu être cruel à ce point que tu m'adresses des reproches que je n'ai pas mérités, au lieu d'écarter de moi la pensée épouvantable qui t'a traversé l'esprit comme à moi ? Viens, informons-nous. Trouvons quelqu'un pour nous renseigner, pour nous apprendre ce qui est arrivé ici dans tous ses détails. Nous ne pouvons rester ainsi. Comme elle achevait ces mots, Wilhelm aperçut, débouchant d'un sentier voisin, un paysan qui se dirigeait vers eux.

— Vous regardez le lieu de l'incendie, fit-il en engageant de lui-même la conversation.

— Oui, mon brave homme, répondit Schwartz, que s'est-il donc passé par ici ? Nous serions très curieux de l'apprendre.

— C'est étonnant ; il n'y a pas trois jours que deux voyageurs que j'ai rencontrés ici m'ont adressé la même question.

— Ce n'est pas surprenant, dit Mina ; en voyant tous ces décombres, il est bien naturel que l'on demande des explications. Ainsi, pour nous, c'est bien autre chose. Ce qui nous intéresse, c'est le sort d'un enfant que l'on avait confié aux habitants de cette demeure. Nous voudrions savoir ce qu'il est advenu de cet enfant et de ceux qui en avaient la garde.

En entendant ce qu'on lui demandait, le paysan secoua la tête et les regarda d'un air surpris.

— Voilà bien d'une autre, finit-il avec une certaine défiance, et qui est bien plus curieux encore. Les deux personnes dont je vous ai parlé m'ont demandé, elles aussi, des nouvelles de cet enfant.

Wilhelm, à ces mots, regarda Mina avec étonnement.

— Et que leur avez-vous répondu ?

— Ce que je vais vous répondre à vous-mêmes. Les fermiers Bruger sont morts, brûlés dans l'incendie. Seul, l'enfant qu'on leur avait confié put être sauvé et ne reçut aucune blessure. Une dame de Fribourg s'en chargea et l'emmena chez elle. Elle a continué à en prendre soin. On n'a plus revu le petit Karl ici depuis ce jour...

— Alors, il est vivant ? s'écria spontanément Mina, en poussant un cri de joie très sincère et se retournant triomphalement vers Wilhelm.

— Très vivant, et en excellentes mains, car la personne qui le recueillit est bien connue de tous. On l'appelle la *Bonne Française*.

A cette dénomination, Wilhelm tressaillit et un flot de sang vint empourprer son visage.

Mina, elle-même, éprouva un véritable malaise.

Leur enfant, qu'il voulaient élever dans la haine de la France, recevait les bienfaits d'une femme de ce pays qu'ils détestaient.

— Mais comment se fait-il, dit alors rudement Wilhelm, malgré tous ses efforts pour dissimuler sa colère, qu'on ait agi de la sorte sans consulter les principaux *intéressés*, tout au moins la mère de l'enfant qui se trouvait jeté dans un pareil désastre ?

— Eh ! mais, cela est bien simple à dire, répartit le paysan, et j'aurais bien voulu vous y voir, mon cher monsieur. Je tiens la chose des cousins de Klauss Bruger, qui ne pourraient vous en dire plus long que moi-même. Pour aviser la mère du petit, il aurait au moins fallu la connaître, ou tout au moins son adresse. Or, les Bruger seuls la connaissaient. Ils avaient été victimes du feu, qui n'avait pas épargné non plus les meubles et les papiers qu'ils possédaient. De sorte que l'enfant dont il est question se trouvait, ni plus ni moins, dans les mêmes conditions qu'un enfant trouvé, ne pouvant fournir aucun renseignement suffisant sur son père et sur sa mère.

» Si cette bonne dame dont je vous ai parlé ne s'était offerte tout de suite pour le prendre à sa charge, personne n'aurait pris cette responsabilité. Le petit aurait été placé entre les mains de l'Assistance. C'est l'hospice des enfants sans père ni mère qui l'aurait recueilli. Je suis d'une partie de la Suisse où l'on aime beaucoup la France et les Français. Et cela m'a fait plaisir d'apprendre que cette brave dame dont on parle partout *pour ses bonnes œuvres* et que l'on a si justement appelée la *Bonne Française*, se soit chargée de ce bambin.

Le bonhomme, en disant ces mots, dévisageaient, un peu goguenard, ses deux interlocuteurs, dont il avait vite deviné la nationalité.

— C'est bien, fit de Schwartz en se mordant les lèvres, mais cette dame que vous admirez tant doit porter un autre nom, sans doute ?

— Oui, monsieur. Elle se nomme Milady Frankey.

— Alors, elle est Anglaise et non Française, comme vous le prétendez ?

— Je vous demande pardon. Elle est Française d'origine, et veuve d'un Anglais, voilà tout. Du reste, si cela vous intéresse, vous n'avez qu'à aller à la ville ; le premier venu vous renseignera plus amplement sur elle et vous fournira son adresse, car elle est très connue et à son avantage. Elle consacre toute sa fortune à faire du bien.

— C'est bon, répondit Wilhelm d'un air rogue, nous allons profiter de ce conseil.

Et sans plus de façon, il tourna le dos au paysan qui l'avait renseigné, invitant sa compagne à le suivre.

Mais celle-ci continua encore à s'adresser à l'homme :

— Vous nous aviez dit, je crois que deux personnes étaient venues avant nous et vous avaient posé les mêmes questions. Pourriez-vous nous expliquer comment étaient ces deux personnes qui, comme nous, avaient l'air de s'inquiéter de l'enfant ?

Wilhelm de Schwartz, qui s'était déjà éloigné, se rapprocha à ces paroles.

Mais le paysan, un peu froissé de son attitude, répliqua vivement en s'éloignant à son tour :

— C'étaient des personnes en tout cas plus polies que vous, qui ne daignez même pas dire merci lorsqu'on vous renseigne. Continuez votre chemin et allez à la ville. Vous y trouverez ce que vous cherchez sans que je vous dise un mot maintenant.

Et, les regardant avec mépris, il leur tourna le dos à son tour en maugréant et s'éloigna.

— Le drôle ! s'écria Wilhelm en serrant les poings.

Tous deux alors prirent un sentier et regagnèrent une voiture qui les avait amenés et les attendait. Mina prit place à côté du père de son enfant.

Dès que la voiture fut partie, elle se rapprocha de lui et se fit câline.

— Mon Wilhelm, dit-elle, tu le vois, notre petit Karl est sauvé et nos craintes sur son compte n'ont plus de raison d'être. Quitte, mon ami, ta mauvaise humeur. Il ne faut plus songer qu'à la joie de le retrouver.

— Tu as raison, répondit Schwartz. Du reste, maintenant, nous avons traversé complètement et terminé, je l'espère, notre temps d'épreuves. Je suis riche autant que je le pouvais désirer, depuis la mort de mon père. Je possède la faveur de l'empereur. Personne ne peut m'empêcher de t'épouser si je le veux, et, puisque tu es la mère de mon fils et la femme qui me convient mieux qu'aucune autre, j'y suis complètement décidé maintenant, car je sais que tu partages toutes mes idées.

— Tu le vois donc bien, ajouta Mina en se penchant sur son épaule, tu le vois, nous avons maintenant toutes les raisons d'être heureux. Écartons donc, mon chéri, tous les sujets d'ennuis et d'inquiétude ; ne sommes-nous pas débarrassés de nos ennemis ?...

— Oui, de ce Ludovic maudit, que la justice de notre empereur a réduit pour jamais au silence. Mais il reste encore cette Héléna. Celle qui a fait échouer la mission de mon père en rendant à son pays la pièce importante tombée en nos mains. Celle-là, je l'ai bien promis, me paiera un jour ou l'autre le tort qu'elle nous a causé.

— Oui, dit à son tour Mina, qu'une jalousie rétrospective envahissait, oui, celle-là, quand nous la retrouverons, paiera grandement, je te le promets bien, les ennuis que nous lui devons.

— Tu as l'air de la détester prodigieusement ? fit Wilhelm en considérant Mina avec attention.

— N'a-t-elle pas abusé de ma confiance, répondit Mina, en s'introduisant chez moi comme femme de compagnie ? Et puis, elle est de cette race qui nous en veut, qui nous poursuit sans cesse, et qui se dressera toujours contre nous, tant que l'on ne l'aura pas détruite.

— Sois tranquille, Mina, ma jolie, s'écria Wilhelm avec un large rire, nous les écraserons tous !

Et confiants dans leurs projets, se flattant tous deux de pouvoir jouir d'un heureux avenir dépourvu de sombres nuages, ils s'embrassèrent avec effusion.

La voiture avait quitté la campagne et entrait maintenant dans la ville, aux voies assez larges et spacieuses, un peu tristes pourtant. Elle s'arrêta près d'un pont qui traverse la Sarine. Le cocher descendit et s'adressa à ses clients :

— Nous voici arrivés, dit-il, désirez-vous que je vous conduise ailleurs !...

— Au fait, dit Wilhelm, au lieu de retourner à notre hôtel, si vous pouviez nous indiquer où se trouve un personne que l'on dit très connue ici, milady Frankey, c'est là qu'il faudrait aller tout de suite.

— Vous voulez parler de la *Bonne Française ?* répondit tout aussitôt le cocher.

Wilhelm fit la grimace.

— Allons, fit-il, il est dit que nous n'échapperons pas à cette ridicule appellation.

» En effet, c'est bien cette personne que nous désirons voir Pouvez-vous nous conduire ?..

— C'est très facile, répondit le cocher, et vous avez bien raison de dire qu'elle est très connue. Elle fait tant de bien !...

Le cocher remonta alors sur son siège, et la voiture repartit. Le cheval trottait d'un bon pas.

— Nous allons donc voir notre enfant ! s'écria Mina.

— Oui, et nous allons voir du même coup cette fameuse *Bonne Française* dont ces gens ridicules nous écorchent les oreilles à chaque instant. Comme s'il n'y avait pas non plus de *Bonne Allemande*. Décidément, cette Suisse est un pays stupide et peu intéressant !

Et sur ces réflexions, Wilhelm de Schwartz se renfonça dans la voiture en tirant sa moustache avec humeur.

CHAPITRE IX

Les déceptions.

— Avec tout cela, reprit Wilhelm au bout d'un instant, ce rustre que nous avons rencontré ne nous a pas donné sur les deux personnes dont il nous a parlé d'abord les renseignements que nous lui demandions. Je me demande quel intérêt ces gens-là pouvaient témoigner à notre Karl, à notre fils ? Le connaissaient-ils donc ?

— Peut-être, répondit Mina. Il n'y a rien d'extraordinaire à ce que ce soient des amis de ces pauvres gens qui ont trouvé la mort. Ayant appris cette affreuse nouvelle, ils seront venus se renseigner sur place, et, chose toute naturelle, auront en même temps demandé quel avait été le sort de l'enfant qu'ils avaient vu chez eux ?...

— Oui... ce doit être cela, approuva Schwartz. Et cependant, ce que nous a dit cet homme m'a paru bizarre et m'a frappé sur le moment. Il m'avait semblé, d'après ce que nous racontait ce paysan, que ces gens-là s'intéressaient particulièrement à l'enfant. Dans quel but ?... C'est donc inexplicable et ne vaut plus la peine d'y songer davantage pour l'instant.

La voiture s'arrêta de nouveau. On était arrivé

Wilhelm et Mina descendirent et se trouvèrent devant la porte de la maison de milady Frankey.

— C'est là ! avait dit le cocher.

Wilhelm fit manœuvrer le marteau de fer fixé au vantail de la porte fermée, qui rendit un bruit sourd, mais prolongé.

Au bout de quelques secondes, cette porte s'ouvrit.

Mina et Wilhelm pénétrèrent alors, et se heurtèrent au portier qui se dirigeait vers eux.

— Que désirez-vous, messieurs ? fit-il.

— Voir milady Frankey.

— Milady n'est pas visible. Elle est souffrante et ne reçoit aucune personne en ce moment.

— Elle nous recevra pourtant, fit Wilhelm d'un ton sec et tranchant, car nous avons des choses très importantes à lui dire et qui l'intéressent au plus haut point.

— C'est que j'ai des ordres formels.

— Ils ne s'appliqueront pas à nous dès que votre maîtresse aura eu connaissance de notre présence. Que cela ne vous inquiète pas.

Le portier les considéra attentivement.

— Montez toujours, fit-il ; si la femme de chambre veut bien prendre sur elle de vous annoncer, vous le verrez bien et je n'aurai rien à me reprocher.

C'est ce que firent Wilhelm et Mina.

A l'étage supérieur, on se montra également formaliste. La femme de chambre, qui les introduisit dans un petit salon, se récria à la pensée d'insister près de milady pour qu'elle voulût bien les recevoir.

— Ma maîtresse est très souffrante, affirma-t-elle, c'est tout juste si milady ne garde pas le lit. Après ce qui s'est produit ici, il n'y a rien d'étonnant

— Mademoiselle, dit alors Mina avec insistance, nous ignorons quel événement a pu mettre votre maîtresse dans cet état ; mais elle a elle-même des nouvelles à nous donner qui sont trop importantes pour qu'elle refuse de nous recevoir, quelque souffrante qu'elle soit en ce moment. Ces nouvelles ne puvent être différées. Il s'agit de l'enfant qui vit chez elle et qu'elle a recueilli.

— Le petit Karl ?...

— Lui-même. Vous voyez bien que c'est important.

La femme de chambre changea alors subitement de manières et poussa une exclamation de surprise.

— Ah ! fit-elle, cela, en effet, est bien différent. Venez-vous nous le ramener ?..

— Le ramener ?... Il n'est donc pas ici ?...

— Ah ! fit la femme de chambre. avec une déception très manifeste, vous m'aviez donné une fausse joie.

— Parlez !... Qu'y a-t-il donc ?...

— Il y a que cet enfant n'est plus ici, en effet, et c'est ce qui cause la profonde douleur de milady.

— Comment se fait-il ?...

— Deux personnes se sont présentées ici, dont l'une se disait le père du petit Karl. Elles sont venues le réclamer. Et, malgré les larmes de l'enfant qui ne voulait pas les suivre, malgré l'opposition de ma maîtresse, qui s'est évanouie, elles ont emmené celui dont vous parlez. C'est pour cela que ma maîtresse est souffrante. J'ai cru un instant que vous veniez nous donner des nouvelles qui auraient pu la rassurer, car il y a deux jours à peine que cela s'est passé.

Il y eut un instant de silence causé par la surprise et la stupéfaction. Mina et Wilhelm s'étaient regardés avec effarement.

Lui. était resté stupide en écoutant le récit de la femme de chambre. Quant à Mina, elle le dévisageait avec angoisse.

Un soupçon subit vint les assaillir en même temps. Il fallait absolument savoir. à quoi s'en tenir.

Wilhelm fouilla nerveusement dans la poche intérieure de sa veste et en sortit un petit portefeuille où il prit une carte de visite qu'il tendit à la domestique.

— Faites passer cela à votre maîtresse. fit-il d'un ton qui n'admettait pas de réplique. et dites-lui bien que nous l'attendons absolument. Il faut qu'elle vienne immédiatement. entendez-vous. car nous ne partirons pas sans l'avoir vue. Allez et faites vite.

Dès qu'elle fut sortie. Mina courut à lui.

— On nous a enlevé Karl. gémit-elle éplorée.

— Et qui donc aurait été capable de ce coup d'audace. s'écria alors Schwartz livide de colère. si ce n'est toujours ce démon qui se dresse continuellement sur nos pas ?

— Ludovic ?... dit spontanément Mina.

— Oui, Ludovic ! Ce misérable est toujours vivant. et nous n'en avons pas encore fini ensemble. Il s'est nécessairement échappé de la forteresse. Oh ! c'est un homme habile, il faut bien le reconnaître. et d'une audace sans limites !... Il l'a bien montré. d'ailleurs. Mais. qu'il y prenne garde. le compte que nous avons à régler ensemble devient formidable. Il va falloir que je le retrouve. Et lorsque nous serons face à face, cette fois, cette fois-là, un de nous deux périra sûrement !...

Les yeux injectés de sang, le prince Wilhelm se promenait nerveusement de long en large.

— En attendant, fit-il, il faut nous documenter pour agir au plus vite. Cette stupide *Bonne Française* ne se décidera donc pas à venir. Je lui ai fait passer une carte au nom de Ludovic Dortailles, dont je reprends le nom et le visage. Te voilà prévenue, tiens-toi bien sur tes gardes. Viendra-t-elle enfin ?... Si elle ne se décide pas, je vais la chercher moi-même !

Comme il disait ces mots, la porte s'ouvrit. Milady Frankey pénétra. Elle était très émue et tenait encore en main la carte que l'on venait de lui remettre. Elle s'arrêta devant Wilhelm qu'elle regarda avec une surprise et une agitation contenues.

Brutalement Wilhelm l'aborda aussitôt :

— Qu'avez-vous fait, s'écria-t-il, de l'enfant qui vous avait été confié, milady ? Comment avez-vous pu le livrer de la sorte ?...

— Monsieur, répondit Louise Frankey d'une voix entrecoupée, l'étranger dont vous parlez était son père. Il avait fait reconnaître ses droits par les autorités de la ville. Et d'ailleurs, c'est contre ma propre volonté qu'ils ont arraché cet enfant de mes bras.

— Mensonges !... s'écria Wilhelm, cet enfant était le mien et non celui de l'infâme qui est venu vous le ravir.

— Le prince de Schwartz ?...

— Il vous a dit qu'il était le prince de Schwartz ?

— Lui-même.

— C'est bien cela !...

— Mais ce qu'il y a de plus surprenant...

— C'est que je lui ressemble, n'est-ce pas ? reprit Wilhelm avec une ironie furieuse.

— A s'y méprendre.

— Oui, c'est vrai. Nous ne sommes pas de la même mère, mais c'est à notre père que nous devons ce malheur.

— Quoi, vous seriez ?...

— Je suis également fils du défunt prince de Schwartz ; seulement, il y a une différence entre les deux frères. L'un est Allemand. L'autre Français.

— Ah ! s'écria milady spontanément, je m'explique maintenant l'affection toute particulière qui m'attirait auprès de cet enfant, que j'aimais comme s'il eût été le mien.

— Que voulez-vous dire ?

— Écoutez. C'est pendant que j'étais évanouie qu'ils ont réussi à me séparer du petit Karl. Malgré leurs droits évidents, personne au monde n'aurait pu me résoudre à confier cet enfant à celui qui portait ce nom détesté de Schwartz. Nom détesté et haï à un tel point par moi, qu'il a suffi qu'on me l'ait jeté au visage pour que je perde connaissance, et qu'ils ont profité de cet instant pour me ravir le petit Karl.

— Cependant... fit Wilhelm, surpris de ce qu'il entendait et ayant peine à dissimuler ce que ces paroles lui causaient de révolte.

— Cependant, allez-vous dire, il venait, lui le père, armé

de ses droits réclamer son fils ? N'importe ! Jamais, entendez-vous bien, jamais je n'aurais donné cet enfant à un homme portant le nom maudit et exécré de Schwartz !

Et disant ces mots, milady Frankey était devenue toute tremblante, et son visage s'était altéré.

Wilhelm réprima aussitôt les sentiments qui le dominaient. Son intérêt était de jouer un rôle différent. Il s'approcha de la vieille dame et s'efforça de se montrer prévenant et sympathique.

— Asseyez-vous, fit-il en la conduisant à un fauteuil. Vous paraissez très émue. Il faut vous remettre.

Louise Frankey le remercia du geste et s'assit en effet.

Puis elle promena ses regards de Wilhelm à Mina, qu'elle dévisagea en silence, tandis que celle-ci la regardait curieusement.

— Ainsi, reprit Louise Frankey, l'enfant qu'ils sont venus chercher est le vôtre.

— Oui, le mien, et celui de madame, qui m'accompagne sous ce costume que la nécessité de notre mission lui a imposé, répondit Wilhelm en désignant Mina.

— Et votre nom est bien celui inscrit sur cette carte de visite que l'on m'a remise de votre part ?

Wilhelm eut un instant d'hésitation, vite réfréné.

— Oui, fit-il, c'est mon nom, ou plutôt le nom que l'on m'a donné, car je n'ai pas connu ma mère ; et quant à mon père... ce n'est que le jour même de sa mort que je me suis trouvé en sa présence.

En faisant allusion au rôle qu'avait joué Ludovic au château de Schwartz, les traits de l'Allemand se crispèrent.

— Et comment vous trouviez-vous là ? interrogea anxieusement la vieille dame.

— Par suite d'une série de circonstances trop longues à vous raconter et qui font de moi l'ennemi implacable de celui qui m'a pris mon enfant. Oui, nous sommes deux frères qui nous détestons à mort et que tout oppose l'un à l'autre.

— Et votre mère ?... Avez-vous sur elle quelques détails, quelques renseignements ?...

— Je sais qu'elle est morte.

— En êtes-vous bien sûr ? Les personnes qui sont venues m'enlever votre fils prétendaient que la mère de cet enfant était bien morte également. Et vous venez me dire que c'est madame.

— Je suis bien la mère de Karl, riposta vivement Mina en s'avançant.

— Eh bien ! s'écria milady, la mère que vous aviez cru morte est vivante pareillement. Ce fut une victime de votre père, qui ne vous donna le jour qu'en abusant lâchement d'elle, pauvre victime. Elle avait fait le serment, si elle avait un fils, de l'élever pour venger sa mère. Mais ses forces la trahirent. Epuisée, mourant de faim et de privations, elle avait su réunir les forces nécessaires pour se traîner à la frontière après s'être échappée, et elle put confier à un paysan qui passait l'enfant qui venait de voir le jour. Elle tomba alors, terrassée par les souffrances et la fatigue

» Lorsqu'elle reprit ses sens, l'enfant qu'elle avait mis au monde, était perdu pour elle. Mais du moins, il était Français.

Depuis ce jour, elle ne put jamais le revoir... Et voilà que tout
ce passé, vous l'évoquez maintenant ?...

Wilhelm avait échangé avec Mina un rapide regard, lui recommandant le silence. Il sentait dans les explications que
lui donnait milady comme un secret qu'on allait bientôt lui
livrer s'il continuait à jouer le rôle de Ludovic.

— Milady, fit-il, vous savez maintenant qui je suis et ce qui
m'amène auprès de vous. Vous savez également qui est madame. On vous appelle la *Bonne Française ?*... Eh bien ! c'est
pour la France, pour ce pays qui est le mien, que je désire
une vengeance. Nous avons, je le vois, les mêmes ennemis.
L'homme que je veux atteindre m'a enlevé mon fils ; l'enfant
que j'aimais et sur la tête duquel j'avais conçu tant de projets. Je le poursuivrai partout. Je l'atteindrai. Malheur à lui ou
à moi le jour de notre rencontre.

» Maintenant, vous en avez trop dit ou pas assez, et il me
reste à vous demander de compléter les confidences que vous
venez de faire. Vous nous cachez encore une vérité. En
réalité, qui êtes-vous donc ?...

Alors milady Frankey leva sur celui qui se faisait passer
pour Ludovic Dortailles un regard mouillé de larmes. Elle
entr'ouvrit ses bras

— Je suis ta mère !... fit-elle.

CHAPITRE X

Schwartz est un gredin.

Après le cri spontané qu'avait jeté milady Frankey à
l'adresse de Schwartz qu'elle prenait pour son fils, l'Allemand
réprima un sourire de triomphe, et jouant son personnage
jusqu'au bout, s'agenouilla devant la vieille dame :

— Ma mère !... s'écria-t-il en s'efforçant de donner à sa voix
toutes les inflexions de tendresse dont elle était capable...
Vous ?... ma mère ?... Je vous retrouve enfin !...

— Oui, mon enfant, c'est moi qui porte le nom que tu m'as
fait parvenir sur cette carte.

» C'est moi Odette Dortailles, qui t'ai donné le jour. Et ce
nom est celui de mon père. Les braves gens qui t'avaient
reçu de mes mains te l'ont conservé. J'avais voulu te faire
Français avant tout. J'avais voulu que tu fusses élevé dans la
haine de la nation rivale et ennemie qui fit ton malheur et le
mien. Je vois que j'ai été complètement exaucée. Je suis bien
heureuse !...

Wilhelm de Schwartz s'était agenouillé devant Louise Frankey, qui lui emprisonnait la tête de ses bras et l'embrassait
avec transport.

— Ce jour est un jour de grande joie, finit-elle par dire avec
émotion.

Puis, apercevant Mina Wolfang, que cette scène suffoquait
un peu et gênait, elle lui ouvrit ses bras à son tour.

— Venez, dit-elle, vous la femme de mon fils. Laissez-moi
vous appeler ma fille. Et puisqu'il vous a choisie et vous a
faite sa femme, soyez certaine, ma chère enfant, que vous
trouverez en moi une part de la tendresse que mon pauvre

cœur de mère lui a gardée si longtemps. Dans un cœur, il y a place pour deux affections. Que dis-je, deux ?... Et mon petit Karl ?... N'est-il pas de mon sang ?... N'est-il pas mon petit-fils ?... Oh ! c'était bien ce pressentiment que l'on ne saurait nier qui me le faisait aimer davantage tous les jours !... Rassurez-vous ; nous le retrouverons. Toute ma fortune, je la consacrerai à cette tâche.

La gêne de la jeune Allemande n'avait fait que croître à ces paroles. Ce rôle à double face qu'il lui fallait jouer la répugnait profondément. Mais un regard impératif de Wilhelm la décida à vaincre ses scrupules.

Qu'il y avait loin de la basse duplicité de son Wilhelm, qui devait bientôt réaliser son ardent désir de mariage, à la franche spontanéité de Ludovic, l'homme qu'elle avait aimé, qu'elle aimait peut-être encore !...

A cette pensée, un profond regret de n'avoir pu réussir à lui inspirer les mêmes sentiments l'envahit un instant. Il était vivant ! N'était-ce pas lui qui avait enlevé Karl... Et l'autre, celle qu'il aimait ?... Cette Héléna !...

La rage de se sentir repoussée et de savoir qu'une autre avait sa préférence la décida alors tout à coup. Elle s'avança vers milady Frankey. Elle lui prit les mains et l'embrassa tendrement, n'hésitant pas à la tromper à son tour, à jouer le rôle odieux qui lui était imposé.

— Madame, s'écria-t-elle alors avec une effusion d'autant plus marquée qu'elle était factice, ce n'est pas en vain que nous vous aurons retrouvée. Grâce à vous, nous poursuivrons nos ennemis ; nous les démasquerons, et Karl, mon cher enfant, nous sera enfin rendu. Vous retrouverez ainsi ce petit-fils que vous chérissez et qui entourera votre vieillesse des mêmes soins nombreux que vous lui avez donnés, jusqu'à cette heure, sans compter. Mais encore faudrait-il connaître quelques renseignement précis sur ceux qui vous l'ont enlevé. Ne vous ont-ils pas dit où ils comptaient se rendre ?...

— Si fait, répondit milady, et ils n'ont pas caché leur dessein de l'emmener dans la principauté de Schwartz. Le prince qui paraissait volontairement autoritaire, lorsqu'il parlait de ses intentions et qui m'avait fait, il faut bien le reconnaître, une excellente impression à son arrivée, disait qu'il voulait élever son enfant dans les traditions de sa famille.

» Il jouait bien son rôle, et cependant, rien chez lui ne révélait le caractère allemand. Au contraire, toutes ses manières étaient franchement françaises, comme celles de son compagnon : son secrétaire, paraît-il, un peu vulgaire d'aspect, mais à l'air bon enfant. Le petit Karl n'avait éprouvé aucune répulsion pour eux. Au contraire ; c'est sans se faire prier qu'il était allé embrasser, selon mon désir, celui qui se faisait passer pour son père.

» Et cela me rappelle un détail qui, de suite, m'inspira des soupçons sur cette paternité, qui me parut à partir de ce moment-là suspecte. Le prince de Schwartz, qui s'était fait annoncer il est vrai sans son titre, mais dont j'avais mal compris le nom que la femme de chambre avait estropié, le prince de Schwartz, dis-je, parut un instant interdit devant l'enfant qu'il réclamait pour sien, et ne l'embrassa pas comme s'il l'eût été réellement. Cet embarras ne m'avait pas échappé.

— Et quel était le nom de l'autre personne dont il s'était fait accompagner ?

— Je ne me souviens que du prénom de celui-là... C'était, je crois, Prosper.

— Prosper !... c'est bien cela ! ne put s'empêcher de s'écrier Wilhelm.

— Que voulez-vous dire ?

— Que ce Prosper est l'âme damnée de l'autre, et cela suffit pour me prouver que nous ne nous sommes pas trompés dans nos prévisions.

— Un Français ?

— Qu'importe !

Milady Frankey eut un instant de réflexion.

— Mon fils, dit-elle, êtes-vous bien sûr que l'homme dont nous parlons soit bien le prince de Schwartz lui-même et ne se soit pas affublé d'un faux titre comme il l'a fait d'une fausse paternité ?

— Un seul homme me ressemble ainsi traits pour traits, répondit avec une certaine ironie Wilhelm, qui dissimula un sourire. C'est l'homme dont vous parlez. Et puisque je suis Ludovic, ce ne peut être que le prince de Schwartz. Seulement, je ne crois pas que ce soit au château de Schwartzburg ni en Allemagne qu'ils aient emmené l'enfant. C'est à Paris qu'ils auront dû se rendre immédiatement, j'en suis certain.

— A Paris ? Qui peut vous faire supposer cela ?

— Parce que c'est à Paris que se tient le siège de leurs réunions. Le prince de Schwartz ne dirige-t-il pas un service d'espionnage pour le compte de l'Allemagne ? Il est même glorieux des services qu'il peut rendre, en agissant ainsi, à son pays et à son empereur, qui le tient en haute estime et le lui a prouvé dans différentes occasions.

En disant ces paroles, Wilhelm, qui faisait allusion à sa personnalité véritable, était certes sincère ; mais le moment était mal choisi pour glorifier sa tâche hypocrite et menteuse en face d'une mère qu'il abusait si traîtreusement.

Mina ne s'y trompa en aucune façon, et au lieu d'approuver ses actes, elle eut comme un tressaillement de mépris.

— A Paris ? reprit Louise Frankey.

— Oui, à Paris, ma mère, ajouta Mina Wolfang, d'où, avec une femme du nom d'Héléna, qui seconde toutes ses vues, il prépare ses expéditions. C'est ainsi que cette misérable avait pris auprès de moi la place de demoiselle de compagnie et avait une première fois capté toute ma confiance. Sans doute était-ce pour se renseigner à l'avance, et se concerter ensuite avec lui, afin de prendre mon enfant ?...

— Eh bien ! s'écria milady, s'il ne tient qu'à cela, nous irons à Paris. Nous leur reprendrons notre petit Karl plus facilement peut-être dans cette ville qu'à Schwartzburg. Je vous l'ai dit, toute ma fortune, ou plutôt celle que ma léguée milord Frankey, est à votre disposition. Avec trois volontés comme les nôtres, il est impossible que nous ne réussissions pas dans nos entreprises. Et malheur alors à ces maudits, à ce fils de celui qui fut l'auteur de toutes mes souffrances.

Alors Wilhelm, poussant au dernier point l'audace et la dissimulation, s'approcha de la vieille dame et lui saisit les mains, qu'il embrassa.

— Bien, ma mère ! dit-il. Merci du fond du cœur pour l'aide efficace que vous nous apportez. A mon tour, laissez-moi vous faire un serment. Je jure de poursuivre cet homme partout où je le trouverai. Vous serez vengée de tout ce dont vous vous plaignez devant moi. Et cela, sans merci ni miséricorde !

Il y avait tant d'âpreté dans son ton, que les deux femmes ne purent réprimer un tressaillement.

Toute la haine entassée depuis si longtemps et qu'il recélait en lui venait d'exploser brusquement dans cette ironique protestation qui promettait à cette mère, qu'il dupait, de la venger de son propre fils.

La malheureuse, dans son ignorance, le désignait elle-même à son plus mortel ennemi ! Elle livrait, sans s'en douter, à ses bourreaux celui qu'elle chérissait.

— Nous partirons demain, ajouta Schwartz, car le temps presse et il faut agir promptement.

— Je vous attendrai tous les deux, répondit la *Bonne Française*, en leur ouvrant les bras.

. . . .

Wilhelm et Mina Wolfang étaient rentrés tout de suite à leur hôtel. On leur remit dès leur arrivée une lettre

Ils montèrent aussitôt chez eux, et Wilhelm et sa compagne la lurent en même temps. Voici ce qu'elle contenait :

« Le prince Wilhelm de Schwartz est un gredin !... Je me doutais, misérable, que tu marquerais jusqu'ici ton passage.

» Je suis vivant, comme tu t'en doutes bien, depuis que tu n'as plus trouvé celui que tu venais chercher ; ton fils est entre mes mains, ainsi que tu as dû le soupçonner tout de suite, n'est-ce pas ?...

» Avant de partir et de l'emmener, j'avais eu soin de m'assurer, par la suite, de ton arrivée. On devait me signaler ta présence. C'est fait. Je tiens ma vengeance !...

» Oui, j'ai pu m'échapper de la forteresse de Spandau. Encore une fois, me voici sur ta route. Malheur à toi !...

» C'est ton fils, le fils du tigre, qui est entre les pattes du lion.

» Mais ce n'est pas sur ce petit être que je prétends me venger de tout ce que je porte de haine à ta race et à toi-même Tu as assassiné mon meilleur ami.

» A cause de toi, j'ai perdu l'amour de la femme que j'adorais et qui me croira toujours l'auteur du lâche assassinat de son propre frère.

» Non, ce n'est pas à l'existence de ton enfant que j'en veux pour te faire payer tes exécrables forfaits.

» Non, mais je ferai saigner bien plus ton cœur.

» Je te porterai ainsi la plus profonde blessure que ton amour-propre, que ton orgueil de monstre aient jamais ressentie. J'en ferai un Français comme moi !

» Ah ! je te vois d'ici grincer des dents et rugir de colère. N'est-ce pas que ma vengeance est bien comprise ?...

» Je t'arrache ton fils pour en faire mon neveu. J'ai maudit la mémoire de mon père, qui ne s'est jamais soucié de moi et m'a privé des caresses d'une mère que j'eusse adorée.

» Eh bien ! je lui apprendrai à son tour à détester la race dont il est sorti. Je lui en ferai épeler les crimes. Je lui mettrai dans la poitrine un véritable cœur, au lieu de la pierre froide et dure que vous avez toujours eue à cette place

» Et cela, pour vous mieux détester et pour mieux vous haïr ! Il deviendra un enfant du peuple, comme moi-même, et se dressera peut-être un jour, enfant de tigre, devenu lion, contre vous

» N'est-ce pas, prince Wilhelm de Schwartz, que ma vengeance est bien choisie, et que ton père, qui fut le mien, et que tous tes ancêtres, dont j'ai fait mentir le sang maudit qui circule aussi dans mes veines, pourront ainsi tressaillir dans leurs tombeaux ?...

» Oui, sans doute, n'est-il pas vrai ?...

» Et maintenant, je t'attends de pied ferme. C'est toujours la guerre entre nous : plus que jamais implacable et farouche, jusqu'au jour où l'un de nous deux aura trouvé la mort qu'il souhaite à l'autre.

» En attendant, j'ai ton fils. Viens le reprendre, si tu l'oses !...

» COCORICO. »

La lecture de cette lettre terminée, Wilhelm s'écroula sans une parole dans un fauteuil. Son visage était devenu écarlate. Il étouffait.

Mina se précipita et lui arracha son faux-col.

Elle aussi avait lu avidement la lettre. Son cœur de mère était toutefois rassuré. On ne ferait aucun mal à son enfant.

. . . .

Le lendemain, milady Frankey, Wilhelm de Schwartz et Mina Wolfang prenaient le train pour Paris

CHAPITRE XI

Cœur de mère.

Milady Frankey, dite Louise la *Bonne Française*, n'était autre en effet, que Odette Dortailles, la fille du garde-chasse de Remicourt, fusillé en 1870 par les Allemands après son héroïque défense.

C'était elle, la victime du prince de Schwartz, qui, auteur responsable de la mort de son père, l'avait ensuite si odieusement outragée.

C'était elle, qui, plus tard, éperdue, s'était enfuie à travers bois dans le dessein de gagner la frontière et de pouvoir donner à l'enfant qu'elle mettait au monde, avec le soin de la venger plus tard, la qualité de Français.

C'était elle enfin la mère de Ludovic Dortailles, de Cocorico.

Nous l'avions retrouvée infirmière en Suisse, dans la maison de santé où elle donna ses soins à lord Frankey, dont elle prolongea la vie avec un tel dévouement que celui-ci n'avait pas hésité, quelques instants avant sa mort, à lui donner son nom pour la préserver de l'hostilité du docteur dont elle avait si heureusement enfreint les ordres.

En même temps que son nom, c'était toute sa fortune dont il lui faisait don, n'ayant pas d'héritiers.

Nous savons l'usage qu'elle en fit au profit des malheureux et des pauvres gens de la ville de Fribourg, dont elle était la bienfaitrice.

Seule une partie de son existence, séparant ces deux époques de sa vie, restait inconnue à nos lecteurs.

Nous la reprendrons donc au moment où le brave curé s'étant chargé spontanément de l'enfant qu'on lui avait remis, la petite troupe de paysans, guidée par celui qui avait été accosté par la pauvre fille, était revenue à l'endroit de cette rencontre et n'avait plus retrouvé personne.

La mère s'était enfuie. On chercha longtemps sur les routes.

La malheureuse héroïne de l'attentat du prince de Schwartz était sympathique à tous. Son histoire était populaire

On se répétait avec indignation tous les détails de cette affaire, qui passionnait l'opinion des petites gens, atteints eux-mêmes dans leurs sentiments les plus chers par la conduite des vainqueurs.

Le résultat de toutes ces recherches fut nul. La fille du garde-chasse avait bien disparu. On ne devait pas la retrouver.

. . . .

Il y avait quarante-trois ans que se passaient ces événements.

Sur la route qui conduit de Paris à Epernay, une berline attelée de deux chevaux allait bon train, le conducteur stimulant ses bêtes de vigoureux hep !... hep !... et de quelques claquements de son fouet.

C'était au mois de juillet 1871.

Le traité définitif de paix, dont les préliminaires avaient été votés à l'Assemblée nationale par cinq cent quarante-six voix, avait été signé le 10 mai à Francfort.

La France s'engageait à payer cinq milliards à l'Allemagne et à se séparer de deux provinces, de l'Alsace et de la Lorraine, qui lui tenaient cependant si fortement au cœur.

Les Allemands ne devaient toutefois évacuer le territoire qu'après le paiement du cinquième milliard.

Leurs troupes, disséminées, parsemaient encore la France, surtout à l'Est.

La voiture traversait des pays désolés par l'invasion. A chaque instant, d'affreux vestiges marquaient la trace des violences et des exactions des vainqueurs barbares et cruels.

A l'intérieur du véhicule, deux hommes devisaient.

L'un approchant la soixantaine et portant des lunettes, parlait d'une voix vibrante à un jeune homme de vingt-cinq ans environ, qui l'écoutait et l'approuvait avec une certaine déférence.

— Cela est épouvantable, mon cher enfant, épouvantable ! disait le personnage âgé. Quand on connaît le pays comme je l'ai connu !... Quand on y est né comme moi-même ! Repasser par tous ces endroits, revoir les mêmes parages, traverser enfin toute cette contrée si riante autrefois et à cette heure lamentablement désolée, cela vous cause une tristesse indéfinissable, comme si le cœur se déchirait par morceaux.

» Ah ! que la guerre est donc une affreuse et horrible chose ! Quelle folie peut donc ainsi conduire les peuples à se faire autant de mal, à s'entre-tuer, et le plus souvent pour un prétexte futile et misérable ou pour l'ambition ou la fantaisie d'un homme ? Et c'est bien une folie qui a jeté ces deux pays l'un contre l'autre. C'est bien une folie qui nous prend à l'heure actuelle, folie de résistance, de vengeance et de destruction qui marque la quatrième invasion que nous avons subie depuis 89.

— Vous avez raison, maître, répondit le jeune homme en hochant la tête, c'est bien de la folie que ces misérables ont déchaînée chez nous ; car à cette heure, à Paris même, nous nous livrons entre frères de la même patrie une guerre effroyable.

— Oui, mon enfant, effroyable, en effet ; une guerre d'hallucinés et qui relève bien de notre profession de médecins aliénistes que nous sommes tous les deux. On brûle et l'on massacre dans les deux camps ; et cependant, ces deux camps sont français de chaque côté des adversaires ! Mais c'est le virus germanique qui les a ainsi empoisonnés.

» N'est-ce pas par le refus que l'on a fait de rendre aux Prussien qui venaient outrager Paris, les canons de Montmartre, que la Commune s'est déclarée ? Et ce geste patriotique, il faut le dire, nous a cependant valu des abus effroyables tels que les incendies de nos principaux monuments.

» La rage a envahi le peuple, qui, devenu vandale au milieu de ses souffrances, a porté des torches incendiaires aux Tuileries, au Palais-Royal, à l'Hôtel-de-Ville, au Palais de Justice, au Palais de la Légion d'honneur, au ministère des finances, à l'Assistance publique, partout enfin où sa soif aveugle de représailles le poussait ! Il est affreux de songer à tout cela ! Et ce disant, le personnage qui gémissait ainsi sur le destin de son pays, secouait la tête en soupirant.

Il fut tiré de ses réflexions par l'arrêt subit de la voiture.

— Qu'y a-t-il donc ? fit-il surpris.

Et se penchant à la portière :

— Pourquoi vous arrêtez-vous ? demanda-t-il au cocher.

— Ce sont mes bêtes qui heureusement se sont arrêtées d'elles-mêmes, répondit celui-ci. Il y a là, au travers de la route, une femme étendue que j'ai bien failli écraser.

Les deux hommes sautèrent à terre immédiatement.

Le cocher disait vrai. Une malheureuse fille gisait sans mouvement sur le sol, à quelque pas des chevaux.

— Voyez donc ce qu'elle a, Martial !

Le jeune homme se pencha sur le corps et l'examina quelques secondes en silence.

— Rien de bien grave, je l'espère, répondit-il. Mais un état de fatigue et de délabrement complets. Le pouls est très faible.

Ce fut au tour du vieux médecin de se pencher sur le corps et de l'examiner.

Il alla ensuite chercher dans la voiture un coffret qu'il ouvrit et en sortit un flacon dont il versa quelques gouttes entre les dents de la pauvre fille, toujours étendue.

— Nous ne pouvons la laisser ainsi, dit-il. Et nous sommes trop pressés pour la soigner sur place. Vite, transportons-là dans notre véhicule. Elle reprendra ses sens en route, et nous pourrons à notre aise l'interroger et voir ce que nous aurons à faire pour lui rendre service le cas échéant.

Ce qui fut dit fut fait à l'instant même.

Celui qu'on avait nommé Martial, aidé du cocher, se saisit de la fille, et tous deux la portèrent dans la voiture, en l'allongeant autant que possible sur une partie de la banquette.

Puis le vieux docteur reprit sa place, ferma la portière, et la voiture repartit.

— Quelle est cette pauvre fille ? demanda Martial.

— Sans doute quelque paysanne traquée par les troupes allemandes qui continuent à infester la région.

Comme le vieux docteur achevait ces mots, la fille évanouie poussa un long soupir et eut un tressaillement. Elle se redressa en jetant une longue plainte.

— Mon enfant ? gémit-elle.

— Votre enfant ? De quel enfant parlez-vous donc ?

— Mon enfant... qu'ils voudront tuer comme mon père...

— Qui cela ?...

— Les Allemands !...

— Tout s'explique, pensa le vieux docteur, et je comprends l'état de cette malheureuse.

— Calmez-vous ! reprit-il d'une voix très douce et encourageante, il vous faut reprendre des forces... et vous soigner. Vous êtes avec des gens qui vont vous guérir si vous êtes raisonnable, et non vous faire du mal comme les misérables dont vous nous parlez. Je suis médecin, et je vais avec mon élève dans une maison de santé que je dirige à Epernay. On va vous y admettre et vous donner tous les soins que nécessite votre état.

Celle à qui s'adressaient ces paroles continuait cependant à regarder les deux hommes avec des yeux égarés et des gestes fébriles.

— Ils ont pris l'enfant que je vous ai donné ! continua-t-elle d'une voix saccadée.

Le médecin et son élève eurent entre eux un regard qui expliqua leur pensée.

— La malheureuse !... fit Martial.

— Oui, dit le docteur, encore une victime... On ne les compte plus !

Odette Dortailles, car c'était elle qui avait été recueillie ainsi par les deux médecins, fut soignée à la maison de santé du docteur Flavien, à Epernay, où elle resta deux années entières.

Les troubles cérébraux occasionnés par tous les événements funestes qu'elle venait de traverser lui avaient fait perdre la raison.

Sa folie était devenue douce et mélancolique. Elle consistait à attendre que son enfant revînt à elle et se nommât de lui-même.

Petit à petit, grâce aux soins habiles du docteur, cette folie était devenue la monomanie d'une résignée, et la malade entrait en pleine voie de guérison.

On l'affecta alors comme infirmière dans le service de Martial, qui lui marquait une sympathie particulière et dévouée.

Il connaissait maintenant en entier l'histoire d'Odette, celle-ci la lui avait narrée bribe par bribe, au fur et à mesure que la mémoire lui revenait.

Il s'était attaché à elle, d'abord comme à un cas de guérison qu'il voulait accomplir en suivant la méthode progressive que lui avait indiquée son maître Flavien.

Puis, lorsque la raison était revenue, un sentiment nouveau s'était emparé du jeune élève médecin. Il se prit à aimer sa pauvre malade.

Celle-ci, complètement rétablie, s'en aperçut avec un certain effroi. Elle avait été une de ces froissées de la vie pour laquelle l'amour devait être flétri à jamais, ne pouvant plus le considérer qu'avec épouvante. Une secrète horreur tenait écartée d'elle toute idée de mariage, pour le présent ou pour l'avenir.

Elle réfléchit longuement et se promit de conserver toujours cette résolution. Et puis, n'avait-elle pas à retrouver son enfant ? C'est à lui, à lui seul qu'elle voulait se consacrer. Ce serait à le rechercher qu'elle vouerait le but de son existence.

La reconnaissance la liait pourtant à Martial, et aussi une véritable affection. Mais la reconnaissance n'était pas l'amour. Cet amour, elle ne l'éprouverait jamais !...

Elle comprit alors ce que sa résolution allait causer de peine et de déception à celui à qui, pourtant, elle devait d'avoir retrouvé toutes ses facultés.

Pouvait-elle, sans consentir à la demande qu'elle prévoyait de sa part, continuer à lui imposer sa présence ? Aurait-elle, en outre, le courage de lui expliquer sa volonté et de répondre à une proposition qui n'aurait pu que l'honorer, par le plus cruel des refus ?

Elle résolut de lui écrire et de partir, de fuir sa vue et de le priver ainsi de la sienne.

Avant d'avoir pu accomplir ce projet, elle fut prévenue par Martial, qui spontanément lui offrit, comme elle s'y attendait bien, de lier sa vie à la sienne...

Il fallut s'expliquer. C'est ce qu'elle fit avec contrainte.

— Je vous aime comme une sœur dévouée, dit-elle simplement, et nul autre sentiment ne pourra désormais, à part celui que je ressens pour l'enfant dont je suis séparée, prévaloir contre celui-là. Je ne suis pas faite pour être la compagne qu'il vous faut, Martial, vous qui êtes jeune et plein d'avenir. Renoncez à moi. Vous m'oublierez vite. Moi, je vais partir. Je penserai souvent à vous.

Devant cette résolution inébranlable, le jeune médecin courba tristement la tête et s'éloigna.

Le lendemain, Odette Dortailles avait quitté la maison de santé du docteur Flavien. Elle partit pour la Suisse.

Grâce à la recommandation du docteur, elle put trouver à Neufchâtel une place d'infirmière dans une maison de santé que dirigeait un confrère influent.

Elle y resta plusieurs années. Sa vie était faite de dévouement silencieux. Elle soignait ses malades en s'y attachant.

Ce fut là qu'elle fit la connaissance d'une autre infirmière qui devait aller à Fribourg et qui l'engagea par la suite à proposer ses services dans l'établissement où elle-même était attachée.

L'infirmière en question était une pauvre fille maladive, une Alsacienne, dont l'état de santé nécessita bientôt les soins d'Odette.

La fille du garde-chasse la disputa longtemps aux ravages

d'un mal redoutable qui, finalement, devait emporter la malheureuse.

Odette pleura longtemps cette amie, qui avait apporté dans sa vie tranquille et obscure un peu de lumière.

Ce fut à cette époque que lord Frankey, le riche Anglais, fit partie de son service, et qu'elle lui donna ses soins.

Nos lecteurs savent le reste.

CHAPITRE XII

Le sort du petit Karl.

Le petit Karl, Ludovic et Prosper avaient donc pris le train pour Paris. Leur voyage s'effectua sans incident.

Ludovic avait eu tout d'abord assez de peine à rassurer l'enfant, mais il y était parvenu toutefois en usant d'une douceur très grande, de friandises dont lui et Prosper le bourraient à chaque moment, et enfin de raisonnements à sa portée et bien faits pour le consoler.

— Vois-tu, mon petit Karl, lui dit Ludovic en le prenant sur ses genoux et caressant ses blonds cheveux, ce n'est pas pour toujours que tu quittes ta bonne marraine, nous l'aimons bien, nous aussi, et, un peu plus tard, nous la ferons venir avec nous s'il le faut, puisque tu l'aimes tant et qu'elle a été pour toi une véritable maman. Ne te fais donc pas de vilaines idées.

» Dans quelque temps nous lui donnerons de tes nouvelles et, puisqu'elle s'appelle la *Bonne Française*, sois bien tranquille, elle se réjouira de te savoir avec nous. Pour le moment, occupe-toi à croquer tous les bonbons dont ton ami Prosper a rempli tes poches, et à regarder à la portière les maisons et les arbres qui courent si bien, en nous tournant le dos, et disparaissent derrière nous.

— C'est vrai que je reverrai ma marraine ? interrogea le petit, vite rassuré, et battant des mains à cette perspective qui sécha ses larmes.

— Je te le promets...

— Alors, je veux bien t'écouter, et je serai sage... et je jouerai avec Prosper, qui a de gros yeux tout drôles qui m'amusent bien. Tu voudras, dis, monsieur ?... comment faut-il que je t'appelle ? Ma marraine m'avait dit que tu t'appelais monsieur mon père ?...

Ludovic regarda le bambin et devint pensif. Etait-il utile de laisser cet enfant dans cette erreur ?... De plus, une certaine sympathie l'attirait vers ce petit être, de grâce caressante, qui se montrait tout disposé maintenant à se livrer complètement à sa direction.

Il eut à son tour un sourire.

— Appelle-moi ton oncle, fit-il en l'embrassant. Cela vaudra mieux !...

Il faisait nuit lorsqu'ils arrivèrent à Paris. L'enfant s'était endormi sur la banquette du wagon. Ils avaient pris des premières et avaient été seuls pendant la plus grande partie de leur voyage.

On avait décidé de descendre dans un hôtel près de la gare

et de remettre au lendemain matin la démarche que Ludovic comptait faire près de Wanda, pour la prier de se charger de l'enfant et convenir avec elle des moyens à employer.

Il ne voulait pas, en effet, se montrer à son propre domicile, craignant que Schwartz ne se fît avertir de son arrivée. Car Ludovic Dortailles avait la certitude que Wilhelm Schwartz avait dû être prévenu de son évasion et qu'aussitôt son premier soin avait été de se rendre à Paris.

Logiquement, en effet, l'ennemi de Cocorico ne devait avoir qu'une pensée : poursuivre sa vengeance, frapper l'homme assez audacieux et assez adroit pour s'être soustrait à cette mort que Schwartz considérait comme le juste châtiment de ce bâtard, qui, un instant, s'était substitué à lui, avait porté le nom de son père, parlé en maître dans le château du prince de Schwartz.

Et c'est parce qu'il prévoyait ce retour offensif de Wilhelm, que Ludovic avait voulu se munir d'armes contre lui en s'emparant du petit Karl.

Il supposait avec raison que si Wilhelm n'avait manifesté jusqu'ici qu'une tendresse relative pour son fils, il se découvrirait subitement un cœur de père lorsqu'il saurait que l'enfant de Mina et de lui était aux mains de son ennemi, et qu'il tenterait tout pour le ravoir, mais n'oserait rien contre Ludovic jusqu'à ce qu'il ait repris cet otage, qui était un gage de sa neutralité.

— Si dénaturé que soit Wilhelm, et quel que soit son égoïsme, je le défie bien de rester insensible à cet enlèvement. Son amour-propre, qui sait, éveillera peut-être en lui l'amour paternel ? En somme, je lui rends service, à ce père, en obligeant son cœur à parler. Je lui rends service... et à moi aussi. Avec Karl en ma possession, je suis un peu le maître des événements.

Le lendemain, Ludovic résolut d'aller dès le matin au Family-House, où se trouvaient Wanda, Militch, et les trois jeunes femmes turques qui, de plein gré et si résolument s'étaient attachées à l'existence de Prosper.

Le petit Karl, secoué par les fatigues du voyage et les différentes impressions qu'il avait éprouvées, dormait profondément.

— Pauvre moutard !... dit Prosper d'un air attendri, il pionce ferme, et avec un bonheur... qu'à le regarder comme ça longtemps, on ferait comme lui !...

— Eh bien ! répondit Ludovic, rien ne t'empêche d'en faire autant. Nous n'allons pas le réveiller de si tôt, ce petit ; il faut qu'il se repose tout à son aise ; et toi, qui deviens sa nourrice jusqu'à ce que nous puissions le confier en de bonnes mains, tu vas t'installer à côté de lui et jouer le rôle d'ange gardien.

— Si je pouvais seulement dégotter une paire d'ailes toutes blanches à me mettre dans le dos, je serais alors complet. Mais vous, patron ?...

— Moi, je vais chez Wanda, chez Militch, et je porterai à tes trois houris les salutations de leur seigneur et maître. Mais j'ai bien peur, ami Prosper, que d'après ce que tu m'en as dit, tu te sois fourré, relativement à ces trois jeunes personnes, dans un guêpier bien embarrassant pour toi.

Prosper se gratta l'oreille et secoua la tête avec un air tout penaud.

— Que voulez-vous, patron, fit-il, ce n'est pas pour rien qu'on est le suivant de celui que l'on appelle à juste titre *Cocorico*. Me voilà devenu un petit Chanteclair !...

Ludovic ne répondit qu'en souriant à la repartie moitié figue et moitié raisin de son digne acolyte. Il se fit conduire aussitôt chez Wanda et fit demander tout de suite Militch.

Celui-ci ne le fit pas longtemps attendre. Dès qu'il l'eut aperçu, il se jeta à ses genoux.

— Celui que tu as sauvé, ainsi que sa noble maîtresse, te salue, mon maître, et t'offre sa vie !...

— Relève-toi, fidèle ami, dit Ludovic en souriant, je connais ton dévouement. Il ne s'agit point à l'heure actuelle d'exposer tes jours, mais de me faire voir la fille de tes anciens maîtres, car j'ai à lui faire connaître, ainsi qu'à toi, des projets que je forme.

Militch se releva et le salua avec respect.

— Tu n'as qu'à me suivre, fit-il.

Ils traversèrent une pièce et arrivèrent à un petit salon, où se trouvait Wanda.

La fille du vayvode se leva à la vue de Ludovic. Celui-ci s'inclina légèrement devant elle, un instant surpris par la beauté très caractéristique de la jeune fille.

— C'est notre sauveur ! dit simplement Militch en le désignant.

Wanda, alors, vint à Ludovic et, avant qu'il eut pu prévoir son geste, elle lui baisa la main.

— Merci à toi, fit-elle, que Dieu a mis sur mon chemin. Je te dois la vie et l'honneur.

Ludovic la releva aussitôt.

— Mademoiselle, dit-il avec noblesse, vous serez mon amie, et c'est le seul titre que je réclame de vous. Je suis trop heureux d'avoir pu vous arracher à un esclavage indigne et de m'être mis à votre disposition. Je viens seulement vous demander à votre tour de me rendre un service en vous chargeant d'une personne que je voudrais vous confier.

La jeune fille répondit avec un sourire.

— Je reconnais dans vos paroles la délicatesse des hommes de votre race, dont on m'a souvent parlé. Il ne saurait y avoir de ma part de service à rendre là où il n'y a qu'un devoir, que mon cœur me commande.

Puis, lui faisant signe de s'asseoir et se tenant debout devant lui malgré son invitation à l'imiter :

— Je vous écoute, fit-elle.

Ludovic reprit alors doucement :

— Je ne parlerai, mademoiselle, que lorsque vous serez assise. Rappelez-vous mes paroles, il ne me plaît en aucune façon d'être considéré par vous comme un maître et d'être traité comme tel. Je sais que je puis compter sur votre dévouement, et, s'il le fallait, j'y aurais recours, même s'il devait vous exposer à quelque danger. Mais, d'autre part, il faut que vous vous inspiriez, à mon égard, et d'une façon générale, d'habitudes et d'idées bien françaises. Il y va même de votre propre sûreté.

Wanda, en entendant ces mots, changea subitement d'allures. Elle s'inclina gracieusement et s'assit en face de son interlocuteur.

— Vous n'aurez plus d'observations à me faire à ce sujet, fit-elle avec un charmant sourire. Je garde dans mon cœur tout ce que m'inspirera pour vous ma reconnaissance. Parlez donc, monsieur Ludovic.

Le jeune homme ne put s'empêcher d'être extrêmement surpris de cette subite transformation.

— La charmante créature, pensa-t-il.

Et ses pensées se dirigèrent subitement vers Héléna qu'il aimait toujours.

Il étouffa un soupir et continua :

— Dans la mission que je me suis donné, fit-il, vous allez jouer votre rôle. Je me suis emparé du fils de mon ennemi. C'est un enfant. Mais la vengeance que je veux exercer ne doit en aucune façon retomber sur lui-même. Au contraire.

» Je veux que cet enfant soit heureux, grandisse et prospère selon mes vues, reçoive l'éducation qui lui convient. Je veux, enfin, en faire un homme libre, aux idées généreuses et élevées. Je veux qu'il soit le premier, un jour, à me féliciter de mon intervention.

Wanda et Militch avaient échangé un regard. Ils admiraient cet homme.

— C'est là ce que vous appelez une vengeance ?... s'écria la jeune fille.

— Oui, mademoiselle, répondit simplement Ludovic, car le plus sûr moyen d'atteindre les méchants et les lâches, c'est de leur opposer la bravoure et la bonté !... Je vais donc vous confier cet enfant. Il a six ans à peine.

» C'est à présent déjà une petite nature, mais par la douceur et le raisonnement on obtient tout de lui. Je m'y suis déjà attaché. Et de plus, de par les liens du sang, il est mon neveu. Vous vous occuperez des soins de son enfance, ainsi que Militch qui se consacrera à lui. Il aura ainsi trouvé, je n'en doute pas, une maman adorable et un tuteur soucieux de ses intérêts et de son éducation.

— Le maître peut compter sur moi pour l'accomplissement de ses desseins, dit Militch avec déférence. Ils sont du reste ceux d'un cœur juste et bon.

— Et c'est avec une joie bien grande que je me consacrerai à la tâche qui m'est dévolue, ajouta Wanda avec une grande sincérité ; il me semble que j'aime déjà l'enfant dont vous me parlez.

— Il ne sera pas longtemps à vous le rendre, répondit Ludovic. Mais il va falloir pour cela penser à une installation confortable pour vous tous. Il faudra que Militch trouve, de préférence dans la banlieue parisienne, une maison toute meublée. C'est là que tous deux vous garderez l'enfant que je vous confie. Il vous faudra prendre un nom d'emprunt. Maintenant, une question délicate : n'êtes-vous pas à court d'argent ?

La jeune fille rougit un peu à ces paroles.

Militch expliqua :

— La fille de mes maîtres n'a rien voulu emporter dans son

évasion de ce qu'elle jugeait ne pas lui appartenir. Il reste à peine de quoi vivre un mois ou deux.

Ludovic les rassura. Cependant lui-même était à bout de ressources.

Mais les soucis d'argent n'avaient guère arrêté notre journaliste qui, cependant, ne possédait pas de fortune. Il irait le jour même à son journal, s'excuserait d'avoir quitté son service, demanderait des avances et expliquerait pourquoi il lui fallait rester à Paris. Tout s'arrangerait.

Il y avait encore une difficulté qui pouvait devenir un embarras. C'était la présence des trois jeunes femmes turques que Prosper avait ramenées. Il n'entrait pas dans les intentions de Ludovic de les faire loger avec Militch. Elles se seraient vite fait remarquer. Non, il faudrait que Prosper leur trouvât à chacune une situation, puisqu'il s'en était chargé.

Ludovic s'informa de leur état de santé, et fut même obligé de les accueillir, bien qu'il s'en défendît, légèrement toutefois.

Elles arrivèrent ensemble, et spontanément se prosternèrent devant Cocorico, qui les releva en souriant.

— Vous êtes toutes trois charmantes, dit-il, et j'espère que votre nouvelle situation de Parisiennes ne vous déplaît pas trop ...

— Non, répondit Haydée, en faisant une moue mutine, mais notre Grand Seigneur et Maître nous néglige vraiment un peu trop !... Ce n'est point ainsi qu'un véritable fils d'Allah se conduirait.

Ludovic réprima la forte envie de rire qui le prenait.

— Il est tellement absorbé, répondit-il, qu'il faut savoir l'excuser. Soyez certaines, toutes trois, que je lui ferai part de cette juste revendication.

CHAPITRE XIII

Un rédacteur mal accueilli.

Deux jours ne s'étaient pas écoulés que Militch avait trouvé à louer la maison que désirait Ludovic pour leur installation. C'était à Villiers-sur-Marne, rue de Chennevières.

La location d'une année fut payée d'avance au nom de M. Vandal, qui n'était autre que Militch. Wanda passerait pour sa fille.

Celle-ci reçut le petit Karl avec de véritables marques de joie.

— Voilà la nouvelle maman que tu vas avoir, dit Ludovic en montrant à l'enfant la fille du vayvode.

— Elle est bien jolie et bien gentille, répondit-il. Je sens que je l'aimerai bien, mon oncle !

Cette réponse lui valut une nouvelle distribution de caresses.

— Ce monsieur, ajouta Ludovic en lui désignant Militch, sera ton précepteur, celui qui s'occupera de tes études et du choix de tes maîtres et professeurs. Tu promets de te montrer à son égard très soumis et d'écouter tout ce qu'il te dira comme si c'était moi-même qui te le demande ?

L'enfant fit un signe de tête affirmatif.

— Alors, tout ira bien. Quant à nous, ajouta-t-il en s'adressant à Wanda et à Militch, nous ne correspondrons que par téléphone, les lettres étant dangereuses, et par prudence, ne nous reverrons plus jusqu'à nouvel ordre.

— Il sera fait selon vos désirs, répondit Militch.

. . . .

Ludovic avait rendu compte à Prosper des revendications de Haydée, Nanaï et Aïscha.

— Lorsqu'on veut jouer le rôle de Mahomet dans son Paradis, mon cher ami, avait-il dit en éclatant de rire, il faut au moins s'occuper un peu plus de ses houris, que diable ! Il va falloir d'ailleurs trouver pour ces aimables personnes une position sociale, car tu n'as pas la fortune d'un Crésus, et elles me paraissent disposées à se montrer exigeantes.

— Ça, répondit Prosper, c'est un défaut que je vais leur faire passer rapidement ; et puisqu'elles ne veulent pas de la liberté, ce plus beau des cadeaux que je leur ai offert plusieurs fois... parce qu'il ne me coûtait rien, je vais leur faire comprendre une fois pour toutes qu'elles aient à se tirer d'affaire toutes seules.

— Y penses-tu ?... Et la part de responsabilité que tu as prise dans leur existence ?... repartit Ludovic en raillant légèrement. Si elles allaient tourner mal ?... Cela te regarde directement.

Prosper se gratta l'oreille, geste qui lui était familier, se tira le nez, se frotta le menton, et finit par laisser échapper un sonore :

— Zut, alors !... Me voilà devenu le gardien de leur vertu à c't'heure !...

— Cela rentre absolument dans l'ordre naturel des choses, puisqu'elles te reconnaissent ce pouvoir.

— C'est bien, patron, répondit résolument Prosper ; je vais m'arranger pour trouver à chacune un emploi honorable et lucratif si c'est possible.

Et là-dessus, il prit son chapeau et sortit d'un air pensif et mélancolique. Il se dirigea vers le Family-House où les trois Turques étaient restées.

A son arrivée, il fut accueilli par les marques et les témoignages d'une folle joie. Les trois jeunes femmes avaient employé leurs loisirs à piocher ferme le français, qu'elles parlaient maintenant sans trop de difficultés.

Ce fut Haydée qui coupa court aux salamalecs, en lui reprochant assez vivement sa trop longue absence.

Mais il l'interrompit presque aussitôt.

— Tout ça, c'est très chic, mes poulettes, fit-il en roulant des yeux tout ronds ; mais voilà, il y a un embêtement dans le fourbi, c'est que je n'ai plus de galette !...

— De la galette ?... s'écria la grande Aïscha, en éclatant de rire, nous n'avons pas faim !...

— Moi, je préfère du champagne ! dit Haydée.

— Et moi des glaces !... fit Nanaï.

— Du champagne ?... Des glaces ?... répéta Prosper en reculant d'un pas. Pourquoi pas des rentes tout de suite ? Mince alors !... Vous avez la comprenette difficile !... Je viens tout simplement vous dire que je n'ai pas le sou... plus de ronds, si vous comprenez mieux !...

— Des sous ronds ?...

— Oui, des sous, des ronds, de l'argent, de l'or ou des billets de banque !... plus de picaillons, plus de monnaie, plus d'argent !... c'est ce qu'on appelle en France de la bonne galette !...

Cette annonce jeta un froid...

— Nous avons dépensé tout ce que nous avions ! fit Haydée.

— Oui, tout !... reprirent les deux autres.

— Alors, qu'allons-nous faire ? firent-elles toutes les trois.

— Gagner votre vie !.. répondit tragiquement Prosper en imitant un premier rôle qu'il avait vu jouer au théâtre de Belleville.

— Comment ?...

— En travaillant !

Un silence glacial accueillit cette proposition, faite d'une voix grave et pathétique.

— Aucune de vous n'aurait un métier, par hasard ?...

— Qu'est-ce que c'est ça, un métier ? demanda Aïscha.

Cette réponse abasourdit Prosper.

— Au fait, se dit-il, elles ne savent certainement rien fiche toutes les trois ? Quel pétrin, mes enfants !

Mais Haydée, voyant le front de son seigneur et maître s'assombrir, se mit à faire la folle et donna le signal de l'insouciance. Elle s'empara d'un tambourin. Ce que voyant, Aïscha prit des castagnettes, et Nanaï un tambour de basque, instruments qu'elles avaient rapportés de leur pays.

Et organisant un ballet improvisé, elles se mirent à danser autour de Prosper ahuri, en prenant des poses plastiques tout à fait gracieuses et poussant des exclamations et de petits cris.

— Bravo ! s'écria le typo, enthousiasmé ; mais voilà mon truc tout trouvé ; et ça va faire un numéro épatant pour un music-hall !... On appellera ça *les danseuses d'Allah en goguette*. Je me proposerai même, si l'on veut, pour faire Allah !... Mes enfants, je suis content de vous, comme disait Napoléon. Je vais chercher un impresario !...

Tandis que Prosper Godilleau se félicitait, au milieu de son sérail turc, d'avoir trouvé la combinaison qu'il cherchait, Ludovic, de son côté, s'était rendu à l'Agence de la *Petite Gironde* pour y faire la démarche dont il avait l'intention de s'acquitter.

Comme il montait à la salle de rédaction, il se heurta presque à un de ses bons amis, Laugelle, qui faisait des chroniques, et paraissait très affairé.

— Eh ! bonjour s'écria Ludovic, comment vas-tu depuis un siècle que je ne t'ai vu ?...

L'autre le regarda un instant et parut figé.

— Eh bien ! poursuivit Coricoco, ne me reconnais-tu pas ? Les voyages m'auraient-ils changé à ce point ? J'avais d'abord laissé pousser ma barbe, c'est vrai, mais je me suis fait raser maintenant, et je ne pense pas que cette série de transformations puisse me rendre méconnaissable.

Laugelle prit alors un air très réservé.

— Je vous reconnais parfaitement, fit-il avec un certain dédain en paraissant donner comme un sous-entendu à ses paroles.

— Qu'est-ce qui te prend ?...

— Il ne me prend rien que de très naturel, et ce qui me prendra dorénavant chaque fois que je me trouverai en votre présence. Cela, d'ailleurs, ne doit pas vous étonner après la façon plus que bizarre dont vous nous avez reçus, vous-même, à Versailles, mes confrères et moi, lors de l'élection du Président.

— Qu'est-ce que cela signifie ?...

— Cela signifie que je suis pressé et vous quitte sans regret. J'ai du travail urgent, et comme je n'ai ni les moyens ni l'envie d'aller faire fortune en Allemagne, ainsi que quelqu'un que vous connaissez bien, je ne vous dis pas au revoir.

Ludovic était devenu très pâle. Il barra le chemin au journaliste qui voulait partir.

— Pardon, fit-il, avant de vous répondre, il me faut une explication et des excuses...

— Ne comptez sur rien de tout cela !...

A ce moment, un chef de service vint à passer.

— Qu'est-ce qu'il y a donc ? demanda-t-il en s'approchant du groupe.

Laugelle répondit :

— C'est Monsieur qui vient pousser dans les bureaux un Cocorico qui n'est pas gaulois.

— Ah ! fit le chef de service en toisant Ludovic ; en effet, il vient d'outre-Rhin. C'est du toupet de se montrer ici !...

Ludovic s'était reculé, indigné, se sentant directement pris à partie sans savoir pourquoi.

— Vous m'insultez !... vous ?... Mais vos silences seront châtiés !...

Et son exaspération lui faisait hausser le ton. Un groupe s'était formé.

Soudain, il reconnut l'administrateur, qui s'avançait et qui, d'un geste, calma l'effervescence qui commençait de régner.

— Monsieur, fit-il froidement en s'adressant à lui, veuillez je vous prie passer dans mon bureau. Je vous fournirai l'explication que vous êtes venu chercher.

Ludovic le suivit en chancelant.

Le personnage l'avait conduit dans une vaste pièce, et sans l'inviter à s'asseoir :

— Monsieur Schwartz, fit-il d'un air méprisant, vous avez hôtel et fortune, un grand nom, et une position particulièrement exceptionnelle à la cour d'Allemagne, nous savons tout cela. Vous êtes un grand seigneur !... Trop grand seigneur même pour venir dans un journal français. Il n'y a pas ici de pièces à soustraire, et quant aux documents que nous possédons, nos rédacteurs sont à l'abri des séductions que vous pourriez tenter. Je vous prie donc, au nom de la Direction et de la Rédaction tout entière, de ne plus remettre les pieds ici.

En entendant ces paroles, le voile qui couvrait les yeux de Ludovic se déchira. Il comprit tout. On le prenait pour Wilhelm.

— Ah ! s'écria-t-il en respirant à pleins poumons, je conçois votre erreur, c'est cette fatale ressemblance !... Mais, heureusement, je puis vous fournir toutes les explications qui, je le conçois, vous sont nécessaires à ce sujet. Sachez donc...

— Inutile, interrompit l'administrateur en lui coupant la parole d'un geste accentué par un sourire ironique. Je sais tout ce que vous pourriez nous dire. Nous sommes parfaitement renseignés, monsieur Cocorico !...

— Eh bien ! alors, s'écria cette fois Ludovic devenu pourpre, puisque vous connaissez ma personnalité, que signifie l'attitude que tout le monde prend à mon égard ?...

— C'est celle qui convient vis-à-vis d'un espion allemand, monsieur, répondit cette fois sévèrement son interlocuteur, puisque votre personnalité est double ! Le journaliste apprécié, que nous connaissions sous le pseudonyme de Cocorico, ce fameux patriote et le journaliste allemand Wilhelm Schwartz, prince espion de l'empereur, ne font-ils pas le même et unique personnage qui nous a tous trompés ici ?...

» Inutile de vous défendre. Cela ne servirait à rien. Et du reste, si vous voulez le savoir, Mlle Héléna Malherbe nous a trop bien édifiés sur votre compte. C'est elle qui nous a mis au courant. Et c'est un bien grand et utile service qu'elle nous a rendu en vous démasquant.

Ludovic reçut cette réponse comme un coup de massue.

Héléna !... C'était Héléna qui l'atteignait ainsi si profondément dans son honneur, dans sa dignité !... C'était elle qui cherchait ainsi à le détruire tout entier. Et n'était-ce pas tout naturel ?...

La malheureuse ne croyait-elle pas fermement que lui, Cocorico, son fiancé, avait trahi la France ?... Ne le croyait-elle pas également, avec toutes les apparences de raison, le meurtrier de son propre frère, Henri Malherbe, que ce démon de Schwartz avait si lâchement assassiné ?...

Toute explication à ce sujet devenait en effet inutile.

La rage au cœur, devenu blême et faisant tous ses efforts pour ne pas tomber, il se retira en balbutiant :

— Vous vous trompez, dit-il, vous vous trompez.

L'administrateur haussa les épaules, et lui tourna le dos.

Lorsque Ludovic fut sur les boulevards, il se précipita dans le premier taxi qui passa. Il donna l'adresse d'Héléna. Il fallait la voir à tout prix, lui crier son innocence, la convaincre avec tous les accents de la vérité.

Mais quelles preuves lui donner de sa bonne foi ?... Le malheureux Henri Malherbe ne l'avait-il pas lui-même accusé ?...

Il arriva chez elle et se présenta. On lui répondit qu'elle était en voyage. Alors, désespéré, anéanti, il se fit conduire chez lui...

CHAPITRE XIV

Prosper agent de placement.

Ludovic était rentré chez lui profondément accablé et désespéré de ce qui venait de lui arriver au journal *la Petite Gironde*.

Il était donc maintenant complètement brûlé à Paris. On le prenait pour un traître, un espion au service de l'Allemagne. Un *vendu !...* car tout le monde le savait Français d'origine.

C'était la honte la plus écrasante et la plus imméritée qui pouvait l'atteindre. Pourrait-il seulement s'en relever ?...

Et ce coup, ce coup terrible qui l'abattait ainsi, au moment où il croyait être en bonne posture pour pouvoir vaincre ses ennemis, à qui le devait-il ?... A Héléna !... A la femme qu'il aimait le plus au monde. A celle qui lui reprocherait toujours ce qu'un autre que lui avait commis.

Dans ses deux sentiments les plus intenses, son amour pour cette femme et son patriotisme, il se sentait frappé. On le traiterait de renégat comme elle-même pourrait, dans sa haine, le traiter de lâche assassin !...

Ah ! ce Schwartz, ce Schwartz maudit s'était bien vengé de lui !... Il triomphait maintenant.

Cette allusion faite par le journaliste qui venait de le traiter si durement lui revenait à l'esprit et l'éclairait sur la trame qui s'était ourdie contre lui-même.

Schwartz avait pris sa place. Il s'était fait passer pour Ludovic Dortailles, pour Cocorico, le journaliste bien connu pour ses convictions et son patriotisme.

Usant de cette funeste ressemblance qui leur servait ainsi à se tromper réciproquement et à tromper les autres à tour de rôle, la tâche de Schwartz avait été facile, en effet.

Et une fois bien posé dans son personnage, alors que tout le monde s'y était laissé prendre, il avait sans doute, et à dessein, rendu compromettant ce même personnage pour mieux le perdre dans l'esprit de ses confrères de la presse, en affectant une attitude et des opinions contraires à celles de Ludovic.

De là à éveiller des soupçons, à le rendre suspect et même à laisser entrevoir une trahison possible, il n'y avait qu'un pas qui devait être vite franchi.

Bien joué ! pensait-il tristement. Décidément, ce Schwartz était un coquin habile.

Ce n'était rien d'avoir gagné la première partie au lit de mort de leur père, partie qui devait être payée par la mort du malheureux Henri Malherbe, par la haine de sa fiancée. Partie gagnée, par conséquent, terriblement au prix des plus pénibles sacrifices.

Ce n'était rien d'avoir gagné également la seconde, en enlevant le petit Karl. En s'assurant ainsi du fils de son ennemi.

Voilà que le troisième acte de ce drame menaçait d'être le dernier et d'assurer le triomphe de l'infamie.

Que pouvait-il en effet, maintenant ? Quels moyens d'action lui restait-il ?

On le prenait pour un misérable espion, traître envers son pays, traître envers son meilleur ami qu'il avait lui-même assassiné, traître envers la femme qui l'aimait pourtant si sincèrement.

On le prenait pour Schwartz enfin, et cela était tout dire en un seul nom.

Il en était là de ses réflexions, lorsque Prosper entra en coup de vent.

La soirée était venue et Ludovic, abîmé dans ses pensées, avait négligé d'éclairer la pièce. L'ex-typo ne s'arrêta pas à ce détail.

— Victoire, patron ! s'écria-t-il. J'ai de bonnes nouvelles à vous donner et qui, je l'espère, vous intéresseront. D'abord me voilà chouettement tiré d'affaire pour les poulettes que vous savez. Faut croire que je suis un véritable bureau de placement à moi tout seul, car je les ai toutes casées. Et ça n'a pas été sans peine ! Mais enfin, l'affaire est dans le sac. Et ce sera un chic turbin, je vous prie de le croire.

— Allons, tant mieux ! répondit évasivement Ludovic. Te voilà tiré de tes préoccupations à ce sujet. Tu as bien de la chance !...

— Si j'ai de la chance !... s'écria le brave garçon, qui ne remarquait pas la tristesse dissimulée sous les paroles de celui qu'il proclamait son maître et ami. Mais c'est-à-dire que c'est de la veine épatante, de la veine en bâton. Et ça, au moment où je commençais à me décourager comme un imbécile !...

» Figurez-vous, patron, que je suis allé tout droit à l'endroit où perchaient les trois colombes, après les paroles que vous m'aviez dites. Je pensais, en effet, qu'il fallait sortir du pétrin et que le meilleur moyen de trouver du pognon, c'était encore d'en gagner. Mais voilà !... comment ?... Mes trois particulières n'étaient bonnes qu'à se balader du matin au soir. Un métier de femmes sandwichs les aurait trop fait remarquer et les aurait exposées à des fréquentations pas ordinaires.

» Dès que je me suis amené, elles m'ont d'abord reçu d'une façon épatante. Mais quand j'ai fait comprendre qu'il fallait trouver du turbin, elles ont fait une drôle de trompette. Alors, comme j'avais pas moi-même l'air très folichon, la plus gosse des trois s'est mise à chanter en dansant avec les autres, au son des castagnettes, et j'en suis resté comme deux ronds de flan.

» Moi je me creusais le ciboulot pour trouver une idée, voilà qu'à elles trois, elles venaient de me la fourrer sous le nez du premier coup. Ça ferait des danseuses épatantes, et il n'y avait plus qu'à improviser un numéro exceptionnel. Au concert, ça aurait un gros succès.

» Alors, je les ai emmenées, et j'ai fait tous les music-halls avec elles derrière mes trousses. Mais mon idée de ballet turc ne remportait aucun succès. La Turquie décidément ne faisait pas florès. On me proposait de leur faire faire du trapèze ou de la barre fixe, de montrer des serpents ; un tas de fourbis arabes qui les faisaient se gondoler en pure perte. Si cela devait continuer, cela menaçait de nous faire rentrer bredouilles.

» Je commençais à faire un blair pas ordinaire, lorsque j'avise un nouvel établissement où l'on faisait pas mal de réclame. Je me présente, toujours escorté, et j'aperçois un type sans barbe qui traversait la salle en gesticulant. Dès qu'il me voit, il arrive en faisant sauter sur son ventre une grosse chaîne de montre.

» — Ah ! vous voilà ?... fait-il, c'est pas malheureux !... Un peu plus, avec votre retard, vous faisiez rater mon ouverture. Nous avons tout juste le temps d'organiser notre numéro pour qu'il ne soit pas trop toquard !... Je ne comptais plus sur vous. Vous alliez me fiche dans un sale pétrin.

» Et comme je restais là à rouler des yeux :

» — Qu'est-ce qui vous prend ? fait-il. Vous faites une sacrée bouillotte ! Est-ce que vous n'êtes pas monsieur Trouillard ?...

» — Monsieur Trouillard ? que je réponds, de plus en plus épaté. Moi ?... jamais de la vie !... D'ailleurs, je n'ai jamais eu la trouille !...

» — Le cochon !... s'écrie mon bonhomme en faisant aller ses petits bras... J'en étais sûr, il me claque dans la main ! Un numéro exceptionnel sur lequel je comptais. Et si nécessaire à mon programme !... Mais alors, si vous n'êtes pas Trouillard, qu'est-ce que vous venez faire ici ?...

» Et sans me laisser répondre, le voilà qui s'avance vers Aïscha qui montrait les dents, Haydée qui se tirait le nez, et Nanaï qui regardait ses pieds.

» — Mais ce sont des danseuses !... s'écrie-t-il.

» — Ah ! pour ça, je vous le garantis, que je réponds en m'armant de toupet, et pas ordinaires !...

» — Mais voilà mon affaire !... répond mon bonhomme en se tapant dans les mains. Des danseuses espagnoles !... Je vais pouvoir établir mon numéro !...

» — C'est qu'elles sont Turques !... que je fais en hésitant.

» — Je m'en fiche un peu.

» Et le voilà qui nous pousse tous sur la scène en criant :

» — Hé ! Antoine !... allez me chercher le chef d'orchestre, le maître de ballet et le régisseur. Tout de suite, qu'on s'amène vivement. Et dépêchez-vous, nom d'un chien !...

» Alors, ça est devenu roulant ! On a flanqué Aïscha, Nanaï et Haydée toutes les trois à côté l'une de l'autre. Le pianiste est arrivé avec le maître de ballet.

» Avant qu'on leur ait rien dit, dès que la musique s'est fait entendre, voilà mes sacrées mâtines qui se mettent à tourner, à se balancer. Elles sortent des mouchoirs qu'elles se jettent en dansant et qu'elles agitent au-dessus de leurs têtes. Elles se renversent, se tortillent, se disloquent, se couchent et se redressent. Ça surpassait tout ce qu'elles m'avaient fait voir. Tout à coup, le piano s'arrêta et les trois Turques aussi.

» — Bravo ! Bravo !... s'écrie le directeur, qui en bavait et qui se précipitait sur moi en me serrant dans ses bras. Ça dépasse toutes mes espérances. On va changer tout ce qu'on avait dans le ballet. Nous garderons ce qu'elles viennent de faire là, qui est cinquante fois plus épatant. Quand vous aurez beaucoup de femmes comme cela, vous pourrez toutes me les amener. Je vais leur faire un engagement pour leur ôter l'envie d'aller ailleurs faire voir leurs mollets. Et voilà mille francs de commission pour vous !... Nous compterons après la première ce que je vous devrai ensuite.

» — Eh bien ! s'écria Prosper en terminant son récit, croyez-vous que vous mettez vraiment en plein dans le mille lorsque vous me dites, patron, que j'ai de la chance ?

Ludovic ne répondit que par un murmure qui étonna le brave garçon, lequel remarqua du coup l'attitude attristée du rédacteur.

— Qu'avez-vous donc, patron ? fit-il en s'avançant vivement près de lui, est-ce que vous seriez malade ? Vous m'inquiétez !...

Ludovic lui avoua alors ce qui venait de lui arriver. Il ne voyait aucun moyen pour sortir de cette fatale issue,

Prosper l'avait écouté sans l'interrompre, en se rongeant les ongles.

— C'est à désespérer, mon pauvre ami, conclut Ludovic.

— Désespérer ! s'écria Prosper. C'est la première fois, patron, que je vous entends parler comme ça.

» Voyons, il s'agit de ne pas se frapper ni de se navrer sans rien faire pour se tirer de là. On vous a pris pour Schwartz. Ce qui revient à dire que Schwartz a commencé par se faire prendre pour vous-même. Donc, il est à Paris !... Sous votre nom !... Il ne s'agit que de le piger et de lui faire avouer ses gredineries. Du coup, votre innocence est proclamée et l'on reconnaît que vous avez toujours été bon Lorrain, le bon Français que peut et doit être Cocorico !...

» Et pour commencer, il faut voir d'autres journalistes. Tâcher de savoir où se trouve l'hôtel de Ludovic Dortailles. Nous finirons bien, croyez-moi, par le pincer. Et alors, il aura de fameux comptes à nous rendre. On lui fera payer cela rudement cher.

» Croyez-moi, ce qui arrive va devenir bon à quelque chose. Cela, du moins, nous fait connaître la présence de la canaille que nous poursuivons. Il ne reste plus qu'à dénicher l'oiseau !

Ces paroles de Prosper avaient un peu ranimé Ludovic.

— Tu as raison, mon vieux Prosper, fit-il. Ce n'est pas, en effet, le moment de se laisser abattre. Voilà que tu me rends tout mon courage et que je me sens redevenir plus confiant. Oui, je dois retrouver Schwartz. Au surplus, j'ai entre les mains un otage précieux ; son fils, le petit Karl, qui pourra être d'un grand poids pour le résoudre à se démasquer complètement. Je puis ainsi reconquérir ma véritable personnalité. A ce prix-là, il n'y a pas à hésiter.

— Bien sûr !... acheva gaîment le typo. Il faudra bien, s'il veut son fils, qu'il avoue toutes ses infamies. Et Mlle Héléna, que vous aimez tant, sera alors complètement convaincue de votre bonne foi et de votre innocence !...

CHAPITRE XV

A l'hôtel Dortailles.

Pendant toute la semaine qui suivit, Ludovic, mettant en pratique les conseils de Prosper, se consacra à la recherche de Wilhelm.

Ce dernier était assez difficile à trouver. Arrivé à Paris avec Mina et Louise Frankey, il avait effectivement pris le nom de Ludovic Dortailles, pour continuer à tromper la malheureuse mère abusée et compromettre, comme il l'avait déjà fait, son ennemi par certaines allures affectées au dehors et des appréciations tout à fait contraires à celles qu'aurait eues Cocorico.

Cette conduite, qui cadrait si bien avec ses idées et qu'il avait bien soin de cacher à celle qu'il appelait ouvertement sa mère, commençait à porter ses fruits. Ludovic Dortailles était définitivement jugé dans le monde des journalistes. Il avait changé son fusil d'épaule. Ç'avait été un malin, mais un traître.

Une belle fripouille, ayant su faire argent de toutes les convictions dont il avait édifié une plate-forme commode pour atteindre ce qu'il voulait depuis longtemps. Et cette lâcheté exaspérait bien des esprits. L'hôtel qu'il avait loué était désigné sous le nom d'hôtel de Judas.

Dans ces conditions, Ludovic, le vrai Ludovic, se heurtait à des obstacles sans nombre pour trouver l'adresse qu'il cherchait. On lui tournait carrément le dos lorsqu'on le rencontrait.

Ce fut encore Prosper qui, cette fois-là, le tira d'affaire. Il rencontra un de ses copains, typo comme lui, et eut vite fait d'obtenir tous les renseignements qu'il demandait.

— Hein ! lui dit celui-ci, aurait-on jamais cru une chose comme ça, je te le demande ?... Un bonhomme comme Cocorico, si aimé de tous, si connu et gobé, faire une saleté pareille ?...

— Quelle saleté ?...

— Comment, tu ne sais pas ?... Mais le jour de l'élection présidentielle, il y a eu toute une affaire de petits papiers diffamatoires répandus à profusion dans les couloirs et livrés au public, aux sénateurs, aux députés et aux journalistes. Il y avait là dedans un tas de mensonges et d'infamies !... On y salissait nos hommes politiques les plus en vue. C'était ignoble et dégoûtant. Un vrai scandale !

» Eh bien ! celui qui avait mijoté cette abominable cuisine, celui-là n'était autre que Cocorico !... Il ne s'en cachait pas, du reste. Et cela a causé une stupéfaction générale. On a cru qu'il devenait fou. Et ce triste sire-là blaguait avec insolence ceux qui venaient lui faire des remontrances et le blâmer.

» Alors on a appris qu'il avait été en Allemagne et qu'il en revenait directement sans avoir prévenu les administrateurs du journal, qui l'avaient envoyé cependant ailleurs. Plus de doute, il s'était fait acheter pour accomplir sa jolie petite besogne et bien d'autres encore qu'il préparait certainement depuis longtemps.

» Et puis, il s'était installé assez chiquement dans un petit hôtel qu'il avait loué. Cela devenait plus que louche, tu comprends. Il nous avait fourrés dedans !... C'était un espion allemand et pas autre chose. J'avoue que tout le monde en a été stupéfait !... Un coup de cette force-là, c'était un peu raide tout de même !...

» Et ce qu'il y a de plus épatant, c'est que ce sale type a changé complètement d'allures. On a cherché à le provoquer. Il a reculé, il a tourné le dos en ricanant. Jamais celui que nous nommions Cocorico n'aurait supporté la moindre insulte. Lui que l'on croyait un rude lapin ! C'est à ne plus croire en personne, décidément !...

— Et où habite-t-il ? demanda Prosper, qui faisait tous ses efforts pour se contenir.

— Avenue de Villiers, rien que ça de chic ; mais il ne reçoit jamais personne, du moins de ceux qui voudraient l'y rencontrer pour obtenir de lui satisfaction.

— C'est bon, il me recevra, moi.

— Toi ?

— Oui, mon petit. Et ce jour-là, on sera joliment épaté de ce qu'on apprendra sur mon compte, je t'en réponds.

Et il quitta son camarade, qui le regarda s'éloigner en ricanant.

— Ce vieux Prosper, pensait-il, encore un qui est aveuglé par la colère et qui ne peut supporter les canailles et les crapules. Il ne doute de rien !... Croit-il donc que Dortailles va lui expliquer sa conduite ? Ah ! bien, oui ; compte là-dessus et bois de l'eau ! Il n'en subsiste pas moins que Cocorico est complètement fichu à l'heure actuelle. C'est un homme à la mer qui ne reviendra plus à flot. Il se consolera avec l'argent des Prussiens !...

Et le typo poursuivit son chemin après avoir craché à terre en signe de dégoût.

Prosper courut raconter à Ludovic le résultat de sa rencontre et fournir l'adresse qui lui avait été indiquée.

On savait maintenant où pincer Schwartz.

Ludovic résolut de ne pas perdre un instant. Il se fit conduire immédiatement à l'endroit indiqué, après s'être muni d'un revolver et d'un poignard de poche.

— Il ne me recevra sans doute pas, pensait-il pendant le trajet, car il n'est pas prévenu et n'a pas eu le temps d'organiser quelque piège de sa façon pour s'assurer de ma personne. Mais cependant il faudra bien que je me trouve en face de lui et que je lui fasse payer une bonne fois tout le mal qu'il m'a fait si je n'obtiens réparation. Je lui rendrai son fils, s'il me rend mon nom. S'il consent à signer lui-même une déclaration que je produirai publiquement et dans laquelle il reconnaîtra tous ses agissements.

» Après cela, nous ne désarmerons pas cependant. La partie ne sera que remise. Je l'attendrai plus tard. Mais s'il refuse, s'il se dérobe, malheur à lui, ou à moi !... Alors le moment sera venu d'en finir.

» Je vais surveiller son hôtel. Il faudra bien qu'il sorte ou qu'il entre. Dès que je le verrai, je me dresserai devant lui. Et nous verrons ce qu'il arrivera. S'il se défend, s'il crie, s'il proteste et refuse de me recevoir ou de m'entendre, je le traîne au premier poste de police venu et il sera bien forcé de fournir des explications. Tant pis, ce sera jouer le tout pour le tout.

Ludovic était arrivé.

Une désillusion cependant l'attendait encore qui devait réduire à néant le nouveau plan qu'il avait conçu. Il régla son cocher et sonna à la porte de l'hôtel.

On se fit attendre, mais on ouvrit cependant. Un homme parut qui demanda ce que l'on voulait.

— Cet hôtel est bien celui de M. Dortailles ? dit Ludovic. C'est à lui que je voudrais parler. Je ne puis me nommer, dites-lui que je lui suis adressé par une personne qu'il connaît bien, et que j'arrive de Schwartzburg. Il n'hésitera pas sans doute à me recevoir.

— On ne vous recevra pas, pour une bonne raison, lui fut-il répondu avec ironie : depuis hier, M. Dortailles et les personnes qui étaient avec lui ont quitté cet hôtel, qui d'ailleurs est à vendre. Le nom qu'on lui avait donné tout bas ne lui a pas porté bonheur.

— Quel nom ?...

— L'hôtel de Judas !... Si vous croyez que c'était agréable de servir des gens que l'on traitait d'espions !... Moi, je vais faire mes paquets et m'en aller aujourd'hui. Il est parti avec la dame âgée et l'autre, la jeune, qui était avec lui. Qu'ils aillent tous se faire pendre ailleurs ! C'est un bon débarras !...

En entendant ce que lui disait cet homme, la colère s'empara de Ludovic.

— Parti ! s'écria-t-il, parti juste au moment où je me croyais sûr de le trouver ! Et ils ne vous ont pas dit pour quelle destination ?...

— Non, mais je vous croyais plutôt de la famille, car vous ressemblez rudement à M. Dortailles. Si je ne me trompe, vous couriez le risque de ne pas être plus reçu que les autres. On connaît son histoire, allez. Il paraît qu'il avait tourné casaque, et pour cause !... C'est peut-être aussi parce que cela commençait à se savoir un peu trop, et que ça le gênait, qu'il est parti sans crier gare et sans laisser d'adresse. Il devait avoir ses raisons.

Ludovic ne répondit pas. Il sortit de l'hôtel la rage au cœur. Où trouver Schwartz maintenant ?

Comme il marchait, la tête basse et sans trop savoir où il se dirigeait, il se heurta presque à un couple qui venait en sens inverse sur le même trottoir, et faillit tomber à la renverse en poussant un cri de surprise et de joie.

Héléna était devant lui. Un homme encore jeune, au type anglais, l'accompagnait.

— Vous ?... s'écria Ludovic haletant, je vous vois enfin, Héléna !...

Mais la jeune femme s'était reculée vivement à son approche et le regardait avec une expression indéfinissable de colère et de dédain.

De son côté, celui qui l'accompagnait s'était interposé.

— Qui êtes-vous donc, monsieur, fit-il avec une politesse froide et hautaine, pour accoster ainsi dans la rue les personnes qui, je le vois à l'attitude de mademoiselle, ne tiennent pas à être abordées par vous ?...

Ces paroles cinglèrent le journaliste, qui sentit aussitôt une furieuse jalousie lui mordre le cœur. Quel était cet homme qui se trouvait avec Héléna et s'érigeait de suite comme son défenseur ?...

— Monsieur, fit-il en reprenant ses esprits, j'avoue que mon premier mouvement a été tout impulsif, mais c'est à la personne que vous accompagnez que je me suis adressé, et non à vous-même, que je n'ai pas l'avantage de connaître. Il ne me déplaît pas cependant de me nommer devant vous.

» Je suis M. Dortailles, et puisque je vous rencontre, Héléna, c'est pour vous dire que ce nom devrait vous rappeler bien des souvenirs et vous attirer bien des regrets pour les épouvantables soupçons dont vous m'avez accablé. Comment m'avez-vous pu croire capable de tout ce dont vous m'accusez ?... Comment, du fond de vous-même et contre toutes les apparences, un cri de protestation ne s'est-il pas élevé en ma faveur ?...

La jeune fille, en entendant la voix de celui qu'elle avait si sincèrement aimé, avait tressailli. Les accents en étaient si chaleureusement sincères, qu'une grande émotion l'envahit toute.

Mais elle releva la tête, et regardant Ludovic bien en face, avec un profond mépris :

— Inutile d'essayer vis-à-vis de moi des dénégations que je suis trop fondée de croire mensongères, répondit-elle. Deux témoins se dressent pour vous confondre : mon frère, qui vous a reconnu, et cet hôtel d'où vous sortez, qui est le vôtre, et qui vous accuse tout autant. N'essayez pas de me tromper plus longtemps. Des circonstances, que vous devez ignorer encore, me font modifier la vengeance que je désirais tirer de vous. Je vous ai pour le moment retiré vos moyens de nuire en dévoilant votre conduite. Cela me suffit. Quant à moi, n'essayez plus jamais de faire appel à des sentiments que vous avez si horriblement foulés aux pieds. Vous m'avez perdue pour toujours.

— Ce n'est pas possible ! protesta Ludovic avec véhémence. Non, l'erreur, l'erreur monstrueuse où vous êtes plongée finira bien pas se dissiper. On ne condamne pas ainsi un malheureux sans l'entendre. J'exige une entrevue pour me justifier, pour vous expliquer les horribles machinations qui me rendent coupable devant vous malgré toute mon innocence.

Héléna sourit avec mépris.

— Je quitte Paris, dit-elle. Inutile de venir chez moi. Dans votre intérêt, cela vaut mieux. J'étais revenue il y a plusieurs jours pour vous voir... Je vous ai vu, j'ai pitié de vous. Partez... Ne me cherchez pas, il y va de votre vie.

— Pardon, intervint alors le personnage qui l'accompagnait, mais monsieur m'a dit son nom ; il est juste que je lui fasse connaître le mien. Je suis lord Falkland, dit-il en lui tendant sa carte, et je serais bien aise de vous donner à ma façon certaines explications que vous méritez.

Ludovic avait pris machinalement la carte de celui qui le provoquait de la sorte et qu'Hélène avait entraîné.

Il restait là, complètement anéanti, regardant le couple monter en voiture. Tant de malechance l'accablait.

Il finit cependant par secouer sa torpeur et prendre une dernière résolution. Il irait chez ce lord Falkland. Il saurait par lui l'adresse d'Héléna.

Et alors, cette fois, il faudrait bien à toute force qu'il arrive à la convaincre et à se justifier à ses yeux.

CHAPITRE XVI

Deux lettres.

Toute la nuit, Ludovic avait erré, désemparé, ne sachant à quoi se résoudre. De plus, une jalousie atroce le torturait.

Quels étaient les titres de ce lord Falkland vis-à-vis d'Héléna, et quel rôle jouait-il auprès de la jeune fille ?... Sans nul doute, en le rencontrant, il s'était trouvé en présence d'un rival préféré.

Et son exaspération touchait au paroxysme. Tous les événements se dressaient devant lui, lui faisant obstacle et le paralysant.

Et une sorte de découragement définitif, de perception que tout effort pour s'en tirer allait être maintenant inutile, lui venait de cet enchaînement de circonstances qui s'étaient montrées opposées à tous ses efforts. Cela finissait par engourdir en lui toute volonté.

Le sort allait-il donc définitivement se déclarer contre lui ?... Il rentra à l'aube à l'hôtel.

Prosper, alarmé, l'accueillit par des reproches.

— Ça n'a pas de raison ! s'écria le brave garçon, en voyant la mine déconfite de ce malheureux Oreste dont il devenait le véritable Pylade, ça n'a pas de raison de se mettre dans des états pareils !... Ma parole, patron, je ne vous reconnais plus !... Toute votre belle énergie menace décidément de ficher le camp si cela continue. Il faut se secouer, que diable !... En définitive, le dernier mot doit rester à celui qui se fait le mieux entendre. Nous sommes en ce moment sous l'averse, et il tombe de vraies hallebardes ; mais le soleil viendra à son heure, et, alors, on se retrouvera plus flambard que jamais.

Ludovic lui raconta ce qui venait de lui arriver dans la journée et qui le rendait si malheureux.

Le départ de Schwartz sans qu'on puisse savoir où le trouver, et sa rencontre avec Héléna, qui le repoussait, plus convaincue que jamais de tous les torts qu'elle lui reprochait si amèrement.

— N'est-ce pas là, fit-il avec tristesse, de quoi répondre par des doutes aux encouragements éloquents que tu me prodigues, mon pauvre Prosper ?...

— Certainement, ce n'est pas drôle !... répondit celui-ci étonné lui-même des arguments qui modifiaient son langage ordinaire et que son dévouement lui faisait trouver. Mais, sacré tonnerre !... nous n'allons pas faire comme ça une tête de cabots malades sans nous dégourdir un peu !... Avant de se désoler davantage, laissez-moi vous dire ce que j'ai fait à mon tour. Inquiet sur votre compte, je suis allé chez vous hier soir. J'y ai trouvée deux lettres à votre adresse, apportées par des commissionnaires quelques minutes avant mon arrivée. Je les ai prises pour vous les remettre. Les voici.

» J'ai dans l'idée que cela doit se rapporter à ce qui vient de vous arriver aujourd'hui. Peut-être allons-nous apprendre encore du nouveau. Mais que ce soit en bien, que ce soit en mal, mon avis, patron, c'est de ne pas jeter le manche après la cognée, et de réagir de toutes vos forces. On trouvera bien un moyen de se tirer de là !...

Ce disant, il tendit en effet à Ludovic, avec une certaine hésitation, deux lettres dont celui-ci s'empara fébrilement.

Il en ouvrit une en poussant une exclamation. L'écriture était d'Héléna.

Prosper suivait sur la physionomie de son patron toute l'émotion qui l'étreignait.

Celui-ci dévorait des yeux les quelques pages d'une écriture fine et nerveuse que contenait l'enveloppe. Tout à coup, il jeta un cri.

— Qu'y a-t-il donc ?... interrogea Prosper avec anxiété.

— Henri, Henri Malherbe est vivant !... répondit Ludovic avec une expression de joie qui le secouait tout entier.

— C'est-il possible !...

— Oui... sauvé ; il a pu être sauvé !...

— Eh bien ! voilà déjà qui est rudement chic pour nous, et pour lui aussi !... Quand je vous disais, patron, qu'il ne fallait pas désespérer.

— Mais le malheureux croit plus que jamais que c'est moi, moi, qui l'ai frappé. Il a tout conté à Héléna.

— Eh bien !... Il ne s'agira que de lui retirer la moutarde qu'il a dans les yeux. Le principal, voyez-vous, c'est qu'il soit sur ses pattes. Il doit bien connaître cependant la ressemblance pas ordinaire que vous avez avec cette crapule de Schwartz, puisqu'il savait lui-même que vous vous en étiez servi pour prendre la place de ce brigand.

» Seulement, voilà : lorsque l'autre est arrivé comme une bombe, ça n'a rien d'étonnant qu'il l'ait pris pour vous. Vous veniez, m'avez-vous dit, de le quitter une minute auparavant.

— Cela est certain, répondit Ludovic, aussi je ne l'accuse pas, le pauvre garçon, pas plus qu'Héléna. Je sais bien que toutes les apparences étaient contre moi. A sa place, n'aurais-je pas eu la même pensée ?... Oui, il faudra que je le voie, que je lui explique comment tout cela s'est produit. Mais me croira-t-il ?

— Il faudra bien qu'il le croie, appuya Prosper avec certitude. Toute l'amitié qu'il avait pour vous parlera en votre faveur, j'en suis bien certain.

— Tout l'amour qu'avait Héléna n'a pu pourtant triompher de ces présomptions, répliqua Ludovic en secouant tristement la tête ; et cependant nous nous aimions bien !... Non, ce qu'il faut, avant tout, c'est attendre Schwartz. Lui seul pourra fournir la preuve de mon innocence.

— Vous ne parlez donc plus de rester tranquille à l'heure qu'il est, comme vous aviez l'air de vouloir le faire tout à l'heure ?

— Non, certes ! Il faut à tout prix agir de nouveau.

Et s'emparant de l'autre lettre :

— Justement, elle est de lui, s'écria-t-il. Tiens, lis la première, mon brave, je n'ai pas de secrets pour toi.

Prosper lut la lettre que lui tendait Ludovic et qui contenait ces lignes :

« A vous que j'ai aimé et qui me faites tant de mal ! Comment puis-je, en effet, vous désigner autrement... dites ?...

» Comment, par quelle aberration, ai-je été ainsi trompée sur votre véritable nature, et me suis-je sentie attirée vers vous ?...

» Cela est cependant bien simple : c'est par vos mensonges. N'est-ce pas par vos mensonges que vous réussissez à vous entourer d'une sympathie générale auprès des gens de cœur et de dévouement pour lesquels l'idée de patrie n'est ni un vain mot ni une image puérile ?

» Oui, vous avez menti. Vous avez menti à tout le monde. Vous m'avez menti, enfin, à moi-même, en me disant que vous m'aimiez.

» Sans cela, m'auriez-vous ainsi trompée de la sorte, et sur votre propre nature, sur vos réelles ambitions, sur le jeu que vous jouiez auprès de tout le monde ; et, aussi, sur cette prétendue affection que vous ne me témoignez, paraît-il, que

» pour sacrifier indignement mon frère, que vous disiez votre
» ami, à vos appétits de lucre et à vos trahisons ?

» Vous êtes donc un misérable, et toute mon existence ne
» suffira pas pour effacer le profond ressentiment qu'une bles-
» sure aussi profonde que celle que vous m'avez faite a su
» ancrer en moi.

» Hélas ! ce devait être. N'avez-vous pas dans les veines du
» sang des Schwartz ?

» Mais prenez garde !... Vous avez devant vous d'honnêtes
» gens très décidés à se défendre et à vous attaquer au besoin.

» Le premier de tous, c'est celui que vous avez pu croire
» votre victime et qui, miraculeusement sauvé, se dresse pour
» demander compte de votre lâche trahison. C'est Henri
» Malherbe, mon frère, qui n'a pas succombé sous vos coups.
» C'est un de ses amis, lord Falkland, que votre conduite indi-
» gna et qui a juré de se mettre en travers de toutes vos ten-
» tatives d'espionnage pour le compte du pays qui a su si bien
» vous acheter.

» Vous, Ludovic, espion allemand ; quelle honte !... Je ne
» saurais oublier cependant que je vous ai aimé ; et c'est pour
» cela que, trop heureuse de retrouver mon frère, je l'ai décidé
» à renoncer à votre perte que lui et son ami avaient ré-
» solue.

» Pour moi, je ne puis que vous oublier après votre indigne
» conduite.

» Ne cherchez donc jamais à me revoir.

» Vous êtes riche maintenant, d'une richesse qui me fait
» horreur.

» HÉLÉNA. »

Prosper fut tiré de sa lecture à peine achevée par des cris
de rage que proférait Ludovic, froissant dans ses mains le
papier qu'il venait de parcourir à son tour.

— Qu'avez-vous donc ?...

— L'infâme !...

— Encore Schwartz ?...

— Toujours, toujours lui !...

Prosper, bouleversé, interrogeait anxieux :

— Encore quelque sale coup de sa façon ?...

Ludovic prit la lettre et lut à haute voix cette fois :

« Monsieur le Bâtard,

» Vous avez poussé trop tôt le cri de triomphe. Vous avez
» pris mon fils. Et vous avez cru, après cette action, être abso-
» lument maître de la situation. Vous vous êtes trompé. A mon
» tour de vous l'apprendre.

» Vous n'avez jamais connu votre mère, n'est-ce pas ?... Eh
» bien ! votre mère est près de moi. Elle me croit son fils, elle
» me croit Ludovic Dorfailles. Et elle m'adore comme si j'étais
» son véritable enfant.

» Dites, après cela, que ce n'est pas bien joué !... Je crois que
» ma vengeance est certainement égale à la vôtre.

» Donc, ne touchez pas à Karl. La vie de votre mère répon-
» drait de celle de mon enfant.

» J'espère que je me suis fait comprendre. Inutile de signer
» ma lettre, ce qui est toujours compromettant.

» Vous saurez, je n'en doute pas, qu'elle émane de :

» VOTRE ENNEMI,

» qui vous brave plus que jamais. »

Prosper, complètement ahuri, regardait Ludovic sans comprendre.

— Votre mère ?... interrogea-t-il... Votre mère ? Mais qu'est-ce que cela signifie ?... Comment l'a-t-il connue ?...

— Tu ne devines pas ?... s'écria alors Ludovic tout frémissant de rage. On m'avait bien dit qu'il était à Paris avec deux femmes : l'une âgée et l'autre jeune. De ces deux femmes, Mina était la jeune.

— Et l'autre ?...

— L'autre ?... Il l'a ramenée de Fribourg.

— Eh bien ?...

— Qu'était-il allé faire dans cette ville, sinon chercher son fils, le petit Karl, pour l'emmener avec lui ?...

— Tout cela ne nous explique pas davantage...

— Cela nous explique quelle est la personne qu'il a dû ramener avec Mina. Cette personne, c'est celle qui gardait son fils : son fils que nous lui avons enlevé, et qu'elle ne voulait nous confier qu'avec peine, car elle se défiait de nous.

— Quoi ?... Mme Frankey ?...

— Eh ! oui ! milady Frankey... C'est elle certainement qui s'est jointe à eux pour retrouver l'enfant qu'elle aimait également de tout son cœur. C'est elle qu'il a trompée en prenant mon nom comme j'avais pris le sien. Je comprends, maintenant, lorsque j'ai prononcé ce nom de Schwartz, sa stupéfaction et son évanouissement. Ce nom abominable, ce nom abhorré devait lui rappeler tout un passé de larmes et de sang. Ce n'était pas pour rien, vois-tu, qu'on l'avait appelée, cette malheureuse femme, la *Bonne Française.*

— Quoi, ce serait elle ?...

— Oui, c'est elle, ma mère !... Ma pauvre mère qui a tant souffert, et qui se trouve entre les mains de ce scélérat.

— Il faut la lui arracher.

— Sans doute. Mais comment savoir où ils sont ? La première chose à faire, je le vois, c'est de retourner à Fribourg. Peut-être l'y retrouverai-je ?...

— Il se peut, en effet, qu'elle soit revenue chez elle, approuva Prosper, et peut-être y sont-ils tous réunis ?...

— Je ne crois pas, fit Ludovic. Schwartz ne se serait pas découvert de la sorte dans la lettre qu'il m'a écrite. N'importe, j'aurai du moins des renseignements, des indices précieux. Oui, c'est cela, je vais partir pour Fribourg.

— Et moi, m'sieu Cocorico ?

— Toi... reste ici jusqu'à nouvel ordre. J'ai bon espoir, et tu verras que Cocorico n'a pas dit son dernier mot !...

CHAPITRE XVII

Prosper et son sérail.

Ludovic était parti pour Fribourg. Sans hésitation, il avait pris l'argent que Prosper lui avait tendu, car il se trouvait pour ainsi dire sans ressources.

Prosper, lui, restait à Paris pour surveiller et l'aviser s'il survenait quelque chose qui pût l'intéresser.

D'ailleurs, l'absence de Ludovic ne devait pas être très longue. Il serait certainement de retour dans trois jours au plus tard, ne faisant pour ainsi dire qu'aller et venir. Le temps était trop précieux pour le perdre inutilement.

Il fallait avant tout, savoir où se cachait Schwartz Cet homme était habile. Mais, une fois le lieu de sa retraite connu, il fallait l'attaquer en face et sans ménagements, comme une bête féroce. En finir enfin, le détruire une bonne fois.

Ah ! si l'ami Prosper avait pu le tenir devant lui, quelle raclée magistrale il se flattait de lui administrer ! Comme il lui aurait fait payer de la bonne façon tous les déboires et les ennuis qu'il lui causait !

Et, à cette perspective de le marteler sous ses poings, le brave garçon roulait des yeux furibonds et gesticulait comme s'il se fût trouvé en réalité devant l'adversaire qu'il souhaitait si vivement rencontrer. Cependant, il se sentait désœuvré pendant cette attente.

Il retourna chez les Turques qu'il avait si habilement dirigées dans la voie théâtrale pour savoir où en était cette fameuse représentation qui devait les faire connaître au public et les lancer tout à fait, au dire du directeur même qui les avait engagées.

On leur faisait d'ailleurs une belle réclame. Des affiches de couleur placardaient les murs de Paris, les représentant toutes trois en Espagnoles, sous le nom des *Sœurs Manola*.

Aïscha, Haydée et Nanaï avaient ainsi pris un rang de parenté qui leur était inconnu, en même temps qu'une nationalité toute nouvelle. Elles étaient d'ailleurs parfaites dans leur nouveau costume, qui seyait admirablement à leur genre de beauté.

— C'est vraiment épatant, ce qui m'arrive là ! se disait Prosper, et il y a de quoi se gober rudement... Seulement, si le sérail en Turquie est parfaitement admissible et légal, il n'en est pas de même pour l'Espagne. Voilà qui va être rudement commode quand il me prendra fantaisie de divorcer. Elles sont pourtant fameusement « girondes » !...

Et, flatté au suprême degré, il se prenait à s'extasier devant les affiches et trouvait des charmes nouveaux à ses trois amies.

Lorsqu'il arriva chez elles, il trouva Haydée toute seule et prête à partir. Les deux autres étaient déjà allées à la répétition.

Haydée se jeta sans cérémonie au cou de son Grand Seigneur. Elle avait pris maintenant tout à fait l'allure d'une véritable petite Parisienne de Montmartre, et la conversation de Prosper n'avait pas peu contribué à cette transformation.

— Te voilà, mon petit, fit-elle. Ah ! je suis rien contente !...

— Pourquoi cela ?...

— On trouve que nous sommes de grandes artistes... Le directeur passe tout son temps à venir nous voir. C'est surtout Aïscha qu'il préfère.

— Ah !...

— Oui, il aime les grandes femmes. Mais, tu sais, compte sur Haydée pour faire respecter ta famille, mon petit Prosper !... D'ailleurs, Aïscha et Nanaï te sont aussi dévouées que moi. Elles n'ont pas oublié, comme moi-même, tout ce que nous te devons, depuis que tu nous a retirées des mains de ces affreux bonshommes qui nous considéraient comme des esclaves. En France, on est libre, pas vrai ?...

Cette perspective de chef de famille ne manqua pas de faire grimacer Prosper, qui répondit assez vivement :

— Tu sais, mon petit, que je ne voudrais pas non plus abuser de ce que la reconnaissance vous inspire à toutes les trois. En vous tirant d'embarras, que diable, je n'ai fait que ce que tout chevalier français, même du vingtième siècle, devait faire vis-à-vis de vous. Encore une fois, nous ne sommes plus en Turquie. De plus, vous allez être des Espagnoles.

» Il s'agit de bien s'entendre sur la situation. Je vous ai rendu service, c'est tout naturel, et, nom d'un chien, je n'ai pas eu à m'en repentir. Mais je ne serais qu'un vilain type si je cherchais maintenant à entraver votre avenir. Mon intention est de vous rendre complètement libres. Je n'ai d'abord jamais été votre patron, mais votre bon copain, et je ne veux plus être que cela.

» D'abord, l'argent que vous gagnerez sera comme de juste tout entier à vous. Je ne veux pas y toucher le moindrement, sauf, bien entendu, la part qui me revient dans l'affaire que je vous aurai procurée, car c'est très juste et très raisonnable. Pour le reste, ce sera à vous de vous arranger. C'est bien compris, n'est-ce pas ?...

Mais Haydée s'était campée devant lui, les deux poings sur les hanches, avec des yeux de tigresse, et n'avait pas du tout l'air d'avoir compris ce que voulait lui faire entendre Prosper.

— Alors, comme ça, tu veux me plaquer ?... fit-elle en grinçant des dents. Ah ! mais non, mon ami, tu ne te paieras pas ma tête. Que Aïscha et Nanaï fassent comme il leur plaît, cela m'est égal, et j'en serai même contente. Mais pour moi, que ce soit à Paris ou à Constantinople, depuis que tu m'as dit le premier mot de français, que j'ai su comprendre, c'est une autre paire de manchettes !...

» Je me considère comme ta femme, devant Allah et devant les hommes, et je ne veux pas d'autre mari que toi. Je garderai tout l'argent, ça, je le veux bien. Mais je garderai mon bonhomme aussi. Et mon bonhomme, c'est toi !... Ce sera toi, toujours !... Haydée ne se laissera pas faire, je t'en réponds !...

Prosper, à cette réponse, à laquelle il ne s'attendait pas, demeura un instant interdit, puis partit d'un éclat de rire :

— Ce que je suis gobé, tout de même ! s'écria-t-il. Eh bien ! soit, puisque tu le veux, je le veux bien aussi. Je te prends définitivement pour ma femme, car tu es rudement gentille et tu me plais mieux que jamais. Et je téléphonerai peut-être un jour à la mairie du vingt et unième !...

Ce disant, bras dessus, bras dessous, ils se rendirent à la répétition générale.

Elle venait de commencer. L'impresario avait bien fait les choses pour l'ouverture de son établissement. La salle était parfaitement garnie.

C'était dans une revue qui terminait le spectacle que les sœurs Manola devaient paraître dans leur numéro de ballet.

Prosper se rendit dans les loges des trois danseuses, qui l'accueillirent avec le sourire du triomphe. Elles étaient ravissantes dans des costumes qui faisaient valoir tous leurs avantages. Leur style s'était transformé.

— Un succès !... avait dit le directeur en serrant la main de Prosper un peu ému, nous allons tenir un succès ! Les trois danseuses que vous m'avez amenées vont être tout simplement épatantes. Je n'aurais jamais cru que des Turques auraient pu se faire Espagnoles avec tant de facilité. C'est pourtant moi qui ai imaginé cela ! J'ai toujours des idées excellentes !

Et pour marquer sa reconnaissance, il donna à Prosper un fauteuil d'orchestre. Prosper alla donc dans la salle.

Il y avait là beaucoup d'habitués des concerts, nombre de provinciaux et pas mal d'étrangers. On parlait à haute voix, on consommait et l'on fumait, au milieu des lumières, des femmes en toilettes décolletées et de quelques habits noirs. On venait là pour s'amuser, se distraire tout au moins, prendre une griserie des yeux et de l'oreille, au milieu du papotage général et des flonflons de l'orchestre.

Le spectacle se déroula, souligné de forts applaudissements. On avait fortement chauffé la claque, cette claque bien parisienne, qui crépite semblable à une salve à l'entrée de l'artiste aimé du public et également aux effets de la pièce soigneusement signalés par les auteurs.

Le deuxième entr'acte était arrivé. L'acte suivant devait présenter les fameuses sœurs Manola au public.

Prosper avait des fourmis dans les jambes. Tout à coup, il s'immobilisa.

Derrière lui, on parlait à voix haute. On parlait en allemand.

D'abord, il entendit confusément, puis la conversation devint très perceptible et compréhensible pour lui qui connaissait la langue.

Il l'avait piochée ferme, aux cours du soir, puis également en Alsace, où pendant plusieurs années il s'était rendu chez des amis, beaucoup dans l'intention de s'y parfaire, il faut bien le dire.

Pour lui, le premier devoir d'un patriote était de bien connaître la langue de son ennemi, puis en connaître le pays ensuite.

Il écouta donc avec recueillement ce qui se disait derrière son dos. Il parut bientôt s'y intéresser infiniment.

A certains moments, ses poings se serraient, et il allait presque intervenir, lorsqu'il se calma soudain, se contenant plus que jamais, et écoutant encore davantage s'il était possible.

Mais soudain les trois coups furent frappés. La conversation s'arrêta. Il se fit un profond silence.

— Tonnerre ! s'écria Prosper, le diable emporte la représentation et les sœurs Manola avec ! Ces bougres-là ne vont plus rien dire !...

Et il se renfonça, en maugréant, dans son fauteuil.

Le rideau s'était levé. Au bout de quelques instants, les danseuses parurent. Elles n'avaient pas la moindre émotion.

Leur apparition fut saluée d'une tempête d'applaudissements. Electrisées par cet accueil chaleureux, grisées par les feux de la rampe, elles se surpassèrent véritablement.

L'impresario avait eu raison. Ce fut un réel succès.

Prosper lui-même, malgré sa mauvaise humeur causée par l'interruption de cette conversation qu'il écoutait et qui l'avait intéressé au plus haut point, s'était levé et battait des mains.

N'était-ce pas, en bonne partie, grâce à lui que ce succès se réalisait pour le plus grand profit de celles qu'il avait si magnifiquement retirées de leur primitive et peu enviable condition ?...

Le rideau baissé, on dut le relever plusieurs fois. Les trois sœurs Manola revinrent saluer, envoyant des baisers dans la direction de Prosper, qu'elles avaient aperçu.

Lorsque tout fut terminé, celui-ci se retourna vivement. Il voulait voir les personnages qui avaient causé derrière son dos. Ceux-ci avaient disparu.

Pour le coup, toute la mauvaise humeur de l'ex-ouvrier typo réapparut, mais cette fois-ci formidable.

Il se dirigea en mâchonnant sa fureur du côté des loges d'artistes et accueillit d'un air sombre et morose les protestations de joie des trois sœurs Manola, qui, redevenues Haydée, Aïscha et Nanaï, couraient vers lui avec force gestes.

Celles-ci parurent interdites, et Haydée ne put contenir son exaspération.

— C'est tout ce que tu trouves à nous dire, après le grand et magnifique succès que nous venons de remporter ?... Eh bien ! vrai, c'est pas chic de ta part, mon petit !...

Et elle fit claquer sa langue en signe de dépit.

Mais alors, Nanaï brusquement s'avança, et après une courte révérence, elle dit simplement, en le montrant du doigt, avec un petit sourire malin :

— Je devine. Notre Maître et Seigneur est jaloux !...

On était près du bureau de la direction. Comme la grande Aïscha allait parler, on la fit appeler.

— Je vais revenir, fit-elle avant d'y pénétrer.

Pendant ce temps, Haydée et Nanaï semblaient bouder Prosper en échangeant de petits regards moqueurs et ironiques à son adresse.

Tout à coup, on entendit une gifle sonore retentir dans le bureau de la direction, dont la porte s'ouvrit avec fracas, livrant passage à Aïscha profondément irritée.

— Par exemple ! disait celle-ci.

— Qu'y a-t-il ? interrogea Prosper.

— Je veux bien recevoir des compliments, dit-elle, mais je ne veux pas être embrassée !...

Au même instant, l'impresario arrivait à son tour en se tenant la joue, mais rayonnant malgré cela.

— Quelle femme ! s'écria-t-il. C'est épatant !... Mais *il y a eu erreur* ; elle ne m'a pas compris du tout... C'est à se tordre !... Je n'ai voulu que la féliciter tout simplement, et l'embrasser *en bon camarade*. Je ne sais pas ce qu'elle a cru ; mais elle m'a flanqué un pain qui m'a à moitié étourdi. C'est admirable !... Ces femmes-là sont admirables !... Talentueuses et vertueuses !... Je vous augmente de trois cents francs par mois.

Alors toutes trois s'accrochèrent à Prosper, et Haydée, en éclatant de rire, lui dit doucement :

— Tu sais, elles ne veulent rien savoir !... Elles ont juré comme moi d'être toujours fidèles !...

— Oui, continuait l'impresario, de trois cents francs par mois !... Un directeur qui protège le talent et la vertu, ajouta-*t-il en se frottant les mains*, ça va me faire une réclame colossale. Et puis, elles ne voudront jamais me lâcher !...

— Moi non plus, elles ne voudront jamais me lâcher !... se dit piteusement Prosper, en prenant son parti d'homme trop aimé.

CHAPITRE XVIII

Une piste.

Prosper rentra maussade chez lui. Il s'était proposé de suivre les Allemands assis derrière lui au spectacle et dont il avait surpris les paroles.

D'autre part, Ludovic prolongeait son absence et cela commençait à *inquiéter le fidèle typo*. Il *devait revenir* au bout de trois jours, avait-il dit. Il y en avait plus de cinq qu'il était parti. Et pas de nouvelles, pas une lettre, pas un télégramme.

Que signifiait ce silence, et pourquoi ce retard ?... C'était à se demander s'il ne lui était pas arrivé *quelque accident*.

— C'est tellement, depuis quelque temps, la série des accrocs, que je ne serai vraiment rassuré que lorsque je verrai le patron *devant moi*, quand je l'entendrai dire, de la bonne voix joyeuse qu'il sait prendre dans certaines occasions, et qui fait la pige à celle de bien des orateurs :

» — Je suis content, Prosper, mon vieux !...

» Il y a *longtemps qu'il ne m'a pas dit* cela.

D'un autre côté, il n'avait aucune nouvelle de Wanda et de Militch. Il avait bien essayé de leur téléphoner en se servant de la clé de conversation que lui avait donnée Ludovic, mais il n'avait reçu aucune réponse.

Etait-il également arrivé de ce côté quelque chose de fâcheux ? Ludovic lui avait bien recommandé de n'y pas aller surtout, lui-même s'abstenait d'y paraître. On aurait pu le filer et découvrir la piste.

Tant de désœuvrement et d'inquiétude commençaient à peser à notre ami Prosper, qui se forgeait des tas d'idées peu réjouissantes.

Enfin, le lendemain Ludovic parut. Prosper finissait de s'habiller.

— Eh bien ! demanda-t-il anxieux, il ne vous est rien arrivé de fâcheux ?

— Rien, répondit Ludovic d'un air découragé, mais je n'ai aucune piste sérieuse, et cependant mes prévisions étaient exactes. Mon voyage aura du moins servi à m'en assurer.

— Alors, la dame de Fribourg ?...

— C'était ma mère !... Si j'ai tardé à revenir, c'est que je voulais avoir des renseignements très exacts pour pouvoir baser sur cette supposition une entière certitude. J'ai refait, étape par étape, le douloureux calvaire de la pauvre femme. Je suis allé à l'hospice où on l'a soignée.

» J'ai dû me rendre également à Neuchâtel, où elle était restée quelques années. Puis dans la maison de santé de Fribourg, où elle fit connaissance de lord Frankey, qui l'épousa à son lit de mort, pour la rendre riche et la récompenser des soins dévoués qu'elle lui avait donnés. Elle avait, par bonheur, en partant, oublié des lettres et des papiers qui ne me laissèrent aucun doute sur sa véritable identité.

» C'est bien ma mère, ma pauvre et noble mère, dont l'existence tout entière fut flétrie et gâchée par le drame odieux qui s'accomplit jadis.

» Ah ! les misérables !... La voilà maintenant tombée entre les mains du fils légitime de celui qui causa son malheur !... Et pas une trace, pas un indice pour les retrouver !... Impossible de savoir où ils se cachent. Rester là, inactif, impuissant, quand peut-être, dans l'ombre, cet odieux Wilhelm prépare un abominable forfait. Peut-être ma mère est menacée !... Et je ne puis lui porter secours !... Cela est épouvantable !...

Et Ludovic, désespéré, s'écroula dans un fauteuil, cacha sa tête dans ses mains et sanglota convulsivement.

Prosper le contemplait, profondément ému, en se mordant les poings de rage.

— Ne vous désespérez pas, patron, fit-il tout à coup. Cela me fait vraiment trop de mal de vous voir dans cet état. Voyons, il est peut-être utile que je vous raconte à mon tour ce qui m'est arrivé. Il se peut que vous y trouviez quelques détails ayant un certain rapport avec le brigand que nous cherchons, et que nous finirons bien, il faut l'espérer, par trouver.

— Que veux-tu dire ? fit Ludovic en relevant brusquement la tête.

— Voilà. Hier soir, je suis allé assister au début des trois poulettes que, vous le savez, j'avais ramenées de Turquie, bien à mon corps défendant ; mais quoi ?... elles voulaient venir avec moi et me suivre en France.

— Eh bien ?

— Il faut vous dire que pendant un entr'acte, comme j'écoutais un morceau de musique, mon attention fut attirée par une conversation qui se tenait en allemand derrière mon dos par plusieurs personnages. Vous savez que je comprends très bien cette langue. Je la comprends surtout beaucoup mieux que je ne puis la parler.

» J'ouvris donc mes esgourdes, et bientôt ce qu'ils disaient entre eux devint particulièrement intéressant. Il était question, en effet, à mi-voix, d'une femme qui, probablement Allemande comme ils étaient Allemands eux-mêmes, les avait chargés d'un sale fourbi à faire contre nous. Il s'agissait tout simplement de faire main basse sur les pièces d'or françaises.

» Ces bonshommes-là devaient en acheter autant que possible en les payant douze cents francs les mille francs. Les pièces ainsi acquises étaient apportées à la femme, qui leur donnait en échange une assez forte remise. Cela fait, elle remettait le tout à son amant, qui se chargeait d'expédier cet or en Allemagne. Et voilà pourquoi l'or se faisait plus rare en France. Ce n'était pas plus malin que cela !... L'Allemagne, qui en était démunie, s'approvisionnait chez nous. N'avait-elle pas l'habitude de nous prendre tout ce dont elle avait besoin ?...

» En entendant ce que ces coquins-là disaient tranquillement, une furieuse envie d'enjamber mon rang de fauteuils et de tomber dessus à poings raccourcis me prit subitement. Heureusement, je me contins. J'avais eu cependant le temps, en me retournant, de remarquer que les fripouilles qui parlaient étaient au nombre de trois et étaient en habit.

» — Je vais leur faire leur compte à la sortie, pensai-je. J'ai justement emporté une matraque qui me vient de Turquie et que j'ai laissée au vestiaire. Je vais te leur fournir une distribution qui ne sera pas de louis d'or. Et je me retournai lentement, en affectant de l'indifférence.

» Mon mouvement n'avait pas été remarqué. Ils se remirent à causer. Et moi, à les écouter de plus belle. Ils parlaient maintenant de l'amant de la dame qui les employait à leur sale truc. Cet amant, paraît-il, était un espion allemand. Cela était tout naturel. Mais ce qui me fit sursauter, c'est lorsqu'ils dirent, sans le nommer cependant, qu'il était fort riche et venait de quitter un hôtel très chic qu'il avait acquis à Paris et avait vendu depuis quelques jours.

— Ils disaient cela ?... interrogea vivement Ludovic, qui s'était levé.

— Oui, patron, répondit Prosper. Et ce n'est pas tout. L'espion en question, toujours au dire de ces hommes, n'avait pas quitté Paris. Il avait changé de peau encore une fois. Actuellement, il s'était déguisé en ouvrier. Il fréquentait les milieux socialistes et les anarchistes. Tout cela pour faire avorter la loi de trois ans. Cette crapule-là travaillait et montait les têtes, à la grande satisfaction de ces sales individus qui parlaient de lui et disaient que, selon toute apparence, il était probable qu'il réussirait dans ses desseins.

— Et le nom sous lequel cet homme se cache, ils ne l'ont pas prononcé ?...

— Non, patron, pas une seule fois. Oh ! il faut leur rendre cette justice : ils sont malins et méfiants.

— C'est Schwartz !... s'écria Ludovic... Ce ne peut être que lui !...

— N'est-ce pas ?... répondit avec satisfaction Prosper ; c'est bien ce que j'avais pensé. C'est Schwartz, évidemment, qui, après avoir vendu son hôtel, continue sa répugnante besogne.

— Oui, c'est lui ! reprit Ludovic avec véhémence. Mon cœur me le dit, vois-tu. Merci, Prosper. Tu me rends l'espérance.

— Que ferez-vous ?... s'écria le brave garçon.

— Ce que je ferai ?... Tu me le demandes ?... C'est bien simple. Il va falloir se mettre de nouveau à sa poursuite. Pour cela, nous allons aussi fréquenter les milieux ouvriers. Seulement, nous serons de l'autre côté de la barrière. Nous serons avec les probes et les patriotes. Il y en a plus qu'on ne le croit parmi eux.

» Il faut d'ailleurs que je fasse quelque chose, mon brave Prosper, pour gagner ma vie. Je n'ai plus le sou.

» Ouvrier, je pourrai rencontrer Schwartz et déjouer ses projets contre la France. Je me ferai donc ouvrier comme lui. Je changerai de nom également.

» Par ce moyen, vois-tu, mon cher Prosper, je pourrai servir mon pays. Je pourrai aussi retrouver ma mère. Car il faudra bien que je le force à avouer ses crimes et à me rendre cette bonne Française qui m'a donné le jour. Par ce moyen, enfin, lorsque j'aurai confondu l'infâme, je pourrai alors songer à Héléna. A cette Héléna que j'aime toujours.

— Et qui vous rendra alors justice, n'en doutez pas, patron. C'est convenu, je suis votre homme.

— Ainsi, tu t'attaches toujours à moi ?...

— Plus que jamais !...

— Merci, mon vieux, dit Ludovic avec émotion, en serrant les mains de son fidèle ami. Je n'attendais pas moins, en effet, de ton dévouement. Je te dois beaucoup déjà. Rien ne nous séparera plus.

Prosper, en entendant ces paroles chaleureuses, sentit des larmes emplir ses yeux.

— Ah ! s'écria-t-il, vous n'aurez qu'un mot à dire, monsieur Ludovic, et je me ferai tuer pour vous. Même pas un mot, un signe, et je sacrifierais ma vie avec un rude plaisir si elle pouvait vous être bonne à quelque chose.

— Nous l'exposerons tous les deux, reprit Ludovic, pour une belle et grande cause : celle de la Patrie. Celle de notre belle France, que nos voisins jalousent depuis si longtemps. Mais, avant tout, il va falloir s'assurer des ressources suffisantes pour échafauder notre plan.

— Que cela ne vous tourmente pas, s'écria Prosper. J'ai déjà assez de galette pour commencer, grâce à l'affaire phara-mineuse que j'ai procurée à mes trois Turques, en leur faisant prendre l'Espagne pour patrie. Nous allons changer de local. J'ai des copains qui fréquentent les clubs socialistes et les réunions publiques. Ils vont vous servir.

» D'abord, il se prépare un grand meeting socialiste, qui doit réunir des représentants de toutes les nationalités. Sûrement, nous allons rencontrer le Schwartz sur notre chemin. C'est aussi sûr que si on le voyait déjà. Dans ces meetings, dans ces réunions, vous pourrez prendre la parole. Ça vous connaît, ça, de jaspiner ou d'écrire !

— Oui, dit Ludovic. Je parlerai au peuple. Je lui parlerai pour lui signaler les dangers que lui font courir ceux qui le flattent et l'encouragent à ne plus avoir ni cœur ni âme. Je lui dénoncerai ces sans-patrie, sans foi, qui enveloppent de mensonges et d'atroces vilenies toutes leurs bestiales excita-tions. Et nous pourrons compter alors sur ceux qui ont encore un cœur capable de vibrer aux appels de vengeance.

— Ce sera rudement épatant, ajouta Prosper tout à fait emballé.

. . . .

Le lendemain, Ludovic réglait sa chambre à l'hôtel, et vêtu

d'une blouse d'ouvrier et coiffé d'une casquette, il rejoignit Prosper, qui l'attendait quelques pas plus loin, dans la rue.

Tous deux, changeant complètement d'allure et d'existence, allaient mettre à exécution leurs projets, se jetter dans la mêlée populaire et s'opposer à la réussite des lâches desseins de leur implacable ennemi : Wilhelm Schwartz.

CHAPITRE XIX

Le grand meeting.

Par la rue de Belleville, par le boulevard Sérurier, les retardataires affluaient. En rangs serrés, s'invectivant, se bousculant, avec des cris confus, ils se hâtaient vers le Pré-Saint-Gervais.

Mais cette vague humaine venait se briser contre les portes qui, admirablement gardées, ne laissaient passer les manifestants que l'un après l'autre.

Un filtrage sérieux était opéré, et pour pénétrer dans le Pré-Saint-Gervais, il fallait montrer patte blanche, c'est-à-dire une carte de syndiqué ou d'affilié à un groupe socialiste ou international.

Comme toutes les réunions contradictoires où l'on prône la liberté de la discussion, cette réunion de tous les partis socialistes n'admettait dans son sein que ceux qui partageaient les opinions des organisateurs de meeting.

La foule était considérable. Les orateurs, choisis parmi les plus réputés de leurs groupements, péroraient, en plein air, juchés sur des estrades improvisées, entourés de leurs fidèles.

Mais cela ne provoquait aucune discussion. Tout le monde applaudissait de confiance.

Les citoyens causaient de leurs droits — et pas du tout de leurs devoirs.

Sur un tonneau, un Allemand martelait d'un geste violent et monotone des lambeaux de phrase que tous les citoyens présents écoutaient avec ravissement. Il s'exprimait en allemand. Il parlait pendant quelques minutes, puis s'arrêtait, pour permettre à l'anarchiste Solbœuf de traduire ce qu'il avait dit.

La traduction faite, pour la plus grande satisfaction de l'assistance, l'Allemand recommençait à manger de la paille. C'était un des orateurs les moins interrompus et les plus applaudis.

Mais celui qui avait le plus grand succès, c'était sans contredit, Eric Bauer, l'Alsacien, qui, lui, s'exprimait très correctement en français, et dont la harangue violente et colorée avait su forcer l'attention de son entourage.

Et parmi ceux qui approuvaient le plus bruyamment les audacieuses théories d'Eric Bauer, au premier rang se faisait remarquer un grand diable à barbe rousse, à l'accent alsacien et qui, emporté par ses convictions, avait plusieurs fois acclamé Eric Bauer dans le plus pur allemand qui soit.

Eric Bauer avait fini par remarquer ce fanatique, et son œil se portait souvent avec complaisance sur lui, durant son interminable discours.

Mais il n'est si bonne plaisanterie qui ne finisse, et après deux heures d'éloquence, Eric Bauer, sentant que le souffle allait lui manquer, se hâta de conclure.

— Citoyens, il est temps d'en finir avec ces idées absurdes de patrie, qui sont la cause de tous nos maux, du retard apporté à la marche sensationnelle du prolétariat. Sus aux idées rétrogrades et réactionnaires qui n'ont pour but que l'asservissement des peuples, sous prétexte de défendre des frontières contre un envahisseur.

» Ouvrons-les toutes grandes, ces frontières, à la soldatesque qui s'avance avec des idées de carnage, et présentons-nous à ces guerriers ridicules, le sourire aux lèvres et un rameau d'olivier à la main.

» N'opposons d'autre défense que des paroles de concorde, prêchons le langage de la raison, et serrant dans nos bras ceux qu'on nous représente comme des ennemis, embrassons-les si affectueusement qu'ils deviennent nos amis, nos alliés naturels, et se retournant contre leurs chefs, les égorgent sur l'autel de l'humanité !

Un tonnerre d'applaudissements accueillit cette péroraison.

L'Alsacien à barbe rousse se précipita vers Eric Bauer, qui descendait de son tréteau, et ouvrant ses bras, étreignit contre sa poitrine l'orateur.

— Ya ! ya ! rugit-il... Plus de frondières. Der Teuffel ! La même badrie bour tout le monde. Blus de soldats, blus de généraux, blus de couvernements, blus de débutés, blus rien que des socialistes qui se bartageront l'archent de tous ceux qui en ont et s'enrichiront de la vortune des riches ! Ya ! ya ! Prafo ! Prafo ! Eric Pauer, il a pien barlé...

» Et vous safez ! c'est un Alsacien comme moi, Hans Gruber, un Alsacien qui ne feut pas que les cidoyens s'écorchent pour des histoires de brovinces qu'on feut rebrendre. Ya ! ! blus de guerre ! blus d'Alsace ! blus rien ! Vive la Sociale !

Hans Gruber obtint presque un succès égal à celui d'Eric Bauer.

Mais il ne put continuer à prêcher plus longtemps l'abandon de l'Alsace, car déjà tous les orateurs épuisés abandonnaient leur tribune d'occasion, ravis d'être acclamés, et serraient les mains qui se tendaient, tandis qu'au milieu d'un concert de cris variés que l' « Internationale » s'efforçait de couvrir, les organisateurs invitaient les citoyens à se retirer, après avoir conspué une dernière fois l'infâme capital et l'idée de patrie.

On ne faillit pas à cette aimable invitation, et les assistants se jurèrent de se réunir avant peu pour danser sur les ruines de la société croulante et boire à l'extinction définitive de tous les gouvernements.

Puis, dans un désordre tout à fait pittoresque, les manifestants ayant suffisamment brandi des drapeaux rouges et noirs et vociféré contre tout ce qui existait, se retirèrent aphones, rouges comme des coqs, suant et grognant, se disposant à aller dans les cafés du quartier prendre les nombreux apéritifs que méritait leur bravoure.

Eric Bauer était sorti, entouré d'un groupe de fanatiques qui commentaient son discours avec force éloges.

A ses côtés, se tenait Hans Gruber, qui hochait la tête d'un air approbateur, coupant de ya ! ya ! admiratifs tout ce qu'on disait.

La foule s'écoulait. Les partisans d'Eric Bauer se dispersaient après avoir donné à leur orateur de vigoureuses poignées de mains. Quelques-uns avaient attendu, espérant l'invitation à une tournée. La tournée n'étant pas offerte, ils se défilèrent à leur tour, mécontents.

Eric Bauer et Hans Gruber se trouvèrent seuls.

Les deux Alsaciens — ou soi-disant — avaient pris d'abord la rue de Belleville, suivant la foule, qui devenait de plus en plus clairsemée. Puis, sans s'en apercevoir, ils obliquèrent, se trouvèrent dans la rue des Pyrénées, arrivèrent au coin de la rue Bolivar. Ils n'avaient pas échangé un mot depuis qu'ils étaient seuls, cheminant côte à côte.

Soudain, Eric Bauer s'arrêta. Son compagnon l'imita. Tous deux se regardaient. Hans Gruber éclata de rire.

— Pourquoi ris-tu ? demanda Eric en souriant.

— Parce que, répondit Hans Gruber en allemand, je trouve que nous avons bien joué notre rôle devant ces imbéciles du Pré-Saint-Gervais. L'Allemagne peut être fière de nous.

Eric Bauer, dans la même langue, demanda, sans relever les paroles de son interlocuteur :

— Tu n'es pas Alsacien, hein ? Je m'en étais douté aux quelques mots d'allemand qui t'ont échappé. De quel pays es-tu ?

— De Breslau, sur l'Oder, en Silésie. Et-toi ?

— De Bentchen.

— Connais pas.

— Mais si, Bentchen, dans la province de Posen, près du lac de Bentchen. Oh ! c'est une toute petite ville de trois mille deux cents habitants à peine. Evidemment, ce n'est pas aussi connu que Breslau.

Hans Gruber se frappa le front.

— J'y suis. Je me rappelle à présent. Bentchen, il y a des scieries mécaniques par là... Ya... Ya... J'ai eu pour camarade un compatriote qui avait travaillé dans ces scieries, un nommé Wolff... Ludwig Wolff... tu ne connais pas ?

— Je ne puis pas connaître tout le monde, fit Eric dédaigneusement. Où travailles-tu en ce moment ?

— Nulle part... J'étais employé à la fonderie Durand et fils... mais la maison vient de renvoyer une partie des ouvriers... elle va sauter... elle n'a pas pu lutter contre les maisons allemandes, qui inondent le marché français... surtout depuis que chez nous on a eu l'heureuse idée de mettre sur nos machines et nos outils des noms français... Ces imbéciles s'imaginent que c'est fabriqué dans leur pays, et comme nous vendons meilleur marché, puisque nous avons moins d'impôts, moins de frais, que la main-d'œuvre est moins chère...

— C'est bon, interrompit Eric, je sais tout cela, tu n'as pas besoin de m'expliquer comment on s'y prend pour ruiner les commerçants français et écouler de la camelote à leurs clients. Je suis mieux que personne au courant des procédés employés. Mais pourquoi es-tu venu en France ?

— Parbleu ! ricana Hans Gruber, parce que l'ouvrier est mieux payé qu'en Allemagne.

— Ainsi, c'est uniquement pour gagner davantage que tu es venu dans ce pays ?

Hans Gruber cligna de l'œil.

— Tu ne crois pas que c'est uniquement pour ça, hein ?

— Non.

— Tu as raison. Mais toi qui sais tout, tu n'ignores pas que nous sommes actuellement plus de deux cent mille Allemands à Paris, dont beaucoup se font passer pour Alsaciens et Lorrains, et que tous tant que nous sommes nous n'attendons que la déclaration de guerre pour servir la grande patrie allemande à notre manière. Nous connaissons le fort et le faible de bien des familles, comment il faut s'y prendre pour empêcher nos bons amis de vider leur coffre-fort. Tu verras... tu verras... laisse faire... Eric Bauer... Les deux cent mille patriotes qui sont à Paris sauront se débrouiller.

Eric Bauer, amusé, répondit :

— Je m'explique à présent pourquoi tu es ici.

— Et toi, interrogea Hans Gruber, n'es-tu pas des nôtres et n'as-tu pas les mêmes idées ?

— Chacun sert son pays comme il peut. Toi, tu veux prendre l'argent des Français, moi je leur prends leur confiance en eux-mêmes, en leurs chefs, en leur gouvernement. Je prépare la guerre civile, qui, sois-en persuadé, rendra plus de services à notre pays que les brigandages que tes amis et toi vous préparez. Je sème la discorde et la haine.

Hans Gruber baissa la tête.

— Tu es plus patriote que moi, avoua-t-il, et tu mérites mieux que moi de notre chère patrie. Mais quoi ! Ainsi que tu le disais, chacun fait ce qu'il peut. Ah ! si je trouvais d'autres moyens de me rendre utile, je n'hésiterais pas... Malheureusement, je ne vois rien que je puisse faire !

— Qui sait ! murmura Eric Bauer rêveur.

Puis brusquement :

— Mon cher compatriote, puisque le hasard nous a mis en présence, ne croyez-vous pas que nous ferions bien de fêter cette heureuse rencontre en dînant ensemble ?

— Je n'osais pas vous le proposer.

— Alors, vous acceptez, c'est parfait. Venez, je vois justement là un petit restaurant avec cabinets particuliers au premier étage. Nous serons tout à fait bien pour causer.

Eric Bauer et son compagnon entrèrent au « Chien qui fume », vieux restaurant de la rue Bolivar.

Ils s'installèrent au premier étage, dans un petit salon assez propre, meublé de plusieurs tables.

— Mais, fit remarquer Hans Gruber, nous ne serons pas seuls ; ces tables...

— Oh ! répondit le garçon, qui avait entendu, que monsieur se rassure, il vient rarement du monde dans les salons.

Rassurés, les deux Allemands s'attablèrent. Le « menu » abondait en mets nombreux et variés.

Si Eric Bauer n'accorda qu'un coup d'œil dédaigneux à ce choix de victuailles, par contre, Hans Gruber sembla fort satisfait.

— A la bonne heure ! s'écria-t-il, on a de quoi choisir.

Sur l'invitation d'Eric, il commanda cinq ou six plats copieux, tels que : de la saucisse aux choux, du veau aux carottes, du bœuf bouilli sauce tomate, un navarin aux pommes, et déclara qu'il terminerait ce petit dîner par un entrecôte aux lentilles.

Eric Bauer demanda un potage et un poulet froid.

— Quel petit appétit vous avez ! remarqua Hans... c'est curieux pour un Alle...

— Silence donc !

— Pour un Alsacien, termina Hans. A Strasbourg, nous mangeons davantage et mieux.

— Mangez à votre faim, mon cher... Diable ! j'ai oublié votre nom.

— Vous ne l'avez pas oublié, je ne vous l'ai pas dit. Je m'appelle Hans Gruber.

— Eh bien !... Hans Gruber, ne vous occupez pas de moi et mangez tant qu'il vous plaira.

— Manger et boire ?

— Cela va de soi...

Le garçon remontait, apportant le potage et la saucisse aux choux.

— Donnez-nous deux bouteilles de Saint-Emilion ! ordonna Eric.

— Deux ! s'étonna le garçon.

— Oui, et aussi une de Graves et une de Médoc... Nous verrons après !

Le garçon, effaré, disparut. Il revint respectueux, portant les quatre bouteilles poudreuses, qu'il déboucha. Il avait même apporté des verres à bordeaux.

Mais Hans, qui, le visage épanoui, engloutissait ses choux, repoussa les petits verres...

— Non... non... s'écria-t-il... en Alsace on boit le bon vin dans les grands verres et le mauvais dans les petits.

Réflexion qui lui valut l'approbation d'Eric Bauer.

— Et la suite, fit Hans, je commence à avoir faim.

Le fait est que le nommé Hans avait un joli coup de fourchette, ainsi que put le constater son compagnon.

Les cinq plats, fort copieusement servis, furent expédiés gaillardement par l'Alsacien à barbe rousse, qui dévora une corbeille de pain avec ses viandes et ses sauces. S'il mangeait bien, il buvait mieux encore.

Il faut dire qu'Eric Bauer, qui avait évidemment ses raisons, le poussait dans cette voie et remplissait constamment son verre. Sur les quatre bouteilles, Hans en avait bu près de trois et demie, lorsqu'il s'attaqua à l'entrecôte.

Eric Bauer commanda deux bouteilles de bourgogne.

— Et pour le dessert, conseilla Hans, il serait peut-être bon de voir ce que vaut le champagne de cette maison... C'est moi qui l'offre...

— Du tout... du tout ! rectifia Eric Bauer, vous êtes mon invité... Garçon, vous avez entendu... Bourgogne et champagne... Du meilleur !

— Et en remontant, mon ami, dit Hans, apportez-moi donc une salade de pommes de terre, avec quatre œufs durs et du cervelas... Mettez-moi tout ça dans un saladier.

— C'est tout ? s'informa le garçon, frappé d'admiration.

— Non, bien sûr... Après, vous nous servirez quelques fromages, des confitures, des fruits, des gâteaux, n'est-ce pas, mon cher Eric ?

— Certainement, et vous nous ferez préparer un excellent café, que vous accompagnerez de votre plus vieille fine.

— Hoch ! hoch ! trois fois hoch ! hurla Hans... Vive la patrie alle...

— Alsacienne ! interrompit Eric... Allez, mon ami.

Le garçon sortit.

Eric réprimanda Hans.

— Faites attention, voyons ! Hans Gruber... Vous avez toujours la rage de proclamer votre nationalité.

— C'est parce que je suis fier d'être Alle...

— Encore ! Il est inutile de le crier sur les toits. Prenez garde ! la moindre indiscrétion pourrait vous nuire. Il se produit en France en ce moment une sorte de réveil national, de poussée de patriotisme.

— Que nous saurons bien étouffer.

— Certes ! C'est ce à quoi nous devons tendre de toutes nos forces. Mais assez sur ce chapitre.

Les bouteilles arrivaient. Hans Gruber, que manger beaucoup avait altéré, recommença à boire.

Au dessert, sa conversation devint décousue, sa langue s'embarrassa. Il disait des mots sans suite, éclatait de rire sans cause.

Eric lui versait toujours à boire.

Le champagne porta le dernier coup à Hans Gruber. Il devint soudain muet et ses yeux clignotèrent, perdus dans le vague, sans expression. Il eut à peine la force de boire son café, qu'Eric avait fortement additionné d'eau-de-vie.

A la dernière gorgée, il ferma les yeux, sa tête se pencha sur sa poitrine, il s'affala lourdement sur la table.

C'était le moment qu'attendait Eric Bauer. Il se leva vivement, alla donner un tour de clé à la porte du salon, et s'approchant de l'ivrogne, se mit en devoir de fouiller les poches de son veston.

Il en retira une pipe, du tabac, un mouchoir, un briquet, des fragments de journaux, et enfin un vieux portefeuille crasseux.

Eric Bauer s'assit, inspecta le contenu du portefeuille. Il y avait deux ou trois billets de banque allemands, une enveloppe adressée à Hans Gruber, poste restante, et un certificat de la maison Durand attestant la bonne conduite de Hans Gruber, Alsacien, né à Strasbourg en 1870.

— Hein ! gronda Eric, je crois que j'ai fait fausse route et perdu mon temps.

Il remit les papiers dans le portefeuille. Il alluma un cigare, réfléchit un instant.

— Peut-être, murmura-t-il, pourrait-on utiliser Gruber. Pourquoi pas ? Je le crois sincère... Il déteste cordialement la France... il me serait tout dévoué... et puis il aurait son intérêt à me servir...

Il s'approcha de Hans, le prit par l'épaule, le secoua rudement. Un ronflement sonore lui répondit.

Le buste de l'Allemand à barbe rousse oscilla un instant sous la poussée violente d'Eric, puis retomba lourdement sur la table.

— Quel brute ! il est ivre-mort ! J'ai trop forcé la dose. Bah ! qu'importe, après tout ? Cela est mieux ainsi. Je n'aurais su que faire de lui. Je vais le laisser cuver son vin, ainsi qu'un souvenir de notre rencontre.

Il prit dans sa poche un élégant porte-cartes, en retira une et écrivit au crayon quelques mots sous son nom :

ERIC BAUER

s'excuse de ne pouvoir rester plus longtemps auprès de Monsieur Gruber. Il lui conseille, s'il désire trouver un travail facile et bien rétribué, de se présenter chez M. Bojesman, 215, rue d'Allemagne. Il n'aura qu'à dire qu'il vient de la part d'E. Bauer.

Ceci écrit, Eric Bauer mit sa carte de visite au milieu des papiers de Hans et glissa le portefeuille dans la poche extérieure du veston, avec la pipe et le tabac.

— De la sorte, dit-il, cet ivrogne sera bien obligé, en cherchant à fumer, de trouver sous sa main le portefeuille et aura la curiosité de se demander pourquoi il n'est pas à sa place habituelle. Machinalement, il l'ouvrira et trouvera mon petit mot.

Il alla ouvrir la porte, appela le garçon :

— Mon ami, dit-il, est un peu étourdi. Je vais vous payer. Laissez-le reposer là jusqu'à ce que le restaurant ferme.

— Mais, monsieur...

— Vous m'obligerez, dit aimablement Eric, voilà cent francs, payez-vous, gardez la monnaie et ne dérangez pas mon ami... Cela faisait plus de vingt francs de pourboire ! Pour la moitié d'une telle somme, le garçon eût laissé dormir en paix tous les clients.

— Monsieur peut être tranquille, dit-il précipitamment, nous ne dérangerons pas monsieur son ami... Et s'il veut passer la nuit ici... je m'engage à ne pas le troubler.

— C'est bien. Merci. Au revoir.

Précédé par le garçon, Eric Bauer quitta le petit salon.

Mais alors il se passa quelque chose d'étrange. A peine Eric était-il au bas de l'escalier que l'ivrogne, s'éveillant subitement, prenait son portefeuille, en extrayait la carte, qu'il lisait, et avec un sourire ironique murmurait :

— C'est bien, mon cher Wilhelm, vous pouvez compter sur moi. Ludovic Dortailles est toujours exact aux rendez-vous qu'on lui donne.

CHAPITRE XX

Joujoux d'Alsace.

La maison Bojesman, rue d'Allemagne, est une grande bâtisse à deux étages, placée entre deux vieilles maisons qui menacent ruine.

Ce trio de constructions détonne parmi les maisons neuves de six à sept étages qui ont remplacé les habitations peu confortables et malsaines qui s'élevaient jadis tout le long de cette rue populeuse et peu sûre dès la tombée de la nuit.

A présent, il n'en est plus de même, et ce quartier est semblable aux autres. Il n'y a que la maison Bojesman et ses voisines qui rappellent ce que pouvait être jadis la rue d'Allemagne.

Quand nous disons que la maison à deux étages s'appelait la maison Bojesman, c'est parce que depuis une quinzaine de jours à peine était venu s'installer là un industriel qui, ayant loué ou acheté cette maison, avait aussitôt mis au-dessus des ateliers de menuiserie qui occupaient le rez-de-chaussée une immense enseigne en bois noir, qui allait d'un bout à l'autre de la maison.

Sur le noir de l'enseigne, en lettres d'or, se détachaient ces mots :

*MAISON BOJESMAN ET C*ⁱᵉ
Fabrique de joujoux d'Alsace
Succursale à Strasbourg et à Metz.

Et vraiment, depuis l'installation de Bojesman et Cⁱᵉ, une dizaine d'ouvriers, dans les ateliers du rez-de-chaussée, fabriquaient sans interruption du matin au soir de grossières poupées de bois, dont la tête se vissait et dont l'intérieur était creux.

Au fond de la cour, derrière la maison, il y avait un grand hall où une dizaine d'ouvriers passaient leur temps à peindre de couleurs criardes ces grossières figurines.

C'était laid, horriblement laid, ce soi-disant joujou alsacien fabriqué par les ouvriers de Bojesman, et ce devait être peu coûteux.

Au premier étage se trouvaient les bureaux. Attenante aux bureaux de Bojesman se trouvait une grande pièce où personne n'entrait, qu'un certain Berq et les époux Bojesman.

C'est dans cette pièce que Berq apportait les poupées qui sortaient de l'atelier de peinture.

Là, elles subissaient une nouvelle et mystérieuse préparation, puis étaient emballées par ce même Berq dans des caisses très solides qui, tous les jours, étaient expédiées à destination de l'Allemagne.

C'était même une chose digne de remarque, ces joujoux alsaciens ne se vendaient pas en France, et M. Bojesman semblait n'avoir nul souci de pousser à la vente des objets de son commerce. Il ne faisait aucune réclame et ne cherchait pas à imposer ses joujoux aux marchands français.

C'est chez ce bizarre industriel que le lendemain matin Hans Gruber, vers les dix heures, se présenta.

On le fit monter au premier étage. Un robuste gaillard aux larges épaules, à l'œil fuyant, le visage mangé par une grande barbe blonde, alla annoncer le visiteur.

Hans Gruber fut introduit devant les époux Bojesman.

Lui, était un homme de cinquante ans environ, dont les joues étaient recouvertes de poils gris, rares et sales, qui se tenait un peu voûté et abritait ses yeux derrière des lunettes bleues.

Mᵐᵉ Bojesman paraissait beaucoup plus jeune que son mari. Mais il était difficile de bien définir son âge.

Elle portait une forêt de cheveux acajou qu'on devinait faux, et qui lui retombaient sur le front jusqu'aux sourcils.

Comme son mari, elle avait des lunettes bleues. Mais les lunettes et la perruque ne réussissaient pas à l'enlaidir. Ses traits fins et réguliers juraient avec son déguisement baroque.

Tous deux parlaient très purement le français.

Bojesman, à la vue de Gruber, demanda, hargneux :

— C'est vous qui avez désiré me parler, pourquoi ?

Sans mot dire, Hans Gruber tendit la carte d'Éric Bauer.

Le visage de Bojesman s'épanouit aussitôt. Il communiqua la carte à sa moitié, et tout aussitôt, très aimable, il dit en allemand à Hans :

— Vous êtes un ami d'Eric ?

— Une simple connaissance... J'ai dîné hier avec lui... Nous avons longuement causé... Eric Bauer sait ce que je fais à Paris et ce que je puis faire...

Bojesman cligna de l'œil :

— Parfait ! Parfait ! un bon Allemand, hein ?

— Mais je m'en flatte... et vous aussi, j'espère.

— Ya ! Ya ! gloussa de plaisir le vieux Bojesman... Aussi bon patriote que vous... Et vous le verrez bientôt...

Il se frotta joyeusement les mains, à s'enlever l'épiderme.

— Et alors, vous venez vous placer chez nous ?

— Oui, fit Hans avec un peu d'hésitation. mais je dois vous avouer que lorsque j'ai accepté de venir, je pensais que vous alliez m'occuper à des choses intéressantes, utiles, et non pas à fabriquer des polichinelles, des poupées... parce que je dois vous dire, moi, je suis fondeur de mon état. Travailler dans les poupées ça n'est pas tout à fait mon genre... et puis, la question n'est pas là... Je m'imaginais... Je croyais...

— Quoi donc ? interrogea malicieusement le vieux Bojesman.

— Eh bien ! avoua Hans, baissant la voix, je croyais que c'est pour autre chose que ça, qu'Eric Bauer m'adressait à vous.

— Ah ! Ah !

— Oui... j'aurais voulu servir mon pays... travailler utilement... faire du tort aux Français, quoi !

Mme Bojesman, qui jusque-là était restée impassible derrière le bureau où elle était en train d'aligner des chiffres lorsque Hans s'était présenté, et, depuis n'avait cessé de l'examiner avec méfiance, daigna sourire au visiteur.

— Ma chère, c'est un patriote... un bon et loyal Allemand ! s'écria Bojesman qui jubilait. Il nous est envoyé par Bauer et Eric Bauer se connaît en hommes.

— N'empêche ! dit Mme Bojesman, que lui confier le travail que vous savez...

— Il le faut, ma chère, Berg ne peut y suffire... Il passe les nuits et nous aussi... Il faut un aide à Berg.

— Mieux vaudrait se passer d'aide que d'employer quelqu'un dont on n'est pas sûr.

— Je réponds de l'ami d'Eric.

— Mettez-moi à l'épreuve, dit tranquillement Hans Gruber, et vous verrez ce que je vaux.

— Si je ne fais pas votre affaire, il sera toujours temps de me renvoyer.

Les Bojesman se regardèrent

Le mari, cessant de sourire, reprit gravement

— C'est que la chose est grave, mon garçon. Une fois que

vous serez initié au secret de la maison Bojesman, il faudra marcher avec nous jusqu'à la mort. Je dis jusqu'à la mort, parce que si vous vouliez nous quitter, — je ne dis pas nous trahir, — mais nous quitter simplement, je serais obligé de vous supprimer... vous comprenez ?

Hans Gruber sourit.

— Essayez de moi, je ne peux pas mieux vous dire. Mais épargnez-moi vos menaces. Je ne suis pas un enfant. Si ce que vous faites est pour le bien du pays, soyez persuadé que jamais l'idée ne me viendra d'abandonner de loyaux patriotes... Je me ferai tuer pour eux, je verserai mon sang jusqu'à la dernière goutte avant de les trahir, puisqu'en les trahissant, c'est la grande Allemagne que je trahirais.

Ces quelques mots, débités avec la plus grande simplicité, produisirent le meilleur effet sur l'esprit soupçonneux de Mme Bojesman.

— On peut se fier à lui, déclara-t-elle.

— C'est mon avis. Venez. Vous allez entrer en fonctions de suite. Pour ce qui est de vos salaires, c'est un louis par jour. Vous prenez vos repas dehors, il vous est accordé une heure à midi et une heure à sept heures, mais comme le travail que vous avez à faire est d'un ordre tout à fait spécial et qu'il convient que nous ne vous perdions pas de vue trop longtemps, vous coucherez ici même, au second étage, à côté de M. Berq. Si ces conditions ne vous plaisent pas, il est encore temps de refuser. T... à l'heure, il sera trop tard.

Hans Gruber, hau... ..ut les épaules, répondit avec rudesse :

— Pourquoi donc n'accepterais-je pas ? Parce que vous voulez que je reste ici pour me surveiller ? C'est trop naturel, puique vous ne me connaissez pas. En somme, je n'ai d'autres références auprès de vous que le mot d'Eric Bauer.

» Mais, je pourrais fort bien avoir capté la confiance de celui qui m'envoie à vous et n'être qu'un espion. Non, non, vous avez parfaitement raison de prendre vos précautions. Même si vous exigez que je ne sorte pas du tout de la maison et que je prenne mes repas avec vous, je suis tout prêt. Je n'ai pas d'amis ici... ça ne me privera guère de ne voir personne, allez !...

— Non, non, dit vivement Bojesman, vous prendrez vos repas dehors... Il est bon que vous preniez un peu l'air... Il y a tout près d'ici de modestes restaurants très confortables, où la nourriture est excellente...

— Comme il vous plaira, dit Hans d'un air indifférent.

— Alors, nous sommes d'accord ?

— D'accord sur tout.

— Dans ce cas, ne perdons pas une minute, je vais vous conduire auprès de M. Berq.

Sollicitée du regard, Mme Bojesman approuva son mari d'un signe de tête.

Le vieux fabricant, précédant Hans, le mena dans la pièce où opérait M. Berq, lequel, pour plus de sûreté, était enfermé à double tour par son patron.

Si Prosper Godilleau avait pu accompagner les deux hommes auprès de M. Berq, il n'aurait pas manqué de pousser un cri de surprise autant que de colère, en reconnaissant dans ce personnage un des deux hommes qui derrière lui s'exprimaient en allemand sur l'art d'acheter les pièces d'or à ces imbéciles de Français.

Mais Godilleau n'était pas là et Hans Gruber n'avait aucune raison de se méfier du bonhomme auquel il était présenté par son nouveau patron.

Par exemple, Hans n'eut pas le loisir de s'attarder à examiner le physique de celui avec lequel il était appelé à vivre côte à côte, sa curiosité ayant d'autres sujets de s'exercer.

Derrière un énorme comptoir orné de balances, Berq s'occupait à peser des pièces d'or, des louis qu'il retirait de petits sacs empilés sur une table.

Lorsque ces louis atteignaient un certain poids. Berq les prenait et les versait dans une des nombreuses poupées de bois installées sur des étagères, et dont la tête était dévissée.

Il revissait ensuite cet étrange porte-or, pesait la poupée et allait la plonger dans une sorte de chaudière où se trouvait en fusion un verni très épais.

Après quoi, la poupée allait rejoindre d'autres compagnes qui, étendues sur une claie séchaient, attendant le moment d'être emballées dans les caisses massives que l'on voyait le long des murs.

L'arrivée de Bojesman et de Hans n'interrompit pas le travail de Berq, qui jeta sur les deux visiteurs un coup d'œil maussade et continua sa besogne.

— Monsieur Berq, dit Bojesman toujours en allemand, voici un ami, un compatriote qui vous apporte le précieux concours de son dévouement et travaillera sous vos ordres. Vous voudrez bien le mettre au courant, je vous prie. Songez que nous sommes en retard. Nous n'avons expédié encore que quatre cent mille louis d'or... On se plaint là-bas... Il faut se hâter... Je voudrais voir partir au moins dix caisses ce soir.

Berq, qui à l'aide d'une pince plongeait dans le vernis une des horribles poupées qu'il venait de farcir d'or, grommela :

— Ce n'est pas ma faute. Vos joujoux alsaciens ne contiennent guère plus de trente ou quarante pièces. Il faudrait faire évider l'intérieur davantage.

— Impossible, on s'apercevrait de quelque chose à la douane. Il faut que les joujoux paraissent entièrement en bois, en bois massif et lourd... Et puis, ils pourraient se briser... Non... non... c'est bien ainsi...

Ceci dit, Bojesman sortit. Hans l'entendit qui fermait la porte à clé.

— Or ça, compagnon, dit-il à Berq, puisqu'on doit vivre ensemble, ce n'est pas la peine qu'on se regarde comme deux chiens de faïence, hein ? Voyons, s'il vous plaît, renseignez-moi... que dois-je faire ?

Berq caressa sa longue moustache, qui lui donnait un faux air de Vercingétorix.

Le ton cordial de Hans semblait lui plaire.

— Pour gagner du temps, dit-il, vous allez emballer par trente-six les poupées qui sont sèches... Oui, trente-six par caisse. De la paille, douze poupées, de la paille, puis douze...

— Compris, c'est pas bien malin. Et en ayant soin, bien entendu, d'empêcher que chaque poupée ne cogne sa voisine. Je vais faire ça... et après ?

— Après, vous clouerez les caisses, vous avez là tous les outils... Oui, derrière ce rideau, au fond de la pièce, il y a une sorte de cuisine. C'est là que vous irez clouer quand vous aurez emballé... Vous trouverez aussi le pot à colle et les étiquettes d'envoi... C'est imprimé... c'est tout prêt...

— Bon. Ce travail ne me déplaît pas. Je commence.

Hans Gruber se mit résolument à l'ouvrage.

Par ses soins, les poupées vernies qui cachaient dans leur intérieur six cents ou huit cents francs en louis d'or, furent empaquetées et rangées méthodiquement dans des caisses, dont le couvercle fut solidement cloué.

De temps en temps, Berq jetait un coup d'œil sur lui et délaissant son travail venait vérifier le compte des poupées.

Lorsque midi sonna, six caisses étaient prêtes à partir.

Berq daigna complimenter Hans.

— C'est du bon travail, dit-il. Le patron aura plus de dix caisses à expédier ce soir.

Comme il prononçait ces mots, la clé grinça dans la serrure.

Mme Bojesman venait rendre la liberté — pour une heure — aux deux travailleurs.

— Dépêchez-vous ! dit-elle d'une voix autoritaire.

Les deux hommes se hâtèrent de quitter l'étrange atelier. Derrière eux, ils entendirent la porte se refermer.

— Où donc déjeunez-vous ? demanda Hans.

— Loin d'ici, dit Berq, chez des amis.

Et, pressant le pas, il quitta son compagnon sans autre formule de politesse.

Hans, songeur, sortit de la maison Bojesman. Tout ce qu'il avait vu et entendu dans la matinée le troublait singulièrement.

Il fit quelques pas dans la rue d'Allemagne, avisa un marchand de vins restaurateur où des maçons entraient en bande. C'est là qu'il alla déjeuner. Un déjeuner peu substantiel, qu'il avala rapidement.

Puis, pour penser plus à son aise, il alla se promener dans les rues voisines après avoir bourré sa pipe.

A quoi donc pouvait songer Hans Gruber, autrement dit Ludovic Dortailles ? Hélas ! il n'était pas malaisé de le deviner à ceux qui le connaissaient.

Notre brave Cocorico songeait à celle que ce chenapan de Schwartz avait emmenée de Suisse, à la noble femme qui prenait Wilhelm pour son fils. Où donc pouvait-il avoir caché la malheureuse ?

C'est pour déchiffrer cette énigme que Ludovic avait consenti à entrer chez Bojesman, en qui, malgré son habile déguisement, il n'avait eu aucune peine à reconnaître Wilhelm, de même qu'il avait reconnu Mina sous les traits de Mme Bojesman.

Évidemment, les deux scélérats devaient avoir près d'eux, sous leur surveillance, la mère de Ludovic, qui les garantissait contre Cocorico.

Mme Dortailles — alias lady Frankey — était vivante. Cela ne faisait pas de doute. Elle était vivante et en leur pouvoir. Mais où la tenaient-ils prisonnière ? Peut-être dans la maison Bojesman...

C'est de cela qu'il importait de s'assurer avant tout. Mais **comment faire ?**

— Bah ! se dit Ludovic, je suis dans la place, le plus difficile est fait. Nous verrons bien si je n'arrive pas à arracher le secret des Bojesman.

» Quoi qu'il arrive, ce que je fais en ce moment ne sera pas inutile. Si je ne puis réussir à découvrir ma mère, j'aurai du moins découvert un secret terrible, et je vais pouvoir rendre service à la France, expliquer à tous ces braves gens, qui sont dupes des acheteurs d'or, où passe cet or qu'ils croient destiné à des banques françaises...

» Heureusement, je suis là ! Et si je ne puis empêcher l'envoi de ces poupées maudites aujourd'hui ni demain... avant peu d'autres viendront, qui mettront le holà ! Ah ! s'il ne s'agissait pas de ma mère, j'arrêterais immédiatement ce misérable !

C'est en roulant dans son esprit ces pensées, que Cocorico regagna lentement la maison où l'on fabriquait les joujoux d'Alsace !

Une heure sonnait. Il monta jusqu'au premier étage par l'escalier dit des fournisseurs, qui desservait les bureaux et évitait de traverser les ateliers. C'est par là qu'il était sorti derrière Berq.

En haut des marches, il trouva M. Bojesman, qui l'accueillit par ces paroles :

— M. Berq est déjà là ! Il faudra vous habituer à rentrer en même temps. Je n'aime pas à fermer et à refermer la porte de votre atelier.

Hans Gruber ne dit pas un mot. Encore sous le coup des sentiments qui l'agitaient, il craignait de se trahir en parlant.

Enfermé avec Berq, il recommença à entasser les poupées. Son travail fut plus varié que le matin. Il eut la mission de plonger les poupées dans le vernis et de les en retirer, et aussi de visser les têtes, pour que Berq pût aller plus vite.

En effet, Hans avait fait si rapidement ses caisses qu'il n'avait plus rien à faire, les autres joujoux n'étant pas assez secs pour être emballés. Aussi Berq lui avait-il trouvé de l'occupation.

Vers les six heures, Berq siffla. C'était sa façon d'appeler. On vint ouvrir. C'était Bojesman cette fois.

— Les caisses sont prêtes ? demanda-t-il.

— Il y en a quatorze, grogna Berq.

— Bon ! Descendez-les... la voiture de camionnage est dans la cour.

Docile, Hans fit le portefaix. La quatorzième caisse chargée, Bojesman lui dit :

— Entrez dans l'atelier de peinture et remontez toutes les caisses de poupées qui viennent d'être faites.

Hans Gruber obéit. A ce travail, il commença à s'énerver.

Heureusement que sept heures vinrent à sonner comme il montait la dernière caisse, la trentième.

Mme Bojesman lui dit :

— Mon mari n'est pas encore de retour. Il a dû être retenu à la gare pour l'expédition... Voici votre louis... Rentrez avant huit heures... M. Berq vous montrera votre chambre... Je vous préviens qu'à huit heures tapant, les portes sont fermées et que nul n'entre ni ne sort.

Hans Gruber balbutia un vague merci. A huit heures moins un quart, il était de retour.

Mais il n'avait plus sa bonne humeur du matin. Un vague pressentiment l'inquiétait. Il lui semblait qu'il franchissait le seuil de sa prison.

CHAPITRE XXI

La captive.

La Bonne Française de Fribourg, — lady Frankey, — dupe de l'infernale comédie jouée par Wilhelm Schwartz et Mina, avait adoré sans hésiter celui qu'elle croyait son fils

La pauvre femme, tout à la joie d'avoir retrouvé cet enfant qu'elle n'espérait plus revoir, avait prodigué à Wilhelm ses plus tendres caresses et avait reporté une grande part de son affection sur Mina, qu'elle croyait sa belle-fille.

Les deux gredins, qui s'étaient concertés sur la conduite à tenir, s'étaient bien gardés de détromper Mme Dortailles. Ils l'avaient au contraire entourée de prévenances.

Mais à Paris, Wilhelm Schwartz et Mina, fatigués du rôle sympathique qu'ils avaient d'ailleurs joué en grands comédiens, ne tardèrent pas à se démasquer.

Lady Frankey connut alors l'horreur de sa situation, la profonde scélératesse des deux misérables à qui elle avait donné toute sa tendresse.

Wilhelm Schwartz, nous l'avons vu, avait informé Ludovic qu'il tenait sa mère en son pouvoir et que la vie de son fils répondait de la vie d'Odette Dortailles.

Mais cette précaution prise, avant de se mettre à la recherche de Karl et de Ludovic, Wilhelm avait jugé à propos de faire peau neuve, d'isoler sa prisonnière dans une retraite sûre, et de se rendre introuvable.

Faisant mettre à louer son hôtel de la rue de Lille et ayant fait annoncer son départ pour l'étranger afin de faire perdre sa piste à ceux qui le cherchaient, il s'était occupé de trouver un logement pour Mina et pour lui, ainsi qu'un nouvel état civil.

L'état civil lui fut fourni par le service d'espionnage de Berlin, qui en même temps le chargea de la délicate mission de faire entrer en Allemagne le plus d'or français, mettant à sa disposition tous les billets nécessaires pour effectuer le change et transmuer le papier en métal précieux.

Bien que cette occupation ne fût guère digne de l'héritier du prince de Schwartz, Wilhelm avait accepté sans regimber. Il fonda la maison Bojesman dans l'immeuble que ses recherches lui avaient permis de dénicher rue d'Allemagne.

Ce qui avait séduit Wilhelm dans cette maison qu'il avait acquise en entier, c'est qu'il y avait sous le rez-de-chaussée deux étages de caves.

Ces caves abandonnées, tombant en ruine, l'intéressaient fort. Mina, qui visita la maison avec lui, partagea son enthousiasme.

L'installation fut vite faite. Quarante-huit heures après la prise de possession, les ateliers de la maison Bojesman fonctionnaient, et tous les agents allemands chargés de recruter de l'or savaient où s'adresser pour le faire parvenir à Berlin.

Mais avant d'organiser sa fabrique de joujoux alsaciens, Wilhelm était venu nuitamment avec un colis de dimensions peu ordinaires. Ce colis, Berq, qui en ignorait le contenu, l'avait aidé à le descendre dans la cave la plus profonde, une sorte de réduit humide, sans air, qu'une solide porte isolait d'un couloir étroit, encombré de ferrailles et de débris de toutes sortes.

Whilelm avait ensuite reconduit Berq au dehors. Puis, redescendant au deuxième étage sous la maison, il avait déposé dans le réduit où se trouvait le colis une botte de paille, placé sur une table boiteuse une cruche d'eau et un pain.

Après quoi, il avait fait sauter le couvercle de la caisse dans laquelle Mme Dortailles gisait inanimée.

Wilhelm l'avait retirée de sa prison de bois, déposée sur la paille, s'était assuré que le cœur battait toujours, puis il avait traîné dehors la lugubre enveloppe qui lui avait permis de transporter dans cette prison mortelle celle que la veille encore il embrassait affectueusement en l'appelant sa chère maman, avant que le soporifique versé par lui dans sa boisson n'eût produit son effet.

Lorsque lady Frankey revint à elle dans son cachot obscur, elle crut être la proie d'un affreux cauchemar.

Se rendant enfin compte qu'elle était prisonnière, elle appela à grands cris au secours, réclamant son fils, maudissant l'infâme Wilhelm qui l'arrachait aux embrassements de Ludovic.

Mais cette douleur n'était rien à côté de celle qui lui était réservée. Quelques heures après son réveil, la porte du cachot s'ouvrait, livrant passage à Mina et Wilhelm.

Mina portait un falot à la main et un pain grossier. Wilhelm tenait une cravache.

A leur vue, lady Frankey poussa un cri de joie, se crut sauvée. Elle s'élança vers les misérables, les bras tendus...

Un coup de cravache cingla ses mains, lui arracha un hurlement de douleur.

— Taisez-vous, vieille folle ! ricana Wilhelm... C'est fini de jouer la comédie !

Eperdue, lady Frankey recula, fixant sur celui qu'elle croyait son fils des yeux hagards.

— Mon fils ! balbutia-t-elle... c'est toi...

— Moi, votre fils ! s'écria Wilhelm soudain rouge de fureur... ne répétez pas cette insulte, ou je vous cravache la figure, folle que vous êtes ! Ah çà ! mais vous êtes donc complètement stupide pour ne pas comprendre ce qui se passe ! Je suis Wilhelm Schwartz... vous entendez bien... Wilhelm Schwartz... le fils légitime de l'homme à qui vous avez donné un bâtard...

» Ce bâtard est mon ennemi mortel... Il m'a pris mon fils, et moi je vous ai prise à lui, à lui, vous entendez, qui est venu chez vous sous mon nom vous enlever mon petit Karl...

Une lueur passa dans les yeux de lady Frankey... Et cette lueur d'espoir fou, irrésistible, rétablit l'équilibre dans son cerveau, empêcha la folie qui allait de nouveau s'emparer d'elle.

Son fils vivait ! Elle l'avait vu ! Pour lui... pour lui !... elle devait garder sa raison, que ces misérables voulaient faire sombrer !

Car si son fils vivait... il la sauverait... elle en avait le ferme
espoir...

Dieu ne permettrait pas qu'une chose si horrible s'accom-
plisse... qu'au bout de quarante-trois ans ayant retrouvé son
fils, ce fils qu'elle avait perdu, oublié dans un moment de folie,
elle ne pût l'embrasser avant de mourir.

Wilhelm, faisant siffler sa cravache dans l'air devant la
malheureuse mère qui, terrifiée, épouvantée, hors d'elle, avait
reculé contre le mur de la cave qui lui servait d'appui, continua :

— Votre fils est venu chez vous ! Vous ne l'avez pas reconnu...
Il ne vous a pas reconnue...

— Oh ! mon Dieu ! gémit la malheureuse, ayez pitié de moi...
de lui...

— Mais à présent, il sait que sa mère, qu'il croyait morte, est
vivante, et que sa mère est entre mes mains... Il a mon fils,
soit ! Moi je vous ai, et je vous garde... Oh ! rassurez-vous, je
ne vous tuerai pas. Je veux que mon petit Karl vive... Mais je
saurai le retrouver et le reprendre... Et ce jour-là, comme je
n'aurai plus rien à craindre pour lui, je vous tuerai sans
pitié... Et votre fils sera prévenu que sa mère, auprès de
laquelle il est passé sans la reconnaître, est morte sans même
qu'il ait pu la revoir...

Lady Frankey tomba à genoux, joignit les mains :

— Grâce ! Grâce ! supplia-t-elle. Je vous pardonne ce que
vous avez fait...

Elle pleurait à chaudes larmes !

— C'est vrai... c'est vrai... j'aurais dû le reconnaître lorsqu'il
est venu... pour prendre mon cher petit Karl. Je le revois à
présent... comme s'il était là... Il vous ressemble. Mais son
aspect est différent du vôtre... dans le regard, dans le geste...
Oh ! je comprends que vous l'ayez haï... Il inspire le respect et
la crainte... Sa voix m'avait bouleversée... Oh ! pardon... je dis
là des choses qui vous froissent... N'y pensez plus... Je suis
folle... Vous savez, une maman, cela dit tout ce qui lui passe
par la tête... J'ai bien cru mourir de joie quand vous m'avez
fait croire que vous étiez mon fils...

» Et à présent... Oh ! c'est impossible... Vous ne me priverez
pas de l'ultime joie de le voir, de le serrer dans mes bras, à
moi, à moi qui ai recueilli votre petit Karl, qui l'ai chéri, dor-
loté, élevé... qui aime Karl comme s'il était mon fils aussi...
Ah ! s'il était là, mon bon Karl, comme il saurait plaider pour
sa marraine... Madame... je vous ai appelée ma fille, comme
j'appelais Karl mon enfant... Au nom de votre fils, que j'aime
autant que vous l'aimez, ayez pitié d'une pauvre mère... Au
nom de Karl... rendez-moi Ludovic...

Mina tressaillit. Si haineuse qu'elle fût, elle était mère. Les
dernières paroles de lady Frankey émurent son cœur.

— Après tout ! dit-elle à Wilhelm, pourquoi ne pas exaucer
le vœu de cette femme... Certainement, si on lui rendait sa
mère, Ludovic Dortailles rendrait Karl, ferait la paix avec
nous.

La cravache de Wilhelm s'abattit sur les épaules de Mina.

Le prince de Schwartz, les yeux sanglants, hurla :

— Je préfère voir mourir Karl que de faire la paix avec mon
frère ! Tais-toi, Mina... Cette folle vivra jusqu'à ce que mon fils

soit repris par moi... Après, je la condamne à mort... Ah ! si j'étais sûr que je puisse conquérir Karl, je l'étranglerais, elle, à l'instant...

— Mais, Wilhelm !...

— Hors d'ici ! Hors d'ici ! grinça, les dents serrées, l'Allemand. Hors d'ici !

Comme un fou, brandissant sa cravache, Wilhelm frappa au visage lady Frankey à plusieurs reprises.

La douleur fit perdre connaissance à la malheureuse, qui s'abattit le visage sanglant sur sa botte de paille.

Mina, qui avait jeté son pain et gagnait la porte, terrifiée, sentit sur ses reins et sur ses épaules les marques du courroux de Wilhelm. Hurlante, elle s'enfuit, lâchant son falot.

Wilhelm ramassa la lanterne, enferma la prisonnière, et rejoignit Mina, qui, tremblante, attendait, accroupie dans le corridor, le coude levé, gémissant et pleurant.

Mais la fureur de Wilhelm semblait être tombée.

— Mina, dit-il froidement, si jamais tu t'avises encore d'élever la voix en faveur de cette femme, je t'enferme dans la cave... dans le cachot voisin du sien, et je t'y laisse mourir de faim... Ne pleure plus... nous remontons... je te prie de sourire... tu vas recevoir les ouvriers que j'ai convoqués et t'entendre avec eux. Va te déguiser en madame Bojesman, tandis que je vais me faire la tête du vieux fabricant de joujoux d'Alsace.

CHAPITRE XXII

Les émotions de Prosper.

Prosper interrompit sa lecture.

Il passa la main sur son front comme pour rassembler ses idées, puis son caractère blagueur l'emportant sur son émotion :

— Ça, par exemple, s'écria-t-il, c'est plus fort que de jouer au bouchon, et m'sieu Cocorico m'en bouche une surface. Si c'était pas lui qui me débite ce truc-là, parole d'honneur, je croirais que je lis un roman-feuilleton.

» Mais tout ça c'est les histoires de Bojesman-Schwartz. Voyons un peu de quoi il retourne à présent pour ce qui est particulier à mon cher patron, et s'il a trouvé la piste de sa brave maman.

Et Prosper, ayant accordé à sa surprise ce petit monologue calmant, reprit la lecture de la lettre qu'il venait de recevoir de Ludovic.

« Avant toutes choses, mon cher Prosper, je t'ai mis au courant des agissements de Schwartz, parce que ce qu'il fait est contre notre cher pays et qu'il importe, si par hasard j'étais découvert par lui ou s'il m'arrivait quelque malheur, que tu puisses tout de suite intervenir et mettre un terme aux actes de Schwartz, qui sont nuisibles à la sécurité future de la France.

» Car je ne puis t'écrire tous les jours, je m'arrangerai pour téléphoner à Villiers, chez Wanda, qui, elle, attendra tous les jours ton coup de téléphone pour te mettre au courant et te transmettre mes ordres s'il y a lieu.

» Si je restais vingt-quatre heures sans donner signe de vie, c'est que Schwartz m'aurait deviné et supprimé. Alors, fais ton devoir et cours chez le préfet de police, muni de cette lettre.

» Ceci dit, mon cher Prosper, je dois t'avouer que je n'ai rien trouvé en ce qui concerne ma pauvre maman. Est-elle rue d'Allemagne ? Quelque chose me dit que oui.

» Par malheur, je suis tellement surveillé que je ne puis explorer la maison du haut en bas.

» Tu sais que lorsque je travaille, je suis enfermé à double tour avec ce Berg, et à l'heure du repas, il est impossible, lorsque les ouvriers sont dehors, de pénétrer chez les Bojesman, dont toutes les portes sont closes, Mina ou Schwartz s'assurant, d'ailleurs, du moment où je sors et où je rentre.

» La nuit — c'est encore plus difficile — ma chambre donnant sur celle de Berg, je dois la traverser pour aller me reposer sur mon lit, lequel occupe presque toute la place du cabinet noir que l'on m'a donné comme logis.

» Naturellement, pas de fenêtre. La seule ouverture est la porte qui donne chez Berg.

» Le seul moment de liberté que j'ai, c'est lorsque je vais déjeuner ou dîner. C'est ainsi que j'ai pu t'écrire après trois jours passés dans ce milieu qui n'a rien de réjouissant.

Wilhelm Schwartz est toujours persuadé que je suis Hans Gruber. Mais cela ne m'avance guère, comme tu vois.

» Hier, je ne l'ai pas vu. Je présume qu'il recherche son fils avec plus d'ardeur que jamais, à moins qu'il n'aille rendre visite à ma malheureuse mère, sa prisonnière.

» Recommande à Wanda et à Militch de redoubler de surveillance.

» Je n'ai plus rien à te dire, sinon que j'ai toujours espoir et que je ne perds pas courage.

» Comment vont tes trois Turques ? Bonnes amitiés. Attention à Karl.

» LUDOVIC DORTAILLES.

» *P.-S.* — As-tu par hasard des nouvelles d'Héléna ou de son frère ? »

Prosper, à la lecture du post-scriptum, hocha douloureusement la tête.

— Pauvre m'sieu Cocorico, murmura-t-il, ça a dû lui coûter d'écrire cette phrase et de ne pas me parler plus longuement de Mlle Héléna. C'est qu'il l'aime joliment, la sœur de M. Malherbe, presque autant que sa maman, et ça n'est pas peu dire. Malheureusement, je ne sais rien et je n'ai pas vu la personne en question.

» Seulement, moi, je ne crois pas du tout — n'en déplaise au patron et en dépit de ce que le concierge des Malherbe a raconté — qu'ils ont filé à l'étranger. C'est une vaste blague pour se débarrasser de m'sieu Cocorico... Pourquoi qu'ils y en veulent tant que ça, donc ?

» Ah ! c'est pas sorcier ! Je parierais la tête du Schwartz contre une pipe d'un sou, que c'est encore des manigances à lui, et qu'il a trouvé le moyen — je ne sais pas comment, par exemple, — de persuader à la demoiselle et à ses amis que Ludovic Dortailles est un pas grand'chose, et qu'il a commis toutes sortes de fripouilleries...

» Quel dommage que je ne puisse pas aller rôder rue d'Allemagne, m'installer chez le troquet où m'sieu Cocorico va briffer. Mais ça, c'est défendu. Paraît que si bien déguisé que je sois, le Wilhelm serait capable de m'éventer... Et dame ! ça serait un sale coup. Tout serait cassé. Sans compter que ce particulier, qu'est malin comme un singe, serait fort capable de me filer plusieurs jours, de dénicher l'adresse de Wanda. Non... non... soyons prudents... La poste nous reste, faut nous en contenter.

» Je vas aller dîner, et j'irai au ciné ; puis je rentrerai faire dodo.

Prosper exécuta à la lettre son programme. Seulement, comme, après dîner, il éprouvait le besoin de marcher un peu pour se dégourdir les jambes, il jugea à propos d'aller jusqu'à l'avenue du Maine pour trouver un cinéma dont il avait vu l'adresse au *Courrier des Spectacles*. Pour deux francs cinquante, Prosper s'offrit une première.

Le spectacle était commencé depuis longtemps ; mais comme les vues étaient aussi nombreuses que variées, et qu'on donnait plusieurs pièces, notre ami se trouva fort satisfait.

Mais à peine hors du cinéma, Prosper fut repris par ses préoccupations. Il ne songeait qu'à Cocorico et aux moyens de lui rendre service sans nuire à ses projets.

Il était tellement absorbé par les plans nombreux qu'il échafaudait dans son esprit, qu'il ne s'aperçut nullement du chemin qu'il prenait.

Il marcha longtemps, rêvant, s'arrêtant, jetant de brèves exclamations de dépit. Brusquement, il s'arrêta. L'idée lui venait qu'il devait être au moins une heure du matin.

— Bougre ! sursauta Prosper Godilleau, jetant un regard effaré autour de lui ; mais je ne suis pas chez moi, ici... Qu'est-ce que c'est que cette immense bâtisse que je vois là-bas ?

Il s'efforça de rappeler ses souvenirs.

— C'est drôle, je connais ça, pourtant ! S'il passait quelqu'un, je me renseignerais, au risque d'être pris pour un apache. Mais va te faire fiche... pas un chat ! Suis-je bête ! Mais c'est l'Ecole militaire...

» Eh oui ! parfaitement... Je suis dans l'avenue de Tourville... Parbleu !

Prosper Godilleau, après ce monologue, se remit en marche. Il allait arriver au coin de l'avenue de Tourville et de l'avenue Lowendal, lorsqu'il entendit des cris furieux, le bruit d'une lutte :

— Ça y est ! ricana Prosper, c'est bien ma veine... On cogne un pante dans la rue Lowendal... Me voilà obligé d'aller secourir cet imbécile, et justement je n'ai d'autre arme sur moi qu'un coup-de-poing américain. En voilà un idiot, de se promener aussi tard dans des quartiers déserts !...

Il s'élança dans l'avenue Lowendal.

Trois bandits luttaient contre un homme qui, se servant adroitement de sa canne, les tenait en respect.

Par malheur, la vue de Prosper arrivant à toutes jambes lui fit perdre la tête.

Il crut que c'était un quatrième apache, et, résolu à vendre chèrement sa vie, il asséna un terrible coup de canne sur l'agresseur qui était le plus près de lui.

L'homme tomba, le crâne fendu.

Mais la canne s'était brisée.

— Bravo ! cria Prosper, qui avait armé sa main droite du coup-de-poing. Deux contre deux, la partie est égale.

Mais avant qu'il ait pu intervenir, le courageux passant recevait sur la tête un formidable coup de matraque et s'écroulait.

Les deux bandits n'eurent pas le loisir de profiter de leur victoire. Prosper était sur eux.

L'homme à la matraque, atteint d'un coup de poing d'acier à la tempe, éternuait, oscillait et roulait à terre sans un cri.

L'autre apache, affolé, n'essaya pas de résister. Il jeta un cri de terreur et détala avec la rapidité d'un cerf.

Prosper Godilleau ne s'amusa pas à poursuivre ce peu recommandable individu. Du pied, il poussa brutalement les deux voyous.

— Les lascars ont leur compte ! fit-il ; je ne sais pas si celui que ce gentleman a caressé sur le crâne du bout de son jonc aura le courage d'aller se plaindre à Dache, mais je suis bien certain que le fripouillard que j'ai honoré d'une petite tape amicale sur le coin de la figure a fini d'embêter le monde, si j'ai toutefois l'intelligence de ne pas rester là à attendre qu'un agent vienne me demander des explications. C'est ça, décampons, et vivement.

» Ah ! diable, et la victime de ces chenapans que j'oubliais ! Je ne peux pourtant pas l'abandonner. Le frère qui s'est trotté et qui doit être dans les environs ne manquera de revenir seul ou en bande pour faire les poches de cet honorable gentleman et peut-être l'achever, pour lui ôter l'envie de réclamer son porte-monnaie.

Prosper se pencha, prit à bras-le-corps le monsieur qu'il avait empêché d'être assassiné et le porta sous un bec de gaz pour l'examiner plus à son aise.

C'était un homme de vingt-cinq à trente ans, rasé, élégamment vêtu.

— C'est un Anglais ou un Américain ! déclara Prosper Godilleau. Il a l'air solide. Je suis persuadé que s'il avait eu un bon gourdin, il serait venu tout seul à bout de ceux qui l'attaquaient. Mais voilà, monsieur a voulu faire le mirliflor, le joli cœur, sortir avec une petite badine. Ah ! ces fils à papa, ça ne pense jamais à rien.

» Voyons, voyons, au lieu de faire des phrases, agissons. Le fils d'Albion — si c'est un Anglais — n'a qu'un petit bobo au front. La bosse est jolie, c'est de la belle ouvrage. Il faut qu'il revienne à lui et essaie de marcher un peu, jusqu'à ce qu'on trouve une voiture. Je le ramènerai chez lui et je lui conseillerai de ne pas porter plainte.

Comme s'il eût deviné le désir de Prosper, le gentleman assommé poussa un soupir, ouvrit les yeux :

— Aoh ! fit-il, les méchants garçons !

— Vous bilez pas, milord, vous en avez arrangé un, j'ai dérangé l'autre ; pour le troisième, je lui ai fait cadeau de la vie, jusqu'à la prochaine fois. Dites-moi seulement où vous habitez.

— Avenue de Tourville, 6, dit l'Anglais, chez moi... dans mon hôtel... je suis lord...

Il ne termina pas sa phrase, perdit de nouveau connaissance. Mais ceci n'émotionna pas Prosper.

— Chouette, 6, avenue de Tourville, à cinquante mètres d'ici... Ça doit être le bel hôtel particulier devant lequel je suis passé tout à l'heure. Bon, je vais transporter le milord, sans que personne ne vienne me troubler. Pour ce qui est des deux voyous, la police se débrouillera toute seule.

Tout en parlant, Prosper avait relevé l'Anglais, l'adossait contre le mur, le maintenait un instant, puis, se retournant, il s'emparait des bras de l'Anglais, qu'il transportait sur son dos comme un vulgaire sac de linge.

Les pieds du lord traînaient derrière Prosper et laissaient leur trace sur la chaussée, mais Prosper Godilleau n'en avait cure. Il lui tardait d'arriver au logis de ce gentleman, qui était décidément plus lourd qu'il n'en donnait l'impression.

Enfin, il se trouva devant la porte cochère et sonna. La porte s'ouvrit.

Prosper sans façon entra, poussa la porte du pied, et avisant un grand escalier de marbre éclairé par deux lampadaires, il se mit en devoir de transporter son colis humain qui ne bougeait toujours pas.

Mais le portier de l'hôtel, effaré de n'entendre aucun nom jeté en passant, se levait. Il entr'ouvrit la porte et poussa un cri de terreur.

— C'est ça, dit Prosper essoufflé et montant toujours, crie un peu, mon vieux, ça fera venir les gens et on me débarrassera du jeune homme...

Le portier, la première surprise passée, s'empara de son revolver et courut derrière Prosper.

— Rendez-vous ! cria-t-il, ou je fais feu...

— Imbécile, vous voulez donc tuer votre patron...

Prosper était en haut des marches.

Une porte venait de s'ouvrir. Un homme apparaissait dans l'ombre, tournait un bouton électrique :

— Quoi ! disait-il autoritaire, que se passe-t-il ?

— Il y a, commença Prosper, qu'on a attaqué ce monsieur que j'ai eu la chance...

Une voix féminine, angoissée, se fit entendre. Une jeune femme apparut, drapée dans un peignoir...

— Que se passe-t-il donc, Henri ? Pourquoi ces cris... Ah ! mon Dieu... c'est lord Falkland... mort, peut-être...

— Non, dit Prosper, rassurez-vous.

— Rassurez-vous... rassure-toi, ma chère Héléna... Ce n'est qu'un accident... Monsieur va nous expliquer...

Mais Prosper Godilleau, les yeux grands ouverts, ne songeait à rien expliquer. Il regardait avec une sorte de surprise joyeuse ceux qui parlaient.

— Pardon, excuse, fit-il. Mademoiselle s'appelle Héléna et vous Henri... Est-ce que par hasard vous ne vous appelleriez pas aussi Malherbe ?...

— Mais... certainement...

Prosper Godilleau lâcha lord Falkland, qui vint tomber sur le portier, lequel se tenait respectueusement au milieu des marches.

Le digne serviteur, ne s'attendant pas au choc, fut renversé par la chute de son maître.

Lord Falkland, comme s'il n'attendait qu'un second coup violent sur la tête pour reprendre ses esprits, revint de son évanouissement.

— Aoh ! shocking !

Prosper, lui, ne s'occupait guère de l'homme qu'il avait sauvé. Son chapeau à la main, respectueusement, il demandait :

— Mademoiselle Héléna, monsieur Henri Malherbe, bien qu'il soit une heure indue, j'ai l'honneur de solliciter de votre bienveillance un moment d'entretien !... Je m'appelle Prosper Godilleau, je suis comme qui dirait un peu l'ami et beaucoup le serviteur dévoué de M. Ludovic Dortailles, qu'on a calomnié auprès de vous. Je vous demande la permission d'expliquer la conduite de m'sieu Cocorico et de rétablir la vérité, l'absolue vérité.

CHAPITRE XXIII

Le téléphone.

Ce qu'avait écrit Ludovic à Prosper était l'exacte vérité. Depuis trois jours qu'il était chez les Bojesman, il n'était pas plus avancé qu'au moment de son arrivée.

La surveillance incessante dont il était l'objet semblait être motivée uniquement parce qu'il était chargé d'une mission tout à fait délicate, et il ne pouvait pas plus s'en plaindre que ne se plaignait Berq, qui était enfermé avec lui, comme un criminel dangereux, pour se livrer à son travail.

Il est vrai que Berq, lorsque huit heures sonnaient, aurait pu aller et venir dans la maison, si cela lui avait plu, alors que lui, Hans Gruber, ne pouvait faire un pas sans être contraint de donner des explications à Berq, qui l'accompagnait dès qu'il voulait se déplacer.

Mais à ceci, Hans pensait avec assez de logique :

— Le soi-disant Bojesman me prend pour Hans Gruber et croit que je n'ai pas deviné qu'Eric et lui sont la même personne ; il est donc tout naturel que, ne me connaissant que fort peu, il prenne à mon égard les plus minutieuses précautions. Si je m'en plaignais en ce moment, cela pourrait faire naître des soupçons. Et puis, ne suis-je pas libre deux heures par jour ? C'est déjà une liberté suffisante.

» Grâce au ciel, je puis rester en communication avec l'extérieur, écrire à Prosper, téléphoner à Wanda, et, en cas d'alerte, aviser mes amis... Résignons-nous et patientons.

Ce qui est beaucoup plus grave, c'est que, n'ayant rien découvert, je laisse ces gens faire leur ignoble et nuisible métier... Il faut que cela cesse au plus tôt. Si demain je n'ai rien trouvé, tant pis ! Je n'ai pas le droit de faire passer mes affaires avant les intérêts de la France.

Fort de cette résolution, le quatrième jour, après avoir fait dans la matinée son travail comme d'habitude, Hans Gruber, dès que M. Bojesman lui eut rendu la liberté à midi pour déjeuner, se hâta de sortir.

Mais au lieu de se rendre au petit restaurant où il avait l'habitude d'aller prendre son déjeuner, il descendit la rue d'Allemagne jusqu'au numéro 139.

Là, se trouve un grand bureau de poste, pourvu de plusieurs cabines téléphoniques.

Hans Gruber se dirigea vers le téléphoniste, qui lisait son journal derrière sa table.

— Villiers-sur-Marne, 67-80, demanda Hans.

Grincheux, le téléphoniste plia son journal, inscrivit le numéro sur son registre en bougonnant :

— On peut jamais être tranquille !

Et comme deux nouveaux·clients s'approchaient, rageusement il demanda :

— Qu'est-ce que c'est ?

— Central, 12-60, dit le premier arrivé.

— Gutenberg, 32-05, dit le second monsieur, un homme pourvu d'une longue·barbe noire, et dont le chapeau mou était rabattu sur les yeux.

Hans Gruber jeta un coup d'œil distrait sur les nouveaux venus et attendit avec une certaine impatience que le préposé au téléphone veuille bien se décider.

Il se décida enfin et il annonça :

— Le 12-60, cabine numéro 2 !

Presque aussitôt on répondit de Gutenberg.

— Allô, grinça l'employé, 32-05... ne quittez pas, on vous cause. Numéro 4... vous, le monsieur...

Les deux bénéficiaires de ces rapides communications avaient gagné leurs cabines.

— Tout de même, s'impatienta Hans, c'est moi le premier arrivé !

— Ben quoi ! jeta le téléphoniste plein de morgue, c'est pas Paris, vous, c'est Villiers... C'est tout naturel qu'on mette plus de temps... Vous avez bien vu que je vous ai demandé tout de suite...

La sonnerie se fit entendre.

— Tenez, le v'là, votre Villiers... C'était pas la peine de faire tant de raffût... cabine 5.

Et, débarrassé des importuns, l'aimable employé reprit sa lecture.

Le monsieur qui avait le 12-60 sortit le premier, déposa ses trois sous.

Le monsieur du 4 sortit à son tour, remit six sous au vigilant gardien des cabines ; mais au lieu de se retirer, il demanda l'annuaire du téléphone, qu'il se mit à feuilleter. Ce qui fit froncer les sourcils au téléphoniste.

Il se vengea en allant de nouveau importuner Hans Gruber, auquel il rappela impérieusement que trois minutes et trois minutes, ça faisait six minutes.

Ce devoir accompli, il alla converser derrière un guichet avec un collègue en train de faire ses ongles.

Hans Gruber sortit enfin.

Le téléphoniste sursauta.

— Ça fait au moins dix minutes, vint-il dire.

— Et après ? Tenez, voilà votre argent, mon garçon, et une autre fois, contentez-vous de compter le temps sans importuner ceux qui téléphonent.

Hans Gruber se retira. Il avait à peine le temps d'aller manger un morceau.

Pendant que le téléphoniste causait, tournant le dos à sa table, le monsieur à barbe noire qui affectait de feuilleter l'annuaire s'était penché sur le registre et rapidement avait pris note du numéro demandé par Hans.

Il attendit que ce dernier eût quitté le bureau, puis à l'employé qui se disposait à reprendre la conversation interrompue, il demanda :

— Villiers-sur-Marne, 67-80.

— Vous aussi ! se fâcha le bonhomme.

— Quoi, moi aussi ? se récria le monsieur barbu... qu'est-ce que c'est que ces manières ? — Je vous dispense de vos réflexions. Donnez-moi le numéro que je demande.

Il fallut quelques minutes. Enfin, la communication fut donnée.

— Quittez pas... on vous cause... cabine 5.

Le monsieur se dirigea vers la cabine, qu'il referma soigneusement et portant les récepteurs à ses oreilles, appela : « Allô ! allô ! »

— Allô ! c'est vous, monsieur Ludovic ! répondit-on.

Le monsieur qui était dans la cabine blêmit :

— Der Teuffel ! balbutia-t-il... C'était donc lui...

— Vous ne répondez pas, demanda-t-on.

— Si... si...

— Peut-être voudriez-vous téléphoner de nouveau à Mlle Wanda... Vous avez oublié quelque chose ? Elle vient justement de sortir avec Karl...

— Karl...

De saisissement, il faillit laisser choir les récepteurs.

Mais si son visage avait atrocement pâli, ses yeux brillaient de joie.

— Karl ! mon fils ! murmura-t-il d'une voix à peine distincte.

Car, le lecteur l'a deviné, l'homme qui était là était Wilhelm Schwartz, qui, renonçant à son déguisement de Bojesman, avait revêtu les allures d'un brave commerçant pour espionner Hans Gruber.

Ce qui lui avait donné cette idée, c'est que le patron du restaurant avec qui il avait causé en tant que Bojesman lui avait dit la veille, sans y attacher grande importance, que son nouvel employé avait écrit une longue lettre après avoir déjeuné, en quelques minutes.

Or, Hans Gruber avait prétendu ne connaître personne à Paris. Cette lettre avait donné fort à réfléchir à Wilhelm.

Mina, à qui il en parla, lui conseilla de filer Gruber, de l'espionner, de tâcher de savoir s'il ne voyait personne.

Un hasard malencontreux avait ce matin-là poussé Ludovic à aller téléphoner à Wanda.

Derrière la croisée de sa maison, dont il soulevait un rideau, Wilhelm avait pu voir que Gruber, au lieu de tourner à droite pour se rendre à son restaurant, tournait à gauche. Il en avait conclu que Gruber allait à la poste.

Résolu d'en avoir le cœur net, et persuadé que Hans Gruber allait chercher des lettres poste restante, Wilhelm, déjà déguisé, prêt à faire son métier d'espion, s'était élancé sur les traces de son employé.

A la poste, il avait demandé le premier numéro venu et avait feint de converser avec la personne qui était au bout du fil ; mais, en réalité, il s'était contenté de s'excuser et de déplorer l'erreur commise.

Puis, il était sorti, et nous avons vu comment il avait manœuvré.

Le bavardage du restaurateur mettait lady Frankey et Ludovic Dortailles à la merci de ce misérable.

Si maître de lui qu'il fût habituellement, Wilhelm Schwartz avait été tellement saisi en apprenant que Ludovic était Hans Gruber et qu'on lui téléphonait de l'endroit même où était son fils Karl, qu'oubliant toute prudence, ne songeant pas à contrefaire sa voix, il s'écria après un instant de joyeuse stupeur :

— Oui... oui... Je sais... Karl est sorti... d'où me téléphonez-vous ?

— Mais de chez nous... de Villiers... C'est drôle, je ne reconnais pas votre voix...

— Ça ne fait rien... écoutez...

— Il y a erreur, répondit-on sèchement à l'autre bout du fil.

Et la communication fut coupée.

— Ça fait six minutes, glapit l'employé.

— C'est bien... c'est bien... dit Wilhelm, hors de lui.

Il jeta quarante sous sur la table.

— Gardez la monnaie.

Il s'élança hors du bureau. Il avait hâte d'annoncer la bonne nouvelle à Mina et de s'entendre avec elle sur la façon dont on pourrait se venger de Ludovic et de sa mère. Mais il importait d'être prudent. On ne tenait pas encore le petit Karl.

Et tant qu'on ne serait pas en possession de l'enfant, on devrait ménager Ludovic Dortailles.

La joie de Mina fut sans bornes lorsqu'elle apprit que Wilhelm avait découvert la retraite de Karl.

— Allons le chercher tout de suite, s'écria-t-elle, arrachons mon fils à ses bourreaux.

Schwartz s'efforça de la calmer.

— Au nom du ciel ! Mina, ne compromettons pas par trop de hâte la partie que nous sommes en train de gagner.

— Je veux mon fils.

— Tu l'auras.

— Quand cela ?

— Le plus tôt possible.

— Je le veux tout de suite.

— Ah ! s'écria Wilhelm avec humeur, voilà bien les femmes. Il est impossible de parler raison avec elles ; tu vas me faire regretter de t'avoir mise au courant. Ecoute, Mina, je ne te demande qu'un peu de temps... jusqu'à demain... Ce n'est pas trop, cela...

— Jusqu'à demain pour revoir mon Karl, jamais je ne pourrai...

Schwartz haussa les épaules.

— Allons, fit-il rudement, cessons ces récriminations absurdes... tu es bien restée près de cinq ans sans voir Karl.

— Ce n'est pas la même chose, Karl était chez ses parents nourriciers. J'étais sans inquiétude sur son sort. Mais à présent qu'il est aux mains de nos ennemis... Suppose que ce soit le contraire et que nous ayons en notre pouvoir le fils de ton frère Ludovic. N'aurait-il pas raison de craindre ? Crois-tu que, de leur côté, ces misérables ne fassent pas subir à Karl les tortures que nous faisons subir à la mère de Ludovic ?

— Non, ils n'oseraient s'attaquer à un enfant.

— Nous aurions bien osé, nous !

Wilhelm se mordit les lèvres Il fut sur le point de s'écrier :

— Nos ennemis sont plus généreux que nous ; ils ne torturent pas les femmes et les enfants !

Mais cet aveu coûtait trop à son orgueil. Il détourna la conversation.

— Tâchons d'être calmes et de raisonner froidement. Voyons ce qu'il convient de faire. Tout d'abord, il est certain que cet homme qui m'a téléphoné et que je crois être ce Bulgare qui se trouvait à Berlin en compagnie du fameux Prosper, l'âme damnée de mon frère, veille jalousement sur Karl, et ce même Prosper habite peut-être avec lui.

» Il faudrait donc employer la force pour nous emparer de notre enfant. Or, toute lutte est généralement douteuse et comporte un aléa. Je puis tuer ces hommes, qui sont braves et se défendront énergiquement, cela ne fait pas de doute. Je puis être blessé dans la bagarre, tué aussi peut-être. Et alors, que deviendrait ma vengeance ?

— Que comptes-tu faire ?

— Je cherche. Il faudrait trouver un moyen d'éloigner de Karl ses défenseurs, ses gardiens.

— Une lettre anonyme...

Wilhelm haussa les épaules.

— Le procédé est enfantin. Ces gens sont trop rusés pour se prendre au piège. Ah ! je crois que j'ai trouvé.

Mina, anxieuse, regarda son complice, dont le visage était empreint de férocité.

— Je les tiens, gronda Wilhelm. Ecoute. Aujourd'hui, nous faisons notre dernier envoi à Berlin. Je charge Berg ce soir de partir avec les caisses. Nous invitons Ludovic, Hans Gruber, à dîner avec nous. Je lui donne un soporifique et nous le descendrons dans les caves, à côté du cachot de madame sa mère. Puis nous partons tous deux vers les dix heures. Nous allons à Villiers, déguisés, et nous attendons le lendemain.

— Et alors ?

— Cette nuit, après notre départ, la maison Bojesman est la proie des flammes. Un baril de poudre oublié fait sauter l'immeuble, ensevelissant sous les décombres Ludovic et sa mère, qu'on retrouvera écrasés, calcinés...

— Bien, cela.

— Or, la nouvelle de la catastrophe paraîtra dans les journaux du matin. Les amis de Dortailles, sachant qu'il couche rue d'Allemagne, chez Bojesman, s'affolent, courent à Paris. On oublie le petit Karl, qui reste confié aux soins d'une bonne.

— Je comprends... je comprends !... s'écrie Mina battant des mains.

— Nous profitons du départ et de l'affolement des gardiens de Karl pour nous introduire auprès de mon fils et l'enlever. Une auto sera à notre disposition qui, moyennant une somme

rondelette, nous conduira à la frontière. J'ai des papiers en
règle, tout se passera bien. Demain soir, Mina, nous serons
en Allemagne, chez nous, avec notre enfant, après avoir définitivement vaincu Ludovic Dortailles, mon frère... Nous serons
vengés !

Mina sauta au cou de Wilhelm.

— Tu es un homme admirable, Wilhelm... je t'adore. Ah !
qu'il me tarde d'être à ce soir, de commencer à préparer notre
revanche, de tenir ce misérable Ludovic...

— Fais attention, Mina, surveille tes regards, tes gestes... la
moindre imprudence lui donnerait l'éveil... Il faut qu'il accepte sans la moindre méfiance, ce brave Hans Gruber, l'invitation à dîner que lui fera son cher et confiant patron, Ulrich
Bojesman.

— Et les ouvriers, les congédieras-tu ce soir ?

— Tu es folle !... puisque cet incendie sera le résultat d'un
accident... d'une vengeance peut-être... non... non... Il faut
qu'on ne se doute de rien.

Il eut un sourire diabolique.

CHAPITRE XXIV

Conversation nocturne et ses suites.

Héléna et Henri Malherbe avaient été tout d'abord suffoqués
devant l'audacieuse prétention de Prosper Godilleau.

Ils s'étaient regardés, interdits, ne sachant trop que répondre. Dans leur esprit, et particulièrement dans la pensée
d'Héléna, Ludovic Dortailles était définitivement mort.

Henri ne pouvait pardonner à son cousin la tentative d'assassinat dont il avait été victime et dont, trompé par la ressemblance avec Schwartz, il s'obstinait à accuser Ludovic.

Plus que ce meurtre manqué, Henri Malherbe ne pouvait
pardonner ce qu'il appelait « l'infamie de Ludovic », c'est-
à-dire sa substitution à Wilhelm dans le but, croyait-il, de
s'approprier l'immense fortune de l'homme qui avait déshonoré
Odette Dortailles.

On comprend quel effet dut produire sur lui l'étourdissante
déclaration de Prosper.

Héléna ne savait quelle contenance tenir. Si son cerveau
protestait contre la demande, — qu'elle jugeait insultante, —
du brave Godilleau, son cœur n'était que trop enclin à écouter
des paroles qui justifieraient l'homme qu'elle n'avait cessé
d'aimer, bien qu'elle se défendît constamment d'éprouver pour
lui d'autres sentiments que de la haine et du mépris.

Son regard anxieux semblait implorer son frère d'accéder au
désir de Prosper, trahissant sa secrète pensée. Mais presque
aussitôt sa parole, démentant l'aspiration de son cœur, s'éleva :

L'homme dont vous parlez, dit-elle sèchement, n'existe plus
pour nous.

Prosper s'attendait à une réponse de ce genre. Il répondit
par un sourire railleur.

Henri Malherbe, qui était revenu de sa surprise, dit à son
tour :

— Monsieur, nous ne désirons pas entendre parler de sujets

qui nous sont pénibles. Permettez-nous de soigner notre ami... Ce que vous pourriez dire, d'ailleurs, pour défendre ce monsieur...

Il fut au même instant interrompu par lord Falkland, qui s'était péniblement relevé, aidé par un valet.

Le noble lord n'avait pas très bien compris de quoi il s'agissait. Mais il vit qu'on faisait mauvais accueil à l'homme qui lui avait sauvé la vie.

— Aoh ! miss Héléna, dit-il, et vous, mon très cher ami, je vous prie de témoigner la plus grande sympathie à ce gentleman, sans le courage duquel vous n'auriez pas à l'heure présente le plaisir de me voir devant vous. Yes, si je vis, c'est à ce brave garçon que je le dois...

Souriant, il tendit la main à Prosper.

— Mon ami, dit-il, je suis lord Falkland... Je suis immensément riche, secouez d'abord les mains avec moi et dites-moi ce que vous désirez... Parole de gentleman, je vous donnerai ce que vous me demanderez.

Prosper Godilleau ne se fit pas prier pour serrer la main qui lui était offerte, et prenant au sérieux l'invitation de « secouer la main », il secoua avec force le bras du lord, qui, tout étourdi, s'écria :

— Oh ! très bien... c'est suffisant... Arrêtons le shake hand.

— Monsieur le lord, dit Prosper, vous m'avez dit de secouer, je secoue...

— Oui... oui... mais je suis encore un peu troublé par les coups que j'ai reçus...

— Ah ! milord, il y en a un qui est encore plus troublé que vous, c'est le gaillard à qui vous avez fait cadeau sur la tête d'un bien joli coup de canne.

— Ah ! fit Falkland flatté, j'ai tapé dur... Vous croyez que ce coquin a son compte ?

— Dame ! il a le crâne fendu... Je l'ai laissé dans le ruisseau, à côté de celui que j'ai arrangé...

— Ah ! vous avez aussi cassé une tête ?

— J'ai pris exemple sur vous, milord...

— Et le troisième ?

— Ah ! celui-là, au train dont il a filé, s'il court encore, il doit être sur la place de la Bastille à cette heure... J'avais eu un moment l'intention de lui donner la chasse, pour lui ôter l'envie de recommencer, mais j'ai pensé qu'il valait mieux m'occuper de vous...

— Vous avez raison ; vous êtes un brave boy, un parfait gentleman... Mais ne restons pas ainsi dans ce vestibule. Entrons dans le salon. Je vais faire lever mes domestiques et servir des réconfortants.

— Je vous remercie, milord, dit Prosper, qui croyait très distingué de refuser, je ne bois jamais entre mes repas. Et puis, à vous parler franchement, il me semble que monsieur et mademoiselle, qui sont vos amis, ne seraient pas fâchés de me voir partir. Alors...

Lord Falkland fronça les sourcils. Il jeta un regard mécontent sur Héléna et Henri.

— On ne peut être fâché, dit-il, de me voir témoigner des égards à mon sauveur. Vous vous trompez, mon ami... Entrons là.

Précédant Prosper, il entra dans le salon.

Prosper hésita un instant, mais voyant qu'Héléna et Henri restaient immobiles, il se décida à suivre l'Anglais, supposant avec raison que le frère et la sœur désiraient échanger quelques mots.

Il ne se trompait pas.

— Eh bien ! demanda Héléna, qu'allons-nous faire ?

— Puisqu'il a sauvé Falkland, dit Henri à mi-voix, accordons-lui l'entretien qu'il demande.

Tous deux pénétrèrent dans le salon.

Prosper Godilleau, debout, devant la cheminée, à côté de Falkland, qui s'était écroulé dans un fauteuil, semblait parfaitement à son aise.

— Parbleu ! pensait-il, ils n'oseront pas me fiche à la porte, à présent que l'Anglais leur a dit que j'étais son sauveur et me témoigne de l'amitié. Servons-nous de lui pour plaider ma cause.

Et délibérément il attaqua :

— Milord ! puisque vous voulez attacher quelque prix à mon intervention, et que vous m'avez promis de m'accorder ce que je vous demanderai, soyez donc assez bon pour prier vos amis de faire droit à ma requête, et appuyez auprès d'eux la demande que je viens de leur faire.

— Que voulez-vous donc d'eux ?

— Oh ! peu de chose... qu'ils m'écoutent avec impartialité. Puisque le hasard nous met en présence, je voudrais dire la vérité, la vérité vraie sur certains événements qui, je le crois, sont mal connus de vos amis et de vous-même, et justifier M. Dortailles de toutes les calomnies qu'on a pu débiter sur son compte.

— M. Dortailles ! s'écria l'Anglais, ce misérable !

— Ah ! permettez, riposta Prosper froissé, je n'autorise personne à employer de pareils qualificatifs quand on parle de m'sieu Cocorico.

La gravité de la situation ne put empêcher Henri Malherbe de sourire.

— Monsieur Prosper, dit-il sur un ton moins sec qu'au début, ne vous fâchez pas. Vous me faites l'effet d'un excellent garçon et d'un homme de cœur. Je n'en veux pour preuve que l'empressement que vous avez mis à voler au secours de notre ami Falkland, attaqué par des bandits. Bien des gens à votre place auraient hésité à risquer leur vie pour un inconnu.

» Oh ! rassurez-vous... je ne vous adresse pas des félicitations, ce serait vous faire injure. Mais permettez-moi cependant, lorsque vous affirmez l'honorabilité de M. Ludovic Dortailles, de vous dire que vous êtes sans doute victime de votre générosité. Vous attribuez à ce monsieur des sentiments chevaleresques qui sont les vôtres.

— Pardon... pardon... ne mettons pas la charrue avant les bœufs, et ne m'entortillez pas avec de beaux discours... Moi, je ne suis pas un avocat, et certainement je ne m'exprime pas très bien ; mais si vous voulez bien m'écouter avec un peu de patience, j'espère que mademoiselle votre sœur et vous et le lord anglais aussi, vous reviendrez sur l'opinion fausse que vous avez de M. Dortailles.

— Vous n'allez pas prétendre que mon cousin n'a pas voulu m'assassiner ?...

Prosper haussa les épaules.

— Comment un homme de bon sens peut-il dire des bourdes pareilles. M. Ludovic Dortailles, qui adore mademoiselle, aurait voulu vous tuer, vous, son frère ! Mais, vous n'y pensez pas ! Pourquoi ? Ne m'interrompez pas, ça m'embrouille. Laissez-moi m'asseoir et vous faire le récit détaillé et exact de ce qui s'est passé depuis que M. Cocorico et moi nous sommes partis de Paris...

— Je sais... je sais... dit vivement Henri, mon cousin m'a raconté tout cela, au château de Schwartz, et je sais aussi qu'il vous avait en grande estime. Il m'a parlé de vous dans les termes les plus flatteurs, célébrant votre courage et votre dévouement.

— Ah ! fit Prosper satisfait, c'est qu'il s'y connaît en dévouement et en courage, le patron. Je passe donc sur nos aventures en Turquie pour arriver à l'histoire de votre assassinat, qui a eu lieu quelques minutes avant que M. Dortailles ne soit revenu de sa visite à la Wolfang, une bien jolie gredine

» Celui qui vous a lâchement frappé, c'est Wilhelm Schwartz.

Henri se mit à ricaner.

Héléna, inquiète, considéra Prosper, cherchant à deviner s'il disait vrai.

L'Anglais, impassible, écoutait sans broncher.

Prosper, avec feu, narra alors les événements tels qu'ils s'étaient passés, le désespoir de Ludovic, puis son brusque départ à Spandau, où il se rappelait avoir donné rendez-vous à Militch et à lui Prosper.

Par malheur, Wilhelm était au courant. Il arrivait devant la tour Julius avant Ludovic et se faisait passer pour lui.

Sans hésiter, Prosper et Militch le suivaient, victimes de cette fatale ressemblance dont Henri Malherbe avait été la dupe.

Et avec enthousiasme, Prosper décrivait toutes les péripéties de l'extravagante lutte de Cocorico contre la police, l'empereur, et finalement son arrestation mouvementée, qui avait pour conclusion sa condamnation à mort et la mise en liberté de Schwartz.

L'Anglais avait perdu son impassibilité devant ce récit assez long, émaillé de plaisanteries, de jeux de mots, et surtout d'éloges enthousiastes de Cocorico.

Il commençait à se passionner pour ce héros, en oubliait qu'il aimait Héléna et que Ludovic était son rival.

Henri, troublé, se mordait les lèvres, en proie à un doute affreux.

Héléna avait peine à retenir ses larmes. Elle ne doutait plus, elle. Elle était certaine, à présent. Elle avait injustement accusé un innocent !

— Après ! après !... cria l'Anglais impatient... Comment a-t-il fait pour ne pas mourir ?

— Il ne pouvait pas mourir, répondit tranquillement Prosper, puisque j'étais là.

Et sans chercher à se faire valoir, modestement, le brave Godilleau raconta rapidement ce qu'il avait fait et comment il avait pu sauver son patron.

— Ah ! dit Héléna, ne pouvant plus se contenir et courant à Prosper, merci... merci !...

Et serrant les mains de Prosper, elle chercha une plus longue phrase pour dire toute sa joie, sa reconnaissance...

Son émotion était trop forte... Elle ne put que balbutier quelques syllabes incohérentes, et éclata en sanglots...

— Héléna ! ma chère Héléna !

Henri reçut sa sœur dans ses bras.

— Ah ! mon frère... mon frère ! gémit-elle... Qu'avons-nous fait ?

— Du mal, ma chérie, beaucoup de mal, que nous allons tâcher de réparer...

Falkland murmura :

— Je ne puis pas dire ce que j'éprouve... J'étais certainement très peiné et très content...

Il se moucha bruyamment pour dissimuler son trouble, puis se maîtrisant :

— Après ! Après ! mon cher garçon... dites-nous la suite de l'histoire.

Prosper Godilleau, enchanté de son succès et plus content encore d'avoir réhabilité Ludovic dans l'esprit de son cousin et de sa fiancée, ne se fit pas prier.

Il relata le voyage en Suisse et l'enlèvement du petit Karl, recueilli par lady Frankey.

A peine eût-il prononcé ce nom que lord Falkland bondissait :

— Je connaissais beaucoup Frankey, dit-il, c'était un parent à ma mère... Il était allé là-bas pour se soigner, il y a très longtemps... J'étais très jeune et j'ai appris par la suite que Frankey, avant de mourir, s'était marié en effet avec une personne qui avait profité de sa faiblesse d'esprit pour le séduire et lui faire faire un testament en sa faveur... Ce doit être celle-là...

— Il y a erreur ou sur la personne ou sur les motifs qui ont poussé la personne à accepter ce mariage, répliqua Prosper, et vous allez comprendre pourquoi : lady Frankey n'est autre qu'Odette Dortailles, la mère de Ludovic.

L'Anglais resta confondu.

— Est-ce possible ! s'écria Héléna.

— En êtes-vous bien sûr ? demanda Henri. Comment avez-vous su ?

— Hélas ! monsieur Malherbe, dit piteusement Prosper, nous l'avons appris trop tard, malheureusement, et par quelqu'un qui était trop heureux de dire cette horrible vérité à mon patron, par Wilhelm Schwartz, qui, pour se venger de l'enlèvement de son fils, enlevait lady Frankey, Mme Dortailles, qui est toujours sa prisonnière. Mais n'anticipons pas et permettez-moi de suivre le fil de mon histoire.

Il reprit son récit à l'enlèvemnt de Karl, glissa sur l'accueil glacial et hostile d'Héléna et de ses amis, pour ne reprendre qu'avec plus de verve son histoire en intéressant ses trois auditeurs aux malheurs de Cocorico, mis au courant de la disparition de sa mère ; aux trois Turques, à l'éducation de Karl, confié à Wanda et à Militch, et enfin au projet formé par Ludovic de délivrer sa mère.

Il dit comment le hasard avait fait rencontrer Schwartz et

Ludovic au meeting du Pré-Saint-Gervais, et enfin de quelle façon le hardi Cocorico était devenu l'hôte de son ennemi mortel.

— Et pour terminer, Messsieurs et Mesdames, conclut Prosper, je me permets de communiquer à M. Malherbe la lettre que j'ai reçue tantôt et dont il va donner lecture à l'honorable société.

Henri, Héléna et Falkland, agités de sentiments divers, avaient écouté avec le plus vif intérêt et la plus profonde attention ce passionnant récit, se demandant par moments s'ils ne rêvaient pas et si tout ce que racontait Prosper était réellement arrivé.

Machinalement, Henri Malherbe prit des mains de Prosper la longue lettre de Cocorico. Il la lut à haute voix.

Le post-scriptum fit baisser les yeux à Héléna, qui rougit de plaisir.

Par contre, lord Falkland pâlit de dépit. Son rival pensait encore à celle qui l'avait repoussé, et elle, il n'en pouvait douter à présent, n'avait pas cessé de l'aimer.

Henri était à cent mille lieues de penser aux amours contrariées de lord Falkland. Il ne dissimulait plus sa joie.

Cette lettre était une nouvelle confirmation de la véracité des événements relatés par Prosper, une preuve de plus que Ludovic Dortailles, loin d'avoir démérité, était toujours le loyal et chevaleresque garçon qu'on avait connu et qui n'hésitait pas à risquer sa vie dans la plus téméraire des entreprises, oubliant ce devoir sacré : sa mère à sauver, pour s'occuper de ce devoir non moins sacré · la France à défendre et à protéger.

— Oh ! le brave cœur ! s'écria-t-il. Et comme nous sommes coupables envers lui... Pourra-t-il jamais nous pardonner ?

— Je crois que Ludovic pardonnera, murmura Héléna en souriant.

— Oui, dit tristement lord Falkland, il vous pardonnera, Héléna, car il vous aime, comme vous l'aimez.

— Mon ami...

— Oh ! ne vous défendez pas... Ce n'est pas un reproche. Vous avez grandement raison d'aimer un pareil homme et de ne pas m'aimer, moi... Il m'est supérieur en tous points et je ne puis mettre en balance avec ses grandes qualités que mon immense fortune, c'est-à-dire rien pour une femme telle que vous.

» Mais sachez une chose, Héléna Malherbe, c'est que, si à côté de M. Dortailles je ne suis pas digne de votre amour, je suis digne du moins de votre amitié, et je vous le prouverai en sauvant mon rival, — celui qui fut mon rival, — du terrible danger qui le menace et que je devine...

— Un danger, s'écria Héléna, pâlissant...

— Peut-être ! murmura Henri.

— Ne le voyez-vous donc pas ? continua l'Anglais avec fougue... Faut-il que ce soit moi qui vous ouvre les yeux ? Comment pouvez-vous supposer qu'un homme tel que Schwartz, s'il a pu être dupe un moment, n'est pas à présent revenu de son erreur ! Il a deviné son frère, vous dis-je, et M. Dortailles s'abuse lorsqu'il croit n'être pas reconnu.

— Diable ! fit Prosper, vous m'inquiétez, monsieur Falkland.

— Il faut, continua l'Anglais, le voir dès demain, l'arracher à cette maison Bojesman... s'il n'est pas trop tard...

— Oh ! oui ! dit Héléna, sauvez-le...

— Minute, dit Prosper vivement, il n'y a pas que m'sieu Cocorico en jeu, y a sa maman. Si on fait un esclandre et que le patron joue la fille de l'air, le faux Bojesman n'hésitera pas à supprimer Mme Dortailles.

— Non, répliqua Henri, Karl répond de la vie de Mme Dortailles.

— Et qui vous dit, suggéra lord Falkland, que Schwartz n'a pas aussi découvert la retraite de son fils ?...

— Oh ! pour ça ! dit Prosper, c'est impossible. Vous savez bien que Karl est à Villiers, que Militch est là... Du reste, c'est bien simple ; il téléphone tous les jours à Villiers, vers midi. Nous n'aurons qu'à téléphoner demain vers une heure, et nous saurons bien si M. Dortailles a des craintes, et quelles sont ses intentions.

» Mon avis est qu'il ne faut rien faire sans le consulter. M'sieu Cocorico est un malin qui a des idées épatantes. En nous mêlant de ses affaires sans le prévenir, nous risquons de commettre une gaffe carabinée et de faire avorter ses combinaisons.

— Vous avez raison ! dit Henri, attendons. Nous téléphonerons demain à Villiers...

Lord Falkland hocha la tête d'un air de doute.

— N'est-ce pas votre avis ? demanda Héléna.

— Si... jusqu'à demain. Mais, suivant ce qu'on vous aura répondu de Villiers, je crois qu'il faudra agir dans un sens ou dans l'autre, c'est-à-dire prévenir le parquet, le préfet de police, et obtenir qu'il y ait une descente de police immédiate chez les Bojesman, qui seront emprisonnés, tandis que nous-mêmes, munis d'autorisation spéciale, nous fouillerons cette maison, ou alors il faudrait nous embusquer aux abords, et, déguisés, nous livrer à un espionnage en règle, et nous tenir bien armés, prêts à courir au secours de M. Dortailles à la moindre alerte.

» Et au fait, ce serait peut-être plus pratique et surtout plus rapide que d'avoir recours à la police. Défendons nous-mêmes M. Dortailles, et ne perdons pas une minute, croyez-moi. Pour moi, je suis prêt à risquer ma vie pour lui !

— Vous êtes un noble cœur ! dit Héléna, émue. Et vous doutiez tout à l'heure que je puisse vous conserver mon amitié ! Vous êtes le plus généreux et le plus dévoué des amis, et je suis fière de me dire votre amie à toujours...

Lord Falkland prit la main d'Héléna :

— Je vous aime, Héléna, au point de vouloir à tout prix votre bonheur. Merci de votre amitié. Je ne ferai point de grandes phrases, je ne sais pas... Et maintenant, pendant que miss Héléna rentrera se reposer, ainsi que son frère, si vous le voulez bien, cher monsieur Prosper, en attendant le jour, nous boirons ensemble quelques bouteilles de scotch whisky. Le whisky, voyez-vous, c'est excellent pour tous les maux de tête et les malaises. Quand on en a bu plusieurs bouteilles, on ne sent plus les coups qu'on vient de recevoir sur la tête...

Et à mi-voix, l'Anglais ajouta, en étouffant un soupir :

— Ni au cœur !

CHAPITRE XXV

La catastrophe.

Ludovic passa sa main sur son front. Il regarda autour de lui d'un air hébété, se frotta les yeux.

Il avait de la peine à rassembler ses idées, ne pouvait s'expliquer ce qui arrivait. Il se demandait avec une sorte d'effroi s'il n'avait pas perdu la raison, s'il n'était pas le jouet d'une hallucination.

Que signifiait cette espèce de cachot dans lequel il se trouvait ? Ses yeux, cependant, ne le trompaient pas. Autour de lui, il voyait de larges pierres de taille suintant l'humidité.

Sur sa tête, une sorte de voûte, en pierre aussi, et tout près de lui, sur une manière de tonneau vermoulu, il y avait une petite lampe à huile, près de laquelle il distinguait confusément une feuille de papier.

En face, une énorme porte fermée.

Ludovic Dortailles, étendu sur un sol gras, détrempé, ne se décidait pas à se lever. Il lui semblait qu'il avait la fièvre, il grelottait. Sa gorge était sèche et il était en proie à une soif dévorante.

.— Voyons... voyons ! bégaya-t-il, tâchons de nous rappeler... Où suis-je, ici ? Où étais-je, il y a quelques heures ? Qui a bien pu m'enfermer dans cette prison...

Brusquement, la mémoire lui revint. Il poussa un cri de fureur.

— Malédiction ! je me souviens, à présent... C'est Schwartz. Le misérable m'a reconnu... je suis perdu...

Il eut la vision soudaine de ce qui s'était passé quelques minutes, peut-être quelques heures auparavant.

C'était au moment même où il quittait l'atelier Berq, lorsque la fausse Mme Bojesman venait de leur rendre la liberté.

Il se disposait à sortir pour aller dîner. Bojesman, aimablement, l'avait retenu, sous prétexte de lui parler d'une affaire importante.

Il s'était enfermé avec lui dans le bureau, avait demandé une bouteille de vermout, que Mina avait apportée avec deux verres.

La bouteille n'était pas entamée, Mina l'avait débouchée, avait empli les verres, s'était retirée.

Bojesman avait alors offert un cigare à Hans Gruber, qui, sans méfiance, avait puisé dans l'étui que lui tendait le bandit.

Il avait commencé à fumer, tandis que Bojesman, posant son cigare, sous prétexte de feuilleter un dossier, refusait l'allumette que lui tendait Hans Gruber.

Et alors, après quelques bouffées, Ludovic s'était senti soudain envahi par une sorte de torpeur.

Il voyait, comme à travers un brouillard, Bojesman feuilleter fiévreusement des papiers devant lui. Il entendait indistinctement les paroles prononcées. Il avait voulu se lever, il n'avait pas pu.

Arrachant de ses lèvres son cigare, il avait étendu la main

vers le verre de vermout placé devant lui, l'avait bu d'un trait.

Là s'arrêtaient ses souvenirs.

Mais Ludovic reconstituait aussitôt ce qui avait dû se passer. Le cigare avait été trempé dans un puissant narcotique, et le vermout devait également contenir un stupéfiant énergique.

C'est pourquoi il avait presque aussitôt perdu la notion des choses, étant tombé comme foudroyé.

Schwartz et sa complice, profitant du départ des ouvriers et de Berg, avaient alors traîné leur victime dans ce cachot, qui était une dépendance des caves de la maison.

Comment avaient-ils donc pu découvrir que Hans Gruber n'était autre que Ludovic Dortailles ?

Mais de ceci, Cocorico n'avait cure. Il remettait à plus tard la réponse à cette question.

Il était reconnu, voilà ce qui ne faisait pas de doute. Et étant reconnu, il avait été jeté dans ce trou infect, humide, sans air, sans fenêtre, n'ayant d'autre issue qu'une porte solide, impossible à briser. Donc, il était au pouvoir de ses ennemis.

— Et après ? se dit-il railleusement... puisqu'ils ne m'ont pas tué, — ces imbéciles, — il y a encore des chances pour que je me tire de là et que je prenne ma revanche. Pourquoi ne m'ont-ils pas tué ? A ceci, la réponse est facile.

» Schwartz et Mina me laissent vivre parce qu'ils supposent que j'ai mis mes amis au courant de ma présence chez eux, et que ma disparition va émouvoir ceux qui s'intéressent à mon sort. Ils supposent qu'on viendra leur demander des comptes.

» Et — en cas de danger — ils veulent pouvoir prouver, en me rendant à mes amis, qu'ils ne m'ont pas tué, et que s'ils m'ont enfermé, c'est que je voulais leur voler leurs papiers, leur argent, que sais-je ? Oh ! ils ne seront pas en peine pour inventer une histoire.

» Et puis, une autre chose les retient. Il y a Karl. Moi mort, ils perdent à tout jamais l'espoir de retrouver l'enfant. Allons ! allons ! ne désespérons pas, j'ai encore quelques atouts dans mon jeu...

Rassuré, plein de confiance, Ludovic se leva, étira ses membres.

— Ils m'ont laissé une lanterne pour me reconnaître. Ça, c'est gentil. J'imagine que Schwartz ne va pas tarder à paraître, pour me narguer, m'imposer ses conditions, et essayer, par la menace, d'obtenir de moi le secret de la retraite de Karl. Même il me promettra de me rendre ma chère maman. Il va falloir jouer serré avec ce brigand !

Tout en monologuant, Ludovic s'était approché du tonneau. Il éclata de rire.

— Parbleu ! mais les voici, les conditions de Schwartz. Elles sont écrites sur cette large feuille de papier placée bien en évidence pour que je la trouve à mon réveil et puisse en prendre connaissance.

Ludovic prit le papier, et se courbant pour mieux lire à la clarté de la lampe à huile enfermée dans la lanterne, il jeta ses regards sur cette missive laissée par Wilhelm Schwartz.

Et à peine eut-il parcouru les premières lignes qu'il pâlit affreusement. Le sourire s'éteignit sur ses lèvres. Le cœur serré, en proie à une émotion indicible, Cocorico alla jusqu'au bout.

Voici ce que disait la lettre :

« Ludovic Dortailles, vous êtes cette fois vaincu.

» Je vous ai suivi ce matin au bureau de poste, et après vous j'ai téléphoné à Villiers. J'avais lu sur le registre le numéro que vous aviez demandé. Je vais donc pouvoir reprendre mon fils...

» Moins heureux que moi, vous ne pourrez reprendre votre mère — votre mère qui habite le cachot voisin du vôtre, où elle est en train de mourir de faim et de désespoir...

» Mais rassurez-vous, ses souffrances, comme les vôtres, vont prendre fin. Tandis que je vais aller m'emparer de Karl, abandonné par vos amis, la maison où vous avez eu l'imprudence de venir va être livrée aux flammes...

» Mais comme vous pourriez survivre à cet incendie, j'ai eu soin de placer près de vous, près de votre chère mère, des barils de poudre qui achèveront l'œuvre de destruction, feront sauter tout ce qui aurait pu être épargné par le feu, et si vous avez échappé à l'incendie, à l'asphyxie, vous serez écrasé par l'écroulement de la maison, si toutefois l'explosion n'a pas dispersé en de nombreux morceaux vos corps détestés.

» Adieu, Ludovic Dortailles, mon frère. Schwartz a pris sa revanche. Vous avez eu tort de vous attaquer à moi... »

La lettre n'était pas signée.

Mais aucun doute n'était possible. Elle émanait de Wilhelm Schwartz.

C'était bien la même écriture que celle de l'odieuse lettre qui annonçait à Cocorico que sa mère était aux mains du misérable Wilhelm.

Sa mère ! Ludovic crut devenir fou de rage et de douleur... Il se rua comme un insensé contre la porte, avec des cris déchirants :

— Maman ! maman ! maman !

Mais aucune voix ne répondit à ses appels désespérés. Ce cachot n'avait pas d'écho, il étouffait les plaintes de son prisonnier et la voix semblait écrasée par ces murailles de pierre, ces voûtes basses, lugubres comme un tombeau.

Mais Ludovic ne réfléchissait plus. Comme un furieux, il s'acharnait contre la porte, se meurtrissait les mains, prodiguait des coups de pied, ensanglantait ses genoux, grinçait des dents, l'écume aux lèvres.

Ah ! quel triomphe pour Schwartz s'il avait pu voir ce frère détesté agir sous l'empire d'une sorte de démence, s'affoler, perdre la raison peu à peu, en proie à la plus atroce des douleurs !

Longtemps, Cocorico s'épuisa en efforts superflus, puis, haletant, à bout de souffle, meurtri, il s'écroula devant la porte...

Il n'avait plus la force de crier. Son visage était inondé de larmes. De sa bouche, que les sanglots tordaient, sortait par instants ce cri lamentable, qu'il proférait obstinément, comme un petit enfant en détresse :

— Maman ! maman !...

Schwartz avait dit vrai. Ludovic Dortailles était vaincu.

Mais ce qui paralysait cet homme si courageux, ce n'était pas, comme son ennemi avait pu le croire, la peur de la mort effroyable qui le guettait.

Non... Ludovic n'avait pas peur de mourir.

C'est pour sa mère... pour cette admirable créature qu'il avait si vainement cherchée, qu'il avait fini par croire morte, et qu'un ignoble scélérat venait de condamner à mourir avec lui, sans même qu'il ait eu cette suprême joie de l'embrasser, de périr en la serrant dans ses bras...

Ludovic s'était évanoui. L'épreuve qu'il subissait avait momentanément terrassé cette vaillante nature.

Mais Schwartz ne connaissait pas l'énergie formidable qui sommeillait dans ce héros.

Lorsque Ludovic revint à lui, il essuya son visage. Il ne cria plus, cessa de pleurer.

Il mit la lettre de Schwartz dans sa poche, et oubliant la douleur que lui causaient les nombreuses blessures qu'il venait de se faire en luttant comme un insensé, en s'acharnant contre une porte qui défiait tout assaut, il alla quérir la lampe qui brûlait toujours.

Il examina alors la porte attentivement. Elle était d'un bois massif, paraissait d'une solidité à toute épreuve, ainsi que la serrure énorme qui la maintenait contre la pierre. Il murmura :

— Si je fais sauter la serrure, je pourrai passer le bras et tirer les verrous. Donc, je dois supprimer la serrure. Bien.

Il jeta un regard autour de lui. Dans un coin, il vit des débris de vases, de poteries. Un bol simplement ébréché attira son attention. Ludovic le recueillit, l'essuya soigneusement avec son mouchoir. Puis, doucement, il dévissa la lampe qu'il venait d'éteindre. Il versa l'huile dans le bol en tâtonnant.

Puis, dans l'obscurité toujours, il essuya la porte autour de la serrure, s'efforçant d'enlever l'humidité. Il racla aussi avec son canif.

Après quoi, il fit flamber une allumette-bougie, enduisit d'huile prise dans le bol les parties de la porte qu'il venait de préparer...

Son travail terminé, il fixa contre le bois, en plantant son canif dans l'épaisseur de la porte, au-dessus de la serrure, la mèche de la lampe. Ensuite, il y mit le feu.

Ce fut d'abord une toute petite flamme vacillante, qui semblait près d'expirer. Mais Ludovic humectait d'huile, sans cesse, la mèche et le bois.

La flamme devint plus forte, le bois finit par s'échauffer. La mèche flamba, dissipant l'humidité autour d'elle, alimentée par l'huile que ne cessait de fournir Ludovic. Et le bois, se desséchant, s'enflamma lentement.

Ludovic, anxieusement, épiait les progrès du feu. Le bois, après avoir brûlé tout autour de la serrure, se carbonisait. L'incendie ne se communiquait pas à la porte.

L'huile commençait à s'épuiser, la mèche était presque calcinée. Une dernière lueur, et ce fut tout.

Mais cette dernière lueur avait permis à Ludovic de constater le progrès du feu. La serrure était déchaussée, était vissée au centre d'un bois carbonisé, diminué, peu solide.

Ludovic se dirigea vers un tonneau dont le couvercle inférieur manquait. Il le retourna en hâte, il le remplit de terre humide, de boue, de tout ce qui lui tomba sous la main...

Lorsque le tonneau fut à moitié plein, Ludovic le roula, et, tel un bélier, il le heurta contre la porte. La serrure céda.

— Libre ! s'écria Ludovic... Je suis libre !

Il allait s'élancer dans le couloir. Mais il se sentit soudain pris à la gorge par une odeur âcre. Il fit flamber une allumette.

Une fumée épaisse, qui envahissait les caves, éteignit l'allumette.

— Le feu déjà ! hurla Ludovic éperdu. Il va gagner les barils de poudre. Je suis perdu !

Des craquements sinistres se firent entendre au-dessus de lui. L'air devenait irrespirable.

Ludovic, qui avait gagné le couloir, jeta un cri de terreur. Une poutre enflammée venait de rouler dans l'escalier des caves, flambait dans le souterrain.

Une voix lamentable, une voix de femme, s'éleva :

— A moi ! A moi ! Je ne veux pas mourir sans avoir vu mon fils !

Un bruit sourd, comme le grondement du tonnerre, retentit ; de nouvelles poutres vinrent rouler sur le sol, épendant une clarté sinistre ; une partie de la voûte s'écroula.

CHAPITRE XXVI

A Villiers-sur-Marne.

Il était dix heures du matin.

A une fenêtre de sa villa, Wanda regardait, dans le grand jardin qui était derrière la maison, le petit Karl, à qui Militch faisait la courte échelle, grimper sur un arbre fruitier.

La cloche de la porte d'entrée sonna à toute volée.

Wanda ne se dérangea pas, persuadée que c'était quelque fournisseur attardé qui venait livrer sa marchandise.

Or, Françoise, la bonne, une robuste Bretonne, était à la cuisine pour recevoir ceux qui se présentaient.

Mais ce n'était pas un fournisseur, comme put s'en convaincre la fille du vayvode bulgare, en voyant la bonne entrer dans sa chambre, un papier à la main.

— C'est une dépêche, mam'zelle, dit Françoise, puis, ayant remis le papier à Wanda, elle retourna à ses fourneaux.

Prise de crainte, Wanda déplia lentement le papier. Elle était depuis la veille dans de mortelles inquiétudes.

En effet, après le coup de téléphone rassurant de Ludovic, elle avait appris qu'en son absence un inconnu avait téléphoné à Militch, et le soir Prosper avait, de son côté, téléphoné en annonçant qu'il fallait plus que jamais veiller sur Karl, que Ludovic Dortailles était chez son ennemi Schwartz, et qu'il courait les plus grands dangers.

Elle trembla en ouvrant la dépêche, en proie à un douloureux pressentiment. A peine eut-elle lu, qu'elle appela d'une voix angoissée :

— Militch ! Militch ! viens vite !

Militch, laissant Karl dans l'arbre, s'empressa d'obéir. Il trouva sa maîtresse éplorée.

— Ah ! Militch ! s'écria-t-elle... quel malheur ! Voici ce que me télégraphie Prosper...

Elle lut fiévreusement, les yeux pleins de larmes :

« Horrible catastrophe. Maison Bojesman incendiée, écroulée. Ludovic expirant, retiré de sous les décombres. Schwartz et sa complice morts. Ludovic désire vous voir avant de mourir, ainsi que Militch. N'emmenez pas Karl. Partez tout de suite. Me trouverez devant lieu sinistre, rue d'Allemagne. Suis fou de douleur.

» PROSPER GODILLEAU. »

Militch courba la tête.

— Cet homme était trop bon, dit-il. Il ne pouvait pas vivre.

De grosses larmes roulaient le long de ses joues.

— Ah ! pourquoi ne suis-je pas mort à la place de mon sauveur, de notre cher protecteur !

Wanda se jeta dans les bras de Militch.

— Qu'allons-nous devenir ? gémit-elle, à présent qu'il n'est plus... Lui qui veillait sur moi comme sur une sœur...

— Il n'est pas encore mort, se récria le Bulgare. Il ne mourra peut-être pas. Les médecins français sont si habiles.

— Allons vite le rejoindre.

— Sans Karl ?

— Que ferions-nous de Karl ! Ce spectacle effraierait le pauvre enfant. Puis, tu vois que Prosper recommande de ne pas l'emmener.

— Cependant...

— Oh ! il n'a plus rien à craindre... tu vois bien que Schwartz est mort...

— C'est vrai... Ainsi, il est mort, ce scélérat... cet Allemand maudit... Il y a donc une justice là-haut...

— Ah ! j'aurais préféré qu'il vive et notre cher Ludovic aussi... Vite... partons... partons...

Elle était tout habillée. Elle mit un chapeau, passa rapidement un manteau.

Militch était déjà devant la porte.

Françoise, ébouriffée, avait accompagné sa maîtresse.

— Mam'zelle... est-ce que vous serez longtemps à votre Paris ?

— Je ne sais pas, Françoise. Déjeunez quand vous voudrez. Veillez bien sur Karl. Ah ! mon Dieu ! quel malheur !

Militch, respectueusement, avait offert son bras, l'entraînait.

— Il y a un train dans quelques minutes, dit-il, j'ai demandé à Françoise. Nous avons de la chance...

Et, en effet, il y avait à peine deux minutes qu'ils étaient à la gare, que le train stoppait et repartait, emportant les voyageurs pour Paris, croisant le train descendant qui venait de l'Est et qui s'arrêtait quelques secondes après en gare de Villiers.

Dans leur hâte à prendre le train, Wanda et Militch n'avaient pas remarqué une auto fermée qui stationnait devant la gare.

Par contre, ceux qui se dissimulaient dans la voiture avaient parfaitement vu les voyageurs.

— Ils partent ! dit Mina.

— Oui, murmura Wilhelm. Pour plus de sûreté, attendons le départ du train.

Le train parti, Wilhelm se pencha par la portière.

— Demandez où se trouve la rue de Chennevières, dit-il au cocher, et conduisez-nous au 75.

Le chauffeur eût tôt fait de s'informer.

— Bon ! fit-il, c'est à cent pas d'ici.

Le projet de Schwartz était en pleine voie de réussite. Il avait mis le feu à la maison, la nuit précédente. L'explosion avait eu lieu vers minuit, détruisant l'immeuble des Bojesman et les maisons voisines, causant des morts nombreuses.

Il y avait les pompiers et les policiers sur les lieux du sinistre. Une foule énorme encombrait les abords. On était occupé à noyer les décombres, à essayer de retirer les cadavres.

Ludovic et sa mère avaient certainement péri.

Wilhelm et Mina ne s'étaient pas attardés à voir les sauvetages. Ils étaient passés vers huit heures du matin dans les environs, déguisés, et avaient appris avec satisfaction le résultat effrayant de leur infamie.

Alors Wilhelm, sous le nom de Prosper Godilleau, avait télégraphié à Wanda cette fameuse dépêche qui devait l'éloigner de chez elle.

Puis, il s'était adressé à une maison allemande d'autos, qui lui avait fourni un chauffeur bavarois, lequel avait reçu l'ordre de se tenir avec sa voiture à la disposition du client et de lui obéir en tout.

Le chauffeur Ulrich s'était empressé d'obéir.

D'abord, le client s'était fait reconnaître pour un compatriote, et il avait ensuite promis vingt louis de pourboire. C'étaient deux excellentes raisons pour lui complaire.

Mina et Wilhelm étaient arrivés à Villiers quelques minutes avant la dépêche.

Wilhelm était allé à la poste sous un prétexte quelconque, avait patiemment attendu le télégraphiste, l'avait suivi et lui avait glissé quarante sous pour regarder si, par hasard, la dépêche n'était pas pour un de ses amis.

Rassuré, il avait été rejoindre Mina dans la voiture.

Pour savoir l'adresse exacte de Wanda, la veille, rien ne lui avait été plus facile, puisqu'il avait le numéro du téléphone.

Nous avons vu quel parti il avait habilement tiré de tous les événements.

Et maintenant que Ludovic et sa mère étaient morts, que les amis de Ludovic, qui le savaient chez Bojesman, se pressaient affolés rue d'Allemagne où allaient le rejoindre Wanda et Militch, abandonnant le petit Karl, il ne s'agissait plus que de s'emparer de l'enfant et de l'emporter en Allemagne, dans son pays.

C'était, au premier abord, la partie du programme la plus facile à exécuter.

Wilhelm n'avait aucune inquiétude. Mina, elle, était nerveuse, méfiante.

— Pourvu que la bonne veuille me laisser prendre mon fils, murmura-t-elle.

— Oh ! ricana Schwartz, ceci importe peu. Si elle n'agit pas de bon gré, nous emploierons la force, et je te jure que je ne me ferai aucune scrupule de supprimer cette domestique si elle fait la moindre opposition et refuse le billet de mille francs que je vais lui offrir...

— Ah ! soupira Mina, je voudrais être plus âgée d'une heure, être près de mon Karl, l'emporter loin d'ici, rouler vers Berlin.

— Tu n'auras pas à attendre aussi longtemps... nous voici arrivés !

L'auto s'arrêtait. Wilhelm descendait.

— Je vais avec toi ! dit impétueusement Mina repoussant la portière que Schwartz allait fermer.

— Soit... grommela Wilhelm. Mais alors, contiens-toi devant la bonne et surtout devant l'enfant, jusqu'à ce que nous l'ayons avec nous, n'oublie pas que nous venons de la part de M. Dortailles...

— Oui... oui !... dit Mina énervée, je sais ce que j'ai à faire, sois tranquille. Mais sonne donc...

Wilhelm sonna. Françoise vint ouvrir.

— B'jour, m'sieu et dame ! dit-elle. Ya personne à la maison...

— Je sais, mon enfant, dit Wilhelm d'un ton bonhomme. Ma sœur et moi nous sommes des amis de M. Dortailles, de Mlle Wanda...

— Vous ? Alors, comment ça se fait que je vous ai jamais vu...

— Parce que nous arrivons de voyage... Nous habitons la Bulgarie... Nous sommes des parents de votre maîtresse.

— Ah ! oui ! fit Françoise, mais méfiante, c'est donc ça... Et quoique ça, quoi que vous lui voulez à mam'zelle, puisqu'elle n'est pas là ?

— Justement, elle nous a chargés d'une commission pour vous... Mais, ma bonne fille, au lieu de nous laisser à la porte, vous feriez aussi bien de nous laisser entrer nous expliquer avec vous...

— Alors, venez... mais faudra pas rester longtemps, parce que je veux profiter de l'absence de mam'zelle pour faire le nettoyage à fond.

— Bah ! on ne vous tiendra pas plus d'une minute.

— Alors, venez...

Et Françoise, précédant les visiteurs, entra dans la maison.

Mina fit semblant de fermer la porte qu'elle se contenta de pousser seulement.

Un coup d'œil que la bonne jeta derrière elle lui fit croire que la porte était fermée, et sans méfiance elle conduisit au salon le monsieur et la dame.

A peine tous trois étaient-ils entrés, que Mina, poussant brusquement la porte du salon, se plaça devant, tandis que Wilhelm se hâtait de fermer la fenêtre.

— Et maintenant, dit-il d'une voix rude, écoutez la fille, vous allez choisir entre ceci et cela...

Il sortait de sa poche un couteau à cran d'arrêt, qu'il ouvrait, et posait sur un guéridon à côté d'un billet de mille préparé à l'avance, et qu'il venait de retirer de son gousset.

— Mille francs ou un coup de couteau en plein cœur ! Que choisissez-vous ?

Françoise, un moment abasourdie, mit les poings sur les hanches, éclata de rire.

La grosse Bretonne croyait à une plaisanterie.

— Ça, rigola-t-elle, c'est rien farce ! Quoi que je choisis ? Faut pas être sorcier pour le deviner, je choisis le billet... Ah ! ah !

— Alors, dit Wilhelm, vous allez me remettre l'enfant ?

— Où est-il ? s'écria impétueusement Mina, où est Karl ?

— Hein ? fit la Bretonne estomaquée, quoi donc que vous voulez dire à cette heure ?

— Ne faites pas l'imbécile, gronda Wilhelm, nous savons que l'enfant est ici. Allons, prenez cet argent et allez chercher l'enfant, ou sinon...

Il n'acheva pas sa phrase. Il avait pris son couteau. Et ce geste était plus éloquent que toutes les paroles.

Par malheur pour Wilhelm, il était tombé sur une robuste fille de la campagne qui ne s'émotionnait pas facilement, et qui était habituée à traiter les « gars » qui lui faisaient la cour à grands coups de poings dans le dos en guise de caresses.

Françoise n'avait rien d'une petite bonne Parisienne, névrosée, au cerveau détraqué par la lecture des faits divers épouvantables qui font tomber les gens en pamoison en songeant que tout ça aurait pu leur arriver.

Elle regarda de travers son interlocuteur. Son esprit un peu obtus comprit cependant tout de suite que cet homme, qui se présentait en l'absence de sa maîtresse, devait être celui contre lequel ou lui avait recommandé de protéger le petit Karl... Ce devait être l'ennemi, le voleur d'enfants...

— Vère, vraiment ! fit-elle goguenarde, j'ons plus besoin d'explication à présent. C'est vous qui en voulez au petit Karl, je parie, et vous profitez que mam'zelle n'est pas là pour venir y faire des misères... Eh ben ! foi de Françoise Karadec, avisez-vous un peu d'y toucher, au petit gas, et vous allez voir si j'ons peur de votre couteau, espèce de dépendeur d'andouilles, propre à rien...

— On vous donnera dix mille francs ! dit Mina.

— En v'là une sacrée fumelle ! s'emporta la Bretonne, qui croit que je fais le métier de vendre des enfants ! Voulez-vous vous retirer tout de suite, et vivement, ou je cogne...

— Où est Karl ? rugit Wilhelm...

— Où est Karl, misérable ? vociféra Mina...

Tous deux s'avançaient vers elle.

Françoise, irritée, répondit par un mot expressif qui fit bondir les deux gredins. Ils perdirent toute raison.

Mina, folle de colère, se jeta la première sur la Bretonne, cherchant à l'étrangler ; mais elle reçut à travers le visage un maître coup de poing qui la fit chanceler.

Schwartz alors s'élança, prit la Bretonne à la gorge, lui donna un croc-en-jambe qui la fit tomber. Il se laissa choir sur la brave fille qui, étouffée, râlait, impuissante

Le couteau brilla...

— C'est lui ! cria une voix vibrante.

— Enfin ! répondit une autre voix, nous allons pouvoir le châtier...

Henri Malherbe et Falkland venaient de faire irruption.

Wilhelm lâcha la Bretonne, se releva d'un bond.

— Arrêtez-le, vociféra Françoise, il venait avec cette coquine pour voler l'enfant...

— Comme il a tué Ludovic ! s'écria Henri... Mais cette fois nous arrivons à temps et justice sera faite...

— Qui êtes-vous ? qui êtes-vous ? cria Wilhelm. Faites-moi place...

— Je suis Henri de Marsall, ton cousin, prince de Schwartz, le fils de ceux que ton infâme père a ruinés, et je viens venger les miens, te punir.

Un coup sec, une détonation.

Mina venait de prendre dans son sac un petit revolver et avait fait feu sur Henri.

Fais Falkland, qui avait vu le geste, s'étant précipité, recevait la balle à l'épaule.

Au même moment, Wilhelm bondissait ; mais la Bretonne s'élançait à son tour sur Mina, bousculait Wilhelm qui trébuchait, effleurait à peine les vêtements d'Henri, qui, hors de lui, se rappelant qu'il avait déjà failli être la victime de Wilhelm au château de Schwartz, et qu'il avait Ludovic à venger, tordait le poignet du prince de Schwartz, lui arrachait le couteau et le plongeait jusqu'au manche dans la poitrine de Wilhelm.

L'Allemand, frappé au cœur, tombait sans un cri.

Mina à son tour s'écroulait.

La Bretonne avait pris sur la table voisine un Apollon en bronze, et en frappait Mina à la tempe, la tuant raide, avant que Falkland ait pu intervenir.

— Et comme ça, s'écria la brave Françoise, ces chenapans-là, n'essaieront plus de voler le petit « gas ! »

CHAPITRE XXVII

Le pourquoi des choses.

Comment Henri et Falkland se trouvaient-ils à Villiers ?

On n'a pas oublié l'entrevue d'Héléna, Henri, l'Anglais et Prosper.

Le lendemain, les quatre amis dressaient un plan de campagne, et Henri et l'Anglais, passant outre, en dépit des protestations de Prosper, allaient l'après-midi, sous un déguisement, se promener du côté de la rue d'Allemagne, et finissaient par échouer chez un petit marchand de vins où Prosper en émoi ne tardait pas à les rejoindre.

Il venait de téléphoner à Villiers et d'apprendre qu'un inconnu avait été en communication avec Militch, qui naïvement, avait livré le nom de Ludovic.

— C'est Schwartz ! avait déclaré Henri. Ludovic est deviné.

— J'en ai bien peur, avait avoué Prosper, inquiet.

— Si ce soir il ne sort pas de chez Bojesman, c'est que ses ennemis l'ont tué, fait disparaître ! dit Falkland.

— C'est évident.

— Alors, dit Prosper, je suis d'avis que si, à huit heures, aucun de nous ne l'a vu, nous prévenions le préfet de police, à qui nous raconterons toute l'histoire, et à qui je remettrai la lettre de m'sieu Cocorico.

Ce qui fut fait.

Vers neuf heures, désespérés, les trois hommes se rendaient à la préfecture. Mais le préfet venait de sortir. Il fallut attendre deux heures son retour. On le mit au courant.

Le préfet allait donner des ordres en conséquence, lorsqu'un agent vint le prévenir qu'un incendie formidable venait d'éclater au 215 de la rue d'Allemagne.

— Ah ! gémit Prosper, le patron est perdu...

— Pas encore ! dit le préfet. Je me rends sur les lieux. Venez avec moi...

Vers une heure seulement, ils arrivaient rue d'Allemagne.

C'est quelques minutes avant leur arrivée que l'explosion avait eu lieu.

Laissant les trois amis se lamenter, le préfet se précipita, organisant le service d'ordre.

Toute la nuit on lutta contre le feu. Et ce n'est que vers le matin qu'on put s'occuper de rechercher les victimes...

Muets, pâles, Henri, Prosper et Falkland étaient restés là, contemplant, impuissants, le désastre. Le jour était venu.

— Il faudrait prévenir ma sœur ! dit Henri d'une voix sourde.

— Et venger M. Ludovic ! dit Prosper.

— Où peut-être cet homme ? interrogea Falkland.

Un silence suivit cette question.

— Parbleu ! dit soudain Prosper, il doit être en train d'essayer de reprendre Karl à Wanda... à Militch.

— Oh ! si je croyais le trouver ! gronda Henri...

— Ecoutez, dit Prosper, voici ce qu'il faut faire... Prévenez votre sœur, et allez avec elle et milord à Villiers. Moi, je reste ici... je ne bougerai pas tant que je n'aurai pas vu le cadavre du patron. Occupez-vous du Schwartz. Moi, je ne peux pas... si fort que je le déteste, j'aime encore plus m'sieu Cocorico, et, voyez-vous... je n'ai pas le courage de m'éloigner de cette maison... Quand je pense qu'il est là dedans, brûlé, mort, écrasé...

Il ne put continuer. Il pleurait à chaudes larmes.

Henri et l'Anglais, aussi émus que lui, lui serrèrent la main. Ils allaient prévenir Héléna.

A leur grande surprise, Héléna ne pleura pas...

— Ludovic n'est pas mort, dit-elle simplement. Mon cœur n'a pas tressailli comme à l'annonce d'un malheur. Je sens qu'il vit. Il vit... et il est là-bas, sous les ruines... Je vais rue d'Allemagne... Vous autres, allez à Villiers... moi, j'irai rejoindre ce brave garçon... je rentrerai avec lui... Allez... J'ai confiance... je crois... j'espère.

Henri et Falkland n'osèrent protester contre cette touchante crédulité. Il valait mieux ne pas troubler Héléna.

— Va, ma sœur, et puisses-tu avoir raison, dit Henri.

Il partit avec Falkland.

Ils étaient dans le train qui avait croisé celui qui emportait Wanda et Militch, dans le train qui s'arrêtait à Villiers quelques secondes après leur départ.

Héléna arriva rue d'Allemagne au moment où le préfet de police, qui s'était absenté une heure, revenait sur les lieux.

Comme on ne voulait pas la laisser passer, elle s'adressa à lui. Le préfet, galamment se mit à sa disposition.

Les pompiers et les soldats rivalisaient de zèle, peu à peu retiraient des cadavres, les emportaient.

Prosper, autorisé par le préfet, aidait ceux qui travaillaient dans les décombres de la maison Bojesman.

On opérait avec les plus grandes difficultés en cet endroit.

La poudre avait causé des dégâts énormes, creusé une excavation profonde de plusieurs mètres.

Lorsqu'on eut débarrassé les abords, Prosper descendit.

Héléna, pâle et glacée, s'était avancée, malgré l'affectueuse opposition du préfet.

Du fond de ce puits, on entendit soudain des cris d'effroi, que domina bientôt un cri de joie... Ce dernier cri était poussé par Prosper...

D'autres pompiers accoururent... On plaça des échelles...

Et bientôt on remontait au jour deux corps. Une femme... un homme !

Derrière eux, Prosper bondissait... Il aperçut Héléna.

— C'est le patron et sa maman ! criait-il, éperdu de joie. Ils étaient ensemble... Ils respirent... Ils ne sont pas blessés... Sauvés !... Sauvés !...

Héléna ne dit rien. Elle serra convulsivement la main du brave garçon...

Un docteur s'était avancé. Les corps étaient déposés déjà sur des civières. Il ausculta Mme Dortailles, Ludovic, et sourit.

— Plus de peur que de mal ! déclara-t-il. Ce soir, ils seront sur pied, à moins que les émotions...

— Où faut-il les faire transporter ? demanda un agent.

— A l'hôtel Falkland, dit Héléna, 6, avenue de Tourville.

Le préfet donna l'ordre de faire avancer une voiture d'ambulance, répéta l'adresse.

Héléna le remercia, et Prosper ayant avisé une auto, tous deux y montèrent, suivant la voiture d'ambulance.

Comme ils s'éloignaient avec peine, le taxi ayant du mal à franchir les rangs des nombreux curieux, Prosper poussa un cri.

Il venait d'apercevoir Wanda et Militch. Il fit arrêter, appela les deux amis, les fit monter dans la voiture, et, délirant, leur annonça :

— Il vit ! Il vit !

— Ah ! murmura Wanda, rouge de joie, je suis bien heureuse. Votre dépêche nous avait tellement alarmés...

— Ma dépêche ! J'ai envoyé une dépêche, moi !

— La voici...

Wanda tendit la dépêche de Schwartz.

Prosper, oubliant la présence des deux dames, eut à peine lu cette dépêche, qu'il poussa un juron effroyable...

— Ah ! le gredin... la canaille ! C'est bien joué ! Il enlève Karl...

— Hein ?

— A moins qu'il ne soit tombé sur le manche... Vous êtes partis à quelle heure ?

— A dix heures.

— Bon... Ces messieurs ont dû arriver comme vous partiez... Ne nous désolons pas... rien n'est perdu... Et puis, après tout, qu'il reprenne son fils s'il veut... je m'en moque... le patron est vivant... sa maman aussi... c'est l'essentiel. Que le diable emporte le Schwartz... Ah ! mes amis... si vous saviez... si vous saviez...

Et, ne sachant comment témoigner sa joie, Prosper sauta au cou de Militch et l'embrassa sur les deux joues.

ÉPILOGUE

Trois mois après les événements que nous venons de raconter, Ludovic Dortailles épousait Héléna de Marsall.

Les témoins du marié étaient Prosper Godilleau et Militch.

Henri de Marsall et lord Falkland — qui l'avait demandé — étaient les témoins d'Héléna.

Mais la personne à qui cette cérémonie paraissait la plus heureuse, était une dame en cheveux blancs, nommé lady Frankey, et qui ne pouvait détacher ses regards de Ludovic Dortailles, lequel ne cessait de regarder avec amour sa fiancée que pour regarder avec la plus vive tendresse sa mère.

Henri de Marsall était le cavalier de lady Frankey, qu'il entourait de prévenances et appelait affectueusement sa tante.

Héléna l'avait déjà nommée « ma mère ».

Lord Falkland, qui donnait le bras à Wanda, trouvait que décidément Ludovic était bien l'époux qu'il fallait à Héléna de Marsall et non pas lui...

Sans doute la vue de la jolie Bulgare avait détourné le cours de son chagrin, car il se montra fort gai...

Point n'est besoin de dire que la mort de Schwartz et de Mina, qui avait donné lieu à une enquête, n'eut d'autres suites que de faire faire au préfet de police un rapport abondant sur l'espionnage en France.

Prosper est heureux.

Ses trois Turques, grisées par le succès, l'ont abandonné pour s'envoler toutes trois avec de riches adorateurs.

— Enfin ! crie Prosper à qui veut l'entendre, je suis veuf ! Je suis libre ! qu'on ne me parle plus des femmes, qui sont le tourment des hommes... A bas la femme !

Attendons-nous donc à apprendre bientôt son mariage.

Le petit Karl, adopté par Ludovic et Héléna, ignore tout des drames passés et aime sincèrement ses parents d'adoption, à qui il promet de faire honneur.

— Mon père m'a fait bien du mal, dit parfois Ludovic, et il

a causé de profonds chagrins à ma pauvre mère ; mais, s'il est au ciel, il doit être joliment puni en voyant que son petit-fils dont il comptait faire un Allemand, est devenu un bon Français !

— Et s'il ressemble à son père adoptif, ajoute Prosper lorsqu'il entend cela, le Prusco fera une bien vilaine tête. Parce que, c'est pas pour dire, patron, mais des Français aussi bons Français que Cocorico, c'est pas tous les jours qu'on peut en admirer.

TABLE DES MATIÈRES

DEUXIÈME PARTIE

LE FILS DE L'ALLEMAND

IMPRIMERIE DE CHOISY-LE-ROI. — GRUFFEL ET Cⁱᵉ.

65 c. le Volume — LES GRANDS ROMANCIERS POPULAIRES SONT TOUS ÉDITÉS DANS LA COLLECTION DU "LIVRE NATIONAL" — **65 c. le Volume**

Œuvres parues dans la Collection :

PAUL D'AIGREMONT
1. L'Empoisonneuse.
57. Les Deux Aimées.
59. Le Martyre d'Arlette.
61. L'Amour vainqueur.
65. Tragique Amour.
66. L'Heure terrible.
78. Vierges de France.
79. Fille de Lorraine.
80. Suprême Victoire.

ARTHUR BERNÈDE
84. La Marchande de Bonheur.
85. Sauvée par l'Amour.

DE BOISGUILLAUME
76. Amours tragiques de Marguerite de Bourgogne.
7. Criminel par amour.

TH. CAHU

H. DEMESSE
8. La Fille du Forgeron.
40. La Fleuriste des Halles.
43. La Jeune Veuve (baronne Isabelle).
45. La Jeune Veuve (Claude Renard, dit Biribi).
47. La Jeune Veuve (l'Accusée).
6. Le Collier sanglant.

B. FÉVAL
91. Frère d'Espion

R. FLORIGNI et CH. WAYRE
17. On vole des Enfants à Paris.

L. FOREST
10. Flétrie.

J. DE GASTYNE
26. Coupable.
35. Le Mystère d'Auteuil.
50. Le Secret d l'Inconnue.
58. Cœur sacri .
69. Le Roman d'une Jeune Fille.

H. GERMAIN
44. La Fauvette du Faubourg.
46. Le Calvaire d'Yvonne.

E. LADOUCETTE
9. Pauvre Mignon.

E. LEPELLETIER
73. Madame Sans-Gêne (La Blanchisseuse).
74. Madame Sans-Gêne (La Maréchale).
75. Madame Sans-Gêne (Le Roi de Rome)
92. Martyres d'Amour.

J. LERMINA

P. MAHALIN
12. Les Sergents de La Rochelle.
24. Le Filleul d'Aramis.
31. Mademoiselle Monte-Cristo.
36. Chevaliers du Clair de Lune.
51. Les Espions de Paris.
60. Fin de Chicot.
38. Trahison d'Amour.

G. MALDAGUE
89. Cœur de Soldat.

MARC MARIO

JULES MARY
18. Le Régiment (Une Mère martyre).
19. Le Régiment (Les Frères d'Armes).
20. Mortel Outrage.
21. Secret de Marie-Rose.
25. La Charmeuse d'Enfants.
26. Le Démon de l'Amour.
29. La Bête féroce.

JULES MARY
30. Le Châtiment d'un Monstre.
34. Diane la Pâle.
37. Blessée au Cœur.
41. Roger la Honte.
42. Mère Coupable.
48. La Pocharde.
49. Celui qui venge.
55. La Vierge en danger.
56. Les Amants de la Frontière.
62. Pantalon Rouge.
63. Barbe-Blonde.
64. Déserteur.
71. La Goutte de Sang.
72. Perdues dans Paris.
201. Trompe-la-Mort.
202. La Dame au Sourire terrible.
203. La Marque d'Infamie.
204. Aimée jusqu'à la Mort.
205. La Marquise Gabrielle.
206. Le Dernier Baiser.
207. Tante Berceuse.
208. Zizi la Gueuse.
209. Les Malheurs de Zizi.
210. Jenny "Tire-l'Aiguille".
211. Le Coup de Foudre.
212. Paradis perdu.
213. Les Dernières Cartouches.
214.
215. La Fiancée de Lorraine.
216. La Conquête d'Odile.
217. La Bataille d'avant la Guerre.
218. Les Filles du Général.

CH. MÉROUVEL
2. Misère et Beauté (Sans tombeau).
3. Misère et Beauté (L'une ou l'autre).
22. La Passerelle.
53. Mariage de Convenances.
54. Un Drame du Mariage.
67. Bâtards.
68. Le Fils de Rose.
301. Abandonnée.
302. Seules dans la Vie.
303. La Fille de l'Amant.
304. Les Deux Pères.
305. Vierge et Déshonorée.
306. Enfin Vengée.
307. Millions ou Misère.
308. Pour l'Amour de Thérèse.
309. Plaisir d'Amour.
310. Juste Revanche.
311. Meurtrier de sa Femme.
52. La Belle Diane.

L.-A. SPOLL
70. La Guerre des Amoureux.

MAX VILLEMER
77. Sans Asile.
86. Gosse.
87. La Femme qui tue.
88. Le Triomphe de l'Amour.
93. Deux Cœurs de Femme.

R. VERNEUIL
81. Le Joli Séducteur.

MICHEL ZEVACO
82. Buridan.
83. La Reine Sanglante.
89. Le Fils de Pardaillan.

En vente partout — **65** C. Librairies, Kiosques, Gares

ENVOI FRANCO contre 0.80 mandat ou timbres adressés à l'Editeur, **Jules TALLANDIER**, 75, rue Dareau, PARIS (14e).
10 volumes au choix franco contre 6.50 en mandat-poste adressé à l'Editeur.

www.ingramcontent.com/pod-product-compliance
Lightning Source LLC
LaVergne TN
LVHW050144030726
842520LV00002B/302